W0204132

COLÓN:
EL ALMIRANTE SIN ROSTRO

MARIANO FERNÁNDEZ URRESTI

COLÓN:
EL ALMIRANTE SIN ROSTRO
Una biografía heterodoxa

EDAF

MUNDO MÁGICO Y HETERODOXO

MADRID - MÉXICO - BUENOS AIRES - SAN JUAN - SANTIAGO

2006

© 2005. Mariano Fernández Urresti.
© 2005. De esta edición, Editorial EDAF, S. A. Jorge Juan, 30. 28001 Madrid

© Diseño de cubierta: Miguel y Bernardo Rivavelarde

Dirección en Internet: http://www.edaf.net
Correo electrónico: edaf@edaf.net

Editorial Edaf, S. A.
Jorge Juan, 30. 28001 Madrid
http://www.edaf.net
edaf@edaf.net

Edaf y Morales, S. A.
Oriente, 180, n.º 279. Colonia Moctezuma, 2da. Sec.
15530. México D.F.
http://www.edaf-y-morales.com.mx
edaf@edaf-y-morales.com.mx

Edaf del Plata, S. A.
Chile, 2222.
1227 Buenos Aires, Argentina.
edaf1@speedy.com.ar

Edaf Antillas, Inc.
Av. J. T. Piñero, 1594
Caparra Terrace
San Juan, Puerto Rico (00921-1413)
antillas@edaf.net

Edaf Chile, S. A.
Huérfanos, 1178 - Of. 501
Santiago de Chile - Centro (Chile)
edafchile1@terra.cl

Febrero 2006

Queda prohibida, salvo excepción prevista en la ley, cualquier forma de reproducción, distribución, comunicación pública y transformación de esta obra sin contar con la autorización de los titulares de propiedad intelectual. La infracción de los derechos mencionados puede ser constitutiva de delito contra la propiedad intelectual (art. 270 y siguientes del Código Penal). El Centro Español de Derechos Reprográficos (CEDRO) vela por el respeto de los citados derechos.

ISBN: 84-414-1746-6
Depósito legal: M-6.974-2006

PRINTED IN SPAIN IMPRESO EN ESPAÑA

Gráficas COFAS, S. A. - Móstoles (Madrid)

A Sebastián Vázquez, por invitarme
a embarcar en la Santa María
quinientos años después.

Y a los grumetes Mariam, Gandalf y R.

También, Señores Príncipes, allende de escribir cada noche lo que el día pasare, y el día lo que la noche navegare, tengo propósito de hacer carta nueva de navegar [...], y más, componer un libro.

(CRISTÓBAL COLÓN, *Diario de a bordo*)

Índice

Agradecimientos

UN DÍA INCREÍBLE encontré el libro necesario semioculto en una estantería de la Posada de Peredo y Villa, en Queveda, y Gloria y Margarita me lo regalaron. Gracias a las dos, de verdad.

Gracias al Consell Insular d'Eivissa i Formentera por su colaboración, y a Xavier Abraham de la librería Sagitari de Palma de Mallorca.

Gracias a los frailes franciscanos de La Rábida por darme unas pilas aquella mañana y cargarme de energía. Y a los Archivos de la Corona de Aragón y de Indias por facilitarme lo que pedí.

Gracias a Alfonso Philippot Abeledo por hacerme llegar su magnífico trabajo, y al encargado de las obras de restauración de la casa de Martín Alonso Pinzón en Palos por permitirme entrar en ella cuando aún no se podía.

Gracias a Alfonso C. Sanz Núñez por aquellos minutos ante el Palacio del Duque de Medinaceli en Cogollado, por atender mis llamadas de teléfono para aclarar dudas, y en homenaje a la obra de su padre, Ricardo Sanz García.

Y gracias a todos los historiadores e investigadores que, picados por el mosquito *colombino,* han dejado sus fuerzas para lograr saber un poco más de este misterioso personaje.

Un *Expediente X* histórico

AMIGA LECTORA o amigo lector, si amas el misterio y te apasiona la historia, cuando comiences este libro no podrás detener su lectura hasta que lo concluyas. Y no será mérito mío, sino del personaje que nos ha seducido: Cristóbal Colón

En efecto, Colón es un *Expediente X* histórico. Casi nada sabemos con certeza sobre él, y aun incluso lo que sí es conocido tiene tantas lagunas que es difícil realizar afirmaciones sin riesgo.

No está claro su origen y ni siquiera hay acuerdo sobre el lugar donde reposan sus restos. Pero entre el nacimiento y la muerte está la vida, y esta, se lo aseguro, es apasionante.

En este libro encontrará el lector la sorprendente posibilidad de que el Christoforo Colombo genovés no sea *nuestro* Cristóbal Colón; tendrá noticias sobre piratas, sobre robos de documentos, sobre mapas misteriosos, sobre templarios, sobre cartógrafos judíos, sobre falsificaciones y desapariciones de textos, sobre amores malditos, sobre biografías amañadas, sobre conspiraciones cortesanas…

Si cree que Colón descubrió América por pura chiripa, tal vez, tras la lectura de este libro, no esté tan convencido. ¿Será posible que los templarios hubieran estado allí antes y que cosmógrafos judíos a sueldo suyo hubieran puesto a Colón tras la pista de esas tierras? ¿Por qué huyó de Portugal don Cristóbal? ¿Qué ocultó tras el galimatías de su enigmática firma? ¿Por qué falseó las cuentas de sus viajes? ¿Qué hay en las tripas de las *Capitulaciones de Santa Fe* que convierten ese documento en el más sorprendente de la historia? ¿Qué sabía Martín Alonso Pinzón de esta aventura antes de partir? ¿Acaso fue él el verdadero artífice del descubrimiento?

En las noches del 6 y del 9 de octubre de 1492 los marineros estuvieron a punto de echar por la borda a aquel loco apellidado Colón. Sus promesas de encontrar tierra a 750 leguas se habían demostrado falsas, pero la segunda de esas noches, en una reunión con los Pinzón en la que quisiéramos haber tenido micrófonos ocultos, se decidió *pasar adelante* y, poco después, un marinero llamado por la tradición Rodrigo de Triana, pero que jamás existió y cuyo nombre real era Juan Rodríguez Bermejo, gritó alborozado: *¡Tierra!* ¿Qué había ocurrido realmente en la cámara de don Cristóbal Colón? ¿Qué papel habían desempeñado los misteriosos franciscanos del monasterio de La Rábida Antonio de Marchena y Juan Pérez? ¿Qué secretos confesó a don Cristóbal antes de expirar en sus brazos un enigmático piloto anónimo que tal vez había hecho por casualidad aquel mismo viaje años atrás?

¿Realmente creyó Colón estar en las Indias? ¿Quiénes eran los *indios blancos* que encontró en América? ¿Y los enigmáticos hombres vestidos con túnicas blancas? ¿Cómo supo el itinerario de regreso Colón?

¿Y su tumba? ¿Dónde está en realidad? ¿Duerme el Almirante en Sevilla o en Santo Domingo? ¿Qué sucedería si realmente no estuvieran sus huesos allí sino en un pueblo situado al norte de Guadalajara llamado Cogollado?

Estas y mil preguntas aguardan, amiga lectora o amigo lector, en las próximas páginas.

El segundo hijo de Colón, Hernando, escribió, en su *Historia del Almirante,* la siguiente descripción física de su padre:

> El Almirante fue hombre de bien formada y más que mediana estatura, de rostro alargado y pómulos un poco altos, sin declinar a grueso o macilento. Tenía la nariz aguileña, los ojos garzos, la color blanca y de un rojo encendido. En su mocedad tenía el cabello rubio, pero al llegar a los treinta años ya se le había vuelto completamente canoso.

Podría creerse, tras esa descripción, que ya podemos tener el retrato de nuestro hombre, pero eso sucede porque aún no se ha acercado el lector al meollo de este libro. Cuando lo haga, verá que nada de lo que parece claro lo es en lo que a don Cristóbal se refiere, y la verdad es que hay pocas descripciones físicas más de nuestro personaje. Según la historiadora Consuelo Varela: «No existe ningún retrato de la época que se pueda considerar auténtico». En su opinión, no obstante, es muy posible que Colón, como los nobles de aquellos años, encargara a algún pintor de la corte uno. Se cree, pues, que es posible que el único auténtico pueda ser el que se conserva en la Biblioteca Nacional de Madrid y que forma parte de una colección de navegantes que mandó realizar Carlos V. Otros, como Alfonso Philippot, creen encontrar el verdadero rostro de Colón en el Retablo de la Virgen de los Navegantes, que está en el Alcázar de Sevilla.

Sin embargo, esas creencias tal vez sean erróneas. Si don Cristóbal quiso y pudo disimular su nombre y emborronar su biografía hasta el punto de que no sepamos si era genovés, pirata, judío, gallego, portugués o alcarreño, y no es posible estar seguro de casi nada de su vida; si ni siquiera perduró su nombre en el continente que a él debieron las Coronas de Aragón y de Castilla, pues no se llamó Colombia sino América; si todo fue así, tal vez nuestro hombre tenía razones para seguir siendo invisible a los ojos de la Historia. Como un hombre sin rostro. Como el Almirante sin rostro.

CAPÍTULO 1

¿Cuál era la patria de Colón?

Porque sé que habréis placer vuestras mercedes en saber de dónde nací y de dónde vine, de qué cosas vide y cuál fue mi fabla y mis señas, y habiendo yo tenido noticias de las cosas que de mí se dicen, que son fantasías a maravilla, en amaneciendo este libro aquí dejo yo dicho la solución de todos esos enigmas y las respuestas a las dichas interrogaciones. Y para empezar, algunas dudas pondré en la sesera de quien dejó escrito que en Génova yo nací...

(*Diario secreto del Almirante sin rostro*)

Que me llamen como quieran...

(CRISTÓBAL COLÓN, *Carta al aya del príncipe Juan*)

GÉNOVA: SILENCIOS, DUDAS Y FALSIFICACIONES

LA historia oficial lo da por nacido en Génova en 1451 y por muerto en Valladolid en 1506, de modo que solo le dio tiempo a vivir 55 años, viento en popa a toda vela; no corta el mar, sino vuela... el Almirante sin rostro.

Ahora bien, ¿en qué se basan los historiadores *genovistas* (así son llamados quienes sostienen que Cristóbal Colón era de origen ligur) para dar por buena esa cuna?

La fiebre italiana se desata seguramente tras la publicación en 1571 en Venecia de la *Historia del Almirante*, obra atribuida a uno de los hijos del Descubridor, Hernando Colón, en una época en la que ya casi nadie lo recordaba, lo que no deja de ser sorprendente, pues no había pasado siquiera un siglo de su proeza náutica. Y esto viene a confirmar nuestro planteamiento: nunca se hizo la luz en el universo del Almirante, y no sabemos si fue él quien se encargó de soplar todas las velas posibles para que tal oscuridad reinase a su alrededor, porque mecido en ella se veía él cómodo, o fue cosa de manos siniestras que aún después de muerto siguieron enredando para que ningún recuerdo de él nos quedase.

Pero regresemos a la hipótesis del Colón genovés.

No deja de ser sorprendente que la biografía propagandística de su hijo, sobre la cual más tarde caeremos como moscas en golosina, no encontrara editor en España. ¿Cómo era posible tal cosa habiendo dado Colón un nuevo mundo a este país? Y aunque parezca mentira, así fue. Es más, la historiadora Consuelo Varela, con mochila llena de datos y *genovista* convencida, debe reconocer que del Descubridor, durante mucho tiempo, solo se supo por *una biografía y algún que otro soneto u obra de teatro de mediana factura*. Y, cuando irrumpe el Romanticismo, le fabrican un traje a medida al caballero: que no tire en la entrepierna, que se ajuste al gusto por lo aventurero y lo haga bien parecido. Pero ¿ese retrato se ajustaba a la realidad? ¿De dónde se sacaron los viejos maestros de escuela que don Cristóbal era genovés de nacimiento?

La monumental *Historia general de las Indias* de fray Bartolomé de las Casas se publicó a finales del siglo XIX, con lo que no debe ser ahí donde busquemos las *pruebas*. Ni siquiera debemos demorarnos para el caso en la recolección de textos colombinos que logró apañar Martín Fernández de Navarrete. Donde debemos buscar lo que buscamos es, fundamentalmente, en un par de sitios.

Veamos el primero: la *Raccolta di documenti e etudi pubblicati dalla Reale Comisione Colombiana nel Quarto Centenario dalla Scoperta dell'America*. Más conocida, para abreviar, como *Raccolta*.

¿Qué es la *Raccolta*? Se trata de una colección ingente de documentos que una comisión de expertos creada por el Gobierno italiano con motivo del Cuarto Centenario del Descubrimiento de América, en 1892, consiguió reunir y que, entre otras grandes virtudes, tuvo la de sembrar la semilla de un árbol genealógico para Colón. Y tan frondoso fue el árbol que dio tal sombra a todas las otras teorías sobre la cuna de nuestro hombre que las achicó tanto que pareció que todas ellas no existieran o fueran cosa de locos. Unas teorías que, según Consuelo Varela, *no resisten en ningún caso la comparación con las pruebas presentadas por los compatriotas del navegante*.

¿Es eso cierto? De ser así, ¿qué hacemos perdiendo el tiempo en este renglón con todos los enigmas que aún nos quedan por visitar?

¿Qué nos dice la *Raccolta*?

En resumen, lo que ahora viene: que vivió en la villa de Quinti, cerca de Génova, un tal Iohannes de Colombo; que fue padre de Domenico, Antonio y Battista, todos los cuales llevaron el apellido del padre, por supuesto, de modo que fueron Colombos (no Colones, no señor, sino Colombos). Y se nos informa vía documentos y actas irreprochables que allá por 1429, teniendo uno de los mencionados, el tal Domenico, once años de edad, entró como aprendiz en el taller de un maestro tejedor, oficio en el que debió tener buena maña y gran puntería, de tal suerte que diez años más tarde nos lo muestran los papeles como tejedor por cuenta propia, no muy rico pero autónomo.

No está claro, pero se cree que en 1450 el tejedor, con los males que el amor provoca en el varón convencional, fue a parar al altar de la mano de una aldeana de Benzagno llamada Susana, hembra de la casa de Jacobo Fontanarubea o Fontanarossa.

Vista de la ciudad de Génova, donde la tradición sitúa la cuna de Colón.

Suponemos que los esposos se van a vivir a la casa que, al parecer, en 1440 los benedictinos del monasterio de San Esteban del Arco habían cedido a Domenico, según las actas vociferan, y allí, después de que la naturaleza jugase sus bazas, nació en 1451 un niño al que llamaron Christoforo, y como ya sabemos el apellido del abuelo y del padre, sin grandes esfuerzos adivinamos el del bebé: Colombo.

¿Cómo sabemos que existió Christoforo Colombo? Pues porque las actas notariales lo citan (la primera vez, el 22 de septiembre de 1470, pero hay más). Pero ¿y las actas parroquiales de bautismo? ¿No se ha encontrado ninguna que nos sirva para subirnos al palo mayor y desde allí gritar como gallos marinos que fue en Génova y no en otro sitio donde nació Colón?

Pues no. No se ha encontrado ese papel bienhechor, con lo que todo queda encharcado y a la espera de la explicación de los historiadores, y Consuelo Varela nos la sirve en bandeja de plata: «*En la Italia de mediados del siglo* XV *y comienzos del* XVI *era frecuente que en muchos archivos parroquiales se guardara celosamente* [...] *un libro de* registro de muertos», pero añade: «*Rara vez aparecen libros de* bautismo, *debido a que su obligatoriedad no nació jurídicamente hasta el Concilio de Trento*».

Y como ese Concilio no empezó hasta 1545 y los monseñores tardaron dieciocho años en ponerse de acuerdo sobre lo que Dios quería que se hiciera por el mundo, pues nuestro gozo termina en un pozo: ¡no hay acta de nacimiento de Christoforo Colombo natural de Génova!

Pero da lo mismo. Los historiadores *genovistas* se sobreponen al duro golpe y aportan más actas notariales hasta llegar a la conclusión de que Susana, la esposa del tejedor, estuvo activa en eso de parir, y además de Christoforo llegaron al mundo Juan Peregrino, Bartolomé, Giacomo (al que sorprendentemente después encontramos en España con el nombre de Diego) y Bianchinetta.

Es más, se añadirán luego otros datos que habrán de comentarse como es debido, pero se trata de adornar a esta familia con algún abolengo notable, solo que la fortuna y la historia, que es muy perra, los había empobrecido.

* * *

Suponemos al lector algo decepcionado. Tan seguro como estaba del origen italiano de Colón y, en cambio, qué pocos datos permiten afirmarlo, ¿no es cierto? Pues esté tranquilo, que la *prueba definitiva* aún no la hemos escrito. Veamos:

El 23 de abril de 1497 los Reyes Católicos, Isabel y Fernando, concedieron a don Cristóbal Colón la facultad de instituir un mayorazgo de sus bienes, de forma y manera que estos pasasen tras su muerte a su primogénito. Y aquí arranca una de las más fuertes polémicas sobre esta cuestión, y también es una de las que nos permiten abundar en la idea de una extraordinaria trama siniestra alrededor de la figura de este sujeto singular. ¿Por qué? Pues porque los historiadores oficiales aseguran que el día 22 de febrero de 1498, en Sevilla, Cristóbal Colón firmó la creación de ese mayorazgo, entre cuya literatura se encuentra la frase clave de todo este embrollo, pues escribió el Almirante:

> ... mando al dicho Diego, o a la persona que heredase el dicho Mayorazgo, que tenga o sostenga siempre en la ciudad de Génoba una persona de nuestro linaje [...] pues de aí salí y en ella nazí.

¡Más claro, imposible!, ¿no creen?

Pero nada de lo que parece claro lo es en todo lo que a Colón se refiere.

Autores como Alfonso Philippot aseguran que, en realidad, *hasta el 1 de abril de 1502 no procedió a instituir el mayorazgo*. Y como prueba, leamos lo que el propio Colón escribió en su testamento, fechado en Valladolid el 19 de mayo de 1506:

> Cuando salí de España el año de quinientos e dos fize una ordenanza e mayorazgo de mis bienes...

¿Qué es lo que ocurre aquí? ¿Nos quedamos con el documento de 1498 o con el de 1502?

Y mientras duda el lector, permítame que le muestre otro rincón oscuro de esta historia, citando de nuevo a Philippot: *Inexplicablemente, el documento de 1502 desapareció a raíz de la muerte del testador*. En consecuencia, la transmisión de la herencia se hubo de hacer siguiendo el testamento de 1506, que excluía a las hembras de esas riquezas, salvo, añade ese investigador, *en el caso de que se extinguiera totalmente la línea masculina* (lo que ocurrió el 28 de enero de 1578, recuerda la misma fuente, cuando el bisnieto de Cristóbal Colón, Diego Colón y Pravia, falleció sin tener varón a quien ceder el testigo, lo que provocó pleitos entre los herederos).

Según Philippot, de esos pleitos familiares surgió la idea de dar crédito a un dudoso documento, el de 1498, justo en el que Colón escribe, supuestamente, haber nacido en Génova.

Otros investigadores de la figura de Colón, como Salvador de Madariaga, se muestran en la misma línea:

> ... el acta de mayorazgo de 1497-98 no puede aceptarse como auténtico.

Se pregunta Madariaga cómo es posible que Colón no mencione en ese texto a su familia genovesa y se insista en que sean los Colón, y no los Colombos, quienes sean herederos de su fortuna. Además, también Colón pide en ese documento que su familia tenga en esa ciudad siempre casa abierta, lo que resulta sorprendente, porque su supuesta familia Colombo vive allí y allí tiene haciendas. ¿Para qué iba a necesitar más casas y parentela?

Concluye Madariaga, y con él otros, como Ricardo Sanz García, que se trata de un *documento amañado*, pues *no existe en los papeles de Colón ni en los de sus hijos referencia alguna a este acta.*

¿Quién fue el falsificador y por qué? La segunda parte de la pregunta se responde más fácilmente que la primera: lo falsificaron para que determinadas personas controlaran el legado del Almirante. ¿De quién fue la mano criminal? Según Beltrán y Rózpide, el falsificador fue Baldassare Colombo, que pretendía que Colón y Colombo eran la misma persona, lo que a nosotros, en cambio, no nos parece tan claro.

Y para colmo, con fecha 28 de septiembre de 1501 se produce la Confirmación Real del dichoso mayorazgo, y resulta que hay también gato encerrado. Y es que Philippot subraya que en ese texto se cita al príncipe Juan como si viviese (cuando resulta que había muerto el 4 de octubre de 1497), *y está firmada por el secretario Fernando Álvarez de Toledo, personaje que había cesado en su cargo en 1497.*

Y por si no es suficiente, añade la misma fuente, de esa Confirmación Real tan dudosa *se conservan en Simancas dos copias análogas, que contienen únicamente la primera y la última hoja del documento en cuestión; faltando, en tal caso, lo más importante, como debe serlo el propio original.*

De nuevo la mano negra embadurna la escena...

Por tanto, el gran documento atribuido a Cristóbal Colón donde él mismo dice haber salido de Génova tal vez sea falso, o al menos ya nos provoca urticaria al acercarnos a él. Pero ¿y las actas notariales de marras? ¿No prueban que hubo un Christoforo Colombo? Por supuesto que sí, solo que también habría que tener en cuenta alguna puntualización, como esta de Philippot:

De las catorce actas notariales en las que se habla de Christoforo y sus hermanos, la mitad carecen de originales o copias legalizadas; siendo muy significativo el hecho de que los propios genovistas duden de su autenticidad.

Más sombras sobre Génova

Los defensores de la cuna genovesa para el Almirante sin rostro argumentan en su favor, como lo hace Consuelo Varela, que *fue a la Banca genovesa de San Jorge —y no a ninguna otra— a quien dejó* (Colón) *el encargo de velar por los intereses económicos de sus descendientes.* Y también se recuerda que se carteó frecuentemente con Nicolò Oderigo, embajador ligur ante los Reyes Católicos. Pero lo que se ha de recordar de inmediato es que en todas esas cartas el enigmático Almirante escribió en castellano, jamás en italiano, aunque el asunto de la lengua de Colón lo vamos a dejar para analizarlo en páginas posteriores, puesto que requiere de nosotros una caricia y no un brusco entrechocar de manos.

Por lo demás, de ser genovés nuestro hombre, habría de tener, suponemos, muchos amigos compatriotas de los innumerables que había en este país entonces, ¿no creen? Sin embargo, ¿ocurrió así?

La italiana era la colonia extranjera más abundante e influyente económicamente en las tierras de los católicos monarcas, que, con tanto expulsar a todo judío y a todo musulmán que se encontraron por delante, se habían quedado huérfanos de banqueros. De hecho, la propia Varela confiesa que la creación del Tribunal de la Santa Inquisición en 1485 no se debió tanto a que los monarcas fueran unos meapilas como a que *los judíos eran los banqueros de los grandes nobles andaluces, mucho más ricos que la propia monarquía.* Por tanto, con su expulsión no se buscó menguar el número de creyentes de Yahvé, que había devenido en perro flaco al que todo eran pulgas, sino aserrar por la rodilla la economía de esos nobles que andaban dando sombra a los soberanos.

Pero, claro, sin maravedíes judíos, ¿a quién podían acudir los monarcas para pedir préstamos e hipotecas? Pues a los cambistas italianos. Y además, las modas no llegaban entonces de París, sino de Italia, y su Humanismo, al que reverenciaba el rey Fernando, hizo que muchos intelectuales de esa nación se empadronaron por aquí. Y entre esos italianos había genoveses, y muchos, especialmente en Sevilla. Y en Sevilla tenían barrio, banco y consulado propios.

Pero, mira tú por donde, Colón no se roza mucho con los de su supuesta ciudad de origen, y hasta Varela lo tiene que reconocer:

> Sorprende no ver al futuro Almirante colocado entre las filas de los acaudalados mercaderes genoveses, ni vivir entre sus compatriotas.

¿Cómo es posible tal cosa? ¿Cómo un pobre emigrante genovés resulta que prefiere la compañía de todo el mundo menos la de los genoveses?

Es más, cuando hace amistades italianas las prefiere de Florencia, como fue el caso de Juanoto Berardi —Varela lo explica diciendo que este había vivido en Portugal, como Colón, antes de llegar a España y que era empleado de un gran comerciante florentino, con lo que Colón tal vez lo trató por interés—. Y si no son de Florencia, son de Novara, en el Piamonte, como sucede con el misterioso fray Gaspar Gorricio, un cartujo que veía pasar la vida en el convento de Santa María de las Cuevas de Sevilla y cuyo papel en todo este endiablado asunto bien merece unos renglones.

Gaspar Gorricio pintará, y mucho, en la vida de la primera cepa de Colón, de todos ellos. Colón sostuvo con él la más abundante correspondencia suya que se conserva (doce cartas), superada solo por la que intercambió con su hijo Diego (dieciséis billetes). Sin embargo, no hay rastro de las cartas —que suponemos que las hubo— de los hijos al Almirante, y sí en cambio una del frailuco a Colón fechada el 3 de marzo de 1502.

El cartujo guardaba los dineros y los documentos de la familia en su ausencia, lo que resulta curioso, puesto que las únicas amistades genovesas que tuvo Colón en Sevilla fueron banqueros, pero ni a ellos confió don Cristóbal sus más secretos documentos. Es más, insta a sus hijos a confiarse solo al cartujo, y a ellos escribe:

> Todos mis privilegios y escritos quedan a fray don Gaspar y una escritura de ordenación de mis bienes para si menester fuera en algún tiempo.

Los Colón acuden de continuo a este fraile y a su monasterio para reposar, depositar sus bienes, sus papelotes, sus secretos..., se diría que su vida toda. Y como prueba, esta carta de Diego Colón tras la muerte en 1514 de su tío Bartolomé en Santo Domingo:

Fachada de la supuesta casa de Cristóbal Colón en Génova.

> ... y porque en las Cuevas él (Bartolomé) tiene un arca que en el poder del padre don Gaspar está, çierta cantidad de dinero y en un talegón están çiertas barras de oro dentro cual está escripto en ellas la cantidad...

¿Qué tenemos aquí? Una familia de presuntos emigrantes genoveses que, a pesar de haber muchos paisanos suyos flotando por Sevilla, prefiere la compañía de españoles que de ligures. Y cuando se hace amigo de un italiano, prefiere serlo de un monje piamontés que de un paisano. Es más, el inquietante fraile jugará también un papel estelar cuando traen al Almirante a Sevilla, años más tarde, con los pies por delante desde Valladolid, como ya veremos.

Sin embargo, ¿qué pago recibe el fraile de los hijos de Colón? Nuevo misterio: no le dedican ni siquiera una maldita línea a este buen vasallo del Almirante que se fue al cielo de los cartujos en diciembre de 1515, sin que tengamos noticia de que haya regresado todavía.

¿Un marino genovés hijo de un tejedor? Eso dicen, pero ¿y el resto de la familia?

Aunque de ellos hablaremos más adelante, en especial de los dos hermanos que juegan algún papel en esta trama —Bartolomé y Diego—, nada sabemos de los otros dos, de los que las actas de marras tanto anuncian —Juan y Bianchinetta—. Es más, cuando se dejan caer por tierras de España unos presuntos sobrinos de don Cristóbal a quienes dieron el nombre de Juan Antonio y Andrea, el Almirante los despacha con indiferencia, y más harán de sirvientes que de parientes del Descubridor. Y aunque es cierto que Juan Antonio interpretó el papel de capitán de un barco en el tercer viaje colombino, otros también fueron con igual cometido sin ser parientes. En cuanto a Andrea, no pasó de ser escudero.

¿Por qué ese trato del Almirante? ¿No eran parientes suyos? ¿O debemos escribir la frase sin signos de interrogación para mejor acertar?: no eran parientes suyos.

No eran parientes suyos, tal vez porque nunca lo fueron los Colombo de Génova, y ni siquiera Christoforo Colombo fue Cristóbal Colón, posiblemente, que fue otro. O eso nos parece. Ahora bien, ¿quién otro pudo ser?

Eso es más difícil de responder, pero déjenme confesar mi incredulidad ante el hecho de que el Descubrimiento de América llegara a Italia a través de la pluma de Aníbal Zennaro, mente a sueldo de los Sforza, el 9 de abril de 1493, y no de primera mano del propio Almirante, al cual nadie recuerda al poco tiempo ni en Italia ni en ninguna otra parte. Es decir, que no es el supuesto genovés quien cuenta a sus compatriotas lo que ha descubierto, sino otra persona. ¿Qué mano negra mece la cuna del Almirante y el resto de su historia?

Pero hay más sombras sobre Génova.

Vamos ahora de la mano de Gabriel Verd para preguntarnos, aunque más habrá que golpear después en este clavo, ¿cómo un humilde hijo de tejedores osa exigir privilegios extraordinarios a los Reyes Católicos en las *Capitulaciones de Santa Fe*? ¿Por qué jamás se ocupa, por ejemplo, de su supuesta hermana Bianchinetta? ¿Cómo un alguien tan dado a la literatura epistolar como Colón jamás escribió a su padre, ni siquiera tras tan sonoro descubrimiento, cuando hay actas notariales que permiten afirmar que su presunto padre, Domenico, vivía aún en 1494? ¿Cómo es que Génova no mueve un músculo para homenajear a su héroe?

Por lo demás, el testamento de la reina Isabel, que se fue al cielo de los reyes que han sido católicos el 26 de noviembre de 1504 y tampoco

—como el fraile cartujo Gorricio— parece ser que haya vuelto nunca, bien claro dice que no había que dar cargo, título ni prebenda alguna a los extranjeros en América:

> E que por las ordenanzas d'estos dichos mis reyes fechas por los reyes mis progenitores está mandado que las alcaydias e tenencias e gobernación de las çibdades e villas e lugares [...] no se den a estrangeros...

De ser así, ¿cómo explicar los títulos, ministerios e incumbencias exorbitantes que el Almirante ganó en las *Capitulaciones de Santa Fe* para sí y sus descendientes? ¿O tal vez, y esa es harina de un futuro costal por destripar, se debe entender a Colón como extranjero en Castilla, con lo que el mote valdría también para un súbdito de la Corona de Aragón?

Curiosamente, los extranjeros que querían *nacionalizarse* en aquel tiempo —por decirlo en términos coloquiales— solicitaban la *carta de naturaleza*. Pero Colón jamás lo hizo. Y Verd toma prestada una cita del historiador Rumeu de Armas que aquí se reproduce para emborronar aún más el retrato del Almirante sin rostro:

> Era norma establecida en el derecho público castellano que en las cartas de naturaleza se hiciera constar siempre la nacionalidad de origen.

Pero resulta que ese precepto siempre se cumple, menos cuando la solicita el hermano de don Cristóbal, Diego Colón, quien pide esa merced y se la dan con toques de clarines y trompetas en Medina del Campo el 8 de febrero de 1504, pero una mano invisible actúa para que no aparezca la nacionalidad de origen:

> Don Fernando e doña Isabel, por la gracia de Dios [...]. Por hacer bien e merced a vos don Diego Colón, hermano del Almirante don Cristóbal Colón, e acatando vuestra fidelidad e leales servicios que nos habéis fecho, e esperamos que nos faréis de aquí adelante, por la presente vos facemos natural destos nuestros reinos de Castilla e de León, para que podáis haber e hayáis cualesquier dignidades e beneficios eclesiásticos que vos fueren dados, e podáis gozar e gocéis de todas las honras e gracias e mercedes e franquezas e libertades, exenciones e perrogativas e inmunidades, e de todas las otras cosas e cada una dellas que podiades e debiades haber e gozar si fuésedes natural de los dichos reinos e señorios...

> Dada en la villa de Medina del Campo a ocho días del mes de febrero, año del Nacimiento de Nuestro Señor Jesucristo de mil quinientos e cuatro años...

Luego firman la reina y el rey, además del secretario real. Pero ni rastro del lugar de nacimiento del interesado. ¿Quién se tomó la molestia de vulnerar la norma del derecho que citaba Rumeu de Armas? ¿Qué se oculta tras toda esta trama?

Y aún hay más, como casi siempre ocurre al hablar del Almirante.

Sucedió que en 1511 el hijo de don Cristóbal, Diego, en el fragor del pleito que entabla con la Corona de Castilla, del cual habrá que decir algo en otros capítulos de este libro, reclamó para sí los derechos de su padre. Y ocurrió que el fiscal se negó a ello y, sujétense en sus asientos, el funcionario esgrimió estas razones:

Iglesia del monasterio de Santa María de las Cuevas, en La Cartuja.

> [eso solo lo podían disfrutar] los nacionales, vasallos y vecinos del reino, y los extranjeros que llevaban diez años de residencia en el país como domiciliados [...].

Y añade que esas eran circunstancias que no concurrían en la persona del Almirante: *Pues el dicho don Cristóbal Colón hera extranjero, no natural, ny vecino del reino, ni morador en él.*

Si era extranjero, y recordando lo que dejó dicho la reina sobre dar cargos a forasteros, ¿cómo es que Colón fue Almirante de la Mar Océana y Virrey en las Indias?

Por lo demás, y en eso nos detendremos más tarde, porque mucho queda por decir de los primeros años mozos de nuestro escurridizo personaje; si fue retoño de una humilde familia de tejedores, ¿de dónde le vino la ciencia al marino? ¿Cómo fue que aprendió a escribir y tan bien lo hizo? Y siendo el Almirante que finalmente fue, tuvo una de las bibliotecas más cuidadas de su momento, algo quizá no alejado de su presupuesto, pero sí de la sensibilidad de un hombre sin formación amamantado por la mujer de un tejedor genovés.

Dos brochazos más de oscuridad sobre las aguas de Génova: hay datos que nos hablan del joven Christoforo Colombo por Italia hasta 1473, y comoquiera que de él dice la ortodoxia que nació en 1451, resultaría que aún andaba por sus tierras hecho un pollo de 22 años, con lo que mal podría haber realizado los viajes que él mismo dejó escrito que hizo. De modo que ni marino, ni estudios ni gaitas. ¿Dónde ponemos entonces esta frase que don Cristóbal dejó escrita para fastidio de muchos en el *Libro de las Profecías*: *De muy pequeña edad entré en la mar navegando...*?

En resumen, que hay pruebas documentales incuestionables de la existencia de Christoforo Colombo y de su familia de tejedores, pero lo que no está claro es que esa fuera la familia del Descubridor ni que su verdadero nombre fuera Christoforo. Es más, personalmente me han entrado dudas de que este hombre sin facciones se llamase Cristóbal Colón, pero denos licencia el lector para retrasar el debate.

Las mentiras del hijo del Almirante

De las dos mujeres que parieron a los dos hijos de don Cristóbal nos ocuparemos en capítulos que aún vemos en el horizonte, y lo mismo ocurrirá con sus dos hijos, Diego y Hernando, los cuales ya han sido mentados en el primer acto de la trama que estamos pergeñando ahora. No obstante, a don Hernando hay que meterlo bajo el cristal del microscopio ahora mismo, pues su ya citada *Historia del Almirante* tiene mucho que aportar sobre la cuna de su padre. Bueno, en realidad no aporta nada, y eso es lo verdaderamente enigmático.

Y es que, cuando todos esperábamos que las disputas de historiadores y cronistas quedaran definitivamente acalladas por la autorizada voz de quien mejor debía conocer a su padre, su propio hijo, resulta que nos encontramos con que el hijo es más mentiroso aún que el autor de sus días, o al menos igual de ladino. Veamos.

Atrás dejamos dicho que la obra de don Hernando no encontró editor en España y que hubo que esperar al año 1571 a que viera la luz en Venecia. Para entonces, don Hernando, nacido en Córdoba el día 15 de agosto de 1488, hacía años que se había ido al cielo al que van los hijos mentirosos de los almirantes sin rostro —y tampoco ha vuelto—. La muerte le dio el susto fatal el 12 de julio de 1539.

La mano siniestra que ronda la vida del Almirante también embadurnó de incertidumbre esta obra, que, por cierto, solo vio la luz debido a las deudas que tenía entonces Luis Colón, sobrino de don Hernando, y que le hizo vender el manuscrito al genovés Baliano de Fornari hacia 1561. Y es allí, en Italia, donde increíblemente, y solo en italiano, se publica la biografía del gran héroe de las Coronas castellana y aragonesa. ¿Cómo es posible tamaño olvido? (la primera versión castellana conocida habrá de esperar hasta el año 1749 gracias a A. González Barcia).

El caso es que todos hubiéramos esperado que un hijo supiera alguna cosa de su padre y tratara de acabar con las polémicas que, según el propio Hernando, lo llevaron a escribir esta biografía, pues se lamenta del maltrato que están padeciendo los datos históricos en manos de otros cronistas. Pues siendo así, ¿qué mejor ocasión para aclarar el embrollo de una vez por todas? Pues, en lugar de eso, hace todo lo contrario.

Al principio, Hernando nos da muchas esperanzas, pues bien claro deja dicha su autoridad en la materia:

> Como soy hijo del Almirante don Cristóbal Colón...

Pero es casi la única verdad que dice el amanuense, pues a partir de ahí se descuelga primero con la peregrina propuesta de que Colón tenía ilustres antepasados que se remontaban ni más ni menos que a

Cornelio Tácito, quien, habiendo apresado al rey Mitrídates, consiguió para los Colón grandes dignidades en la vieja Roma. Y se queda tan ancho don Hernando.

A partir de ahí se desliza por un tobogán por el cual bajaremos, sin freno alguno de la razón, cuando analicemos la personalidad esotérica y mesiánica de Colón, pues nos dice de él que *había sido elegido por nuestro Señor para hacer algo tan grande como lo que llevó a cabo*. Y sin darnos respiro, dispone todo lo necesario para asemejar a su progenitor con los grandes profetas, con la sangre real de Jerusalén y con quien haga falta. Y sin que se le salten las muelas de la risa ni haya en él atisbo de rubor, concluye el muy truhán que así se explica que nadie sepa de dónde vino el Almirante porque, como aquellos héroes, *cuanto más capacitado estaba para la gran empresa, tanto menor quiso que patria y origen fuesen conocidos*.

Y ya está. Eso es todo. Bueno, no. En realidad, luego menciona las hipótesis que otros autores ofrecen sobre dónde nació Colón —todos pueblos próximos a Génova—, y reconoce que por aquellas tierras hay armas y epitafios de los Colombo y que este *era el apellido usado por sus mayores*. Pero dejemos ahora el misterio del nombre y concluyamos con la mayor bofetada a nuestras expectativas.

En efecto, Hernando Colón, el hijo del Almirante, con quien viajó en el cuarto viaje a América, termina por decir, tras tanto aspaviento y molinillo de manos, que sobre sus abuelos *no he podido saber cómo y dónde vivían*. ¿Cómo es posible? ¿Hay quien se lo crea?

Este hombre nos está diciendo que no sabe de dónde eran su padre y sus abuelos, y la única concesión que nos hace es la de compartir con los lectores el dato de que el Almirante, en una carta, le informó de que sus antepasados tuvieron que ver con el mar. ¿Con qué mar? ¿No nos han dicho que eran unos humildes tejedores?

Y luego, con el mayor de los cinismos, se escapa por la tangente para no aclarar nada de nada, diciendo:

> Prefiero que a nosotros toda la gloria nos venga de su persona y no de andar averiguando si su padre fue mercader o si cazaba con halcón.

Y antes de echar el cerrojo al capítulo, aún tiene tiempo para confundirnos un poco más si cabe, pues nos regala la idea de que su familia era de alto copete, linaje morrocotudo y héroes de muchas medallas, pero que las guerras vinieron a agriar el caldo de la sangre, lo que no invalida, al parecer, su apuesta de no saber con certeza quiénes eran y, además, importarle un rábano sus nombres y condición.

Y aunque este es un dato que nos acompañará en páginas venideras, no podemos dejar de mencionar la cita que recupera don Hernando sacada de una carta que Cristóbal Colón envió a la aya del príncipe don Juan:

> Yo no soy el primer Almirante de mi familia. Que me llamen como quieran...

¿Cómo que no es el primer Almirante de su familia? ¿Pero no quedó dicho por la ciencia que sus manos venían de manos de tejedores? ¿Tendrá razón el hijo, que miente como Pinocho en todo lo demás, al atribuirle venerable abolengo? ¿Qué dicen los especialistas sobre semejante desatino biográfico de un hijo para con su padre?

Manuel Carrera Díaz no se hace de rogar y a las primeras de cambio avisa:

Tumba de Hernando Colón en la catedral de Sevilla.

> Saltan a la vista los numerosos errores, omisiones, reticencias e inoportunidades del texto, sobre todo en la primera parte presuntamente biográfica, difícilmente explicables en el hijo que escribe una biografía.

Y por completo de acuerdo se muestra al respecto Rumeu de Armas, quien habla de un texto *lleno de falsedades, supersticiones e invenciones*.

Por tanto, salen voces que dicen, porque mucho incomoda tanta mentira junta, que don Hernando no escribió la primera parte de la *Historia del Almirante* (capítulos I al XV), sino solo la segunda (capítulos XVI-CVIII), donde se relatan los cuatro viajes de Colón a América con el rigor de un notario. Habría, afirman, dos o más manos en este texto.

¿Dos o más manos? ¿La mano oscura que mece la cuna del Almirante? ¿O es su hijo quien colabora con el padre para mantener el rostro del Almirante sin perfiles?

En cualquier caso, permítanme que siga por el camino de la conspiración, sea esta de la familia Colón o sea de alguien que los rondó siempre.

EN EL NOMBRE DEL PADRE

Hemos hablado de Christoforo Colombo, el hijo del tejedor Domenico nacido en Génova, a lo que se ve, en 1451, y lo hemos dado por real, de carne y con los mismos huesos que todos nosotros. Pero no estamos seguros de que ese hombre fuera *nuestro* Almirante. Es más, ya amagamos la idea heterodoxa de que tal vez ni siquiera el Almirante se llamara Cristóbal Colón. ¿Quién sabe?

Hernando Colón, ya se vio anteriormente, dijo que por tierras genovesas había armas y epitafios del apellido Colombo y escribió que *ese era el apellido usado por sus mayores*. Pero de ser así, ¿por qué muda el mismo y en lo sucesivo será Colón?

Su hijo busca explicación diciendo que *por adaptarse a la patria a la que fue a vivir y comenzar nuevo estado, limó el vocablo para que se conformase con el antiguo diferenciando a los que de él procedían con respecto a todos los demás, que eran colaterales, y tomó el nombre de Colón*.

¿Qué dice este hombre? ¿Nos habla de una nueva familia? ¿Estamos hablando de un profeta y de un nuevo pueblo? En nuestra opinión, uno de los grandes enigmas de Colón, tal vez el mayor de todos, se anticipa en esta decisión del supuesto *cambio* de apellido, si es que fue tal...

Consuelo Varela, extraordinaria historiadora ortodoxa, ya había hecho notar que los Colombo Juan Antonio y Andrea poco más que servidores fueron a ojos del Almirante, y eso que se supone que eran sus parientes. ¿La razón? Ella prefiere creer que Colón cambió el apellido por *ser más cómodo de usar en Castilla*. Pero no alcanzamos a entender ese argumento, especialmente cuando sabemos —ya saldrá en su momento en este libro— que el rey de Portugal escribe a Colón usando ese apellido y no el de Colombo. Y como el Almirante estuvo en Portugal antes que en Castilla, debemos concluir que ya vino con el apellido mudado. ¿Por qué? ¿También era más *cómodo de usar* en Portugal?

Añadamos más madera al asunto apoyándonos en lo escrito por Alfonso Philippot, quien recuerda que en los documentos oficiales siempre se escribe Colón, y en algunos casos Colom, nunca Colombo. Y que el papa Alejandro IV lo llama también Colón, en ningún caso Colombo.

Exploremos en cambio una inquietante posibilidad que viene dándonos trabajo en la mollera desde hace algún tiempo y que, suponemos, puede ser objeto de enojo por parte de casi todo el mundo.

La propia Varela dice que ese cambio de apellido fue *una asombrosa premonición*. ¿Por qué? La respuesta la da fray Bartolomé de las Casas, quien recuerda que Colón significa algo así como *poblador de nuevo*. Y nos preguntamos si cambió Colón realmente su apellido o se inventó uno para adaptarlo a una profecía —luego veremos que en realidad sabía mucho más que profetizaba— por él ideada.

Si leemos con ese nuevo cristal lo que dice su hijo Hernando Colón, nos estremecemos. Parece como si nada del pasado del Almirante fuera valioso. Le importa un bledo quiénes pudieron ser sus antepasados (y, si cita algunos legendarios, es para ponernos en situación de lo que vendrá). Importa el Almirante y su nuevo apellido y su nueva descendencia. Es más, reconoce en otra parte de su obra que los actos de su padre no fueron casuales, sino *realizados por algún misterioso designio*. Por tanto, podemos suponer que el *cambio*, o tal vez elección, del nombre tampoco fue carambola de chiripa.

Y el bueno de Hernando se quita ante nuestros ojos la máscara al deslizar que Colombo significa *paloma*, el mismo animal en el que el Espíritu Santo, en días en que se lo veía con más frecuencia por el

¿Realmente Cristóbal Colón era el verdadero nombre del Almirante?

mundo, se encarnó cuando Juan bautizó a Jesús. Y don Cristóbal sería, según su hijo, la paloma que llevó la Gracia del Espíritu Santo al Nuevo Mundo.

Pero, aguarden, que aún hay más.

Nos explica el hijo del marino que Colón significa, en griego, *miembro*. ¿Miembro de quién? Pues miembro de Cristo, de donde le vendría Cristóbal.

Y en latín, Christophorus Colonus viene a ser San Cristóbal, que, como todo el mundo sabe, es representado por la iconografía cargando a hombros a Jesús a través de las aguas. Igualito que, según don Hernando, hizo su padre atravesando la Mar Océana.

¿Adónde nos conduce esta locura? Dejando de lado la explicación convencional del cambio de apellido para que fuera *más cómodo de* usar, nos lleva a un callejón con dos heterodoxas salidas posibles. La primera es que Colón cambia su apellido para ajustarlo a una certeza que él tenía y que quiso presentar como una profecía. La segunda es aún más fascinante: crea un nombre *ad hoc* para la profecía. Es decir, un nombre en clave, cifrado, que tal vez permita pensar en una trama histórica fantástica. ¿Y por qué ese secretismo? Se nos ocurren dos posibles explicaciones, ambas dignas de hereje a quien ya le suben las lenguas de la hoguera por las pantorrillas: Colón tenía algo que ocultar, o Colón poseía conocimientos herméticos y empleó juegos de palabras en su nombre debido a influencias místicas (¿tal vez cabalísticas?).

NO *PARLA* ITALIANO

Estamos dispuestos a seguir presentando pruebas de la extraordinaria trama histórica que se tejió —o fue tejida por él mismo— alrededor de este sin par marino —o lo que fuera—. Y para ello, nada mejor que demostrar que un supuesto italiano de origen no sabía, según parece, hablar ni escribir en italiano.

A pesar de que los cronistas de los siglos XV y XVI, caso de Pedro Mártir de Anglería, Gonzalo Fernández de Oviedo, Andrés Bernáldez (cura de la localidad de Los Palacios), e incluso así ocurre en la ya mencionada y sospechosa biografía de Hernando Colón, digan que nuestro hombre era de origen ligur, Colón no sabía escribir en el idioma que se supone que debía ser el suyo. Y las cartas que escribió a la banca genovesa de San Jorge o la correspondencia que tuvo con el embajador genovés en Castilla, Nicolò Oderigo, las realizó en castellano. ¿Cómo es posible?

El catedrático de Historia de América Manuel Lucena reconoce esa circunstancia, y añade algo todavía más sorprendente, como es el hecho de que *tampoco escribió nada en portugués, que fue su idioma adoptivo mientras vivió en Portugal, desde 1476 hasta 1485*. Y teniendo en cuenta, como veremos más adelante, que se casó con una portuguesa, nos ocurre a nosotros lo mismo que a este historiador, que, escribe, *no podemos imaginar que hablara en italiano con su mujer, Felipa Moniz*.

Por tanto, los historiadores *genovistas* y ortodoxos chocan contra un terrible iceberg en su intento de defender el origen italiano de Colón: un genovés que no sabe italiano, que no lo escribe ni lo habla —al menos no hay pruebas de ello—. Y eso que uno de los cronistas mencionados, Pedro Mártir de Anglería, sostiene que vivió en Génova hasta los veintidós o veinticinco años. ¿Cómo un hombre que vive hasta esa edad en su patria iba a olvidar su idioma natal?

El insigne filólogo Ramón Menéndez Pidal estudió el caso y se vio obligado a reconocer que el primer escrito que tenemos del Almirante se redactó en castellano, y eso que ocurrió cuatro años antes de que viniera Colón a Castilla. ¿Dónde aprendió nuestra lengua el supuesto genovés hijo de familia humilde de tejedores?

No obstante, Menéndez Pidal, acérrimo *genovista*, no se desmoraliza y escribe: *El interés inquietante de esta primera observación no me llevó ni por un momento a la demasiada vulgarizada hipótesis del Colón español. No perdamos el tiempo en ella.*

Lástima que no estemos de acuerdo con Pidal, y por eso es por lo que nos proponemos en breve perder tiempo, tinta, renglones y páginas en esa opción de la españolidad del Almirante. Pero, mientras tanto, citemos el burladero que encuentra el filólogo para este problema de la lengua del Descubridor: *El español no era su lengua materna, sino un idioma aprendido.*

Muy bien; si es así, estaría bien que alguien nos explicara dónde pudo aprenderlo si ya escribía en esa lengua antes de venir a España.

Consuelo Varela, desde su ortodoxia, trata de apagar el fuego diciendo que *el Almirante a lo largo de su vida pasó por varias experiencias lingüísticas diferentes,* y añade que los escritos que de él conocemos *son los que redactó cuando había sobrepasado la cuarentena.* Pero eso no parece que sea cierto si admitimos lo que dice Pidal a propósito de que Colón ya había escrito en castellano cuatro años antes de venir a España. Veamos: la tesis oficial dice que nació Colón en 1451 —algo discutible, como veremos después—, y sabemos que vivió en Portugal hasta 1485, con lo que, si había escritos suyos de cuatro años antes, entonces hablamos de un Colón que sabía castellano en 1481, más o menos. Y eso presentaría a un Colón dominando nuestro idioma no con más de cuarenta años, sino con alrededor de treinta años. Por tanto, la trama negra crece sin cesar.

Pidal llegó a decir que Colón no escribió en italiano para ocultar sus humildes orígenes, pero eso dificulta en extremo, a nuestro juicio, entender de dónde sacó tiempo el Almirante para dominar nuestro idioma y escribir con tanta soltura en él. Otros han tratado de calmar la tormenta diciendo que si Colón hubiese escrito en italiano hubiera perdido prestigio en el mundo ibérico. Pero eso, cosa que además no entendemos muy bien, no explica el motivo por el cual no escribió en italiano, ni siquiera a otros italianos.

Lo más parecido al italiano en que escribió alguna vez Colón y que haya llegado a nosotros es un extrañísimo manuscrito de 57 palabras que los *genovistas* acunan con mimo en la *Raccolta*, pero que en realidad es una mezcla nada potable de vocablos castellanos, portugueses y algo parecido al italiano. Y tan raro es que ni los más acérrimos pueden pensar en que sea ese idioma. Madariaga dijo al respecto que es *tan disparatada que solo puede explicarse por un momento de aberración mental*.

También se ha intentando explicar esta increíble circunstancia de un italiano que no se sabe su lengua apelando a que los marinos de aquellas épocas, de tanto estar de puerto en puerto, no solo tenían

Grabado medieval que representa el puerto de Génova.

amores en cada uno de ellos, sino que además aprendían mil y una lenguas. Ahora bien, ¿le parece al lector que eso explica que un hombre de más de veintidós años olvide el abecedario en el que lo amamantó su supuesta madre Susana Fontanarossa?

Para entender en toda su complejidad el problema en que mete este siniestro sujeto a los que defienden su origen italiano, hay que decir que incluso en ejemplares escritos en latín que leía, como, por ejemplo, una edición de la *Historia* de Plinio, Colón hizo las anotaciones en castellano. Y hay también testimonios inexcusables de que sabía hablar en catalán y en latín. Madariaga, por ejemplo, indica que *cuando su latín era malo, lo era a la manera española.*

Entonces, se interrogará el lector, ¿debemos concluir que Colón nació en Castilla, puesto que era en ese idioma en el que se comunicaba? Pues no se puede decir con alegría tampoco eso, puesto que Colón es blanco y negro, un *beausant* templario sobre la mar. Nada es lo que parece, y como prueba, leamos lo que fray Bartolomé de las Casas escribió al respecto:

> Todas esas son palabras del Almirante con su humilde y falto de la propiedad de vocablos estilo, como que en Castilla no había nacido.

Es más, el fraile va más lejos en sus observaciones al indicar que el extraño castellano que usa Colón lleva a pensar que *no fuese lengua materna del Almirante.*

Solo Dios sabe el año de su nacimiento

Cerremos con llave el candado de este primer capítulo que comienza a emborronar el clásico retrato del Almirante alertando sobre otro inquietante enigma: nadie sabe cuándo nació nuestro hombre.

Sí, es cierto que hemos indicado que los *genovistas* sostienen que la efeméride ocurrió en 1451 y que Colón murió por tanto en 1506 con cincuenta y cinco años de edad, pero eso no está del todo claro, como todo lo demás.

Esa creencia se basa en un acta notarial dictada en Génova en 1478 en la que Christoforo Colombo (ojo con la precisión, pues no negamos que ese tipo existió, y seguro que sí sabía hablar y escribir en italiano) declaraba tener veintisiete años de edad en ese momento, con lo que la cuenta es bien simple: había nacido en 1451.

Pero, de ser así, ¿cómo podemos comprender esta carta que Cristóbal Colón escribió a los Reyes Católicos en 1501?:

> Muy altos reyes: de muy pequeña edad entré en la mar navegando y lo he continuado fasta oy. La mesma arte inclina a quien le prosigue a desear de saber los secretos d'este mundo. Ya pasan XL años que yo voy en este uso. Todo lo que fasta oy se navega lo he andado.

Es evidente que tenemos un problema, puesto que si las actas genovesas nos presentan a Christoforo Colombo por su ciudad con más de veintidós años, ¿cómo escribe Colón que ya *de muy pequeña edad entré en la mar navegando*? Es más, si pasó cuarenta años navegando, como indica en la carta, eso supone que ya andaba de grumete en 1461; es decir, con diez años de edad, con lo que otra vez encontramos dificultades para hermanar la estancia de Christoforo Colombo en Génova hasta tener más de veintidós años y la de este Colón que, dice, con 10 años estaba navegando por el mundo, aunque fuera fregando las ásperas tablas de cualquier cubierta.

Pero si esos fueran los únicos problemas sobre su nacimiento, Colón nos defraudaría, y Colón jamás defrauda.

En una carta que remite a los Reyes Católicos el 14 de enero de 1493 les dice: *... después que yo vine a les servir son siete años agora a veinte días de enero este mismo mes*. Es decir, que habían transcurrido hasta 1493, momento en que escribe esa carta, siete años desde que llegó a España a servir a Fernando e Isabel, por lo que entendemos que vino en 1486, aunque eso tampoco está claro. Pero sigamos...

En otra carta al rey Fernando fechada en 1505, este enigmático marino asegura haber permanecido catorce años en Portugal tratando conseguir que el rey luso apoyase su proyecto. Y el 21 de diciembre de 1492 dejó escrito en su diario:

> ... he andando veintitrés años en la mar sin salir de ella tiempo que se haya de contar.

Y en otra carta que dirige a su hijo Diego le confiesa haber comenzado a navegar con catorce años (no con diez, que sería lo que nos obligaría a pensar la fecha de nacimiento genovesa).

Con todo lo dicho, recogemos la propuesta que hace Antonio de la Riva sobre este singular asunto y que se resumiría así: si Colón escribe en 1493 que hace siete años que está al servicio de Isabel y Fernando, hemos dicho que llegaría entonces en 1486, aunque tal vez antes estuvo en La Rábida y por tanto llegó a España en 1485. ¿De acuerdo? Prosigamos.

Luego dice que estuvo en Portugal catorce años para ver si el rey del país le daba los cuartos necesarios para su proyecto, con lo que debió llegar a Portugal en 1472, pero para entonces ya había estado, según dejó escrito, veintitrés años navegando, oficio en el cual se inició a los catorce años, tal como dejó dicho a Diego. Y así, caminando como el cangrejo, hacia atrás, en la biografía de este extraño hombre llegamos a la conclusión de que nació en 1435 ó 1436.

¿Creen que estamos locos?

No del todo, pues el cronista Bernáldez asegura que Colón falleció con setenta años de edad, y Fernández de Oviedo menciona que tenía *edad avanzada* cuando murió. Y si a 1506, año de su muerte —que es de lo poco seguro que tenemos entre nuestras manos en este endiablado asunto— le restamos setenta años de vida, en efecto parece que nació en 1436.

¿Tendremos por fin un clavo sólido al que agarrarnos? ¿Si Christoforo Colombo había nacido en 1451 y el hombre que se hizo llamar Cristóbal Colón vio la luz en 1436, podemos decir claramente que eran dos personas diferentes? ¿Quién sabe? En lo que al Almirante toca, jamás hay seguridades, y sí en cambio tenemos frente a nuestra proa capítulos que acechan armados hasta los dientes dispuestos al abordaje y a proponernos esta pregunta: ¿Quién era en realidad este hombre?

CAPÍTULO 2

Regreso al pasado

... e que de cualquier determinación que sobre mí se tome, sobre en qué familia vine al este mundo, e que de todo lo que sobre el dicho caso fiziesen y dijesen, aquí dejaré claro que, no porque me vieran estrangero i pobremente vestido en un tiempo, fuilo siempre así. Y quienes así lo pensasen y dije-sen, sepan que tal vez en mucho yerran y que muy mucho gran tormento dan a mi imaginación y caminan en la oscuridad, lejos de mi noble cuna...

(*Diario secreto del Almirante sin rostro*)

Me sentía igual a las dos coronas...

(CRISTÓBAL COLÓN)

LA ESCUELA

ESTAMOS dispuestos a apostar por una versión de la figura del Almirante Colón empañada hábilmente por sus manos o por las de otros hasta poder afirmar, con riesgo a que el fuego que ya nos caldea nos queme del todo en una pira inquisitorial, que esta cuyo bosquejo aquí se ofrece es una de las mayores intrigas históricas de todos los tiempos. Y como muestra, otro botón: ¿dónde aprendió tanto como él mismo decía saber?

Hernando Colón, su hijo, escribió en *Historia del Almirante* que su padre, *en su tierna infancia aprendió letras, y estudió en Pavía*. Pero nadie, ni los *genovistas*, se creen esta nueva patraña presuntamente escrita por Hernando.

Manuel Carrera trata de ser generoso y argumenta que *o la frase no es de don Hernando, o se trata de una errata de imprenta en la que tal vez se debiera leer, como sugieren algunos estudiosos, «in patria» en vez de «en Pavía»*. Pero eso lo escribe Carrera porque es benévolo con Hernando. Más dura es, en cambio, Consuelo Varela, para quien esas informaciones del hijo menor del Almirante son falsas. Y añade que *parece poco probable que sus modestos padres se hubieran podido permitir el lujo de costearle estudios literarios ni científicos*.

Evidente. La ortodoxia tiene que decir eso, no le queda más remedio, pues de lo contrario resulta imposible entender que unos humildes tejedores hubieran tenido la bolsa lo suficientemente sonante como para que uno de sus hijos (recuérdese que la teoría oficial dice que

¿Dónde obtuvo Colón sus conocimientos científicos? Fresco del Monasterio de La Rábida.

hubo cuatro bocas más que alimentar en la humilde casa genovesa) aprendiera todo lo que el propio Almirante dejó escrito a los Reyes Católicos que sabía:

> [Dios] hízome muy experto en náutica, y diome de astrología lo suficiente, así como de geometría y aritmética [...] unas manos aptas para dibujar esta esfera...

Si no fue en la Universidad de Pavía, ¿dónde aprendió tanta ciencia junta don Cristóbal?

Consuelo Varela responde que todo ocurrió *en cualquiera de las escuelas que exclusivamente para hijos de tejedores existían en la ciudad.*

Sin embargo, otra vez la mano negra que todo ensombrece alrededor de Colón nos deja perplejos, puesto que si aprendió de niño en una escuela para hijos de tejedores (y mucha ilustración me parece a mí que es esa como para tan humildes pupitres), eso debió ser porque de niño anduvo por esos pagos, pero ya nos contarán entonces cómo encajamos esta frase del Almirante en toda esta historia: *De muy pequeña edad entré en la mar navegando y lo he continuado fasta hoy.*

¿Cómo pudo aprender nada si estaba oliendo el salitre de los mares desde incógnitos buques?

Y aunque Hernando Colón, para darle betún a la vida de su padre y hacer que brille como la del mejor patricio, diga que el Descubridor nunca ejerció el arte de *la mecánica de las manos*, la ortodoxia sale al cruce de esa afirmación y la niega, y al mismo tiempo pretende resolver el acertijo de cómo pudo formarse en Génova el enigmático personaje, puesto que se cree que ejerció diversos oficios hasta 1473. Por tanto, regresamos por donde vinimos: dicen que con veintidós años aún estaba en Génova, con lo que dejan en feo al Almirante, que se pintaba a sí mismo hecho un lobezno de mar *desde muy temprana edad.*

Y aunque sobre ello habrá que insistir en páginas venideras, vuelve a quedar claro el lío monumental que a sus espaldas, como estela de mar embravecido, dejó la vida de Colón. No hay acuerdo aquí tampoco. El hombre sin rostro carece también de *expediente académico.*

EL NÁUFRAGO

Irrumpe al fin en la escena histórica Cristóbal Colón: ¡Portugal!

Pero ¿es tan sencillo? Por supuesto que no. Nadie sabe con certeza si quien llega, al parecer a nado, como ahora se verá, a Portugal es

Christoforo Colombo o es otra persona. Es más, esa sospecha suicida que viene coqueteando con nosotros desde hace un tiempo nos lleva a rastrear en la mitología los mil y un casos de héroes, semidioses o dioses del todo que arribaron un día a las costas de cualquier parte para enseñar cuanto sabían, para guiar, pastorear a los hombres y llevarlos por senderos de gloria. Son los Oannes babilónicos, los Noés bíblicos y todos sus parientes.

Un día, uno más, de esos monótonos que la vida de los hombres amontona hasta hacer de ellos gavillas de años y puentes hacia la muerte, los dioses irrumpen. Y suelen hacerlo bien por aire o bien por mar. Y así, como un nuevo dios, un profeta llegado de ninguna parte cierta, como ya se vio y aún más claro se verá, aparece un desconocido. ¿Es Christoforo Colombo? ¿Es Cristóbal Colón? ¿Son los dos el mismo hombre? ¿Es el segundo nombre creado por un hombre endiosado?

Todo ocurrió, según la versión oficial, más o menos así:

Christoforo Colombo había entrado en contacto con la mar y con quienes en ella viven, los marinos de todas las especies —áspera la voz, cuero en las mejillas, mugre entre las uñas y ojos llenos de horizonte— hacia 1470, cuando, al parecer, su padre *oficial*, Domenico, se hace con una taberna en Savona. Y al poco tiempo aquellas gentes fascinan al muchacho y no tarda, dicen los historiadores *serios*, en entrar al servicio de los Centurion y los Di Negro, mercaderes pudientes.

Colón, se nos dice, estuvo al servicio de Renato de Anjou. Y el propio Descubridor así se lo cuenta a los Reyes Católicos en una carta fechada en enero de 1495. Y esas mismas fuentes nos dirán que cuando contaba con 24 años de edad se encontraba a bordo de una nave de las cinco que integraban una flota propiedad de Spínola-Di Negro en viaje desde Génova a Inglaterra. Y he aquí que, llegados al cabo de San Vicente, una escuadra francesa se interpone, osa, reta, ataca, aborda, se oyen los gritos y vuelan los garfios. ¡Es la batalla!

De resultas de los mamporros, algunas naves quiebran, se van al fondo y se llevan con ellos a muchos marinos, pero Dios está con el *semidiós* Colón y lo salva, naturalmente. Y así lo dejó escrito Bartolomé de las Casas:

> [él] era muy buen nadador y pudo haber un remo que a ratos le sostenía mientras descansaba, y así anduvo hasta llegar a tierra, que estaría a poco más de dos leguas… Así llegado Cristóbal Colón a tierra, a algún lugar cercano de allí, y cobrando algunas fuerzas del tullimiento de las piernas de la mucha humedad del agua y de los

> trabajos que había pasado, y curado también por ventura de algunas heridas que en la batalla había recibido, fuese a Lisboa, que no estaba lejos.

La versión oficial sitúa, pues, a Colón en Portugal en forma de náufrago con veinticuatro años de edad. Consuelo Varela indica que allí permaneció hasta los treinta y tres años. Sin embargo, como ya dijimos, esas fechas no cuadrarían con lo que por aquí y por allá fue escribiendo Colón para borrar sus huellas, puesto que ya señalamos que afirmó haber permanecido en Portugal catorce años a la espera de que el rey luso le financiara su iniciativa descubridora. Y como de veinticuatro a treinta y tres no van catorce, es obvio que tampoco casan ahora las fechas. Pero sigamos, puesto que tampoco hay muchas certezas más sobre el *semidiós* naufragado.

No está claro si Colón formaba parte de la tripulación veneciana o, por el contrario, estaba en el bando opuesto. Hernando Colón lo vincula a un marino *muy conocido en los mares,* nos dice. Se llamaba Colón el Mozo o el Joven (en realidad su nombre era Jorge Bissipat o Jorge el Griego, y no parece que haya sido pariente de Colón en modo alguno). Con ese marino, según Hernando, navegó su padre *durante mucho tiempo.* Y según el relato que leemos en *Historia del Almirante,* Colón no lucha en el bando veneciano, sino en el contrario. ¿Cómo es posible? Otra vez la mano siniestra oculta con su velo la vida de nuestro hombre.

Consuelo Varela cree que Hernando se equivoca, y que el combate entre las naves venecianas y el corsario francés *tuvo lugar en 1485, fecha en la que ya Colón se encontraba en España.* La prestigiosa historiadora prefiere dar crédito a lo relatado por el cronista de aquella época, Pedro Mártir de Anglería, quien afirma que dicho combate se desarrolló el día 13 de agosto de 1476, y que enfrentó al corsario francés Gillaume de Casenove y una flotilla veneciana, en la que viajaba Colón.

En realidad, todo el debate procede de dos combates diferentes (años 1476 y 1485) y de dos bandos distintos (en el primero, el corsario francés Guillaume de Casanove, o Colombo el Viejo, lucha contra cuatro naves genovesas; en el segundo, el corsario Colombo el Joven se enfrenta a cuatro galeazas venecianas).

Por tanto, otro enigma más: ¿en qué bando estaba Colón? ¿De qué combate hablamos? ¿En qué fecha sucedió? ¿De dónde diablos viene este Cristóbal Colón? ¿Era un corsario o era un marino mercante? Es más, tal y como señala Manuel Lucena: *¿Por qué no forma parte de la* *lista de los tripulantes genoveses?* Y Gabriel Verd también se muestra crítico con esa idea y añade más madera a esta hoguera misteriosa al afirmar que, tras el combate, *dos naves genovesas que lograron salvarse se refugiaron en Cádiz, y Colom no se fue con ellas, sino que se quedó en Portugal.*

Está claro que jamás sabremos la respuesta a esas preguntas, pero al menos podremos acercarnos con mucho más tiento a lo que se ha dicho sobre don Cristóbal, o como se llamara. Y en especial habrá que estar alerta sobre lo que dice, y lo que no dice, su hijo Hernando, quien nos habla de que su padre aprendió astrología, geometría y dibujo para hacer cartas de marear y que viajó, antes de ese naufragio, *a levante y a poniente.* Pero el muy bribón pretende hacernos creer, si es que en verdad es él el autor de esa obra, lo siguiente:

> Pocas noticias tengo yo de ellos [se refiere a los viajes citados] y de otras muchas cosas de aquellos primeros tiempos, porque murió en un momento en que yo, por respeto filial, no tenía suficiente osadía o confianza para atreverme a preguntarle sobre ello.

Hay que recordar que cuando Colón murió, en 1506, su hijo Hernando tenía ya dieciocho años. ¿No era edad suficiente para saber quién era en realidad el hombre que lo había engendrado y lo había llevado con él a América en el cuarto viaje? ¿Qué significa toda esta trama?

En lo único que se pone de acuerdo Hernando con los demás cronistas es en la épica del hundimiento del barco en el que viajaba el futuro Almirante, y en que este salta por la borda, coge un remo, nada como un tritón *una o dos leguas, o poco más,* y gana la costa portuguesa.

MESES ENIGMÁTICOS

La historia oficial nos presenta al joven Colón náufrago en las costas portuguesas en agosto de 1476. ¿Por qué se queda el corsario o marino mercante, o lo que fuera, en Portugal?

Hernando Colón lo explica, lo mismo que Las Casas, adornando la figura paterna cuanto puede:

> Como no estaba muy lejos de Lisboa, donde sabía que moraban muchos genoveses como él, acudió allí tan pronto pudo; ellos, al re-

> conocerlo, le dieron tan buen trato y tan excelente acogida, que puso casa en aquella ciudad y se casó.

Así de simple. Es decir, que en lugar de pretender el regreso a su casa, a su familia supuestamente genovesa, Colón decide quedarse y no regresará jamás a Génova. ¿No es extraño?

Consuelo Varela quiere explicarlo diciendo que acudió a Lisboa porque allí tenía sucursal su casa genovesa, y que se quedó en la capital lusa por varias razones, entre ellas menciona el hecho de que *desde fines del siglo* XIV *las rutas oceánicas que avanzaban por las costas africanas estaban dominadas por las escuadras de los reyes de Portugal y sus flotas aliadas*. Y eso es cierto. La fe en esas empresas del entonces infante Enrique *el Navegante* fue clave para esos éxitos, que convirtieron a Portugal en el rey Midas del oro africano, de las especias y, todo hay que decirlo para que no falten colores al arco iris, del comercio de esclavos.

Es también cierto que en Portugal todo olía a mar. Los avances técnicos precisos para la navegación por el Atlántico estaban allí. Se había descubierto tiempo atrás que la galera, demasiado baja en el agua, no podía enfrentarse al terrible oleaje atlántico, obstáculo que podía soslayar el navío, pero era demasiado pesado. De modo que la carabela, navío alargado y de proa afilada capaz de hender las olas como un estilete, se convirtió en el vehículo del progreso. Y aunque de pequeño tamaño (alrededor de 150 toneladas), era suficiente para realizar largos periplos.

No es menos cierto que en Portugal se investigó más que en ningún sitio sobre cómo resolver los problemas que la navegación de altura provocaba. Las cartas de marear que manejaban los sabios de Enrique *el Navegante* debían ser el *evangelio* para los creyentes en aventuras marinas, y aunque no era lo mismo ir costeando África que salir a pecho descubierto hacia un océano hambriento de naves y hombres, Portugal era la referencia. Pero eso no lo explica todo.

No explica que un desarrapado arrojado por el mar desde un navío que seguimos sin saber si era pirata o mercante se case con una adinerada mujer de sangre noble llamada Felipa Moniz, por muchas virtudes que, según dice Hernando, adornaban a Colón:

> Como era de comportamiento honrado, de hermosa presencia y no se separaba del buen camino, sucedió que una señora llamada doña Felipa Moniz, de sangre noble [...] tomó tanto trato y amistad con él que se convirtió en su mujer.

Y tanto más raro es el casorio si tenemos en cuenta que el propio Hernando asegura que se conocieron en el Monasterio de los Santos, donde ella era comendadora y adonde él solía ir a escuchar misa. De ser así, ¿cuándo la cortejó? ¿Entre misa y misa? ¿A la sombra de un confesionario?

Sea como fuere, los tenemos casados y viviendo en Porto Santo, en Madeira. Y de ese matrimonio nacerá su primer hijo, Diego Colón.

Vamos a interrumpir aquí el hilo de la narración. Más tarde habrá que explicar qué papel jugó el difunto padre de doña Felipa Moniz, Bar-

Isla de Porto Santo, donde vivió con Felipa Moniz.

tolomé Perestrello, en el famoso *descubrimiento* de Christoforo Colombo. Pero ¿era en realidad el náufrago Cristóbal Colón el mismo tejedor genovés del que nos hablan las actas notariales? ¿Por qué se quedó en realidad en Portugal? Tal vez, como desliza Manuel Lucena, *¿tuvo alguna relación con la guerra que existía entonces entre Castilla y Portugal (1476-1479) por los derechos de La Beltraneja?* ¿O tuvo que ver con las nunca aclaradas relaciones que estableció Colón con geógrafos y sabios judíos allí afincados, como Abraham Zacuto? ¿Y fueron esas relaciones con los judíos producto de la casualidad o plan elaborado por alguien que tenía la misma fe con la que se oraba en las sinagogas?

La mano negra apaga más velas y crece la oscuridad, pues entramos por vez primera, y no será la última, en tramas cortesanas.

¿Hijo del Príncipe de Viana?

Hemos citado a *la Beltraneja*. ¿Quién fue? ¿Qué tiene que ver la política con Colón? Tal vez nada, o quizá todo. Exploremos de la mano, no vayamos a perdernos entre tantas sombras.

Antes de que Isabel de Castilla fuera reina, y mucho antes de que fuera *católica*, tuvo un pasado, que en lo que nos afecta se puede resumir del modo siguiente.

Nació el 22 de abril de 1451 (curiosamente el mismo año que la historia *oficial* dice que parieron a Colón) en Madrigal de las Altas Torres. Era hija de Isabel de Portugal y Juan II y hermana de Enrique IV, al que llamaron *el Impotente* por razones que ahora mismo están al llegar: después de años de matrimonio con doña Blanca de Navarra no alcanzó el éxito y no hubo preñez en la reina. Es más, al parecer, no estuvo ni cerca del objetivo. No obstante, y como es más fácil culpar a una mujer que a un rey, el fofo miembro de la realeza casó en segundas nupcias con Juana de Avís, hija de los reyes portugueses. Y las malas lenguas cuentan que ante la inactividad del marido en las artes de alcoba, buscó la reina entretenimiento en la entrepierna del favorito de la corte, Beltrán de la Cuerva. Y al poco se obró el milagro: la reina da a luz a una niña a la que ella puso por nombre el suyo propio, Juana. Y el pueblo, que de eso sabe más que nadie, la bautizó *la Beltraneja*, en recuerdo del favorito cortesano.

Tenía ya, aparentemente, sucesora el rey, que no podía decir que aquel bebé no era suyo, pues entonces todos se reirían aún más de él, de modo que la nombran princesa de Asturias en 1462, al poco de nacer, y luego heredera. Pero eso no lo acepta parte de la nobleza, encabezada por el marqués de Villena, y proponen una alternativa a esa sucesión: la hermana del rey, Isabel, la futura *Católica*.

Hay pugnas, movimientos, batallas y batallitas, y el rey termina por ceder en el Pacto de los Toros de Guisando. Pero al morir el monarca en 1474 y nombrarse reina a Isabel, los partidarios de *La Beltraneja* no aceptan dicho nombramiento y comienza una guerra que se prolonga hasta 1479, en que el Tratado de Alcáçovas-Toledo pone fin a la disputa. Isabel es la reina de Castilla, casada ya desde 1469 con Fernando, rey de Aragón y nacido en el pueblo de Sos (el del Rey Católico). En el año de su matrimonio ella tenía dieciocho años; él, diecisiete.

En esos años de guerra entre *la Beltraneja* e Isabel es cuando está en Portugal nuestro personaje, Colón. ¿Qué podía tener él que ver en todo ese lío? Aparentemente nada, puesto que es un tejedor genovés. ¿O no?

Se cuenta que, antes de ser *Católica,* Isabel anduvo picoteando aquí y allá en la boca de diversos pretendientes, algo solo explicable por ser quien era, que no por su belleza. Y es que aunque Andrés Bernáldez, cronista de la época, mienta como un bellaco al describirla (*fue muger muy fermosa, de gentil cuerpo é gesto y composición*, escribe el muy canalla), no hay más que echar un vistazo a los retratos que de ella circulan para ponerse a rezar y esperar que no la hagan justicia.

Pero, claro, iba a ser reina, y eso, como escribe John Edwards, tuvo efectos: *La cotización de Isabel en el mercado matrimonial europeo subió mucho.* Y fueron bastantes los que se la disputaron y muchas barbas las que le ofrecieron, pero he aquí que surge una teoría para nosotros clave y que desgrana con pulso el investigador Gabriel Verd: uno de esos pretendientes fue el príncipe de Viana, don Carlos, quien este autor asegura que fue el padre de Colón. ¿Cómo es posible?

Para que comprenda el lector esta posible vía biográfica de Colón, presentaremos en primer lugar a su presunto *padre*: don Carlos d'Evreux y Trastámara, nacido en Peñafiel en 1421, hijo de Blanca I de Navarra y de Juan II de Aragón.

Jamás se llevaron bien padre e hijo, y el primero se dedicó a torturar psicológicamente cuanto pudo a su retoño, de modo que cuando murió la madre, Blanca I, en 1441, don Carlos no encontró ningún apoyo paterno cuando pasó a ser responsable del reino de Navarra. Y las malas relaciones entre ambos se dispararon cuando su padre se casó por segunda vez, en esta ocasión con doña Juana Enríquez, y fruto de aquel matrimonio llegaría al mundo, en el pueblo de Sos, ni más ni menos que el futuro Fernando *el Católico*, con lo que ya vemos cómo se empiezan a emparentar las historias, pues resultaba que don Carlos, príncipe de Viana, era hermanastro del futuro rey Fernando. Y es que Juan II apostó por Fernando y no por su primogénito, que se vio obligado a huir a Nápoles y Sicilia.

El resto de la vida de don Carlos no fue mucho mejor, hasta que finalmente murió en Barcelona el 23 de septiembre de 1461 de forma misteriosa. El pueblo dijo que fue envenenado por orden de su madrastra, la madre de Fernando, quien no quería obstáculos en la carrera de su hijo hacia el trono aragonés.

Pero en la vida de don Carlos hay un episodio clave que, según Verd, lo relaciona con Colón. Nos referimos a su confinamiento durante unos meses en 1459 en el castillo de Santueri, fortaleza cuyos restos aún puede admirar el lector en la cima de unos acantilados al sureste de Felanitx, municipio clave en el supuesto origen mallorquín del marino de las mil cunas.

Monasterio de San Salvador, en Mallorca.

La tradición popular, y la investigación de Gabriel Verd y otros, tratan de documentarla pacientemente, habla de los amores que el príncipe tuvo en la isla con una joven llamada Margalida Colom (versión local del castellano Margarita), que vivía en Son Ramonet. Y la misma tradición cita la capital importancia que tuvo en el caso una cueva ubicada no lejos de allí, en las inmediaciones del camino que conducía de Palma al castillo del confinamiento del príncipe. Y comoquiera que don Carlos era diestro en cosas de amores y tuvo varios hijos ilegítimos producto de sus habilidades con las mujeres en todos los sitios por donde pasó —y a todos reconoció, al parecer, menos al que ahora será presentado—, pronto se ataron cabos. Y Gabriel Verd escribe que *dentro de esta cueva pudo ser el lugar donde el romántico don Carlos hizo amores con la doncella Margalida Colom, pues el lugar es propicio para creerlo así.*

Tal vez por eso, recuerda la misma fuente, el Almirante bautizó como *Margalida* —el nombre de su madre, si creemos esta posibilidad— a una isla próxima a Venezuela con la que se topó en el transcurso de su tercer viaje.

Recoge el autor una cita que reproduce Manuel Iribarren en *El Príncipe de Viana (un futuro frustrado)* y que no es, al parecer, sino una carta que el propio don Carlos remitió al gobernador de Mallorca fechada el 28 de octubre de 1459:

> Agradecemos mucho lo que fecho haveys en recomendación de Margarita, la verdad de la cosa mostrará lo que haveys sentido de ella ser prenyada.

Esta muchacha, Margarita o Margalida Colom, era de ascendencia judía tal vez y emparentada con uno de los cabecillas del movimiento denominado *forense* que se había producido en Mallorca años antes y sobre el cual nos detendremos con más atención en breve, pues en Mallorca hay dos posibles orígenes para el Almirante sin rostro. Mientras tanto, veamos algunos datos más que pueden llevar a pensar que nuestro hombre era en verdad de muy alta cuna; tan alta que tendría sangre real.

Sin embargo, antes que nada nos asalta una duda: si don Carlos tenía la costumbre de reconocer a todos los niños que fue dejando a su paso tras variados encuentros amorosos, ¿por qué no reconoce al hijo de Margalida Colom como suyo?

Gabriel Verd lo explica así:

Crucero que domina el monte del monasterio de San Salvador.

> ... era un hijo no reconocido por su padre, debido a que una serie de adversidades no le permitieron legitimarlo, pues desde el momento en que nace Colom, en 1460, hasta el fin de sus días, septiembre de 1461, don Carlos se vio privado de su libertad por orden del rey Juan II.

Verd ofrece argumentos con los que trata de probar esa alta alcurnia del Almirante, recordando que solo así se explica la osadía con la que reclama honores y prebendas a los Reyes Católicos en las *Capitulaciones de Santa Fe,* algo inaudito si hubiera sido el hijo de un tejedor. Tal vez por ello, señala, Colón escribió en cierta ocasión:

> Pensando lo que yo era me confundía mi humildad, pero, pensando en lo que llevaba, me sentía igual a las dos coronas.

Redactadas las *Capitulaciones,* de las que ya hablaremos, porque son tal vez uno de los documentos históricos más inauditos e enigmáticos que jamás escribano alguno redactó, se hizo, según Verd, un pacto de silencio entre los reyes y Colón. Tácitamente, ninguno habló jamás del origen del Almirante. Ciertamente, en Castilla podía ser tomado como *extranjero,* pues procedía de la Corona de Aragón. Es más, el presunto padre de Colón debía haber sido el rey de Aragón, en lugar de su hermanastro Fernando. Y esto explicaría más cosas, según esta versión del caso: la diferente actitud que tuvo para con él Isabel de la que tuvo Fernando.

Si Verd está en lo cierto, Colón era hijo de uno de los antiguos pretendientes de Isabel. Es decir, que podía llegar a verlo, de alguna manera, como a un *hijo*. Como ya veremos, Isabel fue la que lo sostuvo económicamente durante los siete largos años en los que anduvo a la espera de una respuesta a su proyecto. Y también se ha dicho de ella —aunque ya verá que tal cosa no está clara— que fue la que más próxima se mostró a esa idea.

En cambio, la actitud del rey Fernando fue diferente, según siempre se suele decir. Se mostró mucho más frío, y después de la muerte de la reina fue gélido en su trato con el Almirante, recuerdan los partidarios de esta tesis. Y luego, muerto Colón, sus descendientes terminarán en pleitos con la Corona por la herencia y los incumplimientos del monarca.

Y también en esta versión de la vida del Almirante la mano negra vuelve a aparecer, puesto que recuerda Verd lo sorprendente que resulta el hecho de que cuando Colón es recibido por los reyes en Barcelona tras su primer viaje a América no hay ninguna crónica de la época que recoja la histórica entrevista que tiene lugar en Barcelona. Increíble, ¿no les parece? Y señala el historiador una posible explicación:

> Se sabe que a la sazón el Consejo de Ciento estaba sometido a las órdenes del Rey, lo que explica que dicho silencio se guardó por orden expresa del Monarca...

Además, añade, había más cosas que callar en Barcelona, tal vez el envenenamiento del príncipe de Viana, si es que fue tal.

Fuera la del rey Fernando o la de cualquier otro, es innegable nuestra propuesta de que una mano negra, unos *hombres de negro* del siglo XV, anduvieron cerca de cuanto a Colón tocaba. Quizá por eso, el diario original del Almirante desapareció de forma misteriosa, y lo que hoy conocemos es algún fragmento tal vez escrito por él y el extracto del mismo de fray Bartolomé de las Casas.

Para Verd, el origen noble de Cristóbal Colón explicaría muchas más cosas, como, por ejemplo, que Felipa Moniz, la noble portuguesa que ya hemos presentado, aceptara a casarse con él. ¿Cómo lo iba a hacer en cambio con un cualquiera sin pasado ni futuro? Y eso, dice la misma fuente, hace más lógico que se atreviera a pedir al rey de Portugal, a cambio de su proyecto descubridor, ni más ni menos que ser nombrado almirante del océano, virrey y gobernador a perpetuidad de lo que descubriera. Y esos cargos, además, serían hereditarios. Es decir, apunta el estudioso, de facto era *la fundación de una dinastía real.*

Y algo más se explicaría así: el apoyo que le prestó años después el duque de Medinacelli, don Luis de la Cerda, en cuya residencia del Puerto de Santa María se hospedaría el marino durante dos años. ¿Por qué? Sencillo: el duque estaba casado con doña Ana de Navarra, hija del príncipe de Viana y doña María de Armendáriz, con lo que Colón y el duque de Medinacelli serían cuñados. Y, ya lo veremos, sea esta la razón o sea otra, ¿no les parece extraño que uno de los personajes más poderosos de la época apueste a ciegas por un desconocido genovés que no tenía dónde caerse muerto?

También desde ese ángulo se entenderían otros apoyos que en la corte encontró este *don nadie* sin pasado conocido. Y entre esos apoyos, como se verá, el inestimable del escribano de ración de la Corona de Aragón Luis Santángel, valenciano y primer hombre sobre la tierra —se dice que antes que los reyes— que recibió la noticia del *Descubrimiento* de América, lo cual no deja de ser otro misterio. ¿Por qué escribe primero a Santángel? Pero, lo que todavía es más singular, ¿saben en qué idioma lo hace Colón? ¡En catalán! Y ¿a que no sospechan qué ocurrió con el original de esa carta? Naturalmente, ¡desapareció!

En efecto, esa carta de Colón a Luis de Santángel, donde, insistimos porque la cosa tiene calado, anuncia antes que a los reyes el Descubrimiento, tiene una historia siniestra que merece ser resumida.

Al parecer, Hernando Colón, el hijo del Almirante, era extremadamente cuidadoso al anotar todos los libros que compraba y todos los papeles que guardaba en su archivo. Y en uno de esos catálogos había una referencia estremecedora:

> Christoforo Colon. Letra enviada al escriva de racio. 1493. En catalán. 4643.

Primera sorpresa: La primera persona, Colón escribe antes —o como mucho a la vez— que a los reyes a un funcionario de la corte de Aragón que, como se explicará, incluso fue financiero de la operación. Y la noticia la escribe Colón en catalán, que sería el idioma *materno*, si es que Margalida Colom fue su madre.

Segunda sorpresa: *Todos los ejemplares de esta edición* (la catalana) —escribe Verd— *han desaparecido, absolutamente todos, incluido el del propio hijo de Cristóbal Colón.*

¡Otra vez la mano negra! ¡De nuevo la intriga más fascinante de la historia!

No vamos a entrar en este momento en los muchos catalanismos que los defensores de la tesis mallorquina han descubierto en los escritos del Almirante, ni tampoco en su posible relación con las ideas de Raimundo Lulio —esto lo dejaremos para después—, pero no podemos cerrar esta versión de su vida sin mencionar su *pasaporte*, donde parece que los reyes le conceden implícitamente la nobleza que tal vez le correspondía.

En este sentido, Verd echa mano de dos salvoconductos que extendieron los Reyes Católicos junto a las *Capitulaciones de Santa Fe.* En uno de ellos se lee:

> Enviamos al noble Cristóbal Colón con tres carabelas por el Mar Océano hacia las Indias. Dado en Granada, 16 de abril de 1492. [El subrayado es nuestro.]

La pregunta es: ¿la palabra *noble* debemos interpretarla como un adjetivo que define el carácter de Colón o como una distinción que le corresponde por estatus social?

BAJEL PIRATA QUE LLAMAN...

¿Y si fue un corsario en sus tiempos oscuros?...

Ya lo hemos escrito antes: don Cristóbal nunca defrauda, y al mirar a Felanitx, municipio situado en el levante mallorquín y a unos 50 kilómetros de su capital, otras sorpresas nos aguardan.

Y es que aunque la posible catalanidad de Colón era argumento manejado por algunos estudiosos ya en el siglo XVIII, pero especialmente cuando en 1927 Luis Ulloa publicó *Cristóbal Colón catalán. El verdadero origen del descubrimiento de América,* los hechos se precipitaron a comienzos de los años treinta del pasado siglo XX. Y prepárense para una nueva historia de misterio.

Era por aquel entonces director de la Biblioteca Universitaria de Barcelona Manuel Rubio y Borrás, y un buen día recibió el erudito una enigmática carta remitida por un anónimo bibliófilo desde Milán. El

Porto Colom, en Felanitx.

autor, bajo la máscara de un seudónimo, anunciaba extraordinarios conocimientos, pues ni más ni menos que decía estar en posesión de pruebas que garantizaban el origen catalán de don Cristóbal.

Rubio y Borrás, por supuesto, exigió garantías y pruebas documentales, y el desconocido le envió ni más ni menos que el original del documento de la polémica que, al parecer, había encontrado de una manera bien romántica: bajo las guardas de un libro que había formado parte de la biblioteca de la noble familia Borromeo. El documento que ya nos tiene en ascuas estaba firmado por el conde Juan Borromeo y aparecía fechado en Bérgamo en 1494. ¿Qué era lo que decía? Leamos:

> Yo, Juan Borromeo, habiéndome quitado manifestar la verdad secretamente conocida por medio del señor Pedro de Angliera, tesorero de los Reyes Católicos de España, como debe asimismo igualmente, quiero tener perpetua memoria confiando a la Historia ser Colonus Cristopherens de Mallorca y no de la Liguria. El dicho Pedro de Angliera estimó que fuese oculta la astucia de Juan Colón, porque con ocasión política y religión lo habían aconsejado fingirse Cristophoreus Colón para pedir la ayuda de las naves del Rey de

> España. Y diré que Colón equivale a Colombo, porque habiendo descubierto que vive en Génova un cierto Cristophore Colombo Conojosa, hijo de Domingo y Susana Fontanarrosa, no se había de confundir con el navegante de las Indias occidentales.

Si nos creemos el documento, más claro, imposible. El Almirante no es el Cristóbal Colón genovés y mudó su nombre (que al parecer era Juan Colón) por *ocasión política y religión*. Ahora bien, dos nuevas preguntas surgen: ¿quién era en realidad el tal Juan Colón y qué motivos políticos o religiosos lo llevaron a disfrazar su identidad?

Antes de responder a esas dos cuestiones diremos que, por supuesto, ese documento que, según describe J. Suau Alabern, era de 23 por 28 centímetros y escrito en una letra cursiva al parecer muy usada en la Italia del siglo XVI, levantó gran polvareda. Y es que a Rubio y Borrás no se le ocurrió otra cosa que divulgar su descubrimiento en un artículo publicado en *ABC* el 21 de agosto de 1931. Desde entonces, y hasta hoy, la polémica sobre su autenticidad se mantiene, pero se la vamos a ahorrar al lector. En cambio, para cerrar esta nueva posible explicación de la vida oculta de nuestro héroe, responderemos a las preguntas anteriores.

¿Quién era Juan Colón? Según los defensores de esta posibilidad, era hijo de uno de los líderes del movimiento campesino denominado *forense* que se enfrentó al rey de Aragón Juan II (el padre de Fernando *el Católico*). Y este Juan Colón o Colom, que es la versión mallorquina, tuvo al menos dos hijos: Juan y Bartolomé, los cuales debieron huir tras ser derrotada la revuelta. Y ese Juan Colom, nacido en Felanitx en 1436, sería posteriormente Cristóbal Colón, quien cambió su identidad por razones políticas (era evidente que para siempre esa familia sería maldita ante la Corona aragonesa) y religiosa (era de ascendencia judía).

Esta nueva versión biográfica presenta a Colón enrolado como marino a partir de su destierro, en 1454. Y desde 1460 hasta que llega hecho un náufrago a nado a las costas de Portugal ejerce como pirata o corsario a las órdenes de Casanove Colom, del que ya hemos hablado en páginas anteriores. Por ello, dicen los defensores de esta tesis, caso de Llanas de Niubó, don Cristóbal sostenía que no había sido el primer almirante de su familia. Y también estuvo como pirata a sueldo de René de Anjou, enemigo de Aragón y del rey francés Luis XI, el cual luchó junto a Portugal defendiendo a Juana la Beltraneja contra Isabel *la Católica*.

Está claro, si nos creemos ese pasado, que Colón tenía pocas posibilidades no ya de ser escuchado por Isabel y Fernando, sino siquiera de salir con vida de esa entrevista si se sabía su identidad.

Esta tesis supondría que Colón murió con 70 años, algo que también contó algún cronista de la época, como Bernáldez, pero entra en clara contradicción con la tesis *ortodoxa* y genovesa, por supuesto. Sí, en cambio, serviría, como la que propone que era hijo del príncipe de Viana, para explicar los apoyos que tuvo de miembros de la corte aragonesa.

Otra curiosidad: cuando este Juan, o Cristóbal Colón, nació ya dominaba los riscos próximos al pueblo de Felanitx un santuario llamado San Salvador. Los que defienden esta versión de su vida explican así el porqué bautizó de ese modo a la primera isla que encontró en su aventura americana, además de afirmar que otros accidentes geográficos mallorquines sirvieron de inspiración para bautizar otros hitos americanos.

Ya ven, Colón jamás defrauda: ¡Un pirata!

La conspiración judía

La propuesta de que Cristóbal Colón era de origen judío, posiblemente converso, está muy extendida, y ya hemos deslizado esa posibilidad al mencionar que la supuesta Margalida Colom era de familia hebrea. Pero historiadores como Salvador de Madariaga y otros lo han creído a pies juntillas, e investigadores como Nito Verdera no solo llegan a esa conclusión, sino que consiguen aportar datos que le permiten afirmar que don Cristóbal era *un navegante de la Corona de Aragón, que tenía estrecha relación con Ibiza* [...], *era catalanoparlante y judío converso.*

Su familia, nos propone este autor, era la de los Colom, linaje de mucho peso en Ibiza, con escudo de armas propio y con peso específico también en el *call* o aljama de Barcelona.

Varias son las razones que hacen a Verdera sostener esta posibilidad, y vamos a analizar las más relevantes ahora, puesto que otras (sus conocimientos geográficos tal vez vinculados a los sabios judíos o su extraña religiosidad, e incluso sus posibles conocimientos cabalísticos) deberemos abordarlas en páginas por venir.

Por supuesto, desde este nuevo ángulo se niega también en redondo que el Almirante fuera el genovés Christoforo Colombo (aunque

Madariaga apueste por una solución intermedia: la familia de Colom era judía y había emigrado a Génova años antes). Naturalmente, este ya popular sujeto existió, pero no era el Descubridor. Aquí se apuesta por un Colón no nacido en 1451, como dicen los *genovistas*, ni en 1460, como supondría haber sido hijo del príncipe de Viana. Se prefiere recordar que, según escribió el cronista Andrés Bernáldez, Colón contaba con setenta años de edad al fallecer, de modo que debió nacer en 1436.

Verdera se ve obligado a reconocer que *no consta de manera documental la fecha de nacimiento de Cristóbal Colón*, pero echa mano con astucia y buen tino de una cédula dictada por el rey Fernando firmada el 23 de febrero de 1505 por la que se autorizaba al Almirante, ya en su decrepitud, a andar en mula ensillada por cualquier lugar de España, y el monarca dice que da ese permiso porque está enterado de las muy malas condiciones de salud que tiene Colón, lo que le impide montar a caballo. Y, y aquí está la gracia de esta cédula para lo que nos atañe, el monarca escribe:

> ...acatando lo susodicho e vuestra ancianidad, por la presente vos doy licencia...

La palabra *ancianidad* parece ajustarse mejor a un hombre de setenta años que a uno de cincuenta y cinco, por ejemplo. Por tanto, siguiendo esta vía, el judío Colón (realmente Colom, como se le cita en algunos documentos oficiales) habría nacido en 1436.

Aquí también nos encontramos con un Colón corsario que anduvo de la mano de piratas pagados y comidos a costa del rey francés y aliados del monarca portugués. Por eso, cita Verdera, el investigador y oficial de los Servicios de Inteligencia de Estados Unidos Meter Dickson cree que pudo llegar a Portugal un buen día y tener abiertas las puertas de ese país, además de posibilitarle su relación con la realeza y hacer posible su boda con Felipa Moniz.

Pero busquemos datos que nos hablen del Colón judío.

Colón utilizó muchos topónimos de las costas de Ibiza y de Formentera para bautizar los accidentes geográficos que encontraba en el Caribe, afirma Verdera, quien critica a los mallorquines que hablaban de la isla Margalida como el recuerdo de la supuesta madre del navegante. Para él, Margalida es recuerdo de los islotes ibicencos llamados *ses Margalides*, el mayor de los cuales, afirma, parece un gemelo de la isla Margalida (hoy Margarita) de Venezuela.

Del mismo modo, no sería San Salvador el eco del monasterio de Felanitx, sino clara invocación al antiguo patrón de la marina ibicenca, y así se ofrecen diferentes *pruebas* que fortalecen esta posibilidad. Pero lo que sí es indiscutible, fuera el hombre sin rostro mallorquín o ibicenco, judío, cristiano o taoísta, es lo que escribe Verdera:

> No utilizó ningún nombre de las costas del golfo de Génova ni de la Liguria italiana... señal de que tales topónimos no le eran gratos ni familiares.

En numerosos escritos, y eso sí es cierto y comprobable, nuestro hombre saca a relucir a los *clásicos* de la literatura hebrea: Esdras, David, Salomón, Abraham o Moisés. ¿Por qué?

También utiliza el viejo truco del sueño, recuerda el autor que citamos, para desvelar sus secretos. Y eso del trance extático mientras se resopla o se ronca, según los casos, es algo que encontramos en la Biblia con frecuencia (Jacob en vísperas de su metamorfosis en Israel; José oficiando de adivino del faraón, o Salomón antes de obtener la sabiduría, por ejemplo). ¿Y qué es lo que nos cuenta el camaleónico Colón? Leamos:

> Cansado me adormecí gimiendo. Una voz piadosa oí diciendo: las Indias, que son parte del mundo tan ricas, te las dio por tuyas y fuiste obedecido en tantas tierras y de los cristianos cobraste hornada fama. ¿Qué hizo Él más al tu pueblo de Israel, cuando lo sacó de Egipto, ni por David, que de pastor hizo rey en Judea?

Este aspecto mesiánico lo abordaremos más adelante, pues bien merece parada y fonda, ya que nos va a dar una idea más cabal del tipo de hombre al que nos enfrentamos. Aquí volvemos a toparnos con el *semidiós*, con el elegido, con el iluminado de las espumas y las algas.

Pero hay más argumentos, sostiene Verdera, para pensar en un Colón hebreo, como es el elenco nada casual de personajes —ya hemos citado a alguno antes— que le ayudaron en días venideros y que eran también judíos: Juan Cabrero, criado mayor del rey Fernando; Alfonso de la Caballería, vicecanciller del mismo rey; Gabriel Sánchez, tesorero de Aragón, o el omnipresente Luis Santángel, escribano de ración. Pero, además, nuestra fuente sostiene que el Almirante conoció al as-

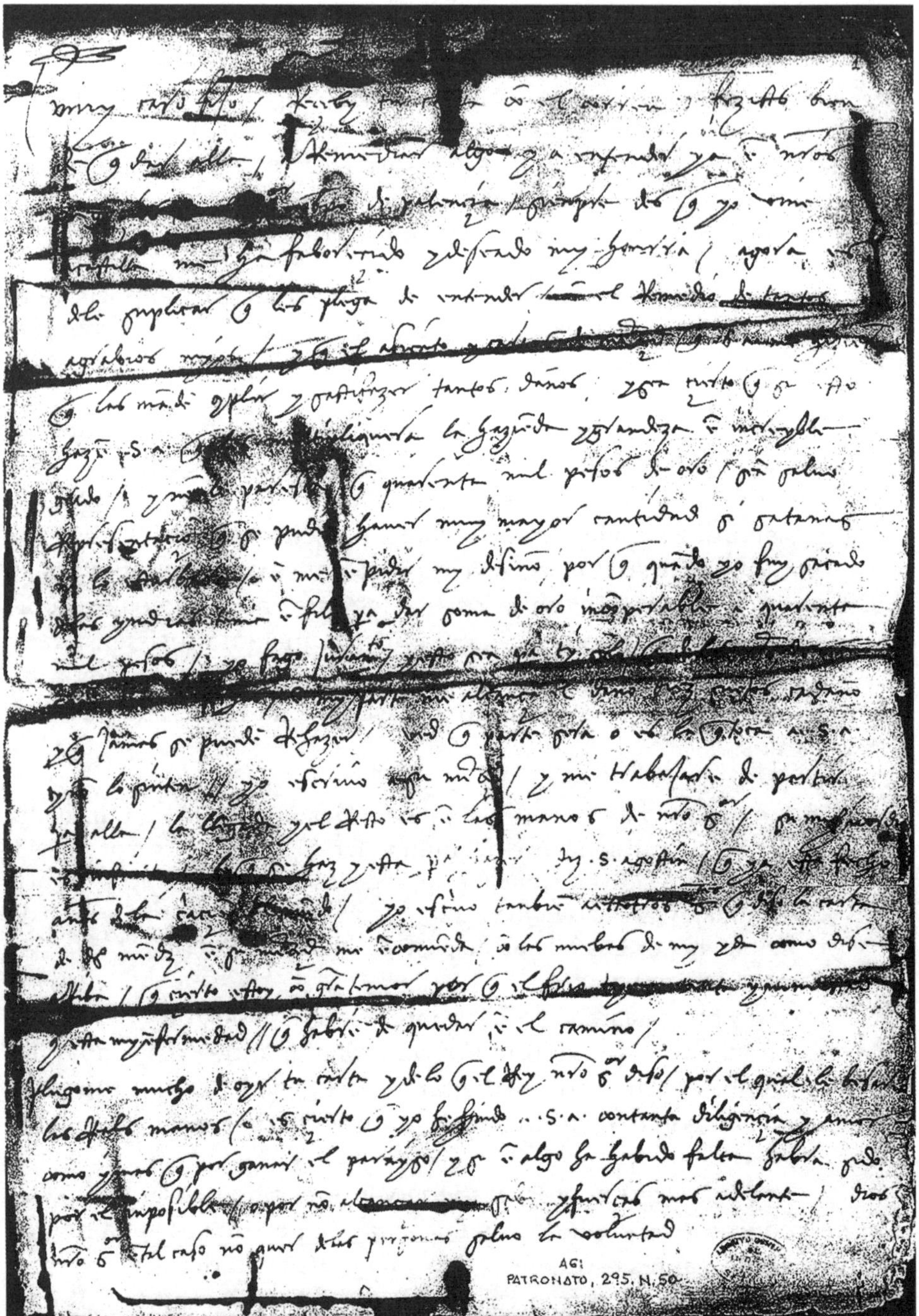

Carta del Almirante a su hijo Diego con la supuesta inscripción hebrea en el margen superior izquierdo. Archivo de Indias. Patronato 295. N. 50. Archivo General de Indias.

trónomo Abraham Zacuto y utilizó sus obras, y nos refresca la memoria recordando que se llevó a América en el primer viaje, y en oficio de intérprete, a Luis de Torres, un judío a quien, al parecer, bautizaron a toda prisa antes de partir.

Y ya que hemos llegado al momento de la partida, aunque solo sea de refilón, habría que interrogarse sobre los motivos que hubo para que toda la tripulación embarcara la noche anterior, algo fuera de toda costumbre marinera. ¿Por qué se obligó a todo el mundo a embarcar sin poder pasar la última noche en su casa teniendo en cuenta que casi toda la tripulación era de Palos?

Verdera lo explica así:

> El edicto de expulsión de los judíos (es decir, el plazo que tenían para salir de España), finalizaba el viernes 31 de julio, pero la reina lo prorrogó hasta el jueves, 2 de agosto, que coincidió con el 9 Ab del calendario judío, aniversario de la segunda destrucción del Templo de Jerusalén.

Y añade que se obligó a todo el mundo a embarcar la noche previa para disimular que *algunos se pusieron a salvo de la Inquisición* de esa manera.

Por supuesto, lo que acabamos de decir supone una implicación de los reyes, al menos de la reina, en esa confabulación, con lo que debemos presumir que sí sabían que a bordo iban judíos mal conversos o incluso sin conversión ni nada, y entre ellos, el propio Colón. ¿Qué estaba ocurriendo? ¿Qué pasa aquí?

Para responder a esas cuestiones pedimos un poco de paciencia, porque antes sale a nuestro encuentro un nuevo enigma con gusto judío y que nos propone Verderá:

> En once cartas que escribió Colón a su hijo Diego, en el margen superior izquierdo, aparece una rúbrica con los caracteres hebreos Bet-Hai, abreviatura de Baruch Haschem, que significa: ¡Alabado sea el Señor!

Esa afirmación del investigador mencionado no es producto de calentura propia, sino de certeza compartida con otros autores, caso de Maurice David, Simon Wiesenthal, o de profesores del Instituto de Manuscritos Hebreos de Jerusalén, o del doctor Josef Kaplan, de la Universidad Hebrea de Jerusalén, a los que Verdera les mostró copia de

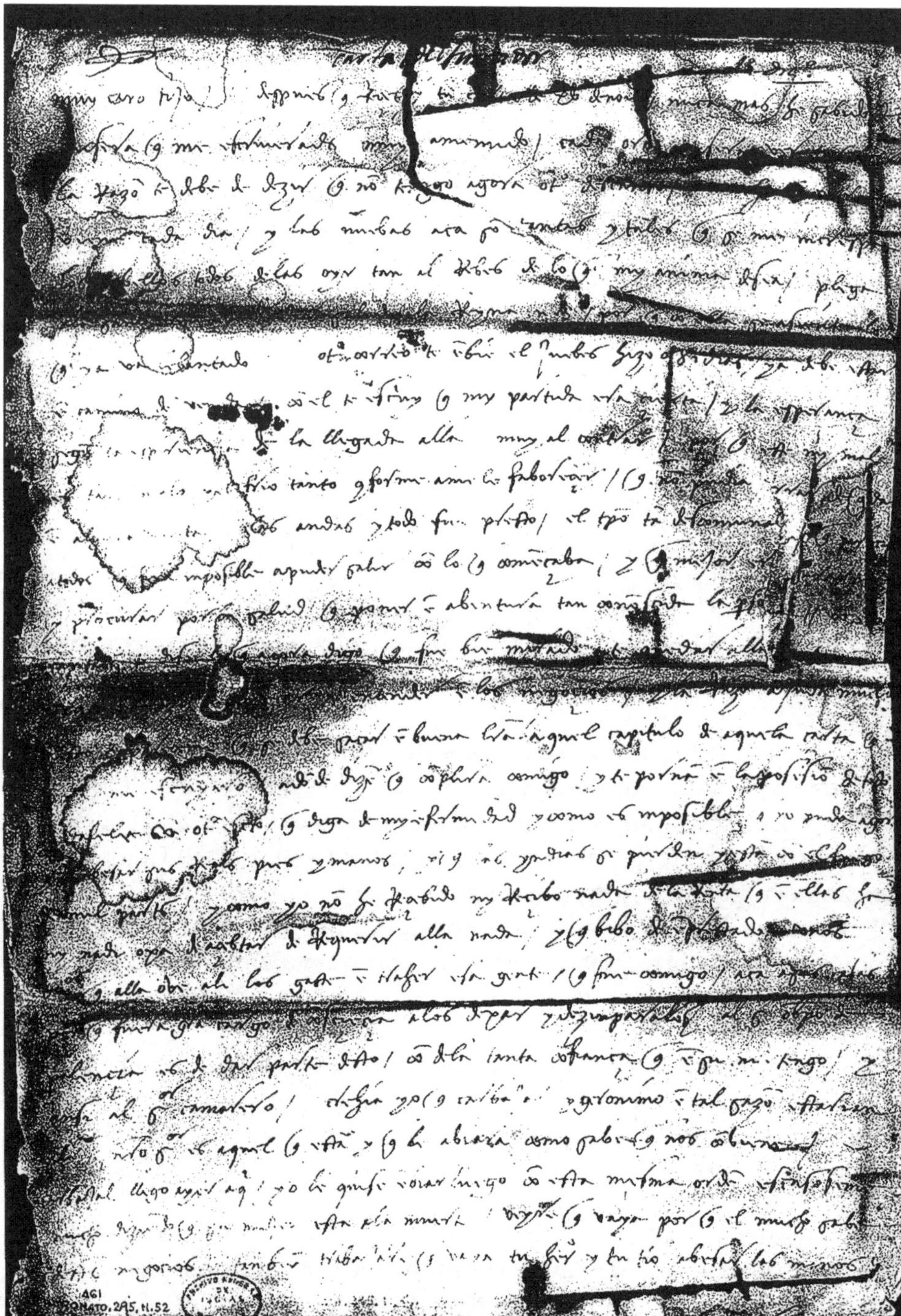

Carta de Colón a Diego. Archivo de Indias. Patronato 295. N. 52. Archivo General de Indias.

esas cartas y se mostraron convencidos de que esa rúbrica es, en verdad, las palabras hebreas citadas.

Es más, Verdera probó fortuna consultando a la policía científica española y expuso a su peritaje profesional once cartas de Colón remitidas a su hijo Diego. Y el resultado de la exploración fue un informe oficial en el que se asegura que las rúbricas están escritas por la misma mano y siempre de derecha a izquierda.

Por último, entre las muchas posibles, recogemos dos *evidencias* más del judaísmo galopante de nuestro personaje, que cada vez se emboza más para hacer impenetrable su biografía.

En el codicilo de 19 de mayo de 1506, el que hemos considerado a todas luces auténtico, Colón escribió que tras su muerte había que tener en cuenta a un judío portugués:

> ... a un judío que morava a la puerta de la judería de Lisboa, o a quien mandare un sacerdote, el valor de medio marco de plata.

¿A cuento de qué viene esa disposición en el testamento del Almirante?

Peter Dickson, cita Verdera, lo interpreta así:

> Este legado recuerda la antigua tradición judía de la ofrenda de medio siclo para el mantenimiento del Templo o santuario...

Y es que Colón se muestra una y otra vez en sus escritos obsesionado con recuperar Jerusalén, reconstruir el viejo Templo y audacias similares, como en breve se descubrirá. ¿Por qué esa obsesión?

Por último, otro enigma y una prueba más de la mano negra que pende sobre la biografía de este tipo. Se trata de una carta, al parecer, remitida por Hernando de Talavera, judío converso y confesor de la reina Isabel, a esta. En la misiva, este clérigo (para unos, amigo de Colón, pero no para los ojos de Las Casas o del propio Hernando Colón) le advierte a la reina de los muchos desastres que esperan al país si se emprende el viaje a las Indias. Y para tratar de minar su ánimo le refiere un encuentro que había tenido con el *Hermano Juan*, un ermitaño que vivía en las montañas granadinas —barba sin pelar, mucho hueso y nada de jabón, además de lucirse como su madre lo trajo al mundo, como debe ser en un ermitaño de los de antes—. El ermitaño, al parecer, le había contado una pesadilla que se resumía así: aquella expedición iba a ser cosa de demonios y daría las Indias a los judíos. Y todo ello con el aval garantizado de Juan Bautista, que era quien se lo había dicho en el sueño.

¿Cómo podía ser tal cosa? Pues por la sencilla razón de que el propio Colón era judío. Y de este modo concluía la carta que cita Verdera:

> Me he puesto en contacto con la Santa Inquisición y con gran alegría he sabido que esta noble institución estaba encargada para encargarse de la pesada tarea de intentar salvar el alma del pecador Colón. Si vuestra Alteza consiente en confiar Colón en las manos de la Inquisición, puedo afirmarle que la cubierta sobre la cual caminará no será la de un navío.

Y después de otros aspavientos literarios, cierra el billete en plan zalamero: *Soy, con emoción, vuestro fiel servidor, hasta mi muerte.*

Bien claro parece todo, ¿no creen?: Colón es la quinta columna del sionismo.

Sin embargo, ya estamos acostumbrados a que nunca nada sea cristalino alrededor del Almirante. Y resulta que esta carta, que se publicó en el periódico *Ha'aretz* de Tel-Aviv el 8 de agosto de 1969, no tiene original conocido, o al menos no se sabe dónde está o si lo destruyó quien tantos otros documentos colombinos borró de la faz de la tierra.

Concluyamos la hipótesis.

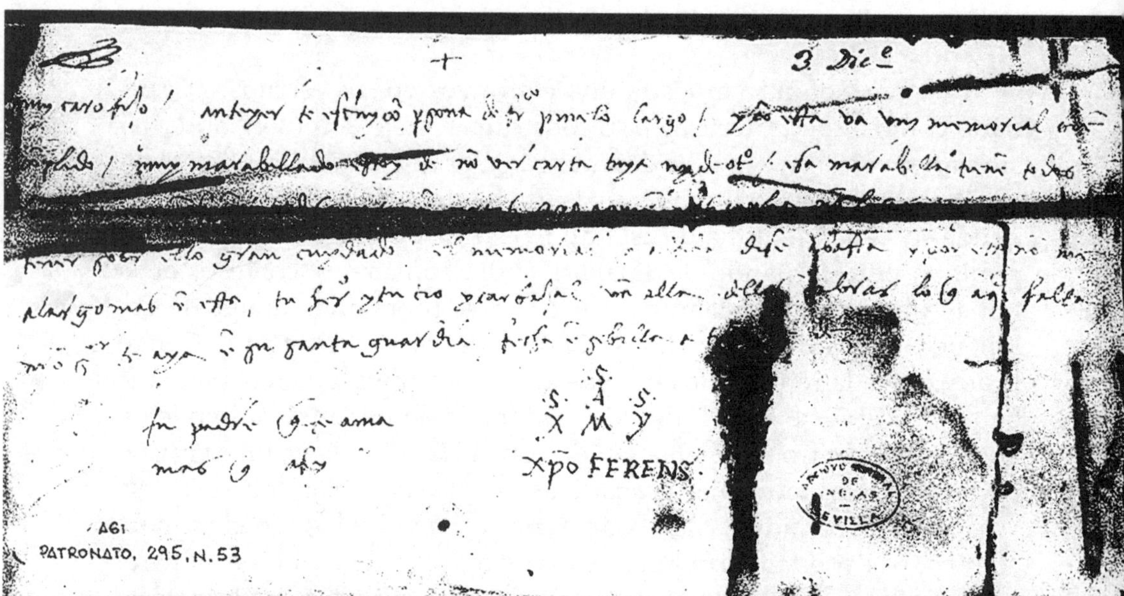
3 Dic.e
.S.
.S. A .S.
X M Y
Xpo FERENS
AGI
PATRONATO, 295, N.53

Carta de Colón a Diego. Patronato 295. N. 53. Archivo General de Indias.

¿Recuerdan que antes vimos cómo la reina parecía estar confabulada en ocultar el origen judío de Colón? ¿Por qué lo haría?

Nito Verdera cree encontrar una explicación sorprendente: una confabulación política.

El Papa del momento, Alejandro VI, era valenciano de nacimiento (Rodrigo Borgia), de modo que era súbdito de la Corona de Aragón. Y ocurría que las bulas papales anteriores (entre 1320 y 1481) habían otorgado a Portugal el dominio sobre las islas de Cabo Verde, la costa occidental africana y las rutas hacia la India bordeando ese continente. Mientras, Castilla y Portugal habían rubricado acuerdos por los cuales los castellanos tenían a su disposición Canarias *y todas las otras islas de Canarias ganadas y por ganar las cuales pertenecen a Castilla* (Tratado de Alcáçovas-Toledo de 1479-1480).

¿Qué conseguían con eso? Pues aislar de la expansión marítima a Aragón.

Pero ahora, con Isabel y Fernando unidos, la exploración del Atlántico supondría una violación de ese tratado si se reconocía que Colón era judío aragonés. Por tanto, propone Verdera, los Reyes Católicos y el Papa urdieron una confabulación para presentar a Colón como *extranjero,* pero sin decir jamás de dónde era. De ese modo, Portugal no podía denunciar esos derechos, ya que jamás se enteró de que fue súbdito de la Corona de Aragón.

Las bulas, que en otro momento de nuestra aventura citaremos, vinieron a ratificar el engaño. Fue lo que Nito Verdera denomina *el Colongate.*

El Colón gallego: A una pregunta responde con otra

Cada pregunta que le formulamos provoca una respuesta socarrona en el Almirante sin rostro. ¿Es mallorquín y judío? ¿Es hijo de noble cuna? ¿Corsario? ¿Buscavidas? ¿O tal vez conde gallego?

A la última de las preguntas han tratado de responder afirmativamente algunos autores, y el primero de ellos fue Celso García de la Riega en el siglo XIX. Y tal ocurrencia tuvo después del descubrimiento casual de una serie de actas notariales e inscripciones lapidarias de los siglos XV y XVI en donde se mencionaba un apellido que parece fruta propia de todos los paisajes: Colón.

Más recientemente, Alfonso Philippot ha realizado una exhaustiva investigación, como ya hicieran en otras regiones otros eruditos, tratando de demostrar el origen de nuestro Descubridor. Y Philippot recuerda el curioso caso sucedido al derrumbar un viejo altar de la iglesia de Santa María la Mayor, en Pontevedra, el entonces presidente de la Sociedad Arqueológica de esa provincia, Casto Sampedro, quien se encontró con una sorprendente inscripción:

> Os do cerco de Joan Neto e Joan de Collon fiseron esta capilla.

Luego, otros documentos llevarían a García de la Riega y a sus seguidores a afirmar, por ejemplo, que el nombre que se le dio a la nao *Santa María* originalmente, *La Gallega*, olía a queimada y a queso galaico de tetilla, y concluyeron que sus legendarias tablas habían sido dispuestas con mimo en los astilleros pontevedreses de La Moureira. Y Philippot también da crédito a esta posibilidad:

> En un contrato de fletamento suscrito en aquella ciudad (Pontevedra) el 5 de julio de 1489, se cita una nave llamada "Santa María, la gallega", propiedad de Fernando Cerviño...

Y aunque todo el mundo acepta hoy en día que esa nao era propiedad del marino y piloto cántabro nacido en Santoña Juan de la Cosa, Philippot estima que, aun concediendo ese extremo, *nada se opone a que la hubiese adquirido en Pontevedra.*

Por supuesto, otras firmas autorizadas se muestran mucho más partidarias de que esta épica nave, que tan mal fin había de tener, se armó y dispuso en Santoña, y otros preferirán elegir algún astillero vasco para su gestación.

Philippot, en cambio, añade más datos a la hipótesis gallega, indicando que en el mismo documento mencionado anteriormente figuran los nombres de dos marineros que fueron en el primer viaje con Colón, según la relación de tripulantes que se conoce.

¿En qué más nos podemos basar para pescar en las rías gallegas el origen de don Cristóbal? Trataremos de resumir esa información de la mejor manera en unas cuantas líneas.

En primer lugar, se nos recuerda lo que ya sabemos, que Colón era Colón en todos los documentos oficiales y no Colombo ni Christoforo Colombo; que dio amplias muestras en su vida de no tener ni idea de cómo se dice nada de nada en italiano, y cuando escribió algo parecido al italiano fue un desastre difícilmente explicable para cualquiera nacido en ese país, o que no puso ni siquiera el nombre de Génova a

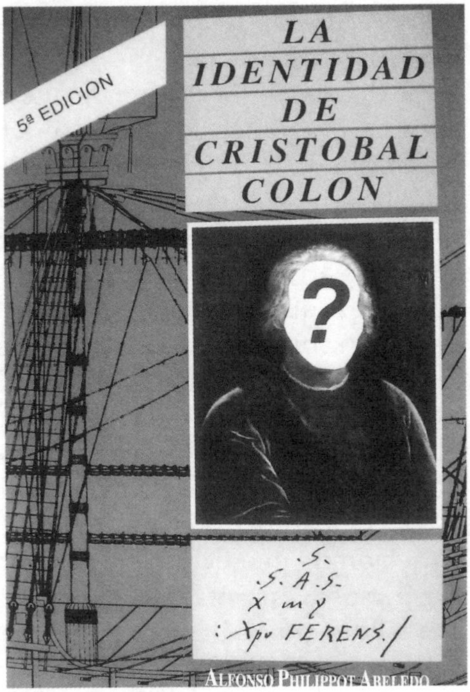

Portada del libro de Alfonso Philippot.

un islote, bajío, escollo, arrecife o atolón caribeño, lo cual pasma mucho.

En cambio, Ricardo Beltrán y Rózpide, en *Cristóbal Colón y Cristóforo Colombo,* afirma:

> Toda la nomenclatura geográfica de las tierras descubiertas por Colón en sus cuatro viajes es española, siendo de notar que en ella se reproducen voces propias y aun exclusivas, únicas, del litoral gallego.

¿Es eso cierto?

Así lo creen los defensores del Colón gallego, y lo hacen con el mismo ímpetu de quienes afirman que hablaba catalán y que encontró la inspiración de esos bautismos náuticos en Mallorca o en Ibiza. Pero en lo que a Galicia toca, de nuevo topamos con el primer bautismo: San Salvador. Y Philippot se muestra convencido de que este nombre, que no es el normal del santoral —sería El Salvador—, es, en cambio, modismo habitual en Galicia (San Salvador de Lérez, de Meis, de Poio...).

Y la segunda isla a la que el Almirante dio nombre cristiano, tal y como recoge en su *Diario* el día 15 de octubre, que cayó en lunes, fue la de Concepción. Y se nos recuerda aquí que Nuestra Señora de la Concepción se venera en la iglesia pontevedresa de San Salvador. Y así, una larga ristra de topónimos más que encuentran a sus parientes gemelos, o muy parecidos, en tierras y aguas gallegas. Pero, sin duda, para los defensores del Colón gallego el mejor ejemplo de toponimia y saudade sería Porto Santo.

Como ya veremos, Porto Santo es el nombre que Colón dará a un enclave decisivo en su aventura caribeña, y aunque los historiadores ortodoxos piensan que fue un homenaje en honor del Porto Santo de Madeira en el que Colón vivió junto a Felipa Moniz, Philippot los contradice y propone que fue *emocionada evocación de la villa marinera ubi-*

cada en la desembocadura del Lérez, de donde, precisamente, proceden los Colones pontevedreses.

Si esto es cierto, es hora de que estos Colones gallegos respondan a nuestras preguntas, lo que no será fácil, sin duda.

García de la Riega, precursor como vimos de esta idea, creía que aquella familia, la de los Colones, había llegado a Galicia desde Génova y que era de origen judío y de cuna humilde. ¿De dónde sacó este estudioso armas con las que defender su idea?

Sucede que se encontró con documentos —por supuesto esos papeles fueron considerados posteriormente falsos y, con ellos, caía de bruces esta posibilidad, lo que no ha impedido a Philippot construir una teoría muy trabajada— en los que se leía que ya en el siglo XV había por Pontevedra una familia judía apellidada Fonterosa, y sacó en conclusión que la legendaria Susana, madre de Colón, procedía de esa familia.

Sin embargo, fue criticado por Altolaguirre, pues le recordó que si no se admite que Christoforo Colombo y Cristóbal Colón son la misma persona, ¿no resulta fantástico que, en cambio, ambos tuvieran una madre que se llamara igual: Susana Fontanarossa?

Alfonso Philippot coincide con García de la Riega en que Colón era gallego, pero discrepa en que fuera judío de origen, y aún menos de cuna humilde. Recuerda que, de ser así, difícil lo hubiera tenido para casar con una noble portuguesa como Felipa Moniz, o no habría tenido forma su hermano, Bartolomé, de hospedarse a cuerpo de rey convidado por Ana de Francia en el Palacio Real de París, ni, por supuesto, habría tenido el Almirante la cabeza tan bien amueblada como la tuvo de ciencias, latines y astronomías. Eso por no citar los buenos apoyos que encontraría en la corte castellana y aragonesa, como ya se verá.

Por tanto, si fue gallego, pero no de origen judío y humilde, ¿quién pudo ser?

Para Philippot, el Almirante sin rostro fue ni más ni menos que Pedro Álvarez, conde de Camiña y también apodado *Pedro Madruga*. En su opinión, la biografía de ambos personajes tiene sorprendentes paralelismos.

El padre de nuestro personaje, según esta versión, fue Fernán Yáñez de Soutomaior, quien lo concibió en el vientre de una moza con la que nunca se casó, llamada Constanza, y cuya identidad fue un misterio mucho tiempo, mas el autor de *La identidad de Cristóbal Colón* afirma que esa mujer no fue otra que Constanza González Colón, nieta del primer Colón genovés que emigró a Galicia tiempo atrás.

Pedro Álvarez, alias Cristóbal Colón, habría nacido en 1432. Su madre casó posteriormente con Juan Gonçalves do Ribeiro, o Moço, con quien tuvo a Bartolomé Gonçalvez, que sería *nuestro* Bartolomé Colón, si damos crédito a esta hipótesis.

Gracias a su padre biológico, el futuro Almirante habría tenido educación y estudios bajo la batuta de fray Esteban de Soutelo en el monasterio de Santo Domingo de Tui, pero hacia 1446 se embarca como marino iniciando una carrera naval y militar que le haría permanecer bajo la bandera de la Casa de Anjou. Y en esas se entretuvo durante veintitrés años, lo que vendría a coincidir con lo escrito por don Cristóbal en algunos documentos a propósito del tiempo que anduvo en la mar.

Al morir sin descendencia el hijo legítimo de Fernán Yáñez, regresa a Galicia Pedro Álvarez o Cristóbal Colón para ocuparse de la hacienda familiar, pero antes deberá luchar contra la revuelta *irmandiña* y después contra los mismísimos Reyes Católicos, puesto que decide apoyar a Juana *la Beltraneja* frente a Isabel. Y al ser derrotado, se ve obligado a huir a Portugal, a cuya corte no llegaría como náufrago, sino como refugiado político.

En Lisboa entra en contacto con el mundo de los descubrimientos marítimos, conoce documentación, como la *Carta* de Toscanelli, y fragua un plan que el rey portugués no aceptará. Para poder llegar a Castilla siendo quien era deberá buscar, y encontrar, el apoyo del cardenal Mendoza.

Y así, verde y azul como Galicia, tratamos de retratar con trazo vigoroso un Colón aún más socarrón si cabe: el Colón gallego.

El niño misterioso

Érase una vez un niño misterioso a quien nadie jamás logró poner rostro y cuya biografía es traje con mucha arruga, pero a veces, ya lo dijo la moda, la arruga es bella. Y tal vez por eso, porque esta historia es todavía más romántica que la de los amores del príncipe de Viana con una aldeana mallorquina y su misterio se ajusta como guante de terciopelo a nuestro Almirante, deseamos concluir con ella el muestrario de posibles cunas del explorador.

Fue Ricardo Sanz García, en obras como *Cristóbal Colón, alcarreño, o América la bien llamada,* quien se atrevió por vez primera a aventurarse por esta historia de amores prohibidos e intrigas cortesanas.

Diego Hurtado de Mendoza, cabeza visible de la poderosa familia Mendoza y además almirante de Castilla —si bien el cargo se lo birló en su infancia su tío Alfonso Enríquez—, casó en primeras nupcias con María Enríquez en el último cuarto del siglo XIV, y fruto de aquel matrimonio nacieron dos hijos. Uno de ellos fue un varón, que murió, mientras que la segunda fue una niña a la que pusieron el nombre de Aldonza, quien, por lógica, se creería en el futuro con derecho a los honores y haciendas de su influyente familia.

Sin embargo, ocurrió que su padre, como se veía con ganas de nueva mujer, tomó por esposa —o tal vez fue este caso al revés y fue la dama quien tomó esposo dado su agrio y dominante carácter— a una mujer de una pieza: Leonor de la Vega. Y de estos nuevos ardores del Mendoza vieron la luz dos hijos. Uno, Diego, murió; el segundo, sería primer marqués de Santillana: Íñigo López de Mendoza.

Íñigo López de Mendoza, a su vez, casó con Catalina de Figueroa, y de sus nupcias nacieron bebés de noble alcurnia, siendo obligado mencionar a Diego Hurtado de Mendoza, duque del Infantado, y a Pedro González de Mendoza, su quinto vástago, que será en las próximas páginas un personaje clave en la aventura colombina: el todopoderoso cardenal Mendoza.

Por tanto, Íñigo López de Mendoza, primer marqués de Santillana, y Aldonza Mendoza eran hermanastros. ¿Quién heredaría las haciendas paternas siendo ella la primogénita? ¿Dónde aparece Cristóbal Colón en esta maraña de Mendozas? Paciencia...

Doña Aldonza se casó en 1405 con Fadrique, a la sazón conde de Trastámara, y más tarde, que para títulos siempre hay espaldas lo bastante anchas, duque de Arjona. Y tal vez por el peso de los títulos y el mucho trabajo que conlleva el llevarlos siempre encima, el noble no acertó a tener descendencia con Aldonza, y además parece que le dispensó mal trato. Gracias a los hados, sin embargo, el muy pollino se fue al cielo de los maltratadores en 1430 dejando a la dama en paz y, a lo que se ve, con ganas de batalla. Y aquí empieza una de las más bellas historias a propósito de Cristóbal Colón y que debemos a Ricardo Sanz García.

Gracias a este investigador, podemos leer lo que dejó escrito en su *Historia de Gualaxara* el padre Hernando Pecha sobre ese matrimonio y sobre la viuda Aldonza: *... no tuvo hijos de este matrimonio...* Y se preguntó entonces Sanz García si había que interpretar, por tanto, que sí los tuvo de otro enlace. Y de ser así, ¿de cuál? Realmente parece misión imposible si el padre Pecha tiene razón cuando añade en su obra que Aldonza quedó *viuda y sin hijos, retirose a Guadalaxara con su padre y allí vivió toda su vida sin mudar de estado.*

Pero entonces, si eso fue así, ¿cómo podemos entender lo que cuenta la llamada *Crónica del Halconero* que reproduce Rogelio Pérez Bustamante en su obra *El marqués de Santillana?* Según ese texto, Aldonza hace llamar a su hermanastro para dictar su testamento haciéndole prometer que le dará sus tierras *con la condición de que Mencia, hija de don Íñigo López de Mendoza, casase con Alfón el Doncel, llamado también Rodrigo de Mendoza, hijo de la duquesa.*

¡Hijo de la duquesa! ¿No era viuda doña Aldonza y sin hijos? ¿Quién es el misterioso Alfón el Doncel?

Pero un nuevo misterio nos aguarda en el testamento de Aldonza, pues entre sus mandas hay una escalofriante: dona 13.000 maravedíes a un tal Cristóbal Genovés. ¿Quién es ese hombre?

Según Ricardo Sanz, se trataba del marido de la nodriza que la duquesa había contratado para dar de mamar a su descendiente (o descendientes) secretos habidos de sus amores prohibidos con un personaje que enseguida aparecerá en esta historia, el conde de Tremiño, Diego Manrique.

¿Por qué querría ocultar esos bebés doña Aldonza? Pues porque había muchos intereses en juego, ya que si ella moría sin descendientes, su hermanastro el marqués de Santillana se quedaría con todas las tierras de la familia, y no le cabía ninguna duda de que estaría dispuesto a matar al bebé (o bebés) si fuera preciso.

Ocurrió que Aldonza Mendoza en sus últimos meses de vida se comportó de forma un tanto excéntrica. Abandona Guadalajara y, pese a tener palacios acogedores en Madrid, Toledo o Valladolid, se traslada, se dice que enferma, a Espinosa de Henares, que era entonces, como apunta Sanz García, *poco más que un coto de caza.* ¿Por qué? ¿Quiere ocultar algo?

Según esta versión, lo que desea es parir lejos de las garras de su hermanastro el marqués de Santillana el fruto de sus amores con el conde de Tremiño, y de resultas de ese parto, el día 18 de junio de 1435, fallece. Ese día, dice la versión de esta historia, nace Cristóbal Colón, que sería justamente uno de los dos gemelos que vieron la luz en Espinosa de Henares.

Se interrogará el lector de dónde salen dos gemelos, y hace bien en planteárselo, como yo mismo lo hice. La explicación que da Sanz García es la siguiente: cuando en *La crónica del Halconero* se habla de Alfón el Doncel, *llamado también Rodrigo de Mendoza,* realmente se habla de dos hijos diferentes. De Alfón jamás se vuelve a saber, y deduce este autor que fue muerto por mano enviada por el marqués de Santillana. Pero cree que el segundo niño, Rodrigo de Mendoza, fue puesto a salvo por manos amigas de la difunta duquesa. ¿Quiénes?

Sería la familia formada por Cristóbal Genovés y por la mujer que había sido contratada para dar de mamar a los niños quien se hace cargo del pequeño, y durante siete años Rodrigo Mendoza, mudado su nombre por el de Cristóbal, como su padre, vivirá en Espinosa de Henares.

Mientras tanto, inmediatamente después de morir la duquesa, el conde de Tremiño se encastilla con sus partidarios en Cogolludo y se dice heredero de los bienes de la duquesa. El marqués de Santillana cerca el fortín y se inicia una larga y agria disputa por los bienes de la muerta que parecen confirmar la teoría de que si Aldonza hubiera tenido hijos, alguna daga les habría rebanado el tierno cuello para que no heredaran.

Por su parte, la fallecida, como pasa muchas veces aunque se tengan deslices, había sido devota y cristiana vieja, y en su testamento dejaba como grandes beneficiarias a iglesias varias y, sobre todo, al

El autor, a la izquierda, con Alfonso Sanz Núñez , en Cogolludo.

monasterio jerónimo de San Bartolomé de Lupiana, donde incluso pidió que se la enterrase. Mas dejemos ese caso para cuando llegue el momento oportuno y añadamos ahora solo algunos detalles.

De ser cierta esta teoría, se explicarían algunas cosas bien curiosas, como, por ejemplo, de dónde le vino la formación intelectual a Colón, puesto que esta tesis sostiene que fue educado por los monjes del monasterio de Lupiana, que hoy es pálida sombra de lo que fue, como podrá comprobar el lector si toma la carretera N-320 y por ella viaja una veintena de kilómetros hasta este valle regado por el río Matayeguas. Es decir, que Colón sería un *donado* al monasterio por parte de la familia Genovés, y el prior, Esteban de León, era conocedor del secre-

El autor en la entrada del monasterio jerónimo de San Bartolomé de Lupiana.

to de su origen. Allí aprendería latines y ciencias, y tal vez fue enviado a Italia en algún momento de su formación, bien para que esta se fortaleciese o bien porque alguien peligroso descubrió su identidad. Y según Sanz García, el comportamiento en vida del Almirante está muy influenciado por las costumbres de los jerónimos. Yo, por mi parte, no sé qué decir al respecto y prefiero que sea el lector quien saque sus conclusiones.

También cree Ricardo Sanz poder explicar el enigma de la lengua de Colón tras estudiar los escritos del Almirante, concluyendo que *tenía un defecto al escribir y posiblemente al hablar*. Y como médico que fue, pensó que la explicación podía ser una patología denominada *barbarolalia,* o articulación con acento extranjero, o cierto provincialismo. Al parecer, quienes padecen esta patología escriben igual que hablan, y además es un mal hereditario, por lo que este autor examinó a los hijos del Almirante para ver si en ellos se cumplía el caso y halló que en nada afectó a Hernando, pero sobre Diego se dicen cosas de interés para su teoría, como esta afirmación de Bartolomé de las Casas: *Diego Colón, hijo del almirante, era medianamente bien hablado...* ¿Qué quiere decir *medianamente bien hablado*?, se interrogó Sanz García, y concluyó que tal vez era Diego presa del mismo mal que su padre, aunque es obvio que resulta débil prueba esta frase. Sin embargo, mirando hacia

Monasterio donde se educó Colón, según la tesis alcarreña.

atrás en el supuesto árbol genealógico de Colón, descubre el mismo autor anomalías en la escritura del marqués de Santillana que se asemejan sorprendentemente al estilo colombino y concluye que *el marqués de Santillana hablaba y escribía igual que Cristóbal Colón.*

Esta tesis, si fuera cierta, también explicaría el evidente apoyo que prestó a Colón ante los Reyes Católicos el cardenal Pedro González de Mendoza, que fue el quinto hijo que tuvo Íñigo López de Mendoza. Es decir, que el poderoso cardenal, que fue llamado incluso *tercer rey* de España, y del que ya hablaremos en su momento, sería ni más ni menos que primo de Cristóbal, o Rodrigo Mendoza.

Eso permitiría también, como sucede con otras tesis que niegan que nuestro hombre fuera un humilde emigrante genovés hijo de tejedores, explicar su facilidad para acceder en plano de igualdad a las cortes de diversos reinos y, sobre todo y especialmente, resolvería (aunque ya se ha visto y se verá que hay otras posibilidades) la incómoda afirmación para los historiadores oficiales que hacía Colón a propósito de que no era el primer Almirante de su familia.

Además, aunque es un terreno por auscultar con más minuciosidad, en las *Capitulaciones de Santa Fe* nuestro hombre se obstina en recibir el cargo de Almirante solo de una manera:

> Con todas aquellas preeminencias e prerrogativas pertenecientes al tal officio, e segund que don Alfonso Enríquez...

¿Por qué menciona a Alfonso Enríquez si en ese momento ese personaje ya estaba muerto y ocupaba el cargo de almirante de Castilla su hijo Fadrique?

Algunos autores, como Juan Manzano, proponen que eso fue porque esa manera de entender el oficio *(e segund que don Alfonso Enríquez)* suponía que el cargo sería hereditario. Sin embargo, sin negar esa posibilidad, pero complementándola a la luz de la posible cuna alcarreña del Almirante, tal vez lo que quiso fue recuperar un ministerio que había sido usurpado a los Mendoza tiempo atrás.

Y hasta aquí nuestro álbum de nacionalidades, linajes y alcurnias de don Cristóbal, pero sepa el lector que no son las únicas (aún habría *Colones* extremeños, corsos, griegos o portugueses. E incluso se ha dicho que tal vez era hijo ilegítimo del papa Inocencio VIII, como en otro momento comentaremos), pero sí suficientes para que el lector se haga cargo de lo difícil que nos resulta saber en qué idioma o con qué acento le cantaron las nanas al impenetrable marino.

CAPÍTULO 3
Indiano templario

Y digo que Vuestras Altezas tendrán mucho placer en lograr acrecentamiento y gloria para la religión cristiana, tanto como yo mesmo tendré de verlo y de poner mi brazo, sesera y pensamiento para tomar otra vez para Nuestro Señor la ciudad de Jerusalén y el Templo donde al cabo tal vez toda esta aventura se gestó, y ello sin que entonces ninguno de nosotros aún tuviéramos naves marineras. Al Templo y a sus gentes doy estas tierras y los dichos indios que yo traigo a través de Vuestras Altezas.

(Diario secreto del Almirante sin rostro)

... como si lo hubiérades visto antes
que nos los dijésedes.

(Carta de los Reyes Católicos a Colón,
el 16 de agosto de 1494)

LOS BARCOS FANTASMAS

EN 1118 un puñado de caballeros flamencos y francos encabezados por un segundón de la nobleza francesa que tenía su feudo en Champaña, llamado Hugo de Payens, se presentó ante el entonces rey de Jerusalén, Balduino II. La historia oficial asegura que su propósito era el de velar por los peregrinos que viajaban a Tierra Santa, pero lo cierto es que durante nueve años no participaron en refriega ni defensa alguna. Es más, después de que, sorprendentemente, el rey les entregara su propio palacio —situado en el viejo solar donde tiempo atrás estuvo el Templo de Salomón—, nada se sabe de sus actividades durante esos enigmáticos nueve años.

La oscuridad que envuelve sus actividades ha motivado la sospecha. ¿Qué sucedería si, como parece, su objetivo no fuera el de defender a los penitentes? ¿Para qué estaban allí?

A esas preguntas se ha tratado de responder de las más variadas formas: ¿buscaban un manuscrito ignorado por el mundo hasta entonces? ¿Tal vez era el Grial su objetivo? ¿O quizá era el Arca de la Alianza?

En mi libro *Los templarios y la palabra perdida* (Edaf, 2003) dábamos nuestra propia versión del caso. Pero lo que no admite interpretaciones, puesto que es cierto y muy verdadero, es que aquellos soldados, que al poco se *pluriemplearon* como monjes, fueron el embrión de la orden de caballería más poderosa económica y políticamente de la historia: la Orden de los Pobres Caballeros del Templo de Jerusalén. Es decir, los templarios.

Su poder en Europa fue casi omnímodo. Eran una iglesia dentro de la Iglesia y un Estado en la panza de cada reino. Y si sus componentes individuales firmaban al ingresar el voto de la obediencia, la castidad y la pobreza, la orden, en cambio, era inmensamente rica. Y aunque en parte lo era por las donaciones de quienes en ella ingresaban —tierras, molinos, peajes, mercados, dineros...—, esas dádivas serían insuficientes para explicar cómo fue posible tamaña fortaleza económica.

Se ha subrayado por parte de muchos autores la sorprendente casualidad histórica que es la aparición casi simultánea de la Orden del Temple y del arte gótico. ¿Quiénes sino ellos poseían dinero suficiente para izar al cielo tal cantidad de catedrales como se construyen en Europa en solo cincuenta años? ¿Quiénes sino ellos poseían conocimientos como los que las catedrales gritan en silencio? ¿Esos conocimientos tuvieron que ver con lo que habían estado haciendo los primeros nueve caballeros en las entrañas del mítico monte Moria de Jerusalén? Sinceramente, creemos que sí.

En una época en la que en Europa no se habían comenzado a explotar suficientemente las minas de plata, de pronto gran cantidad de ese metal precioso apareció como por ensalmo. ¿De dónde vino? ¿Quién lo trajo?

Paralelamente, el Mediterráneo se había convertido en gigantesco supermercado por el que navegaban los templarios. Desde Marsella salían anualmente hacia Tierra Santa cuatro mil barcos, y en la mayoría de ellos el viento inflaba las velas blancas en las que aparecía la cruz roja de los misteriosos caballeros.

La flota templaria era considerable. Se conoce el nombre de algunos de sus buques, caso de *La Rosa del Temple, La Buenaventura* o *El Halcón del Temple*. Y esas naves espumaban el Mediterráneo, lo que parece lógico, pero también se las veía atracar en el puerto de La Rochelle, en la fachada atlántica francesa. Es más, a ese puerto iban a parar las principales rutas comerciales de la orden en Francia.

Recuerde el lector que estamos hablando de los siglos XII y XIII, preferentemente, y si hacemos cuentas, aunque sea con los dedos, vemos que estamos lejos de la irrupción en la historia de nuestro enigmático

Cristóbal Colón. Por tanto, no se ha *descubierto* América. Así pues, ¿hacia dónde apuntaba la proa de aquellas naves atracadas en la cara oeste de Francia si se suponía que no había nada más que cosas pavorosas en la barandilla del horizonte atlántico?

Es cierto que se hacía con frecuencia la ruta a lo largo de la costa francesa y cantábrica hasta Santiago de Compostela para llevar peregrinos, pero eso no justificaría que las rutas comerciales del Temple coincidieran en ese puerto. Para llevar peregrinos no eran necesarias tantas naves poderosas.

El Temple, a comienzos del siglo XIV, era objeto de deseo por parte del rey francés, Felipe IV, que debía a los *freires* enormes sumas de dinero. Tampoco gozaban los monjes-soldados del aplauso de los nobles, que envidiaban sus posesiones; ni la simpatía del clero, que estaba harto de sus privilegios y exenciones, y quizá tampoco el pueblo sonreía a su paso, debido a la soberbia de los caballeros. Por tanto, un rey pérfido y un Papa débil, Clemente V, serían suficientes para urdir una vil redada, un expediente preñado de mentiras y una audaz caza de brujas que comenzó al alba del día 13 de octubre de 1307.

¿Una flota templaria?

Se apañó a todos los que se pudo, y el primero en caer, en camisón de dormir y con el pelo revuelto, fue el propio Jacques de Molay, el último gran maestre de la orden. Se hizo gavilla con cuantos freires se pudo, y el resto de la historia es ya conocida. Sin embargo, nada se supo de la flota del Temple, o al menos de la mayor parte de ella.

Y déjenme que describa lo que no pude ver: aquella noche, la de la redada en París o tal vez días antes, las velas blancas de los buques templarios se dejaron hacer y el viento arrancó de ellas gemidos; se soltaron las gruesas sogas que unían aquellas navíos a tierra y a su pasado y pusieron proa hacia la libertad. Nadie supo jamás de ellos, porque nadie sabe dónde vive la libertad.

¿Se llevaron consigo el tesoro templario que el rey francés anhelaba? Sin duda, sí. ¿En ellas dormitaba el gran secreto del Temple? No lo sé, pero me parece que se lo puede encontrar todavía en las piedras de las catedrales.

Y ocurrió que casi dos siglos después partieron del puerto de Palos dos carabelas y una nao, y en sus lonas, como en la poesía, gemía el viento y alzaba en blando movimiento olas de plata y azul mientras arriba, en lo alto, la cruz roja del Temple miraba al frente, al mismo horizonte al que no quitaba ojo el Almirante sin rostro.

El extranjero

En varias ocasiones expresó por escrito Cristóbal Colón su condición de extranjero. A los Reyes Católicos les escribió varias misivas en las que aparecían frases en las que se subrayaba ese extremo:

> ... he sido considerado por el pueblo, en el trato con las personas y en otras muchas cosas como un pobre extranjero.

O, por ejemplo:

> Quién creerá que un pobre extranjero se hubiese de alzar en tal lugar contra Vuestra Alteza sin causa y sin brazos de otro Príncipe.

Por tanto, al Almirante le gustaba mucho acentuar su extranjería, pero ya hemos visto lo difícil que resulta creer que era de procedencia italiana, especialmente cuando en su supuesta patria ninguna bandera se alzó ni se lanzó salva alguna en señal de alegría tras su glorioso

Colón quiso recuperar Jerusalén y su Templo.

descubrimiento. Y también hemos deslizado la posibilidad de que se lo pudiera considerar extranjero en la corte castellana si había nacido en la Corona de Aragón (ya fuera hijo de príncipe, ya judío o ya corsario catalán), pero resulta explicación débil esta si tenemos en cuenta que en esas cartas Colón se dirige tanto a Isabel de Castila como a Fernando de Aragón. Por tanto, ¿extranjero de dónde?

A esa pregunta ha tratado de responder con una audaz teoría Antonio de la Riva en su libro *Las claves del enigma de Colón*, y llega a la conclusión de que don Cristóbal era naturalmente extranjero, puesto que ¡había nacido en América!

Para entender mejor hasta qué punto tiene algún soporte esta propuesta debemos recordar algunos datos que ya hemos presentado al lector en páginas anteriores, caso de la dificultad que entraña el asegurar el año de su nacimiento, las contradicciones que el propio Almirante provoca con sus escritos y su evidente deseo de confundir a todo el mundo, la existencia de una *mano negra* que emborrona después su biografía robando documentos, mutilándolos o alterándolos, etcétera.

Sobre este particular ya expusimos algunos ejemplos, y De la Riva aporta otro más que le sirve para criticar la tesis genovesa y lo lleva a afirmar sin temblores que Cristóbal Colón no es Christoforo Colombo. Nos referimos a un acta notarial de 1479 registrada en Génova y que es un buen ejemplo del *expediente X* que es la vida del Almirante.

En el acta mencionada se nos dice que Christóforo Colombo fue enviado ese año a Madeira con el encargo del comerciante Paolo di Negro para comprar azúcar. En el documento, el tal Colombo afirma que tiene *aproximadamente veintisiete años*, y asegura que, el mes de julio del año anterior, él y su patrón, Di Negro, estaban en Lisboa.

En este nuevo ejemplo de confusión documental, De la Riva hace hincapié en la falsedad de los datos, y nos alerta sobre lo sorprendente que resulta que en un acta notarial se diga que uno de los comparecientes tiene *aproximadamente* una edad determinada. Es una expresión insólita en un documento notarial. En segundo lugar, dice la misma fuente: *Colombo no confiesa su condición de casado y hace inverosímil su matrimonio con Felipa Moniz Perestrello*, y añade que eso es sorprendente cuando se sabe que Colón, por esas fechas, era un hombre casado.

¿Regresaba Colón a su patria al arribar a América?

De ser cierto ese documento, resultaría incomprensible que Colón regresara tras sus negocios a Italia y se olvidara por completo de su esposa, si es que ya la tenía. Y además, si en 1479 tenía veintisiete años, parece imposible que hubiera podido pasar veintitrés años navegando, tal y como el Almirante escribió en algún documento. Y tal vez para fastidiar más, en otros de sus escritos dejó dicho que pasó catorce años en Portugal tratando de vender su iniciativa descubridora al rey de ese país antes de venir a España, lo que hace en 1485. Por tanto, todos los datos descoyuntan la hipótesis de la autenticidad de ese documento, según parece.

No era genovés, dicen muchas voces. Otras sí lo creen, pero tal vez sucede lo que ya hemos dicho anteriormente, que hablamos de dos personas distintas y un único misterio verdadero: Christoforo Colombo a lo mejor sí tenía veintisiete años en 1479, pero la verdad es que eso no nos importa mucho. Lo que nos importa es qué edad podía tener Cristóbal Colón, que era otra persona diferente y que, según solía decir, era *extranjero*.

¿Cómo resuelve el acertijo De la Riva? De este modo:

> Si partimos de la base de que Colón nació en América, inmediatamente se hace la luz en la oscura vida de este personaje, y se comprende que el almirante mintiera sobre su lugar de nacimiento.

¿POR QUÉ MINTIÓ?

A estas alturas de nuestra aventura, estamos en condiciones de afirmar que Colón mintió deliberadamente sobre su vida y sobre sus conocimientos. Y aún más seguros vamos a estar a medida que avancemos en la intriga. Ahora bien, si uno miente para borrar sus pasos, las razones pueden ser variadas. Podría ser porque se avergüenza de algo (su humilde origen, dicen los *genovistas;* o su ascendencia judía); porque puede perjudicar a terceros (hijo ilegítimo de nobles o príncipes), o porque puede perjudicarse a sí mismo, y esta es la posibilidad que vamos a explorar brevemente.

De la Riva lo explica claramente en su obra:

> ... si hubiera revelado la verdad, habría perdido el mérito del Descubrimiento.

Es bien simple: si él había nacido en América y de allí había venido, no podía presentarse como *americano,* puesto que entonces todo el encanto del proyecto que vendía a las cortes europeas desaparecería. ¿Con qué iba a negociar para obtener ganancias que sabía que eran seguras porque conocía que aquellas tierras existían de antemano? Ese es el razonamiento del autor de *Las claves del enigma de Colón*.

Para que su iniciativa fuera del interés de los monarcas era preciso mentir, tanto para no desvelar lo que sabía como para engatusarlos y tentarlos a invertir en el proyecto, de modo que presentó el cebo, según la fuente citada:

> Colón utilizó el cebo del descubrimiento de una nueva ruta para las Indias.

Pero todo el mundo sabe que el Almirante se equivocó. Aquellas tierras a las que llegaron, tal y como veremos en breve, no eran las Indias. Y si Colón lo sabía, ¿por qué mantuvo la pantomima de que estaba en Oriente? Según De la Riva, debía sostener su engaño a toda costa, de modo que mandó a los expedicionarios que buscaran especias y oro donde sabía que no lo encontrarían. Y como mejor ejemplo de su teoría se nos proponen dos ideas que, al margen de dar crédito o no a esta posibilidad, sí que deben mover a la reflexión: ¿Por qué Colón, una vez en las Antillas, no avanza hacia el oeste y se dedica a perder aparentemente el tiempo costeando diversas islas en las que claramente se veía que no estaban los reinos anhelados de Cipango y Catay? Si de verdad creía que estaba en Cipango o en Catay, ¿cómo es que se atrevió a tomar posesión de unas tierras que bien sabía que tenían reyes, y además muy poderosos?

Otro aspecto ciertamente singular y del que habrá que decir más cosas y dar ejemplos en su momento es la sorprendente carga de baratijas que lleva Colón en su primer viaje a América: cascabeles, cuentas de vidrio y sortijas de latón. ¿Para qué las llevaba? Pues para intercambiar a los indios por oro y otras riquezas, ni más ni menos. Y la pregunta que nos podemos hacer es tan evidente que asusta: ¿cómo podía saber el Almirante antes de llegar allí que podría engatusar a los indios con bagatelas como esas? ¿Pretendía impresionar a los poderosos reyes de Catay y Cipango con cascabeles?

Leamos su *Diario* (jueves 11 de octubre):

> ... les di a algunos de ellos [se refiere a los indios] unos bonetes colorados y unas cuentas de vidrio que se ponían al pescuezo, y otras

> cosas muchas de poco valor, con que hubieron mucho placer y quedaron tanto nuestros que era maravilla...

Y esos trueques ventajosos para el Almirante, ya lo veremos, se repitieron tantas veces que hay que pensar que llevaba buena provisión de abalorios y quincallas, como si supiera bien cómo mercadear con aquellas gentes.

Fray Bartolomé de las Casas lo dejó escrito tan bien que yo no puedo mejorarlo, de modo que lo copio:

> ... él tenía certidumbre que había de descubrir tierra y gentes en ellas, como si en ellas personalmente hubiera estado.

De sangre templaria

En esta biografía maldita de don Cristóbal que estamos planteando lo hemos visto llegar a nado, según la hipótesis ortodoxa y académica, un día borroso a las costas de Portugal. Se dice que ganó tierra tras lograr salir con vida de una batalla que también es confusa tanto en fechas como en contendientes, y no tenemos claro de parte de quién luchaba Colombo, si es que Colombo era Colón. Pero ¿qué sucedería si en realidad aquel náufrago procediera de América?

Esa posibilidad es la que plantea Antonio de la Riva, quien explica de forma sencilla desde su ángulo de visión cómo pudo saber ir a América Colón y cómo volver de allí por un itinerario diferente. Pero dejemos para el siguiente capítulo el enigma de las rutas colombinas y regresemos al náufrago.

Se supone que el nadador sin pasado llega a Portugal en 1476. Ya dijimos que tiene mucho de mitológico ese episodio. Es un Moisés salido de las aguas; un Oannes o un dios que emerge del agua primordial. Para De la Riva, en cambio, es *como si procediese de otro mundo*.

En 1505 el desconfiado marinero escribirá a rey Fernando explicando por qué llegó a Portugal:

> ... fui a portar a Portugal adonde el Rey de allí entendía en el descubrir más que otro.

De la Riva advierte lo interesante del dato, si es que realmente no miente otra vez Colón, que es lo más frecuente, puesto que de ser así se evidencian dos cosas: que su propósito era *descubrir* tierras, y que de donde él venía tal cosa no era posible. Y de ser así, ¿cómo no era posible tal cosa en Génova, potencia marítima? ¿O en Castilla?

En cambio, nos dice el autor mencionado:

> Para un navegante que proceda de América Central o México y se dirija a Europa en un barco de vela, lo normal es que, por la acción de las corrientes marinas y los vientos, toque tierra en las Azores, en Madeira o en el Portugal continental.

Ahora bien, ¿cómo explica este autor que Colón procediese de América? Pues es bien sencillo si recordamos cómo nacía este capítulo: los barcos fantasmas del Temple que desaparecieron para siempre. ¿Adónde fueron? ¿Tal vez al lugar del cual traían la plata que emplearon en la construcción de las catedrales góticas?

La versión de los hechos que ahora resumimos se inclina por esa opción.

En la madrugada de aquel nefasto día 14 de octubre de 1307, dice este autor, *dieciocho naves templarias, con una dotación de unos setecientos hombres, estaban fondeadas en el puerto de La Rochelle*. Aquellas naves estaban bajo el mando del almirante de la flota del Temple, uno de los cargos más importantes de la orden, según nos dice este investigador. Y así obtenemos nueva explicación a la manoseada frase de don Cristóbal (*yo no soy el primer almirante de mi familia*).

A bordo de aquellas naves había dinero, secretos... y también peregrinos que pensaban llegar a Compostela a rendir homenaje a Santiago. Sin embargo, la redada del rey francés provocó el espanto, el precipitado levar de anclas y la huida a puerto tan seguro como oculto: ¡América!

Aquellos peregrinos fueron *víctimas colaterales* del conflicto entre el rey francés y los freires y, según esta hipótesis, todos ellos, que sumados eran más de setecientos, dieron con sus huesos un lejano y desconocido día en las tierras a las que Colón arribará años después. Había entre los peregrinos mujeres, aunque pocas, y esa circunstancia, más el voto de castidad de los monjes y las enfermedades que un clima como aquel propició, se llevaron pronto a buena parte de los recién llegados, pero no a todos.

Tal vez eso explique lo que dejó escrito el Almirante en su *Diario* el día 13 de diciembre, que cayó en jueves:

> ... así en los hombres como en las mujeres, y que son blancos más que los otros, y que entre los otros vieron dos mujeres mozas tan blancas como podían ser en España.

¿Quiénes eran esos indios *blancos* de los que habla el Descubridor? ¿Eran descendientes de aquellos templarios? ¿Qué misteriosos hombres con túnicas blancas encontraron los españoles en algunas islas, como ya veremos?

En el tercer viaje nuevamente se encontrará con gente así el Almirante, e incluso dirá que llevaban *cabellos cortados a la guisa de Castilla,* lo que ya es cosa que obliga a pasmarse.

Por tanto, aquí lo que se nos dice es que la explicación a todo el misterio de don Cristóbal (nacimiento, sabidurías y disimulos) se explica mirando hacia América. Y se comparta o no esta tesis, no se podrá negar que es atractiva.

ANACRONISMOS DE UN TEMPLARIO

Mucho queda por decir de nuestro personaje, y aunque ya hemos dado pinceladas de que para ser un humilde tejedor genovés tenía más letras y ciencias en la sesera de lo admisible, aún deberemos decir más al respecto. ¿Pudo aprender todo lo que ya veremos en América? ¿A los pies de qué maestros?

Si prestamos nuevamente atención a Antonio de la Riva, ese aprendizaje fue posible porque en los buques fantasmas del Temple viajaban también varios *hombres ilustres de la casa,* apelativo con el que se conocía a los iniciados de más alto grado de la orden. Sus conocimientos no cayeron en saco roto y tuvieron discípulos que sostuvieron la antorcha de su conocimiento y de ella se benefició el Almirante y sus hermanos, que formaban, dice ese autor, *parte de la quinta o sexta generación descendiente de los peregrinos que llegaron a América en las naves templarias.*

Ya hemos comentado que uno de los enigmas que rodean el pasado del Almirante es el de su formación cultural. Dijimos que su expediente académico tampoco se puede precisar, pero sí sabemos que tenía extraordinarios conocimientos de muchas cosas que estaban fuera del alcance de un tejedor de Génova y sí tal vez a mano de alguien educado en ambientes selectos o monacales.

Dejemos para más tarde su ciencia en el navegar y en dibujar planos y cartas de marear y mencionemos dos misterios más: su imponente biblioteca y el elevado precio que esta tendría en el mercado de la época.

Conocemos solo algunos de los libros que poseía el Almirante. Entre esos tomos estaba la *Historia Rerum* de Eneas Silvio (Pío II), la *Historia natural* de Plinio, su querido ejemplar del *Libro de las Maravillas* de Marco Polo o las obras del cardenal francés Pierre d'Ailly. Pero también se mencionan pistas por aquí y por allá que permiten afirmar que poseía obras de San Agustín, de Ptolomeo y de otros muchos. Y Consuelo Varela se ve obligada a reconocer que la biblioteca de Colón estaba *mucho mejor surtida que la de cualquiera de sus contemporáneos no dedicados a las letras*.

Y esto es sorprendente por dos motivos: ¿dónde pudo comprar esos libros y dónde se forjó en el gusto por el saber quien dice que anduvo veintitrés años en el mar sin salir a penas de ella? Reconocido como falso el dato que ofrece su hijo Hernando de que estudió en Pavía, ¿quiénes fueron sus maestros? Y el segundo motivo de asombro es el siguiente: los libros eran extraordinariamente caros en aquella época. Por tanto, ¿de dónde sacó el dinero para gustos tan refinados el Almirante si, como veremos, se lo presenta casi vagabundo cuando llega a España y lo hemos visto hecho un náufrago llegando a Portugal? Varela afirma que *Colón formó su biblioteca en Castilla y no parece que se trajera libros de Portugal*. Pero, de ser así, insistimos, ¿de dónde sacó el dinero para esos lujos si solo las escuálidas asignaciones reales le permitieron malvivir durante los siete años que vagabundeó por Castilla antes de que los reyes aprobaran su proyecto? ¿Compró las obras siendo ya Almirante y potentado?

Se dice de él que era un autodidacto, pero resulta trabajoso creer esa explicación. El Almirante no solo tenía muchos libros, sino que era un escritor prolífico e incansable, y solo el reúma y la artritis le impedían aferrar la pluma aún con más frecuencia. Y así se lo confiesa a su hijo Diego en una carta fechada en Sevilla el 1 de diciembre de 1504:

> Mi mal non consiente que escriva salvo de noche, porque el día me priva la fuerça de las manos

Como ya vimos, no escribió en italiano jamás, pero se desenvolvía con agilidad en varios idiomas, aunque para muchos autores el suyo propio era el castellano, aunque raro. Recordemos las palabras de Bartolomé de las Casas:

> Parece ser natural de otra lengua, porque no penetra del todo la significación de los vocablos de la lengua castellana.

Ya hemos visto que, para algunas investigaciones, tal cosa ocurría porque en realidad hablaba catalán, y otros dicen que gallego o portugués. Pero hay un matiz ciertamente curioso que subraya Salvador de Madariaga, quien aseguró que en el castellano que usaba Colón había matices arcaicos.

Para Antonio de la Riva, todo lo dicho encaja con la hipótesis templaria.

Colón fue formado por quienes recogieron la sabiduría de los grandes maestres de la Orden del Temple que llegaron en los buques fantasmas a América, nos dice. De ahí le vendría al Almirante el gusto por el saber, y también de ahí la plata con la que pudo comprar su magnífica biblioteca que, ya veremos, Hernando engordó febrilmente.

En cuanto al extraño castellano de nuestro hombre, todo se explicaría así, según esta propuesta:

> Colón aprendió su lengua principal de descendientes de peregrinos que el 14 de octubre de 1307 se vieron atrapados en las naves templarias que huyeron del puerto de La Rochelle y pusieron rumbo a América.

De ahí su anacrónico castellano. Don Cristóbal hablaba como lo hacían en el siglo XIV, nos dice este autor, y nos deja inquietos, como poco. Aunque nos preguntamos si los peregrinos huidos junto a los templarios serían franceses o habría castellanos, ya que si eran franceses o de otros países europeos, puesto que partían de La Rochelle y no de Santiago, no parece sencillo explicar que hablaran castellano y no francés.

Un cruzado

A la luz del candil de esta atrevida versión del caso Colón, se podría tal vez entender la obsesiva y anacrónica propuesta del Descubridor de conquistar Jerusalén, capital mundial de Dios.

A Jerusalén fueron enviados los caballeros bajo el mando de Hugo de Payens que serían el embrión de la orden. En mi opinión, el Císter, con Esteban Harding y Bernardo de Claraval como cerebros de la operación, era quien movía los hilos de esas marionetas cargadas de hierro.

En Jerusalén buscaron sin desmayo durante nueve años lo que quiera que el Císter les indicó que debían buscar. Y debieron dar con ello, y de resultas del hallazgo medra la orden, se enriquece, brotan las catedrales góticas al socaire de una incipiente burguesía, y Europa, en un par de siglos, experimenta un cambio verdaderamente revolucionario.

Y años más tarde, en Jerusalén, fue el llanto y el crujir de dientes para la orden. Perdieron las posiciones, el islam se agigantó y la cruz cristiana resultó un estorbo, de modo que la echó al mar. Buscaron los caballeros refugios tras la mantaza de San Juan de Acre en 1291 en Chipre, y al final se los vio llegar a Francia. Pero la orden siempre lloró a Jerusalén, y la Iglesia, también.

Por supuesto, como indica De la Riva:

> En el siglo XV la reconquista de Jerusalén era una idea completamente trasnochada, sin embargo Colón la llevaba en su corazón como la llevaría un miembro resucitado de la Orden del Temple.

Es cierto que en varias ocasiones el Almirante expresa por escrito su deseo fervoroso de recuperar Tierra Santa. Veamos un ejemplo recogido de su *Diario*. Es el día 26 de diciembre de 1492, y Colón escribe a los reyes:

> Protesté a Vuestras Altezas que todas las ganancias de esta mi empresa se gasten en la conquista de Jerusalén, y Vuestras Altezas se rieron y dijeron que les placía, y que sin esto tenían aquella gana.

Y no nos extraña que los reyes se rieran de esa ocurrencia colombina, porque era para partirse de risa pensar a finales del siglo XV que se podían asaltar las posiciones del islam en Tierra Santa por más que el Dios de los cristianos sirviera de ariete. Ahora bien, razona el autor referido, tal vez ese desvarío sería explicable en un hombre que parece anclado en el siglo XIV, que habla un castellano arcaico y que parece recién arribado de otro mundo, un mundo donde bebió con la leche materna los conocimientos y anhelos de los viejos templarios fantasmas.

El Temple en América

Que expongamos esta versión del enigma colombino no nos obliga a estar de acuerdo con ella en su totalidad, pero sí hay aspectos que no podemos ignorar. Y el primero de ellos es el básico: ¿hay indicios de que el Temple hubiera alcanzado las costas americanas muchos años antes de Colón? Y esa pregunta exige agallas y compromisos, y respondemos que sí. Sí, hay indicios que permitan pensar tal cosa. Olfateemos el rastro.

Representación idealizada de Hugo de Payens.

Museo del mismo nombre en su localidad natal.

Colón quiso recuperar Jerusalén y su Templo.

A unos 60 kilómetros de París se yerguen orgullosas las ruinas del castillo de Gisors, construido en el siglo XI, pero después heredado y ocupado por el Temple. Y en el subsuelo de esta fortaleza, según afirmó Roger Lhomoy, se oculta un extraordinario tesoro que él afirmó que era el de los templarios.

Este joven comenzó en 1944 una aventura memorable que ha suscitado fuerte polémica, puesto que sin licencia ni bula alguna, y siguiendo alguna pista de origen desconocido, se lanzó a excavar en esa zona un pozo que, tras sudar la gota más mofletuda de todas, llegó a alcanzar —tras derrumbes y penalidades sin cuento— los 21 metros de profundidad. Una vez llegado hasta esa profundidad, topó con una piedra tallada y tuvo acceso a una siniestra construcción en la que afirmó haber visto un altar de piedra, diecinueve sarcófagos también tallados en roca y treinta cofres enormes donde se ha soñado que dormita el tesoro del Temple.

Al enterarse las autoridades, y tras mucho papeleo y sospechosas decisiones políticas, amén de derrumbes, y sin que nadie más pudiera corroborar el testimonio del explorador, las autoridades prohibieron más prospecciones. Y mientras esto sucede en el subsuelo de Gisors, en una de sus mazmorras estuvo preso un caballero llamado Poulin, de quien se dice que era amante de la *Reina* Blanca. Y en la celda que vio presumiblemente morir al caballero hay misteriosos signos, que Michel Lamy interpreta como caracteres alquímicos, inscripciones estremecedoras (*¡Oh Madre de Dios, acuérdate de mí, Poulin!*) y algo inquietante: ¡personajes con plumas que parecen ser indios!

¿Quién representó a esos hombres emplumados? ¿Los templarios que vivieron en el castillo?

Mientras tanto, en el tímpano de la basílica de Santa Magdalena de Vezélay, construida cuando el siglo XII andaba por su mitad y ni Colón ni nadie, presumiblemente, habían ido a América, se observan hombres esculpidos que parecen representar diferentes razas de la tierra. Y entre ellas, a decir de investigadores como Alejandro Vignati, un indio.

Y si damos un salto ágil para no mojarnos y nos vamos de Francia hasta Escocia, allí nos aguarda una curiosa representación de mazorcas de maíz en la capilla Rosslyn, donde muchos opinan que algunos supervivientes templarios se instalaron dando lugar posteriormente a la masonería escocesa. Y por supuesto, cuando se tallaron esas mazorcas de maíz aún no había ido Colón a ninguna parte, puesto que ni siquiera había nacido y el maíz era cosa desconocida en Europa.

Añádase al caso la escasa sorpresa que al parecer provocaron en los indios americanos aquellas gentes de piel blanca, adornadas con cruces y de pobladas barbas. ¿Reconocieron en ellos a los antiguos vi-

Mazorcas de maíz en la capilla Rosslyn.

sitantes templarios? Michel Lamy afirma que los hombres de Pizarro *se asombraron de encontrar cruces alzadas en el Perú*. Y Jacques de Mahieu sostiene lo siguiente, a propósito de una figura que existe en el edificio principal de Tiahuanaco, una iglesia del siglo XII:

> [se puede ver]... una estatua de dos metros de alto que los indios conocen con el nombre de El Fraile [...], es la copia exacta, estilo aparte, de la de uno de los apóstoles de la portada gótica de Amiens: el mismo libro de cierre metálico en la mano izquierda, la misma rama de mango en la derecha, las mismas proporciones en el rostro.

¿Qué podemos pensar? Pues que América, no hay duda, fue *descubierta* muchas veces, y los templarios fueron algunos de sus visitantes.

Por supuesto, si hubo navegantes templarios, debió haber mapas, cartularios, cartas de marear... En tal caso, ¿dónde fueron a parar todos esos mapamundis? ¿Qué fue de sus cartógrafos?

Tal vez la respuesta a esa pregunta deba esperar, porque es mejor para la narración ordenada de las maravillas del Almirante sin rostro, pero no nos resistimos a deslizar una pista en espera del siguiente capítulo: no todos los caballeros del Temple fueron capturados por el rey francés, y ni siquiera todos marcharon en buques fantasmas. Los hubo que se incorporaron a otras órdenes religiosas, y algunas de ellas fueron creadas justo en ese momento para darles acogida. Ese fue el caso de la Orden de Cristo. ¿Saben dónde se creó esa orden que sirvió para camuflar a mil y un templarios y dar reposo a sus heterodoxas ideas? ¡En Portugal!

¿Nos atrevemos a hermanar más al Almirante sin rostro con el Temple? Tal vez, pero seamos prudentes. No obstante, permítame el lector añadir un nuevo y sabroso enigma.

De don Cristóbal se ha dicho, y parece haber bastante coincidencia, que sirvió bajo la bandera de René de Anjou durante algunos años, lo que tal vez no aceptaría en absoluto la historia oficial es un aspecto de la biografía de este personaje que nos permite, aún más, verter oscuridad sobre Colón.

Cuando tan de moda se ha puesto en medio mundo *El Código Da Vinci* y tanto se ha hablado y escrito a propósito del Priorato de Sión —misteriosa orden secreta que, cuentan, fue el cerebro de la Orden del Temple, hasta el punto de ser ambas la misma desde 1118 hasta 1188 en que se separaron—, es hora de vincular también a Cristóbal Colón con esa trama.

Sucede que cuando a mediados del siglo XX comenzó a circular por Francia un lote de documentos *secretos* que hablaban de la Orden del Priorato de Sión como grupo custodio del conocimiento sobre la verdadera descendencia de Jesús de Nazaret y María Magdalena, se filtraron también los nombres de los presuntos grandes maestres que el Priorato ha tenido hasta nuestros días. Y en esa relación, naturalmente, están Leonardo da Vinci y otros notables hombres como Nicolás Flamel, Robert Boyle, Isaac Newton o Victor Hugo. Pero antes que ellos leemos un nombre familiar en la relación de grandes maestres: ¡René de Anjou!

Colón sirvió bajo su bandera, nos dicen algunos historiadores. El de Anjou fue gran maestre del Priorato de Sión, afirman los heterodoxos. ¿Conocía Colón los secretos del Priorato y los del Temple a través del señor de Anjou? ¿Cuál era realmente su misión?

CAPÍTULO 4

Sus cartas de marear

De mí dirán que mucho anduve por aquellas islas de la Madera y de las Açores, y aun que estuve y me demoré por la Guinea, porque así lo quedé dicho y hasta escrito, mas nada conté de la aventura que antes fue que la de cruzar el Océano; la aventura que hasta Portugal me trajo y que de Portugal me sacó: el secreto para llegar a otras tierras. E esto es todo lo que podré dezir sin que me venga en traición a mí mismo. Y por ello, muy secretamente, salí de Portugal con mi hijo Diego. . .

(*Diario secreto del Almirante sin rostro*)

Terra est rotunda spherica.

(Apostilla 480 de Colón al *Imago Mundi*)

A Portugal, ¿por casualidad?

Ya vimos —o leímos lo que del caso se ha dicho— llegar al futuro Almirante a nado a las costas portuguesas. Y ya se dijo que todo es oscuridad otra vez a su alrededor en ese episodio.

La oscuridad se cierne también sobre su vida privada, como se explicó. No le hizo falta sino unos meses para encontrar esposa de noble cuna. ¿Fue la casualidad la que los unió, o el interés de don Cristóbal por la hija de Bartolomé Perestrello también tiene su rebotica?

Sin embargo, la historia oficial se detiene aquí a la hora de plantearse los enigmas *portugueses* del Almirante, pero nosotros pretendemos ir un poco más allá, hasta donde el impracticable sendero de la vida de Colón nos permita. Y por eso proponemos una tesis: el hombre que llega a Portugal, y que creemos que no era Christoforo Colombo —ya saben, el tejedor genovés—, no lo hace por casualidad. El futuro Descubridor tenía un objetivo. Ahora bien, si estamos en lo cierto, ¿qué tenía de interesante Portugal para él?

Antes de dar una respuesta atrevida a esa pregunta, tal vez se podría responder de forma ortodoxa a la misma. Se podría argumentar que desde el siglo XIV las rutas de navegación oceánicas estaban bajo bandera portuguesa, especialmente por el impulso que a las mismas había dado el príncipe Enrique (1394-1460), lo que le valió el apodo de *El Navegante*. Y, fruto de esos desvelos, las técnicas de navegación se

Enrique el Navegante, impulsor de la Escuela de Sagres.

mejoraron notablemente. Se emplearon las tablas astronómicas alfonsíes y numerosos cartógrafos y astrónomos judíos fueron llamados a Portugal para trabajar en sus aventuras oceánicas (dato a tener en cuenta para lo que más tarde argumentaremos).

Es cierto que fueron los lusos atrevidos constructores navales y a ellos se debe la carabela, navío de casco estrecho de dos o tres palos, velas latinas, reducido tonelaje y más manejable para exploraciones de largo recorrido. Y también es cierto que la superpoblación del país, la escasez de trigo, oro y especias, amén de las circunstancias políticas tras los acuerdos con el reino de Castilla, impulsaban a Portugal a mirar hacia el mar si quería ampliar horizontes.

Por tanto, la respuesta de consenso podría ser, si se admitiera aunque fuera brevemente que Colón no llegó a ese país de forma casual, que lo hizo porque era la monarquía más capacitada para llevar a cabo su plan (Colón lo dejó escrito a medias, como era su costumbre: *Fui a parar a Portugal, adonde el rey de allí entendía en el descubrir más que cualquier otro*). Claro que también se podía hacer otra lectura: ¡qué casualidad que llega Colón a nado al país más idóneo para llevar a cabo su plan!

Y aunque eso es bien cierto, creemos que Colón llegó a esas tierras, ya fuera a nado o en patera, por otra razón. La misma razón que le hizo salir de ese país años más tarde secretamente. Pero antes veamos a qué se dedicó mientras vivió allí, o al menos lo que parece que hizo en ese tiempo.

En Porto Santo

Supongamos que llega, en efecto, en 1476 a Portugal. Al poco, no está clara la fecha pero autores como Juan Manzano prefieren el año 1477 para tal boda, contrae matrimonio con Felipa Moniz de Perestrello. ¿Quién era esta mujer? Era hija de Bartolomé Perestrello e Isabel Moniz, de familia noble, a la que Colón engatusa, según la historia oficial, en Lisboa. De la Riva, por supuesto, no lo ve así y propone que de llegar Colón de América, de donde él cree que apareció de súbito, tal encuentro se produciría en Porto Santo, que sería, junto a Madeira, la tierra primera a la que arribaría el *neotemplario* don Cristóbal. Pero esa es su tesis, y no vamos a perdernos totalmente en ella.

Lo que sí se admite es que, al poco de casarse, la pareja se instala en Porto Santo durante un tiempo. ¿Por qué allí? Pues porque por esas *casualidades* en las que personalmente no creo, resultaba que la muchacha era hija de un capitán que en tiempos anteriores había estado al servicio del rey Enrique y para él había hecho esfuerzos y algún trabajo que se ha descrito casi como gesta. Y en prueba de ello se le cedió la capitanía de esa isla, Porto Santo, a la que después volvió doña Felipa convertida en mujer de su casa. Y la segunda casualidad es que su suegro poseía mapas que despertaron algún interés en el marino. Pero aquí también hay curiosidades que observar.

Algunos historiadores subrayan la importancia de esos mapas que, según cuenta Hernando Colón, entregó la suegra a su recién estrenado yerno, ya que su marido, Bartolomé Perestrello, había muerto. Pero Hernando nos tiene acostumbrados a las mentiras o a las medias verdades, y tal vez por eso no extraña que confunda —rara confusión me parece a mí— el nombre de su suegro y lo llame, sin que sepamos el motivo, Pedro Moniz Perestrello. ¿Acaso no sabía Hernando cómo se llamaba el suegro de su padre, y especialmente si tan importantes fueron los planos que poseía?

La segunda cosa notable a retener nos la hace ver el historiador Juan Manzano, puesto que Hernando escribe literalmente lo siguiente sobre ese suceso:

> Como al Almirante le gustaba oír hablar de tales navegaciones y sucesos, la suegra le dio los escritos y cartas de marear que le habían quedado de su marido. El Almirante, con ello, se entusiasmó aún más…

¿Se entusiasmó aún más?, se interroga Manzano. Eso quiere decir que ya estaban *entusiasmado* antes, con lo que la importancia de esos papeles, si es que los hubo, fue menor de lo que se quiere hacer creer. Otras cosas sabía ya don Cristóbal que nosotros no sabemos. Y, además, podemos preguntarnos, como hace el profesor Manzano, ¿por qué no publicó esos documentos Hernando? Tal vez, como sostiene el mismo profesor, *porque no existieron nunca*. O tal vez debemos pensar que estamos de nuevo ante la *mano negra*, ante la conspiración sin límites.

Y para reforzar esa posibilidad recuperamos lo que afirma Consuelo Varela a propósito de la costumbre del Almirante de ir anotando cuidadosamente en un cuaderno cuanta información caía en su mano sobre supuestas tierras al oeste del Mar Tenebroso. La historiadora defiende que tanto Hernando como Las Casas vieron y consultaron ese misterioso cuaderno, pero —¡oh fatalidad!— *el manuscrito infortunadamente* [ha] *desaparecido*, nos informa la historiadora. ¿De nuevo en acción los *hombres de negro colombinos*?

Por otra parte, aunque no esté claro si hubo papeles del suegro o no, Perestrello no era un cosmógrafo de fama reconocida ni un erudito de ninguna clase, solo era un capitán de familia acomodada. Por esa razón proponemos que no hay que buscar allí ni la clave del conocimiento del Almirante ni tampoco la razón por la que fue a parar a Portugal. Lo que sí le pudo permitir ese matrimonio fue acceder a la corte y al lugar que verdaderamente le interesaba: la escuela de Sagres.

Libros que inspiraron a Colón en su odisea.

Pero sigamos resumiendo lo que se sabe del Colón *portugués* y de sus andanzas por esas tierras.

Con Felipa Moniz tiene a su primer hijo, Diego, en 1478. Poco después, ella fallece. Pero, durante su matrimonio, Colón, al menos eso dejó escrito, realizó varios viajes.

Varela recuerda que en una nota marginal en su ejemplar de la *Historia Rerum*, y también en una carta años más tarde a los Reyes Católicos, habla Colón de una travesía hasta Tule (Islandia) con escalas en Bristol y en Galdway (Irlanda), y en este último puerto tiene un encuentro que parece impresionarlo mucho, pues se topa con unos personajes que le llaman la atención:

> Hombres de Catayo vinieron al oriente. Nosotros hemos visto muchas cosas notables y sobre todo en Galdway, Irlanda, un hombre y una mujer de unos leños arrastrados por la tempestad de una forma admirable.

Al ver a esas personas, Colón fue armando su teoría de que más allá del oscuro Atlántico podría haber algo, dicen los historiadores. Y tal vez fue así, pero con eso no se convence a nadie, y menos a unos reyes. Esos conocimientos podrían estar en la mollera de cualquiera, y Colón tenía en la recámara más munición, o al menos se hizo con ella tiempo después. Y aunque es verdad que realizó otros viajes, según cuentan las crónicas, a Guinea o a la fortaleza de San Jorge de la Mina, bastión portugués en África, no es menos cierto que el Almirante se cuidó, como siempre, de no dejar rastro a su paso, pues no sabemos ni cuántos viajes hizo ni en qué fechas ni para qué.

Varela cree que fueron viajes comerciales y que en ellos aprendió mucho de lo que luego le fue útil en su periplo americano, entre lo cual cita el uso de las baratijas para negociar con nativos, pero parece excusa pobre. ¿No iba, se supone, Colón a Catay y Cipango, donde el oro abundaba y las ciudades del Gran Khan pasmarían al más ilustrado? De ser así, ¿cómo pretendía camelar a los nativos con cascabeles?

Está claro que el Almirante fragua un plan. Sabemos que *convidó* —expresión que era la que empleaba y que da muestra de su soberbia— al mismo al rey de Portugal antes que a los de Castilla y Aragón. Pero, para profundizar en los secretos de este hombre, tal vez sea hora de resumir en qué consistía ese plan.

La gran idea

Creyendo Cristóbal Colón que la Tierra era esférica, imaginó un camino posible más corto que el rodeo a África para llegar a las Indias: atravesar el océano Atlántico. Eso es lo que siempre se nos dijo en el colegio y lo que comúnmente se ha admitido, pero como ya tenemos cierta experiencia en seguir la pista al Almirante y sabemos que de vez en vez, como el río Guadiana, su vida se esconde y luego emerge, y otras veces sus pasos son tan cautos que más que pisar parece sobrevolar la historia, pues debemos estar prevenidos para nuevas sorpresas.

Al parecer, Colón y su hermano Bartolomé, también llegado (unos dicen que antes y otros que después) de alguna parte ignota a Portugal, se ganaron la vida dibujando cartas de marear y mapas, de donde se ha deducido con cierta prisa y mucho optimismo que ya tenían soltura en lo de trazar derrotas marinas, y de ahí a imaginarlos muy duchos en esas ciencias como para *descubrir* a América a algunos les parece que hay un paso. A mí, en cambio, me parece que hay un mundo, expresión que jamás estuvo mejor empleada que en este caso.

¿Sobre *qué débiles bases construyó o alumbró tan gran máquina*? Nos preguntamos entonces, usando las mismas palabras que utilizó Hernando Colón en su *Historia del Almirante* llegado al mismo punto que nosotros. Don Hernando apila en tres grupos los cimientos para la gran idea: los *fundamentos naturales*, la *autoridad de los escritores* y *los indicios de los navegantes*. Vamos por ellos, que hay mucho misterio por destripar.

En relación con el primer argumento, la misma fuente nos dice que *consideró que toda el agua y la tierra del universo constituían y formaban una esfera que podría ser rodeada de oriente a occidente si los hombres avanzaban por ella hasta estar pies contra pies*. Y sobre eso, nada se ha de añadir, porque al contrario de lo que a veces se nos dijo en el colegio, la esfericidad de la Tierra era idea generalmente admitida en la época.

En cuanto al segundo grupo de razones —la *autoridad de los escritores*—, ya se escribieron los títulos de algunos de los libros que se sabe hubo en su biblioteca. Otros autores que manosea para la ocasión don Hernando y que, dice, influyeron en su genial padre fueron escritos por Aristóteles (apostaba el griego que no debía ser muy grande el mar entre oriente y occidente), Séneca, Estrabón (proponía un mar que rodeaba la Tierra en su *Cosmografía*), Plinio (en su *Historia natural* parece estar cómodo con la idea de Estrabón al respecto), Marco Polo y, especialmente, el *Imago Mundi*, del cardenal Pierre d'Ailly.

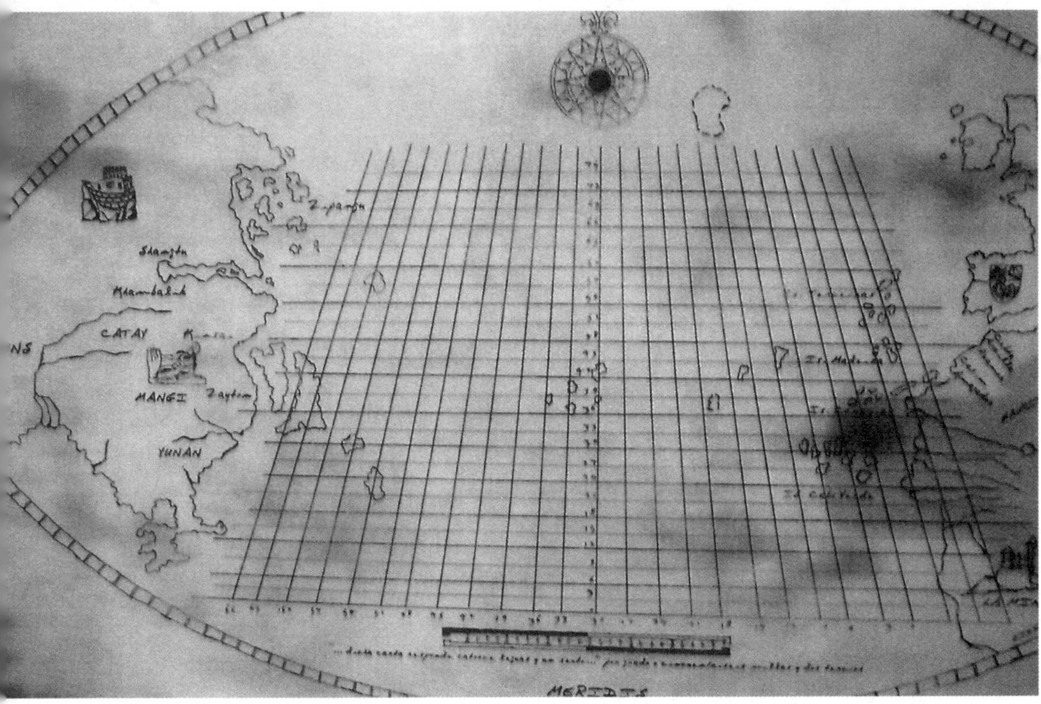

Supuesta idea que tenía Colón del océano Atlántico.

Esta última obra la leyó y releyó Colón y anotó en sus márgenes multitud de ideas que florecían durante su lectura. De ahí tomó prestada la medida del grado terrestre del cosmógrafo árabe Alfagrano, pero lo hace mal. Ocurre que las millas árabes eran más largas (1.973,50 metros) que las itálicas (1.477,50 metros), que fueron las que él empleó. Pero para explicar todo como es debido, debemos sumar la contribución que tuvo en sus ideas las propuestas del profeta Esdras, un personaje que de nuevo vincula a Colón con el mundo judío.

Esdras sostenía que la costra sólida de lo creado en esta pelota azul ocupa seis parte de siete en la esfera, mientras que el mar solo ocupa la séptima región. Y Colón se lo creyó y anotó sin más demora en los márgenes del *Imago Mundi*:

> Esdre, sex partes terre sunt habitate et 7.ª est coperta aquis.

Esas lecturas llevaron a Colón, como si de un don Quijote marino se tratase, a componer su propio universo. Y a ello contribuyó en gran medida lo que leyó en una carta marina a la que enseguida vamos a prestar mucha atención, obra del físico y astrónomo florentino Paolo dal Pozo Toscanelli, quien se la había enviado al canónigo lisboeta Fernando Martins en 1474 y a la que Colón, no cabe duda, debió tener acceso. Pero pospongamos ahora ese lance y quedémonos con las ideas que empleó Colón de esa carta.

De todas esas lecturas resolvió nuestro hombre que la Tierra era ciertamente redonda, pero se equivocó —dicen los historiadores— en la dimensión de su circunferencia ecuatorial. El Almirante calculó que la misma tenía 20.400 millas (30.000 kilómetros), es decir, 10.000 kilómetros menos que en la realidad.

¿Por qué dicen que se equivocó en sus cálculos?

Sucedió que Toscanelli, en su ya mítica misiva de 1474, había reducido la masa de agua del planeta a 160º, de los cuales afirmaba que 20 estaban explorados y 15 eran la distancia entre Cipango (Japón) y Asia. De modo que Colón restó a 160 los 20 ya explorados y los 15 entre la isla y el continente asiático y se le redujo el objetivo a 125º.

Después, recuperó en su memoria lo que decía Marino de Tiro, que cuando pudo y lo dejaron afirmó que la masa del océano rondaba los 120 grados. Y nuestro Descubridor lo que hizo fue restar a esos 120 la distancia que sabía que había entre Europa y Canarias y la cosa quedó entre 45 y 50 grados. Y como ya hemos explicado que el profeta Esdras, a quien Colón, nunca sabremos bien por qué, le dio mucho cré-

Instrumento de navegación de la época colombina

dito, decía que el mar era solo una séptima parte de la obra de Dios en este planeta, conclusión: un séptimo de 360° de una circunferencia es poco más de 51°. Y Colón debió gritar eureka o lo que fuera: ¡esa era la distancia entre Canarias y las Indias!

Ya tenía los grados, pero había que pasarlos a millas para que se comprendiera mejor la distancia. Entonces busca amparo en lo que dicen Toscanelli y d'Ailly y se convence de que un grado equivale a 56 millas y 2/3. Y luego comete su error final, al decir de la ciencia histórica, y es el ya citado de basarse en la milla latina y no en la árabe, con lo que le queda una circunferencia para la Tierra más pequeña y, lo que es peor, una distancia más corta hasta las Indias.

Pero antes, al hablar de las razones que expone don Hernando para explicar en lo que vino a parar la mente de su padre, hemos citado tres motivos, y hasta ahora solo hemos explicado dos de ellos. Falta hablar de *los indicios de los navegantes.*

Es cosa sabida que desde bien lejos en la historia del hombre podemos toparnos con informes, reseñas y gacetillas sobre viajeros que anduvieron por las tierras que luego *descubrió* Colón. Juan José Benítez menciona, por ejemplo, el libro *Liangshu*, del siglo V, en el que se habla de un monje budista llamado Hui Shen que desembarcó en unas costas que tal vez fueran las mexicanas después de que un tifón hubiera jugueteado con su nave en un viaje que hacía a la India. Por ello, las crónicas hablaron después del *país del este* cuando Hui Shen regresó a su casa para contarlo.

Naturalmente, llegados a este punto se menciona a los vikingos, que anduvieron dando sustos por Groenlandia en el siglo X y de allí, porque se les quedó aquello pequeño, terminaron en Norteamérica. Y la misma fuente nos habla de la flota que envió en 1300 el sultán de Guinea hacia el este, pero que jamás volvió, no como Hui Shen. Y, más recientemente, se ha presentado al mundo la convincente noticia de las exploraciones chinas a comienzos del siglo XV.

Es más, se han encontrado restos arqueológicos con lo que parecen inscripciones fenicias e incluso con caracteres bereberes en Estados Unidos y en Canadá. Por tanto, había indicios de viejos aventureros. Pero no es a ellos a quienes se refiere Hernando Colón.

Menciona el habitualmente mentiroso cronista que es don Hernando, en lo que a la vida de su padre anterior a los viajes americanos se

El autor ante una réplica de la Geografía *de Ptolomeo.*

refiere, el caso del piloto portugués Martín Vicente. Lo dice como que no quiere la cosa, pero lo dice. Este marino habló con Colón sobre el desconcertante caso que le sucedió en una ocasión cuando, a 450 leguas al poniente del cabo de San Vicente, recogió un extraño madero labrado *no con hierro*. Y añade que también el cuñado de don Cristóbal, Pedro Correa, había visto algunos tablones similares en las playas de Porto Santo, y *cañas tan gruesas que desde un nudo a otro eran capaces de contener nueve garrafas de vino*.

Después anota el incidente que protagonizó Antonio Leme, vecino de la isla de Madeira, *quien le refirió que en una ocasión en que con una carabela suya avanzara mucho hacia poniente, había visto una isla*.

Sin embargo, y dicho así, que es como tal vez le interesa contarlo a don Hernando, no se ven mimbres para hacer cesto alguno. Sí, es cierto que deberemos regresar capítulos después a estos pilotos que ahora citamos de puntillas, pero la verdad es que no se ven garantías para urdir un plan y presentárselo, como hizo Colón, al rey portugués. Y el propio don Hernando, por supuesto para elevar más a los altares de la ciencia a su padre, se pone de nuestro lado, aunque sea por interés: *A estos* (a los testimonios citados) *no les daba* (Colón) *crédito, porque de sus palabras y relatos deducía que ni siquiera habían llegado a navegar cien leguas hacia poniente*».

O bien, explica Hernando, todo lo que habían creído ver eran algunas tierras que flotan sobre el mar pero que no son islas, denominadas *aguadas* y que se mencionan ya en la *Historia natural* de Plinio. Y así explica de un plumazo el cronista el misterioso comportamiento de la isla de San Barandán, que a veces está y a veces no.

En cambio, el hijo segundo del Almirante (que en esta biografía maldita que estamos construyendo aún no ha nacido, pues solo hemos mencionado a Diego, que vio la luz tras el parto de Felipa Moniz en Portugal), da mucho bombo y platillo a la supuesta correspondencia que intercambiaron Toscanelli y el Almirante. Y esto merece cierta atención, pues tal vez nos aproxima a la razón que pudo llevar a Colón a Portugal.

La carta de Toscanelli

Se han querido explicar algunos de los conocimientos de don Cristóbal a partir de una carta a la que en líneas atrás ya hemos hecho referencia. Se trata de un documento firmado por el astrónomo y físico Paolo dal Pozzo Toscanelli (1397-1482) al canónigo portugués Fernando Martins el día 25 de junio de 1474. Es cierto que existe el consenso de que Colón tuvo acceso a ese documento años después, pero lo que no está claro es cómo pudo acceder a él, ni tampoco dónde ocurrió tal lectura.

Avancemos una hipótesis que luego vamos a proseguir hasta que quedemos acorralados y nos veamos en la tesitura de saltar al vacío sin paracaídas histórico que ponernos: ¿qué ocurriría si esa carta de Toscanelli no fuera el único documento delicado al que tuvo acceso don Cristóbal? ¿Y si Colón no fue un náufrago a quien el azar envió a Portugal, sino un hombre que sabía muy bien dónde pisaba? ¿Qué más tenía Portugal de interés para Colón?

Antes de proseguir por ese rumbo en apariencia a la deriva, regresemos a Toscanelli, porque hay más misterios alrededor de esa misiva suya y de don Cristóbal.

El florentino había escrito en su carta, a la que acompañaba una esfera, que era perfectamente posible navegar a través del Mar Tenebroso. Por tanto, Colón no era original en eso y su gran idea merma hasta ser nada más que idea. Sin embargo, tampoco Toscanelli inventó el fuego con esa propuesta, pues ya hemos visto que otros muchos antes que él no solo habían especulado, sino que habían ido empíricamente a las tierras misteriosas del otro lado del Atlántico. Es más, y así volvemos por donde nos interesa, tal y como señala Nito Verdera, existían varios mapas de los siglos XIII al XVI en los que aparecía cartografiada América, tanto en su fachada atlántica como pacífica, y *la gran mayoría de ellos son judíos*, subraya este autor.

De modo que tenemos información dibujada en mapamundis sobre esos territorios misteriosos y la mayoría son obra de cosmógrafos judíos, y algunos de los más notables fueron contratados por la Corona portuguesa para enseñar lo que sabían en la Escuela de Sagres. Mencionemos un ejemplo cristalino: Jehudá Cresques.

Jehudá Cresques fue maestro cartógrafo del rey de Aragón e hijo de Abraham Cresques, quien también ostentó ese cargo. Jehudá, obligado a convertirse al cristianismo en Aragón y adoptando el nombre de Jaime Ribes, terminó al servicio del rey portugués Enrique el Navegante y siendo el hombre que impulsó la Escuela de Sagres.

Su padre, Abraham, y él mismo son considerados los autores del *Atlas Catalán*, obra extraordinaria datada en 1375 y encargada por el entonces infante de Aragón Juan. El *Atlas* estaba compuesto por seis pergaminos maravillosamente coloreados y montados sobre tablas. Es el primer *Atlas* en el que figura Madeira. Pero hay algo notable en ese Atlas que nos permite hacer relaciones arriesgadas entre los cartógra-

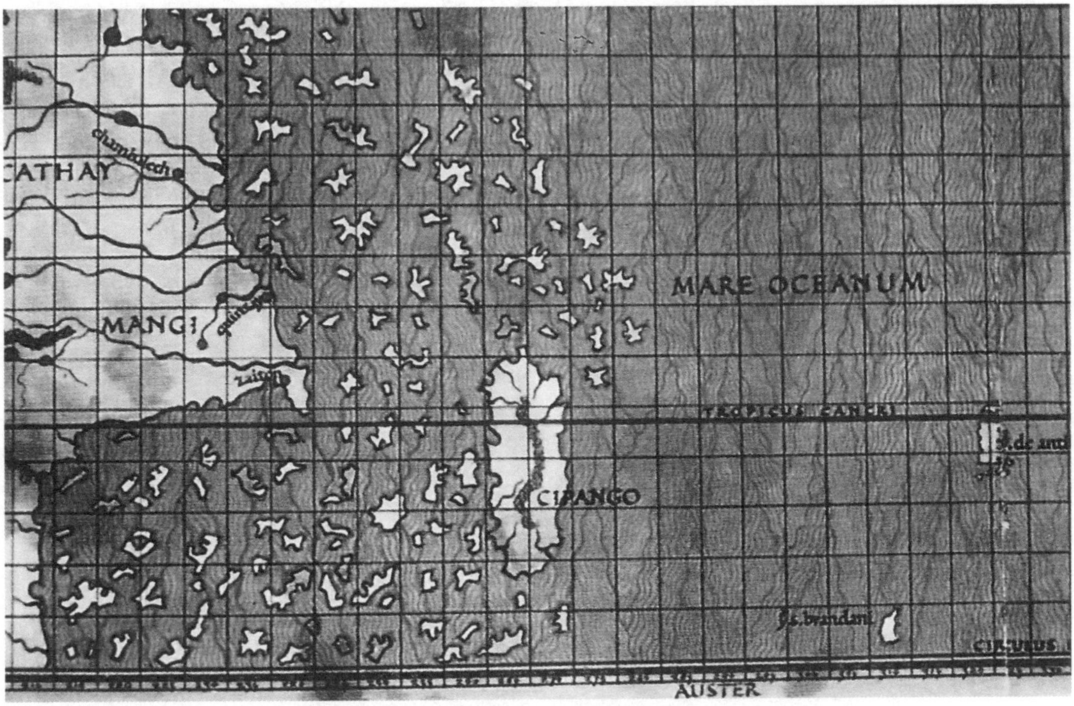

Fragmento de una reconstrucción del mapa de Toscanelli.

fos mallorquines a sueldo del Temple (los Cresques vivieron junto a la fortaleza templaria y al amparo de los frailes de Montesa, sucesores del Temple tras su disolución) y los conocimientos de Colón. Y ese algo lo hace notar Nito Verdera al apuntar que en el *Diario* del Almirante el 11 de octubre se anota que han llegado a una isleta de los Lucayos, y se interroga sobre el origen de esa palabra. Verdera afirma que Lucayos no es palabra que aparezca en el *Diccionario* de la Real Academia, pero sí, afirma, es un concepto que se lee en el *Atlas Catalán* de los Cresques, los judíos cartógrafos mallorquines mencionados. Lo emplean para definir a una isla que ellos sitúan en las Azores. ¿Casualidad? ¿Bebió Colón en fuentes judías y vinculadas tal vez al Temple?

Regresemos de nuevo a don Cristóbal, que anda leyendo papeles misteriosos en Portugal. ¿Qué más conoció Colón en ese país junto a la carta de Toscanelli? ¿Cómo tuvo acceso a ella?

Hernando Colón, como habrá sospechado el lector, de nuevo sitúa en un pedestal a su padre al poner en plano de igualdad al Almirante y a Toscanelli, aunque por supuesto para Hernando es don Cristóbal el héroe del descubrimiento y no el florentino, por más que este describa rutas, pinte mapas y cante las excelencias de unas tierras riquísimas cuyo monarca, escribe Toscanelli, era el Gran Khan, *el cual reside en la mayor parte del tiempo en la provincia de Catay*.

Hernando cita y reproduce unas supuestas cartas que se intercambiaron Toscanelli y su padre, pero creemos que pretende desviar la atención y ensalzar a su progenitor, puesto que no está claro que esa correspondencia sea real. Es decir, de nuevo aparece la *mano negra* en

Detalle del Atlas Catalán *de Abraham Cresques.*

esta historia. Y es que, tal y como nos dice Consuelo Varela, solo queda de ese intercambio epistolar una dudosa copia de dos supuestas cartas de Toscanelli a Colón. Para esta historiadora, *la hipótesis más verosímil es que Colón copió en Lisboa la famosa carta a Martins* [...] *y que años más tarde se inventó él mismo la correspondencia con el sabio* [...] *o fuera Hernando el autor de la supercheria para aureolar a su padre.*

¡Fíjese el lector en qué terreno tan movedizo nos movemos y con qué personajes de tan poco fiar andamos!

Copió la carta, nos dice Varela. Nosotros proponemos algo mejor: ¡la robó! —si no físicamente, sí su contenido—. ¡Y robó otros documentos que hicieron posible su plan! De hecho, ya se verá más adelante, existen diferencias entre el Cipango y el Catay del que habla Toscanelli y el objeto de la búsqueda de don Cristóbal.

La carta de Toscanelli, que Colón copia o roba, ayuda a hacer camino, pero no es la prueba final. Algo más se llevará Colón de Portugal. Y nos basamos en dos argumentos para pensar de este modo. El primero de ellos es que, al contrario de lo que se suele decir una y otra vez sobre los errores de cálculo de don Cristóbal, tal vez convenga recordar lo que dice Verdera:

> Colón conocía la distancia que hay entre Canarias y el Caribe, puesto que antes de iniciar su primer viaje manifestó a las tripulaciones que navegarían 700 leguas; es decir, 2.800 millas náuticas, que es la distancia correcta.

Y en el mismo sentido abunda J. L. Comellas, quien recuerda que, si tan errado iba por las espumas del océano nuestro héroe, cómo se explica que siempre acertó con el itinerario correcto, tanto a la ida (todo un misterio, pues se supone que nadie había ido antes allí donde él iba) como a la vuelta (ciertamente increíble, puesto que nadie regresa de un lugar al que jamás hombre alguno había ido por otro camino diferente del que usó a la ida, no fuera a perderse). ¿Era tan buen marino como para ser vidente?

El mapa de Piri Reis

Recuerdo que la primera vez que tuve noticia de este mapa yo era casi un niño. La culpa la tuvo el polémico y herético Erich von Däniken. Y aún hoy rememoro *Recuerdos del futuro*, la obra del suizo donde me encontré con ese mapa. Después, muchas más veces he leído datos sobre este enigmático documento descubierto casi por casualidad en 1929 en Estambul luego de haber dormido una siesta de cuatro siglos.

Realmente hablamos de un fragmento (90 × 65 cm) de un mapa que se supone dibujado en 1513 (años después del *Descubrimiento*) por un navegante turco llamado Muhaddin Piri Ibn Aji Mehmet, pero a quien todos conocemos ya como si fuera pariente y nos atrevemos a limar tan largo nombre hasta dejarlo en Piri Reis.

El marino turco podía ver en su mapa las costas atlánticas de España y de Portugal, además del extremo sur de África y, lo mejor de todo, gran parte de Centro y Suramérica, sin olvidar islas como las Maldivas, que no se descubrieron de forma oficial hasta 1592. Pero no se vayan, que aún hay más: en América el mapa se recrea en cordilleras interiores aún por explorar y en mil detalles que, en buena lógica, no se podían conocer en esos años. Eso por no hablar ahora aquí de que también aparecen partes de la Antártida, de las cuales no se tuvo noticia oficial hasta comienzos del siglo XIX, y regiones como la llamada Reina de Maud sin hielo, lo que ha llevado a Graham Hanckoc a afirmar que eso *solo es posible que se trazara con anterioridad al 4000 a.C.*

Y por si todo lo dicho no los asombra, sumen el dato de los especialistas que proponen que tal mapa sería imposible de pergeñar sin disponer de fotografía aérea; es decir, sin volar. Pero ¿quién podía volar hace 4.000 años? Incluso, ¿quién podía hacerlo en los tiempos de Piri Reis?

Reis, natural de Gallipolli, no era manco en eso de trazar planos, pues se le atribuye la obra *Bahriye*, que contiene 215. Sin embargo, el mapa del que hablamos custodia información electrizante, como una anotación que se supone de puño y letra de Reis y que se encuentra cerca de donde está pintada Suramérica:

> Estas costas reciben el nombre de playas de las Antillas. Fueron descubiertas en el año 890 del calendario árabe.

En otros lugares se lee que la fecha es 896 tras la Hégira, pero en todo caso, si esto es cierto, esas playas se habrían descubierto entre 1480 y 1491: ¡antes de Colón!

No sabemos si con el ánimo de enredarnos a todos aún más, Reis dejó escrito que en cierta ocasión en que viajaba a bordo de un barco gobernado por su tío Kemal Reis, tras una refriega con una nave cristiana hicieron algunos prisioneros. Entre aquellos desdichados había un marinero que había ido con Colón a América en el primer viaje, y juró el cristiano que esa expedición tuvo lugar en 1485: ¡siete años antes del *Descubrimiento* de América!

El turco, dispuesto a volvernos locos a todos, escribió:

> Se sabe que un libro cayó en manos del citado Colón, y que se encontró en él que decía que al final del Mar del Oeste, en su lado occidental, había costas e islas, y toda clase de metales y también piedras preciosas.

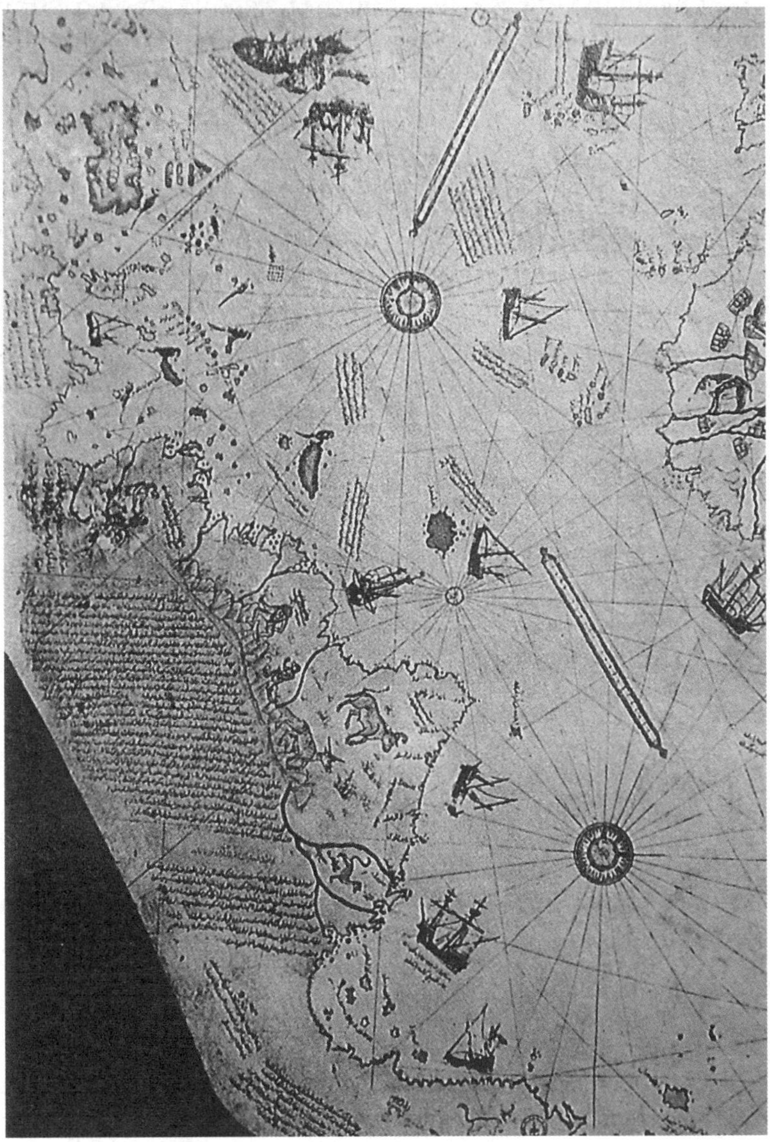

Fragmento del mapa de Piri Reis.

¡Un libro! ¿Qué libro *cayó en manos del citado Colón*?

Reis afirma que su *Atlas* nace de la lectura y copia de información de *veinte cartas y mapamundi que fueron dibujados en los tiempos de Alejandro*. Y nuestro amigo Javier Sierra añade el dato que proporciona la doctora Afet Afetiman, según la cual el turco consultó al menos 34 mapas para hacer el suyo propio. Algunos eran obra de cosmógrafos árabes; otros, desconocidos y perdidos para siempre (se presume que los había egipcios), y además había uno de Colón, dice la especialista.

¿Qué mapa era ese de Colón? ¿Fue el que empleó, supuestamente, en 1485, años antes del *Descubrimiento*? ¿Qué libro era el que abasteció de sabiduría al Almirante?

Colón antes de Colón

Javier Sierra entrevistó en cierta ocasión a un investigador italiano, Ruggero Marino, que había escrito un libro polémico titulado *Cristoforo Colombo e il Papa tradito*. En esa obra, su autor proponía un nuevo origen para el Almirante: sería hijo bastardo del papa Inocencio VIII, casualmente nacido en Génova. En su opinión, hubo un predescubrimiento auspiciado por la Iglesia. ¿Ese predescubrimiento sería el mismo del que habló a Reis el marinero cristiano apresado por los turcos? ¿Tuvo lugar en 1485? ¿Qué demonios está pasando aquí?

Para añadir más bruma alrededor de todo este asunto, proponemos al lector un reto: si va a Roma, no deje de ir a la basílica de San Pedro del Vaticano. Y una vez allí, olvídese por un momento de tanta maravilla y soberbia como lo rodeará y pregunte por la tumba del Papa de marras. Y cuando llegue a ella, lea la inscripción que reza a modo de epitafio:

> Novi orbis suo aevo inventi gloria.

¿Qué significa? Más o menos esto: *Fue insigne por la gloria del Nuevo Mundo descubierto en su época*.

El epitafio no tendría nada de particular si no fuera porque ese Papa murió el 25 de julio de 1492, es decir, meses antes de que Colón llegara a América. ¿Cómo es posible?

Otros historiadores antes han barajado la sorprendente posibilidad de que Colón hubiera ido antes de 1492 a América. Entre ellos se puede mencionar al peruano Luis Ulloa, quien, en su obra *El pre-descubrimiento hispano-catalán de 1477*, plantea justamente esa posibilidad, aunque sitúa el viaje años antes, en 1477. Sin embargo, esta tesis no encontró demasiado eco entre los especialistas.

Si el lector nos interrogara sobre lo que nosotros pensamos, ciertamente nos pondría en un compromiso. Tenemos el convencimiento personal de que Colón siempre ocultó algo, una información privilegiada. Sabía adónde iba y por dónde debía ir. Y creemos que la clave de esa sabiduría la obtuvo en Portugal. Ahora bien, ¿hubo predescubrimiento del propio Colón? Resulta imposible decir que sí, y también decir que no. Pero juguemos con esa posibilidad solo un instante fugaz. De haber realizado ese viaje, que también arrojaría más preguntas, como, por ejemplo, de dónde salió la financiación para el mismo, ¿cuándo lo pudo hacer Colón? ¿En 1485 como dicen los documentos de Piri Reis? ¿Dónde estaba Colón por entonces, según la historia?

Lo cierto es que no hay acuerdo definitivo sobre cuándo llegó Colón a España, en concreto a Palos de la Frontera (Huelva), pues las fechas oscilan, según las fuentes, entre finales de 1484 y primavera de 1485. He ahí un margen peligroso de tiempo, un tiempo perdido.

Los especialistas sí creen que estaba en Portugal a mediados de 1484, y él mismo lo corrobora en su *Diario* en el primer viaje. Veamos la anotación del 9 de agosto, según lo dejó escrito Las Casas:

> Estando en Portugal el año 1484, vino uno de la ysla de la Madera al Rey a le pedir una carabela...

Hernando Colón dice que salió de Portugal a finales de ese año, y fray Bartolomé de las Casas no deja nada claro porque indica que tal cosa ocurrió *por el año 1484 o al principio de 1485.* Ballesteros se atreve a apuntar mejor: *Colón salió de Portugal ante de primeros de mayo de 1485.*

El mismo Colón dijo en repetidas ocasiones que estuvo siete años en Castilla tratando de conseguir el apoyo de los reyes (*siete años se pasaron en la plática,* escribió Colón al ama del príncipe don Juan. Y Las Casas recoge estas otras frases: *Ya saben Vuestras Altezas que anduve siete años en su corte importunándoles por esto...*). Y el apoyo no tuvo lugar, como se verá a la vuelta de unas páginas, con la firma de las *Capitulaciones de Santa Fe* (17 de abril de 1492). Por tanto, desde esa fecha podemos contar siete años para atrás y sabremos cuándo pudo llegar; es decir, en la primavera de 1485, como proponen Manzano y otras autoridades en la materia. Sin embargo, tenemos otro momento de la biografía del Almirante sin resolver. ¿Cabe imaginar un viaje de Colón en

El rey Juan de Portugal.

ese periodo oscuro —fines de 1484 y primavera de 1485— a América? ¿Quién sabe?

De haber existido ese imaginario viaje, se resolvería alguna de las dudas que hemos visto hasta ahora. Estaría en parte de acuerdo con De la Riva, que lo veía llegado de América (si bien aquí no habría nacido americano), y el protonauta del que más tarde hablaremos sería el propio Colón. De ese modo se explicaría el tino con el que eligió la ruta a América, pero no se explicaría cómo pudo ir y volver con tanto acierto y en unos pocos meses, por no hablar de cómo logró dinero para armar un barco para tal aventura suicida. Al final, regresamos al mismo lugar: ¿qué cartas guardaba en la manga Colón y de dónde las sacó?

El robo y la huida

El cronista portugués João de Barros escribe en su obra *Da Asia* cómo Colón se presenta en la corte lusa, tal vez en 1484, y pide ayuda al rey Juan para ir a Cipango por el *mar Occidental*. ¿En qué se basaba ese proyecto? Lo cierto es que no se sabe con certeza. No está claro qué argumentó el emprendedor marinero, aunque Las Casas escribió que dijo y pidió lo mismo que después a los Reyes Católicos, pero Lucena y otros autores creen que el dominico mezcló uno y otro proyecto y se hizo un lío que nos perjudica.

Hernando, adornando como siempre a su padre, dice que el rey, que estaba con la billetera famélica de tanto invertir en viajes a África, escuchó no obstante a Colón *por las buenas razones con las que este apoyaba sus argumentos*. Y luego dice algo que definitivamente lo habrá condenado al infierno por mentiroso, pues conociendo la soberbia del Almirante, no hay quien se lo crea. Dice Hernando que Colón, *hombre*

¿Carabelas templarias?

de generosos y altos pensamientos, había decidido capitular con gran honor y ventaja para dejar su memoria y la grandeza de su casa a la altura de la grandeza de sus obras y méritos.

Es decir, que Colón ponía en bandeja al rey portugués la conquista de esas tierras, no dudando para ello en ceder sus derechos de conquista. ¡Hernando miente otra vez! La prueba la tendremos en las leoninas condiciones que impondrá años más tarde a los Reyes Católicos.

El caso es que el rey Juan rechaza el proyecto escuchando los consejos de un grupo de expertos cosmógrafos y doctores. Pero algo debió intuir el monarca, puesto que Las Casas y Hernando aseguran que envió en secreto una carabela por donde decía Colón para descubrir lo que hubiera que descubrir. Sin embargo, regresaron de vacío y se burlaron de la iniciativa de don Cristóbal. Hernando explica el caso, por supuesto, diciendo que tal chasco ocurrió porque a los que el rey envió *les faltaba el saber, la constancia y la persona del Almirante.*

Y mira tú por dónde en eso estamos de acuerdo, aunque sea en parte, con don Hernando. Y es que, efectivamente, algo les falta a aquellos marineros: el saber de Colón. Pero no porque Colón lo contuviera en sí mismo de nacimiento, sino porque poseía algún documento probatorio: el libro del que hablaba Piri Reis, o un mapa, o las migas de pan para salir con bien del laberinto del oleaje atlántico.

Y es ahora cuando sucede otro de los grandes enigmas en esta historia plagada de ellos, puesto que se entera Colón de esa expedición secreta y manda a su hermano Bartolomé en busca de apoyo económico y político a Inglaterra para su idea, y él, nos dice literalmente Hernando:

> ... abandonó en secreto Portugal con su hijito Diego por miedo a que el rey se lo impidiera.

¿Por qué se lo habría de impedir? Según Hernando, porque el rey, tras el fracaso de su expedición, querría *volver a granjearse la amistad del Almirante*, pero vuelve a mentir sin rubor. Existe unanimidad casi absoluta entre los especialistas en que Colón debió poner pies en polvorosa por problemas con la justicia. Y una prueba de ello la encontramos en una carta que el rey de Portugal le envió años después (20 de marzo de 1488) a España. Se trata de una misiva que ha planteado toda suerte de polémicas, porque parece que Colón hubiera regresado en algún momento a Portugal mientras espera la respuesta de los monarcas españoles. Pero lo que ahora nos interesa es una frase concreta de la carta del monarca en la que, tras presentarse afablemente (*A Xpouam Collon, nosso espicial amigo, en Seuilha*), y luego de frases de invitación, le garantiza que por esa carta podrá ir a Portugal y volver sin ser apresado por supuestos crímenes pendientes (*... por esta nossa carta vos seguramos polla vynda stada e tornada que nom sejaees preso rreteudo acusado citado nê demandado por nenhuûa cousa ora seja civil ora crime de qualquer qualidade*).

¿Qué crimen podía ser aquel?

Tal vez sea la respuesta que hemos pospuesto a lo largo de todo este capítulo: que Colón encontró en Portugal algo más que relatos de maderos llegados a las playas. Es muy posible que fuera allí donde escuchó la historia de un protonauta, como veremos, pero también es probable que fuera a Portugal porque algo sabía.

Respondamos al fin a la pregunta sobre lo que había en Portugal que pudiera interesarle tanto.

Cuando el Temple se ve copado y disuelto como azucarillo en café a comienzos del siglo XIV maniobra con agilidad y encuentra apoyos en algunos reinos. Muda entonces de aspecto y de nombre y en Castilla se ocultan los freires en la Orden de Calatrava o en la de Montesa. ¿Y en Portugal? En Portugal, el rey don Dinis, defensor a muerte del Temple, los camufla en la recién creada Orden de Cristo, y allí se cobijan muchos de los sabios templarios y también muchos de los judíos que con ellos hicieron ciencia y, sobre todo, algo que mucho nos interesa en esta aventura: mapas y astrologías.

En Portugal se deposita la sabiduría marina templaria, y no puede ser casualidad que allí emerja musculosa la Escuela de Sagres de la mano del ya mentado Enrique *el Navegante*, que ostentó también el cargo de gobernador de la Orden de Cristo. En los muros de Sagres o en algún lugar de Portugal, cuyas señas desgraciadamente ignoro, había tal vez un legajo, un libro o un mapa del que Colón se apropió.

¿Explica eso por qué salió *secretamente* de Portugal? ¿Quién sabe? Lo cierto es que creemos que tal vez no fue casual que, no lejos del sagrado depósito de sabiduría templaria de Sagres, en el puerto de Palos, años después dos carabelas y una nao salieran orgullosas al Atlántico con la cruz del Temple en sus velas.

CAPÍTULO 5

Trama cortesana

Yo anduve muy pobremente vestido por los reales sitios de Castilla y ove de escuchar burlas y risas de lo que creían que era todo fábrica de mi imaginación, e durante los dichos días solo hallé la confianza de quienes de mi secreta misión sabían y de los que en conociendo quién era yo y qué Dios era el mío tuvieron grandes trabajos para darme alientos y apoyos e abrir las puertas que me correspondían. Y los dichos sabios que de mí tanta risa tuvieron, jamás supieron lo que yo secretamente conocía y ocultaba en mi corazón, que de haberlo sabido porque yo no lo hubiera disimulado no hubieran creído que mis razones eran imposibles y vanas y de toda repulsa dignas.

(Diario secreto del Almirante sin rostro)

> ***Siete años estuve yo en su Real corte, que a cuantos fablé de esta empresa, todos a una dijeron que era burla; agora fasta los sastres suplican por descubrir.***
>
> (CRISTÓBAL COLÓN, en documentos coleccionados por M. Fernández de Navarrete)

PALOS DE CIEGO

PALOS de ciego daremos tras las huellas del Almirante en Palos de la Frontera. Los mismos palos de ciego que parecen dar las diferentes versiones de las andanzas del hombre más misterioso de la Historia. Es más, a lo largo del capítulo se enredarán las hipótesis de su origen dispuestas a traicionar a sus dueños apuñalándolos por la espalda a la vuelta de la esquina con un documento, una frase o una insinuación sutil. La película de espías continúa…

Atrás dejamos el debate de cuándo huye el Almirante sin rostro secretamente de Portugal y nos decantamos porque tal cosa pudo ocurrir en la primavera de 1485. ¿Adónde llega? Existe cierto consenso en eso: a Palos de la Frontera. No obstante, el cronista Gonzalo Fernández de Oviedo prefiere hablar de Sevilla como destino del prófugo navegante, mientras que autores como Philippot, que sostiene su origen gallego y lo identifica con Pedro Madruga, cree que fue a parar a Alba de Tormes. Por nuestra parte, optamos por dar cierto crédito a Las Casas (*tomando a su hijo niño, Diego Colón, dio consigo en la villa de Palos...*) y a Hernando Colón, quien, sin citar Palos, sí da pistas al decir que dejó a Diego en el monasterio de La Rábida, que es vecino de esa villa marinera.

Y ya está aquí el primer enigma de este capítulo: ¿por qué llega vía marítima?

La segunda pregunta se la plantea también en voz alta el historiador Manuel Lucena: *Lo natural es que hubiera ido a España vía terrestre.* Pero no lo hace así, sino que llega en barco, tal y como escribió el cronista López de Gómara (*se embarcó en Lisboa i vino a Palos...*). ¿No es sorprendente que tenga Colón el estruendoso acierto de llegar a España justo al mismo lugar de donde partirá años después hacia a América? ¿Llega por casualidad a Palos o, como dijimos a propósito de su arribo a Portugal, no hay nada casual en Colón?

Y sin más dilación, segundo enigma: ¿por qué elige, por tanto, Palos de la Frontera?

Consuelo Varela propone que tal elección tuvo lugar porque *en las costas onubenses y gaditanas Colón se encontraba a sus anchas con amigos o por lo menos conocidos.*

¿Amigos? ¿Conocidos? ¿Pero no había dicho la historia *oficial* que don Cristóbal era genovés? ¿Dónde ganó esas *amistades*? ¿En el mar? De ser esa la explicación, muchos podrían haber sido los puertos donde tendría *amigos*, y si ha huido de Portugal con nocturnidad y con premura por miedo a ser apresado por el rey, lo lógico es irse mucho más lejos de ese reino y no quedarse a un palmo de él; que Palos está casi frente por frente del enigmático promontorio de Sagres.

En cuanto a los *amigos* de Palos, ya se verá que pocos saldrán cuando lleguemos al momento en que se busque tripulación para viaje a ninguna parte. Y de no ser por Alonso Pinzón, nadie hubiese querido pisar las peligrosas tablas de la cubierta de aquellas tres naves a todas luces malditas. Pero sigamos.

Los historiadores dan otras razones además de esa por las cuales llegó don Cristóbal a esta villa onubense. Varela recuerda que en San Juan del Puerto tenía nuestro hombre a su cuñada, Briolanja Moniz, hermana de su difunta esposa Felipa. Y por ello es por lo que eligió el lugar para poder dejar a buen recaudo a su hijo, que tendría entonces alrededor de seis años (unos dicen cinco y otros siete), mientras él buscaba financiación, y así lo ve también Salvador de Madariaga. Incluso Juan Manzano lo cree así, y se basa en que años después, cuando regresa Colón victorioso de América en 1493, pide a los reyes que den a esos familiares, que vivían entonces en Sevilla, los bienes de un tal Bartolomé de Sevilla, que había sido condenado por la Inquisición. Manzano considera la gestión un pago por aquella ayuda, pero nos parece exiguo pago, porque no se vuelve a citar a esos familiares hasta que en marzo de 1502 asigna a su cuñada una pensión de 10.000 maravedíes al año.

Tal vez fuera a Palos a dejar a su hijo con los parientes, pero no es eso lo que dice Hernando Colón: *Dejando al niño en un monasterio de Palos llamado La Rábida, se dirigió inmediatamente a la Corte...* Y aunque la leyenda popular refiere que Colón paró en ese monasterio de camino entre Palos y Huelva, donde vivía su familia, Lucena subraya un dato a retener: *La Rábida no está en el camino de Palos a Huelva,* si es que se viene de Portugal. Por lo tanto, es posible que Colón no llegara casualmente a Palos, como tampoco a Portugal, y mucho menos fue casual su paso por el monasterio de marras.

¿Qué podía tener de interés para él ese lugar? ¿Por qué encontró en La Rábida refugio para su hijo y para él mismo, además de un apoyo como jamás encontraría en otro sitio? Tal vez, como apunta Manzano, haya que interrogarse sobre si Colón *vendría recomendado esta primera vez a algún fraile del monasterio paleño, como insinúa Las Casas.*

Tercer interrogante: ¿quién le dijo a Colón que fuera a ese lugar? ¿Para qué?

Cierta mañana del mes de marzo traté de responder a esas preguntas en mi corazón mientras yo mismo entraba por las puertas del monasterio de La Rábida, donde aún hoy cinco franciscanos atienden uno de los lugares más sugerentes del mundo para un soñador empederni-

Actual Muelle de Las Carabelas visto desde La Rábida.

do como yo. Allí se agotó la batería de mi cámara de fotografías y allí apareció fray Roque para echarme una mano y sacar de alguna parte unas pilas benditas, pero de las que sirven para dar energía terrestre y no divina. Y además tuvo a bien charlar conmigo y explicarme ciertas cosas de mucho interés para este viaje que enseguida se explicarán. Digamos, mientras llega el momento, que Salvador de Madariaga, que ya dijimos que ve en Colón a un judío converso, propone una respuesta a esta cuestión recordando que los franciscanos eran entonces *los enemigos más peligrosos de los conversos*, por lo que, sostiene, el marinero trató de ganarse su confianza. Sin embargo, cabría pensar justamente lo contrario: que siendo converso y con el fino olfato que para detectarlos tenían los franciscanos, lo mejor era pasar de largo, especialmente, como es el caso, si ni siquiera tenía necesidad obligatoria de ir a ese monasterio.

No, no creemos que esa fuera la razón. Es más, Consuelo Varela es la que pone el acento en el curioso caso de las inexistentes relaciones durante toda su vida entre Colón y el poderosísimo cardenal Cisneros, que era el hombre más importante de la orden franciscana. Si buscaba el

Representación de Colón con su hijo llegando a La Rábida

Fachada actual del monasterio franciscano.

apoyo franciscano, ahí tenía el sospechoso marinero su mejor valedor, pero Varela reconoce que *no debieron caerse bien*, y que Colón jamás menciona al campeón franciscano. Y aún diremos más: jamás envió Cisneros a las Indias años después ni un solo fraile que perteneciera al círculo de La Rábida o a esa provincia franciscana, según los datos de la misma historiadora. ¿Por qué? ¿Desavenencias doctrinales? ¿Por qué dentro de la orden solo ese monasterio amparó al Descubridor? ¿Quién lo había enviado allí? ¿Qué se traían entre manos?

Varela asegura que Colón llega al monasterio con *poco equipaje pero con varios papeles* [...], *cartas de marear, algún que otro libro y un cuadernillo de notas*. ¿Qué papeles son? ¿Qué se hizo de ese *cuadernillo*? ¡Nuestro reino, que no tenemos, daríamos por ese *cuadernillo*!

¡La Rábida!

Brillaba el sol aquella mañana de marzo. El sol iluminaba las aguas de los ríos Tinto y Odiel, que mueren juntos, en pareja, como freires templarios, a nuestra espalda. Finalmente, entro en el monasterio y me embarga la emoción, porque además de soñador soy un sentimental. Supero los trámites de acceso, entablo conversación con los franciscanos y una mano invisible me catapulta a un mundo pasado. He ido a parar al claustro de la hospedería o de la portería, al que también llaman de las flores porque es un verdadero jardín. Y aunque hay antigüedad en la fábrica original del patio, ya se advierte que las galerías

—cuatro, que soportan el peso del segundo piso del inmueble— han sido remozadas. Eso sucedió en 1755. Pero desde allí se accede al patio mudéjar, que está tal y como lo vio Colón cuando llegó aquí, según me decía, tan entusiasmado como yo, fray Roque. Seguramente exagera, pero me da lo mismo, y sigo atento sus explicaciones.

Me muestra una celda que da a este patio. La tradición la ha dado en llamar la del padre Marchena, pero también recibe el nombre de Sala de las Conferencias. Es una pequeña celda que significó uno de los momentos más entrañables para mí, soñador que siempre está en un lugar distinto del que se encuentra. Y eso fue porque allí está el que ha sido llamado *Portal de Belén de América*. En esa minúscula celda tuvieron lugar las enigmáticas conversaciones de Cristóbal Colón con Antonio de Marchena, y aquí, a decir de fray Roque, fue donde el padre Juan Pérez redactó las *Capitulaciones* que Colón presentó como oferta a los Reyes Católicos. Pero de eso ya hablaremos cuando corresponda, porque mucho hay que decir de este lugar y de esos dos frailucos.

Añadamos al puchero del misterio unas gotas más de hechizo. Se las tomamos prestadas al incansable Juan G. Atienza, quien pone el

Claustro mudéjar de La Rábida.

acento en el pasado de La Rábida, *profundamente marcado, desde milenios atrás, por el sueño atlántico,* nos dice. Y es que, en efecto, autores clásicos como Rufo Festo Avieno, ya mencionan la existencia de un altar dedicado al dios fenicio Baal en el mismo emplazamiento del monasterio, y ya quedó dicho que los fenicios posiblemente exploraron América muchos siglos antes de que Colón llegase allí con su enigmático *cuadernillo.* Y añade Atienza que el promontorio de La Rábida tiempo después fue consagrado *a una desconocida devoción cristiana primitiva que, con el tiempo, se convirtió en culto a Nuestra Señora de la Candelaria.* Y ¿dónde encontramos después un culto semejante? ¡En Canarias! ¿De dónde partió nuestro hombre rumbo al fin del mundo? ¡Desde Canarias! ¿Y quiénes tuvieron, al parecer, especial devoción a esa Señora, La Candelaria, y tal vez ocultaron secretos mensajes escritos en su capa? ¡Los templarios! ¡Cuánta casualidad!

¿Cree fray Roque que el Temple anduvo por aquí? Así se lo pregunté, y el joven y amable fraile no dudó en responder afirmativamente. En su opinión, anduvieron por toda esta comarca, aunque reconoció que no hay documento probatorio definitivo al respecto. No sé si también él habrá creído ver una relación con Colón como la que aquí se plantea, pero nuestro viaje debe proseguir.

La Rábida, a lo que se ve, es lugar de culto desde tiempos inmemoriales. Un lugar en que, según el saber de Atienza, los árabes eligieron para erigir un enclave militar, pero también iniciático: un *ribath,* de donde ahora le llega el nombre. Y luego de ellos el Temple anduvo, como no podía ser de otra manera siempre que huele a mágico en un paraje, rondando por allí.

El fraile estrellero

De puntillas pasa don Hernando en su *Historia del Almirante* por los hechos de quién abre la puerta a Colón en el monasterio y por qué tanto lo apoyaron luego, de modo que eso debe ponernos sobre aviso: algo ocurre. Otros cronistas, como López de Gómara, se lían con los nombres de dos frailes diferentes, Juan Pérez y Antonio Marchena, y construyen un personaje de ficción: Juan Pérez de Marchena. Obviamente, se equivocan. Con quien traba amistad, sospechosamente con gran rapidez, nuestro hombre es con Antonio de Marchena, del que no tenemos muchos datos, pero los que tenemos nos entusiasman.

Los Reyes Católicos lo describen en una carta a Colón de 5 de septiembre de 1493 como *buen astrólogo.* En otros papeles es mencionado como *estrellero*, lo que todavía nos gusta más por el saborcillo que deja en gaznates heterodoxos como el nuestro. Y no faltan los que apuntan que estaba al corriente de secretos de navegación que tal vez eran suyos como herencia de quienes por aquellos pagos anduvieron en otros tiempos.

Hay quien dice, sin embargo, que Marchena no estaba entonces en el monasterio y que conoció años después a Colón, y que quien ahora lo recibe y con él habla es Juan Pérez, pero nos parece que atina, y mucho, Manzano al decir que en 1485 era Marchena el guardián del monasterio. ¿Por qué? Argumenta el historiador que hay pruebas documentales de que el 8 de agosto de 1487 Marchena era custodio del Observatorio de Sevilla, un cargo superior al de guardián dentro de la orden franciscana. Y como los cargos eran trienales y se sabe que fue nombrado custodio en junio de 1485, con toda probabilidad cuando llega Colón al monasterio, con los bostezos de la primavera de ese año, Marchena estaba en el cargo inferior dentro del escalafón: guardián de la orden.

¿Por qué tan rápida y buena amistad? ¿Qué le dijo Colón al monje y de parte de quién iba allí? El cronista Gómara dejó escrito que fue a Marchena a quien Colón *en poridad descubrió su corazón*. ¿Le enseñó el misterioso *cuadernillo*? ¿Qué secretos se intercambiaron el aventurero y el *estrellero* que tanto sabía sobre enigmas marinos? ¿Tal vez, como propone Ricardo Sanz, confesó Colón a los monjes que era descendiente de la poderosa familia Mendoza?

Sentado en una de aquellas banquetas de noble madera que amueblan la minúscula celda donde tal vez tuvieron lugar aquellas conversaciones, con un retrato del Almirante sobre mi cabeza, traté de imaginar el contenido de las mismas, pero no lo logré. Piense el lector lo que quiera, pero ni la iglesia del lugar, donde todavía el viejo sabor árabe se puede degustar en la forma de herradura del algún arco, ni los documentos que se exhiben, ni la certeza de que tras el altar de la iglesia se encuentra enterrado, en alguna parte imposible de precisar con exactitud, Martín Alonso Pinzón, lograron evitar que volviera a aquella celda minutos después, cuando había ido arriba y abajo por todo lo visible del monasterio anhelando encontrar allí lo invisible del recinto, que estoy seguro que estaba a mi alcance.

Nunca sabremos de qué hablaron el fraile y Colón, pero al poco sucede algo extraordinario.

Ambos se entrevistan en el mismísimo monasterio con un piloto llamado Pedro Velasco, *natural de Palos de Moguer*, escribió Hernando

El autor en la mítica Sala de Conferencias del monasterio.

Colón. Y el dicho Velasco va a dar mucho juego, pues narró al futuro Almirante cierto viaje que hizo bajo el mando de un tal Diego de Tiene, en el curso del cual se vieron lejos de tierra, muy al oeste, y en medio de ninguna parte vieron aves terrestres, no marinas, *de donde se juzgó que no podían ir a descansar más que a alguna tierra*, añade Hernando, quien ofrece más detalles de tal aventura.

¿Es una nueva casualidad que Colón acierte a ir a un monasterio donde hay un misterioso fraile que sabe más que latines y domina secretos de navegación? ¿Quién manda ir a buscar a un marino que, casualmente, también vive a tiro de piedra para que cuente su historia?

Estos todos o algunos dellos...

Estos todos o algunos dellos negociaron que Colón fuese oído de los Reyes, escribió Las Casas. ¿A quiénes se refiere? Veamos.

Acomoda a su hijo don Cristóbal en alguna parte (¿con los parientes? ¿En el monasterio?). Si lo deja en el monasterio, como yo creo que ocurrió, la trama que está por llegar comienza a evidenciarse, puesto que tales confianzas iban más allá de lo razonable. (Las Casas confirma esa posibilidad: ... *donde dejó encomendado* (a los frailes de La Rábida) *a su hijo chequito, Diego Colón*).

¿Qué hace después? Unos dicen que marchó a ver a los reyes, que andaban entonces como circo ambulante, de acá para allá, y tenían sentadas sus reales en Córdoba en ese instante a la espera de tomar, de una vez por todas, el reino de Granada. Otros, como Madariaga, lo hacen ir en ese momento a ver al duque de Medina-Sidonia y, después, al de Medinaceli. Pero nosotros nos decantamos por lo que Hernando cuenta y Manzano o Varela confirman: va a la corte.

Y a continuación llega el siguiente enigma: ¿con qué avales pretende llegar a ver a los mismísimos reyes un tipo que dicen que era hijo de

Junto al fresco que representa a Antonio Marchena en La Rábida.

tejedores genoveses, pero que no habla palabra alguna de italiano; que cuentan que se pasó la vida en barcos, pero que sabe ciencias; y que llegó náufrago a Portugal sin pena ni gloria, pero que tuvo tratos de amistad y odio con el rey luso? ¿Hay alguien que se pueda creer una historia así? Y lo que aún es más sorprendente: ¿por qué una red sospechosa en la corte abre sus brazos casi sin mediar palabra a este don nadie sin futuro y sin pasado? Máxime si tenemos presente lo que de su manera de ser anota Consuelo Varela: *Hombre solitario y de pocos amigos* [...]. *Tuvo la rara habilidad de enemistarse con casi todos lo que le rodean.*

¿Quién le abre las puertas de la corte? ¿Una carta de fray Marchena? ¿Los comerciantes genoveses hermanos Antonio y Alejandro Geraldini, como algunos autores apuntan? ¿O se la abren quienes sí sabían más cosas sobre él? Recuerde el lector aquella frase de Colón: *Me sentía igual a las dos coronas*. ¿Debemos pensar de nuevo en la tesis alcarreña? De ser esta teoría cierta, Colón, hijo de Aldonza Mendoza, descendía ni más ni menos que de Enrique II de Trastámara.

Hernando adorna otra vez a su padre para explicar las futuras amistades y afirma que las obtuvo *por su carácter afable y de agradable trato*. ¿Qué otra cosa iba a decir el hijo?

El dominico Bartolomé de las Casas cita expresamente a quienes habla Colón nada más llegar a Córdoba, como si entrevistarse con tan altas instancias fuera cosa corriente para un desconocido como él: el mismísimo cardenal Pedro González de Mendoza; el maestro del príncipe don Juan, el dominico fray Diego de Deza, y otros muy ilustres personajes de la corte que en breve le serán presentados al lector. Y todos ellos, a nuestro juicio, forman una trama cortesana cuyo papel jamás ha quedado claro en todo este endiablado asunto.

Detengámonos antes de dar un paso más en la figura de Pedro González de Mendoza, probablemente el hombre más poderoso del reino tras los monarcas, razón por la cual se lo llegó a conocer como *el tercer rey de España*. ¿Cómo es posible que le fuera tan sencillo a don Cristóbal llegar a él? ¿Debemos recordar otra vez la hipótesis alcarreña que hacía de Colón hijo de Aldonza Mendoza y, por impecable lógica, primo de este cardenal? El cronista Oviedo refiere que el encuentro con el poderoso Mendoza lo propicia otro cortesano del que enseguida se hablará, Alonso de Quintanilla: *... e por su respeto e intercesión* [de Quintanilla] *fue conocido del reverendísimo e ilustre cardenal de España, arzobispo de Toledo don Pedro González de Mendoza.*

O mucha influencia tenía Quintanilla sobre el poderoso Mendoza, lo que ponemos en seria duda, o aquí hay otras razones que ahora no se nos alcanzan. Pero se habrá de ver que, como escribió Colón, durante *los siete años que estuve en su Real Corte*, una mano enguantada mueve los hilos una y otra vez. ¿Era la del cardenal? Tal vez eso lleva a Las Casas a llenarse la boca de verdades y escribir:

> Con el favor deste señor, dice la historia [...] que aceptaron los reyes la empresa de Colón.

Un *quídam*, un perfecto desconocido, un aventurero sin credenciales, se hace amigo en dos palabras de unos franciscanos enigmáticos y del mismísimo *tercer rey* de España, que lo sentó a comer en su propia mesa, según las crónicas de la época. Pero las sorpresas no hacen sino comenzar.

¿Conocía el cardenal la identidad de Colón? Nunca lo sabremos, pero Ricardo Sanz sospecha que sí. Además, el físico rubio y pecoso que se atribuye a Colón lo emparentaba con la familia real, asegura, y añade que el cardenal no podía dejar de observar que aquel hombre hablaba como su padre, el marqués de Santillana, es decir, padeciendo la barbarolalia que, a juicio de este autor, manifestaba Colón.

¿De qué hablaron Colón y Marchena? Fresco de La Rábida

La sombra del poderoso cardenal Mendoza.

Por su parte, el cronista Gómara afirma que fray Marchena envió una carta a Hernando de Talavera, que era nada menos que el confesor de la reina, para que atendiera las razones de don Cristóbal. Y lo bueno del caso es que lo recibe y hasta será el presidente de la Junta de sabios que analizará su proyecto tiempo después.

¿Quién era Hernando de Talavera? Alrededor de su figura se pueden tejer de nuevo sospechas sobre el origen de Colón, puesto que Madariaga afirma que era judío converso, al menos por el lado materno. ¿Eso invita a pensar en un Colón de origen hebreo y por tal razón lo apoyó el clérigo?

Por otra parte, este hombre, prior de Nuestra Señora del Prado en Valladolid, pertenecía a la orden de los jerónimos, los mismos que regentaban el monasterio de San Bartolomé de Lupiana, donde algunas tradiciones aseguran que se educó el *Colón alcarreño*, el supuesto hijo de Aldonza Mendoza. ¿Explica eso la posición del confesor de la reina? Pues no podemos negarlo ni afirmarlo, porque para Las Casas fue este hombre un enemigo de Colón, mientras que otras fuentes, como Anglería, lo presentan fiel al aventurero. Y Consuelo Varela nos dice que Colón tenía buenas relaciones con los jerónimos, puesto que *el genovés, al menos en una ocasión, propuso al Rey Católico que frailes jerónimos fueran a evangelizar el Nuevo Mundo*. ¿Por qué esa orden y no franciscanos como Marchena o dominicos como Deza, nuestro siguiente personaje?

Fray Diego de Deza fue, junto a Marchena y a Juan Pérez, del que ya hablaremos en su momento, el motor de la esperanza para Colón durante los siete interminables años en que anduvo de un lado para otro de Castilla en pos de la respuesta afirmativa de los monarcas a su empresa. Deza era dominico y preceptor del príncipe Juan, con lo que ya vemos a qué altura llegaban las influencias de este supuesto pobre extranjero. Y Colón en numerosas ocasiones dejó constancia del apoyo de este monje, como en la carta que escribió a su hijo Diego el 21 de noviembre de 1504:

> El señor obispo de Palencia [Diego de Deza] siempre, desque yo viene a Castilla, me ha favorecido y deseado honra.

En algunas crónicas se habla de *dos frailes constantes* en su apoyo a Colón. Hay autores que ven en ellos a Antonio de Marchena y a Juan Pérez; pero otros, como Manzano, creen que se trata de Marchena y de Deza, puesto que a Pérez, que será básico días antes del desenlace de esta trama histórica llena de misterios, Colón aún no lo ha conocido.

Entre los laicos señores de la corte Colón tiene la habilidad política (¿o es otra cosa?) de trabar amistad con Alonso de Quintanilla, contador mayor de Castilla, un hombre decisivo para su futuro, como luego se vio. De él dice Oviedo que incluso daba de comer al buscavidas Colón:

> [Colón] llegábase a casa de Alonso de Quintanilla [...] que [...] mandábale dar de comer y lo necesario por pura compassibilidad de su pobreça.

Como anunciamos, algunos textos dicen que fue Quintanilla quien lo presentó al cardenal Mendoza —lo que debilitaría la tesis alcarreña que los hace parientes y explicaría el apoyo del cardenal de ese modo—, pero Manzano afirma que el respaldo del contador mayor tuvo que ser posterior a 1485, porque en ese año estaba en Valladolid, luego no debió ser él quien presentó a Colón al todopoderoso Mendoza. ¿O tal vez no hacían falta presentaciones?

Varela recoge también ciertas amistades femeninas que supo ganarse Colón en la corte, como Beatriz de Bobadilla, marquesa de Moya, que era una de las personas con mayor influencia ante la reina, hasta el punto de que se rumoreó que fue ella quien convenció a doña Isabel de las bondades del proyecto colombino.

Y entre las mujeres es obligado mencionar a Juana de la Torre, ama del príncipe don Juan, a quien Colón escribirá años después aquella memorable y misteriosa carta en la que confesaba que él no era *el primer almirante de mi familia.* ¿Cómo se ganó sus favores el aventurero? Nadie lo sabe, pero Varela menciona la anécdota de que *ella misma se encargó de preparar, al menos en tres ocasiones, miel rosada para endulzar las largas travesías del Descubridor.*

Por último, presentemos a tres personajes claves en lo que ha de venir. Los tres viven bajo la bandera de la Corona de Aragón, lo que ha dado alas a quienes ven a Colón como mallorquín, catalanohablante o incluso judío, puesto que entre ellos los hay conversos y muy conversos. Y tanto súbdito de la Corona de Aragón en este tejemaneje daña poderosamente la hipótesis de que fue Castilla sola la gran valedora del *Descubrimiento.*

Colón llega hasta las barbas del camarero del rey, Juan Cabrero, y se gana su apoyo. ¿Cómo lo hace? Nadie nos lo aclara. Pero es que, además, la esposa de Juan Cabrero, María Cortés, era la camarera de la reina, con lo que Colón va tejiendo (o una misteriosa mano enguantada se la teje) una tupida red de apoyos espectaculares e imposibles para un desconocido. Y es que ese matrimonio, como subraya Varela, era *una de las parejas más influyentes del reino.*

Pero si el lector está aún bajo el impacto de la sorpresa, aguarde a lo que ha de venir: Colón encuentra el apoyo por arte de magia del tesorero general de Aragón, Gabriel Sánchez, que era judío converso. Y finalmente, también el de uno de los personajes centrales de toda la intriga: Luis Santángel, judío converso asimismo y escribano de ración del rey Fernando. Pero sobre su extraordinario papel en toda esta conspiración regresaremos un par de capítulos más tarde.

ALCALÁ DE HENARES: «LES FIZO RELACIÓN DE SU IMAGINACIÓN...»

Los monarcas están en Córdoba hasta septiembre de 1485, pero luego el circo ambulante que era la corte no sienta el trasero por mucho tiempo en parte alguna y marcha después a Alcalá de Henares. Colón los sigue. La mano misteriosa que le ayuda trata de allanar el camino hasta los monarcas, pero estos andan enredados, sobre todo Fernando, en la toma de la hasta entonces invencible Granada. Y así resumió el caso el cronista de la época, Gómara:

> [Colón] dio petición de su deseo i negocio a los Reies Católicos Don Fernando i Doña Isabel, los quales curaron poco de ella, como tenían los pensamientos en echar a los moros del Reino de Granada.

Inicialmente el Consejo Real da carpetazo al asunto, pero Colón, recordemos que sigue siendo un extranjero recién llegado que no debía conocer las leyes castellanas, apela a los reyes para que revisen el caso porque, recuerda Manzano, lo autoriza la Ley 26 del cuaderno de las Cortes de Toledo:

El influyente fray Diego de Deza.

> ... e que de cualesquier... determinaciones que ellos [el Consejo Real] diesen e fiziesen no haya logar a apelación ni agravio, ni nulidad [...] salvo suplicación ante Nos, para que se revea en el dicho nuestro Consejo...

¿Quién dirige los pasos legales de Colón? ¿O es que don Cristóbal se sabía la legislación de un país al que acababa de llegar? ¿O es que a Colón ni Castilla ni Aragón le eran desconocidos? ¿Regresamos por donde vinimos entonces a la hipótesis que lo hace hijo del príncipe de Viana o de Aldonza Mendoza? ¿Hay alguien que nos pueda aclarar este embrollo?

La primavera cordobesa de 1485 moría y bostezaba el verano cuando se revisa el caso en el Consejo Real. Colón espera a las puertas del palacio real mordiendo las uñas de impaciencia. Cada día, en la puerta del palacio se clavaba un papel en el que se leían los asuntos a tratar.

Era una tarde vísperas de primavera con un sol anticipo de futuros calores cordobeses cuando llegué yo también al Alcázar de los reyes cristianos. Imaginaba a Colón esperando la respuesta, su impaciencia, rumiando las uñas y los proyectos que él sabía, de eso estoy seguro, que eran perfectamente posibles. Y me quedé allí largo rato, poniéndome en el imposible lugar de aquel hombre misterioso.

Los prebostes del Consejo debatían entre las siete y las diez de la mañana, porque así lo establecía, recuerda Manzano, la ordenanza tercera de 1480. Por lo tanto, Colón madrugó a ver qué se resolvía. Y resolvieron, por unanimidad, rechazar aquella mamarrachada de ir a las Indias navegando hacia el oeste. Y es entonces cuando Colón, empujado por una mano desconocida, no decae y decide ir directamente a los reyes.

La reina está embarazada por quinta vez. A punto está de venir al mundo —exactamente el 15 de diciembre— la futura reina de Inglaterra, la princesa Catalina, de modo que el horno no estaba para bollos en lo que a Isabel tocaba. Y no era el mejor momento tampoco para Fernando, que tenía más que hacer en Granada, aunque el invierno se echaba encima. El caso es que lo uno y lo otro retrasan la entrevista hasta el 20 de enero de 1486. El escenario, posiblemente en el Salón de Concilios, fue el Palacio Arzobispal de Alcalá de Henares. Era viernes, como establecían las Ordenanzas de 1484 para las audiencias reales, y ante los monarcas apareció un charlatán tirando a rubio cuya perorata hubieran rechazado tal vez si el parlanchín fuera otro. Pero ¿es que lo conocían?

El cronista Andrés Bernáldez, el cura de Los Palacios, definió muy bien lo ocurrido, probablemente sin saberlo, en sus *Memorias*: *Les fizo relación de su imaginación...*

Detengámonos brevemente en la pregunta que antes hemos planteado: ¿conocían los reyes al charlatán marinero?

A autores como Gabriel Verd, que ven en Colón al hijo del príncipe de Viana, antiguo pretendiente de la reina, no les cabe duda de que Isabel no solo lo conoce, sino que lo apoya. ¿En qué se basa?

Durante su dura espera de siete años, *Colom pudo subsistir gracias a los estipendios librados por la contaduría y pagados por la tesorería de los Reyes*, escribe ese autor.

Eso es cierto. Aunque se han perdido datos, sí se conservan los documentos que prueban que la Corona abona a don Cristóbal, en 1487, 3.000 maravedíes el día 5 de mayo; otros 3.000 maravedíes el día 3 de julio, y 4.000 maravedíes el 27 de agosto. Y así reza en los asientos del tesorero real, Francisco González de Sevilla.

Pero no es menos cierto que tuvo otros oficios Colón en esos años, como explicaremos, y que también desde la Corona de Aragón encontró apoyos. Es más, aún podemos encontrar más enigmas y confusión en esto de las subvenciones si leemos lo que escribe el historiador Rumeu de Armas a propósito de lo asentado por el limosnero Pedro de Toledo en su cuaderno oficial:

> Di más a [en blanco] portogués, este día treynta doblas castellanas, que Su Alteza le mandó dar presente el dotor de Talavera: dióselas por mí Alonso de Quintanilla; este es el portogués que estaba en el real...

¿Quién era ese *portogués* del que habla el texto? ¿Es Colón? ¿Era Colón portugués? ¿Qué mano siniestra se cuidó de que el nombre del beneficiario de ese dinero apareciera en blanco? ¿No me negarán que todo este libro es un perfecto enigma?

Verd, por alguna razón que yo no entiendo, dice que sí, que ese nombre en blanco era el de Colón, y que el tesorero, como no sabía el nombre ni la procedencia del beneficiario de la subvención, escribió que era portugués. ¿Y por qué iba a pensar el tesorero que era portugués y no magiar o corso, por decir algo, se me ocurre a mí? Además, si era portugués, adiós a la tesis del príncipe de Viana, ¿no?

En cualquier caso, Verd no se arredra y argumenta los favores especiales de la reina a Colón recordando que el Descubridor bautizará

La Isabela a una isla el día 19 de octubre de 1492, pero no sabemos si ese gesto nace de la amistad o de la lógica servidumbre.

Sí hay en cambio una cita de Las Casas interesante que recoge Verd: *Intituló La Isabela por la serenísima reina Doña Isabel, a quien potísimamente más que al rey y a todos debía, porque ella fue la que, contra la opinión de toda la corte, lo quiso admitir y favorecer.*

Para colmo, existe un documento misterioso, como siempre sucede con Colón, que permite a quienes siguen esta línea de investigación hablar de una gran intimidad entre el marinero y la reina. Se trata, nos informa Verd, de un documento aparecido en el Archivo de Simancas poco antes de la Guerra Civil y exhumado por el archivero Andrés María Mateo. ¿Qué contenía? Era un documento anónimo y, escribe el citado autor, *mutilado a voluntad* (de nuevo la mano negra en todo esto) y que, asegura la misma fuente, era una carta de Colón a la reina escrita tal vez en septiembre de 1501: *La única que dirigida a la Reina hasta el presente se conoce.* Verd reproduce la carta, en la que hay expresiones de amistad y hasta de intimidad entre ellos, si es que es obra de Colón, que eso habría que probarlo.

Esa amistad explicaría algunas cosas, como, por ejemplo, por qué no mandaron definitivamente fuera de la corte a Colón durante los siete años en los que rechazaron su proyecto a instancias de los sabios; también explicaría las donaciones de dinero antes citadas y quizá el porqué Isabel puso a su confesor al frente de la junta de expertos que valoró el proyecto, tal vez tratando de favorecer a Colón, aunque sin éxito. Además, aclararía el porqué Colón se llevó tan mal con el rey Fernando y se encontró desamparado al morir la reina. ¿Reaparecían entre ellos las viejas rencillas familiares por ser hijo del príncipe de Viana?

El caso es que ya lo tenemos ante los reyes haciéndoles *relación de su imaginación*, y de inmediato sobreviene el misterio, puesto que el cronista y cura Andrés Bernáldez, que conoció personalmente a Colón, escribe que *él les platicó muy de cierto lo que les dezía e les mostró el mapamundi, de manera que les puso en el deseo de saber de aquellas tierras.*

¿Qué mapamundi? ¿Qué ocurre aquí?

Manzano cree que es producto de la carta de Toscanelli a la que Colón vimos que pudo tener acceso en Portugal. Pero ¿y si era producto de aquel robo que creemos que cometió don Cristóbal en el país vecino?

No obstante, Colón guarda ases en la manga. Los reyes, tras su alocución de iluminado, cita Bernáldez, *llamaron onbres sabios, astrólogos e astrónomos e onbres de la arte de la Cosmografía de quien se informaron.*

Los monarcas son asesorados por las molleras mejor amuebladas que tenían a su alcance y se ven impelidos a rechazar la descabellada apuesta de nuestro personaje, quien sin embargo no desfallece y la mano enguantada que siempre lo apoya abre nuevas puertas: las de la mismísima reina. ¿Cómo ocurre tal caso?

Probablemente el misterioso fray Antonio de Marchena sea el peón que utiliza la trama cortesana en esta ocasión. El fraile toma recado de escribir y envía un billete a Isabel. A los treinta y cinco días, la reina pide a Marchena que se presente ante ella. La corte está en Madrid. ¿De qué se habla en esa audiencia? Nada trasciende, pero un humilde franciscano logra que toda una reina recapacite: el proyecto del *extrangero* (que) *andaba pobremente vestido*, según escribió Gómara, será estudiado no por juristas, sino por sabios. ¿Cómo es posible que no lo manden con viento fresco de una vez por todas los monarcas? No lo sabemos, pero la suerte está echada: se convoca la Junta Examinadora.

«Ni el Almirante quiso aclarar tanto»

La convocatoria de esta reunión de sabios, que algunos historiadores han querido ver como una medida dilatoria de los Reyes Católicos para no decir claramente que no al proyecto colombino, en realidad es todo lo contrario, y en eso coincido con Salvador de Madariaga, que ve en el hecho un éxito del Almirante.

Deténgase el lector en el caso tal cual es, según la historia oficial: un desconocido sin oficio ni beneficio, que parece que tuvo que huir apresuradamente de Portugal porque la justicia tenía pensado apresarlo, se presenta en país extranjero y consigue primero sorprendentemente llegar a hablar directamente con los monarcas de España y los *convida*, que era la expresión que usaba Colón, a participar en su absurda propuesta de ir navegando hacia occidente por un mar inexplorado y hambriento de marineros imbéciles o aspirantes a héroes —la carne de unos y otros es al cabo del mismo sabor— hasta las Indias.

¿Cuál sería la respuesta lógica de unos monarcas cuyo tesoro público, brazos y picas estaban apuntando íntegramente hacia el rescoldo islámico que daba lumbre aún en Granada? Pues desembarazarse directamente del chiflado que había llegado hasta ellos por pasillos desconocidos. Y sin embargo, no lo hacen. Sorprendentemente, el estrambótico personaje tiene la posibilidad de recitar su plan ante una junta de sabios. Y es verdad que después tendría que esperar siete años en lograr su propósito, pero como señala Madariaga, y tiene razón, *lo extraño no es* [...] *que Colón tuviese que esperar años enteros* [...], *sino que hubiese esperado tantos años en vez de verse despedido inmediatamente.*

Por tanto, ya tenemos un nuevo enigma: ¿por qué no lo echan de su vista de inmediato Isabel y Fernando?

Y no se crea el lector que es cosa de broma lo de la junta de expertos, puesto que, aunque no podemos afirmar ni cuántos eran ni quiénes —con dos excepciones—, sí da fe de la importancia del caso que la reina mandara a Hernando de Talavera, su confesor y hombre de mayor confianza, que presidiera el cónclave. ¿Lo hizo para favorecer a Colón o para perjudicarlo? Algunos, el propio Las Casas o el hijo de Colón, Hernando, dicen que ese jerónimo fue un enemigo del Almirante; otros no lo ven así, como ya hemos dicho. Hay que recordar el origen judeoconverso de Talavera y también que era un hombre con fama de íntegro y cabal.

Para Madariaga sí está claro que hubo enfrentamiento entre ambos, pero no por odios ni por razones de interés, solo por diferencia de carácter entre ellos. Colón, asegura este autor, encarna al héroe, un hombre capaz de todo por conseguir un objetivo material; Hernando de Talavera representa al santo, que también es capaz de todo pero no por beneficio propio.

Los demás sabios de la junta nos son desconocidos con la excepción de Rodrigo Maldonado, que pertenecía al Consejo Real. Este hombre, años más tarde, en 1515, declaró a petición de Diego Colón en juicio que él *con otros sabios e letrados e marineros platycaron con el dicho Almirante sobre su hida a las dichas yslas.*

De esa frase se deduce que para el caso se pidió peritaje a marineros, sabios y letrados, aunque tanto Las Casas como Hernando se dedican a desprestigiarlos de inmediato. El cronista dominico escribió:

> Es cosa de maravillar cuánta era la penuria e ignorancia que cerca desto había entonces por toda Castilla.

Y Hernando, no será necesario que insistamos en su deseo de elevar a los altares a su padre sin grúa ni polea, no se queda atrás y ridiculiza a quienes a su padre ridiculizaron: *Los que se juntaron no entendían lo que debían.* Y luego explica las razones por las cuales, según él, rechazaron el proyecto de su padre. La primera razón esgrimida por aquellas lumbreras, escribe, fue que *si tras tantos miles de años después de que Dios glorioso hubiera creado el mundo, jamás tantos sabios y expertos en las cosas de la mar habían tenido noticias de tales tierras, no era verosímil que ahora el Almirante supiese más que todos los pasados y presentes.*

Y, mirando con frialdad, ¿no le parece lógico al lector ese razonamiento de los sabios que critica Hernando? ¿Quién era su padre, después de todo? ¿Qué sabiduría poseía? Hay cronistas que parecen dejarlo bien claro, como Gómara, que escribió, en su *Historia de las Indias*: *No era docto Cristóbal Colón*. Y el cura de Los Palacios, en sus *Memorias*, no lo pinta de manera diferente: *Era ombre de muy alto ingenio sin saber muchas letras*. Para colmo, está el retrato que él mismo se hace en carta remitida a los reyes en 1501 y que recoge Juan Manzano: *Non doto en letras, lego marinero, hombre mundanal.*

Claro que al tiempo lo hemos visto páginas antes como ávido lector y aún más febril escritor. ¿Quién puede atar cabos con este hombre? ¿Por qué esa irritante contradicción en todo lo que hacía o decía?

La segunda razón que escribe Hernando sobre el rechazo de los sabios es que no se podía recorrer el mundo en el sentido que Colón proponía, porque *si uno avanzase en línea recta hacia occidente* [...] *luego no podría volver a España por la redondez de la esfera, dando por seguro que quien saliese del hemisferio conocido por Ptolomeo iría hacia abajo y luego le sería imposible regresar, afirmando que ello sería casi como subir a un monte, cosa que no les resultaría posible a los barcos ni con vientos fuertes.*

Es cierto que estas ideas nos pueden hacer sonreír ahora, pero debe verlas el lector en el contexto de aquella época. ¿No resultan aún más sorprendentes las sabidurías del Almirante si aquellos que eran supuestos instruidos y leídos pensaban de este modo?

Finalmente, Hernando afirma que el tercer argumento de los sabios nació de la lectura mal digerida del capítulo XXI de la obra de San Agustín *De civitate Dei reproba*, donde el santo nos pasma a todos diciendo que *es imposible que existieran antípodas y se pudiera pasar de un hemisferio a otro.*

Pero ¿dónde tuvo lugar ese debate entre Colón y los sabios? Ese es un enigma menor, pero que también ha motivado polémicas, aunque generalmente ha quedado aceptado que ocurrió en Salamanca, donde, al parecer, los monarcas permanecieron durante los meses de noviembre y diciembre de 1486 hasta el 20 de enero de 1487. Y la leyenda sitúa esos debates en el monasterio salmantino de San Esteban, en el que uno de los claustros es presentado al visitante como *el de Colón*.

Manzano rescata de la memoria una cita de fray Antonio de Remesal en la que se lee:

Boda de los Reyes Católicos. Plaza de España de Sevilla.

> Vino [Colón] a Salamanca a comunicar sus razones con los maestros de Astrología y Cosmografía, que leían estas facultades en la Universidad. Comenzó a proponer sus discursos y fundamentos, y en solo los frailes de San Esteban halló atención y acogida.

Al parecer, había astrólogos y matemáticos para regalar entre aquellos muros, pero el personaje que más nos interesa en nuestra trama cortesana es justamente alguien que fue prior de ese santo inmueble y luego pasó a ser tutor del príncipe don Juan y, más tarde, arzobispo de Sevilla: fray Diego de Deza.

Este monje, de quien ya hemos tenido noticias y que sería uno de los dos *frailes constantes* de quienes las crónicas hablan, era, según Madariaga, también judío converso. Deza sería, como Marchena y Juan Pérez, espíritus entregados a la causa colombina sin que nadie pueda aclarar la razón. Recuerdo al lector que de este dominico escribió Colón a su hijo Diego el 21 de noviembre de 1504: *Siempre desque yo vine a*

Castilla, me ha favorecido y deseado mi honra. ¿Por qué? ¿Qué nuevo misterio se oculta en esa relación entre ambos?

Tal vez la explicación última sea algo que apunta en cierto modo Madariaga al rebatir las imágenes románticas que pintan a Colón debatiendo a brazo partido con los sabios en Salamanca. Madariaga cree que eso no es propio de Colón: *Nada más contrario al carácter reservado y misterioso* [...] *de Colón que semejante ostentosa publicidad.*

No. Seguro que Colón no aireó lo que sabía. Y de hecho lo confirman tanto Las Casas como Hernando, su hijo. El primero dice:

> Ellos juntos muchas veces, propuesto Cristóbal Colón su empresa, dando razones y autoridades para que lo tuvieran por posible, *aunque callando las más urgentes, porque no le acaeciese lo que con el rey de Portugal* (la cursiva es nuestra).

¿Qué ocultó Colón a los sabios? ¿Qué era tan valioso como para callarlo incluso si le rechazaban por ello el proyecto? ¿Fue lo mismo que confesó a Marchena y tal vez a Deza? ¿Explica eso el decidido apoyo de ambos? Y de ser así, ¿por qué se lo dijo a ellos y no a otros?

Hernando insiste en el asunto:

> ... los que se juntaron no entendían lo que debían, *ni el Almirante quiso aclarar tanto que le sucediera lo mismo que en Portugal y le quitaren la bienandanza* (la cursiva es nuestra).

¡Maldita sea! ¿Qué familia es esta que bajo cada arruga oculta una información y en cada mirada duerme un disimulo?

Siempre se ha dicho que Colón cometió un error, que era el pensar que navegando hacia el oeste llegaría a tocar la costa de las Indias, y él parece insistir en esa idea en su *Diario*. Sin embargo, ¿decía y escribía lo que pensaba realmente? ¿Creía que iría por esa ruta a las Indias?

Ya hemos subrayado la excentricidad que resulta de tomar posesión de aquellas tierras, como luego haría, en nombre de los Reyes Católicos cuando sabía, teóricamente, que eran del Gran Khan. Y para más duda, Hernando Colón, no se sabe si por salvar la cara a su padre o porque realmente es la verdad, nos dice que el Almirante quería conquistar nuevas tierras, pero no afirma que fueran las Indias.

¿Qué fue lo que propuso realmente don Cristóbal a los sabios? Otra vez nos asalta la duda y nos envuelve la bruma. No lo sabemos con certeza. El vaho empaña nuestra lupa ¿Equivocó sus cálculos? No me atreveré yo a afirmarlo, porque ni tengo claro por dónde andaba e iba Colón ni por dónde nos andamos ahora nosotros tras sus escurridizas huellas.

El caso es que allá por la primavera de 1487 los sabios concluyeron qué hacer con las locas ideas del desconocido y así lo dejó escrito Las Casas: *Así fueron dellos juzgadas sus promesas y ofertas por imposibles y vanas y de toda repulsa dignas.*

¿Qué hacen los reyes tras ese veredicto del cónclave de peritos? ¡Nueva sorpresa!

Mientras resolvían qué hacer con el caso los ilustres estudiosos, Colón había recibido algunas subvenciones expresadas en maravedíes de la época. Y cuando cae Málaga del lado cristiano, hazaña que se fija en los libros en agosto de 1487, los reyes mandan recado a Colón para que se presente ante ellos. Es obvio que le van a informar del veredicto de las lumbreras del reino, y así fue. Pero la sorpresa viene al no mandarlo directamente fuera de su vista para siempre jamás, que era lo que procedía, ¿no le parece al lector? Pues no, de nuevo la mano enguantada; otra vez la trama cortesana o quién sabe qué, pero el caso es que la respuesta es ambigua y el proyecto de Colón sigue con vida. Así lo escribe Hernando, quien refiere que sus altezas le explicaron al Almirante que estaban ahora muy ocupados con otras industrias y proyectos pero que *con el tiempo se encontraría mejor oportunidad para examinar y entender lo que el Almirante ofrecía.*

¡Increíble!

¿Para qué, entonces, la Junta de eruditos? ¿Para qué la presidencia en la misma del mismísimo confesor de la reina? ¿Cómo se entiende todo esto? ¿Por qué libran de nuevo una subvención a favor de Colón el 15 de octubre, de 4.000 maravedíes *para ayuda a su costa,* según los papeles oficiales? ¿Pero no era un charlatán cuyas ideas eran *imposibles y vanas y de toda repulsa dignas.* ¿Quién movía los hilos de la trama cortesana?

Capítulo 6

Otra familia

. . . que si bien dejé dicho y aun escrito que nunca fallé yo mayor amigo que mis hermanos, algo más aclararé las dichas palabras aquí y ahora, puesto que no solo de los hermanos que vos creéis que yo hablaba me refería yo, que son de un hombre también dichos así hermanos quienes como él piensan e dicen e comen y aun rezan. Y todos los que doblan la rodilla ante el Señor del rey David hermanos míos son.

(*Diario secreto del Almirante sin rostro*)

La razón dello no es liçito de la escribir aquí.

(CRISTÓBAL COLÓN)

EL MISTERIO DE BEATRIZ

UN nuevo personaje entra en la escena, pero de inmediato parece absorbido por la persistente niebla que rodea al Almirante, y Madariaga terminará por escribir de ella: *Una nube de misterios rodea a esta mujer, como suele suceder con las cosas y personas de la vida de Colón*.

¿Quién fue Beatriz Enríquez de Arana? ¿Qué sabemos de la segunda amante conocida de don Cristóbal y madre de Hernando Colón, su segundo hijo? Pues la verdad es que poco, muy poco, como no podía ser de otro modo. También la mano negra se cierne sobre su biografía.

La mayor información la aporta José de la Torre y del Cerro en una obra publicada en Madrid en 1933 (*Beatriz Enríquez de Arana y Cristóbal Colón*) y de la que Juan Manzano extrae muchas de las cosas que ahora resumiremos para mejor digestión, como, por ejemplo, que era fruto del matrimonio entre Pedro de Torquemada y Ana Núñez de Arana, vecinos de Santa María de Trassierra, un pueblo situado a unos quince kilómetros de Córdoba, en la cresta de la cima que da sombra a las ruinas de la en otros tiempos bella Medina Azahara.

Por las calles de Santa María de Trassierra se me vio mendigar una tarde información, recuerdo u homenaje que se haya podido hacer allí a esta dama tan atractiva, pero nada me pudieron decir. La farmacéutica del pueblo algo había oído de que allí había nacido doña Beatriz, pero estatua o recuerdo, lo que se dice recuerdo, de ella nada había. Otros vecinos del lugar me dieron igual respuesta: sí, los libros bien claro lo dejan dicho, que doña Beatriz era de aquí, me decían. Pero nadie se ha tomado la molestia de rendirle el más mínimo y perpetuo homenaje. Y entonces decidí hacer yo mismo justicia y en silencio construí una escultura de pensamiento en honor aquella mujer. Espero que aquella sentida ofrenda arranque de sus labios muertos una sonrisa.

¿Qué interés puede tener para nosotros esta mujer de familia humilde y escuálida biografía? Pues que nos permite plantear nuevos interrogantes sobre el Almirante, no siendo los menores los siguientes: ¿Por qué nunca se casó con ella Colón? ¿Cómo es posible que Hernando, el hijo que echó al mundo desde su vientre el día 15 de agosto de 1488, no mencione jamás a Beatriz? ¿Cómo un hijo, sin citar expresamente a su madre, es capaz de escribir este poema sobre la autora de sus días?:

Maldigo quien m'engendró,
pues fue causa que padezca;
quien de su leche me dio
cruel tormento merezca.

¿Es que en esta familia no hay nadie cristalino? ¿Qué sabemos de doña Beatriz?

Pues a lo dicho, que es irrisorio, poco más se puede añadir digno de mérito. Se sabe que su padre murió antes que su madre, que se fue de entre los vivos el 2 de junio de 1471; que tuvo un hermano llamado Pedro y un herencia tras la muerte de sus progenitores ciertamente escasa que la muerta dejó en custodia para sus hijos a su hermana, Mayor, y a su madre, Leonor Núñez. Para entonces vivía la familia en la *collación de Santiago*, en Córdoba.

Pero la muerte recordó que aquella mujer dejaba parientes en Andalucía y vino por ellos. Primero se llevó a la abuela, con la lógica que dan los años; y después, en 1478, a la tía. De este modo, los huérfanos pasaron a estar bajo el techo de otros parientes, y allí creció todo lo necesario para que un hombre como Colón se fijara en ella. ¿Por qué? ¿Cuándo ocurrió el caso?

En esto, como en casi todo lo que a nuestro hombre toca, también hay leyenda. Los franceses se sacaron una de la manga y Consuelo Varela la cita, pero no le da crédito. Fue cosa del romanticismo francés

Arriba: *Aspecto actual de Santa María de Trassierra.*

Derecha: *El autor en el pueblo natal de Beatriz Enríquez de Arana.*

idear un escenario más o menos así: estamos en Córdoba y es noche cerrada. Maúllan los gatos. Colón duerme en una humilde posada cuando de pronto ruido de hierros lo despiertan. ¡Un duelo! Dos espadachines, sin duda de poco honor y mucha roña, atacan a un valiente caballero. Colón, que lo ve, no duda en sumarse a la reyerta y ponerse codo con codo junto al hidalgo, tal vez en camisón de dormir si es que fue tan rápido su socorro, aunque ese extremo no se explica.

El caso es que la bronca muda de aspecto. Ahora son los buenos los que ganan y Colón recibe al poco el saludo del gentilhombre a quien ayudó: se llama Pedro Enríquez de Arana. Y así, habiéndose ganado el favor del hermano, al poco tuvo donde quería a la hermana, y fin de la historieta francesa. Sin embargo, no parece que fuera así el encuentro en realidad.

Sabemos que Colón vivió en Córdoba entre 1485 y 1487 a la espera de obtener los favores de los monarcas. En la ciudad había italianos, como los genoveses, hermanos y boticarios, Lucián y Leonardo Esbarroya. Y Juan Manzano apunta la posibilidad de que fuera a través de ellos como conoció a Pedro Enríquez, puesto que la botica de micer

Leonardo, escribe el historiador citando a De la Torre, *será el punto de cita, de reunión y de tertulia de físicos y cirujanos, de amigos y conocidos.*

Tal vez fue allí, en esa botica que no estaba lejos del monasterio de los dominicos de San Pablo, donde conoció al bachiller en medicina Juan Díaz de Torreblanca, pariente del dueño del local, e hijastro del también cirujano y físico Juan. Este último, apunta Manzano, quizá fue el que acompañó años después a Colón en el primer viaje. Al parecer, esa gente era amiga desde hacía tiempo de la familia de Beatriz. ¿Fue así como llegó a poner los ojos Colón en la mirada de la joven?

De lo que no cabe duda, porque la naturaleza no miente y además anuncia estas cosas a bombo y platillo (sobre todo a bombo), es que a finales de 1487 Colón y Beatriz son muy íntimos, puesto que en agosto del siguiente año nació Hernando, el segundo hijo del marinero, o lo que quiera Dios que fuera Colón.

Y ya que hablamos de Hernando, a quien tantas veces citamos por haber escrito la *Historia del Almirante,* detengámonos en otro de los sigilos de esta familia. Bartolomé de las Casas, el cronista dominico de la época, califica al primer vástago de Colón, Diego, de *hijo legítimo*; en cambio se refiere a Hernando como *hijo natural*. ¿Qué importancia tiene esto? Bastante, puesto que nos arroja en brazos del gran enigma que rodea a Beatriz: ¿por qué don Cristóbal no se casó con ella a pesar de haberle dado un hijo?

El caso merece atención, puesto que tiene fascinantes derivaciones.

Manzano saca punta a los conceptos y nos alerta de que dentro de los hijos ilegítimos los había *naturales* (de padres aptos para contraer matrimonio) e *ilegítimos* (los padres no podían casarse porque algún impedimento lo prohibía, como, por ejemplo, el caso de que uno de ellos estuviera ya casado). ¿En qué situación estaban para la ocasión Colón y Beatriz? Pues en situación inmejorable para legalizar su unión y a su hijo: él era viudo; ella, soltera. Pero el Almirante jamás se casó con ella. ¿Qué razón había?

Pospongamos las respuestas que se han dado, pues una de ellas servirá de hilo conductor para el resto del capítulo. Digamos mientras tanto que el Almirante, que amaba locamente a sus hijos, se ocupó de legitimar a Hernando saltándose a la torera el matrimonio con la joven. Para ello no recurrió a los métodos convencionales, nos explica Juan Manzano, como podía ser mediante carta personal en escritura pública o por concesión real. No. El muy ladino, en una nueva demostración de que no parecía un extranjero, puesto que conocía muy bien la ley del reino que pisaba, se acoge una norma de *Las Partidas,* según la cual, si se presentaba al hijo natural a los reyes y se entregaba a su servicio, ese niño pasaba a ser legítimo. Y así lo haría el Almirante, que encargó a su hermano Bartolomé, mientras él estaba en el segundo viaje, que llevara a los dos niños, Diego y Hernando, a la corte y los hiciera pajes del príncipe don Juan. El propio Hernando lo cuenta con estas palabras:

> ... a principios del año 1494 fue [Bartolomé Colón] a los Reyes Católicos llevando consigo a Diego Colón, hermano mío, y a mí para que sirviéramos de pajes al serenísimo Príncipe don Juan [...] que a la sazón estaba en Valladolid.

Colón no se casa con Beatriz, pero la ama, e incluso a ella confía a sus hijos durante su primera ausencia. De hecho, Bartolomé va a casa de la joven a por los dos niños para poder llevarlos a la corte. Y hasta el propio Colón en su *Diario* anotó algo ciertamente curioso cuando regresaba del primer viaje y una tormenta estuvo a punto de enviar a la *Niña* al infierno junto con toda la tripulación. El Almirante se ve morir y escribe unas líneas, como siempre, enigmáticas, según leemos en Las Casas:

> Que también le daba gran pena dos hijos que tenía en Córdoba al estudio, que los dejaba huérfanos de padre y madre en tierra extraña.

¿De quién habla Colón? ¡Nueva confusión! Diego, como apunta el historiador Lucena, es sin duda uno de esos niños, puesto que ya era huérfano de madre. Pero ¿y el otro? ¿Era Hernando? No parece, puesto que Hernando sí tenía madre. Por ello se interroga Lucena si es que había otro hijo o es que Colón fue tan miserable que, además de no casarse con la joven, la había desterrado de su memoria hasta *enterrarla* en vida.

Y es que fue Colón un perfecto sinvergüenza en muchos lances de su vida, como ya se verá, y este de doña Beatriz es uno de los más flagrantes. No solo no se casa con ella, sino que la arrebata a los niños sin dar siquiera la cara, puesto que envía a su hermano para hacer el trabajo sucio. Y después se olvida aparentemente de ella el resto de su vida. Sin embargo, cuando le llega el turno de marchar al otro mundo, parece arrepentirse y encomienda a su hijo mayor ciertos trabajos al respecto que también están embadurnados de misterio.

Colón ordena a su hijo que cuide de que a Beatriz no le falte de comer y le entregue una pensión de diez mil maravedíes anuales, ade-

Calle de la judería cordobesa.

más de darle en otra ocasión el premio que, como ya veremos, Colón robó al pobre marinero Rodrigo de Triana (aunque realmente nunca hubo un marinero así llamado, como se explicará), de quien la leyenda dice que fue el primero en gritar *¡tierra!* en la memorable primera travesía colombina. Y todo ello lo hizo, según escribió, *por mi descargo de la conciencia, porque esto pesa mucho para mi ánima.*

¿Por qué? ¿Qué es lo que tanto remordimiento provoca en Colón? Algo grave ha de ser, porque él mismo escribe: *La razón dello no es liçito de la escribir aquí.*

Es hora de responder como podamos a ese misterio: ¿por qué no se casó Colón con Beatriz?

Se ha especulado de todo. Por supuesto, muchos autores han culpado a la mujer, llegando incluso a acusarla de vida licenciosa. Otros han preferido imaginar que el ambicioso Colón, que no tenía en mente otro horizonte que su loco proyecto y sus desmedidas ambiciones, no podía casarse con una mujer de baja cuna para no desmerecer socialmente. Pero podíamos pensar que esa razón sirve también en el caso de que él mismo fuera ya noble, o quién sabe si hijo de príncipe, como se ha dicho. Por eso nos sirve la referencia legal que da Manzano para explicar el caso, aunque él no se plantea que Colón fuera noble. Esa referencia es la ley tercera del título XIV de la Partida IV, que indica: *Las mugeres que non deben recibir por barraganas los omes nobles e de gran linaje.*

Claro que también puede haber otra explicación, que es la que prefiere Madariaga: Beatriz era hija de Pedro de Torquemada, una familia de conversos en la que figuró ni más ni menos que el inquisidor Tomás de Torquemada. Madariaga explica que el hecho de que Beatriz adoptara el apellido de la madre y no el del padre guarda relación con ese pasado converso, puesto que era frecuente tal cosa entre judíos travestidos al cristianismo, y porque no era honroso entre ellos recordar a un pariente tan malvado a sus ojos como el inquisidor. Además, añade, *la moral sexual de los judíos era diferente de la de los cristianos,* lo que a su juicio explicaría el motivo por el que Beatriz se entregó a Colón sin matrimonio previo ni a la vista.

¿Eso explica el comportamiento de Colón? En cierta medida, podría ser que sí. Pero también se puede avanzar otra hipótesis por completo imaginaria: que no haya habido matrimonio cristiano entre ellos no impide pensar que no haya habido otro matrimonio, un matrimonio secreto y bajo el rito judío, del que ambos podían ser fieles creyentes. ¿Eso es lo que quiso ocultar Colón? Parece una locura, ¿no es cierto? Pero arañemos el retrato del Almirante sin rostro para ver si bajo la cruz hay una estrella de David.

El profeta bíblico

¿Cómo pueden pensarse tales desatinos de un santo varón cristiano que se hartó de decir hasta la extenuación que sus trabajos descubridores tenía por diana el convertir a los indios que le salieran al paso a la verdadera fe?, nos planteará algún lector. Y de más razones se armará si lee la generosa descripción de la religiosidad de don Cristóbal que hizo Bartolomé de las Casas:

> ... ayunaba los ayunos de la Iglesia, que confesaba muchas veces y comulgaba, que rezaba tanto las horas canónicas como las eclesiásticas o las religiosas y que era devotísimo de Nuestra Señora y del Seráfico padre San Francisco.

Incluso las crónicas nos dan noticia de que su fervor cristiano lo llevaba a encabezar muchas de sus cartas con esta sentencia: *In nomine Domini Nostri Ihesu Christi.*

¿Cómo podemos competir con un hombre con tales afanes místicos y fronterizos con el éxtasis que Las Casas y otros se esfuerzan en exportar al futuro? Incluso Varela recuerda que el Almirante tuvo intercambio epistolar con el papa Inocencio VIII, con Alejandro VI y con Julio II. Pero de toda esa correspondencia, casualmente, solo se conserva una carta de las que envió a Alejandro VI reproducida por Hernando. Del resto, nada de nada. ¿Otra vez la mano negra?

En cuanto a las genuflexiones olímpicas, ayunos severos y demás mortificaciones cristianas, debemos recordar algunas cosas notables, sin que el lector nos deba obligatoriamente de sumar a la trinchera de quienes proponen un Colón judío. No, no se trata de afirmar tal cosa, pero sí de subrayar algunos matices de interés para el caso. Veamos.

Colón, es cierto y ya lo vimos, entabla buenas amistades con algunos religiosos. Pero si nos fijamos bien, de fray Diego de Deza se ha dicho que era judeoconverso; de Antonio Marchena sabemos que fue estrellero y cosmógrafo, que fue lo que realmente interesó a Colón, más que su condición de religioso, puesto que ni siquiera lo llevó consigo a América ni en el primer ni en el segundo viaje, ni en ninguno, a pesar de

Plaza de Colón en Córdoba.

que los reyes se lo pidieron expresamente (leamos las instrucciones de los monarcas a Colón para el segundo viaje. El texto tiene fecha de 5 de septiembre de 1493: *E platicando acá estas cosas, nos parece que sería bien que llevásedes un buen astrólgo; y nos paresció que sería bueno para esto fray Antonio de Marchena, porque es buen astrólogo, y siempre nos paresció que se conformaba con vuestro parecer*). Es más, en la primera aventura no lleva con él a ningún religioso, pero no falta en cambio un intérprete judío que, como era previsible, no debutó en el oficio (las crónicas dicen de él que sabía hebreo, caldeo y *aun diz que arábigo* ¿Para qué lo quería Colón si se supone que iban a parlamentar con el Gran Khan. ¿O no?) ¿Cómo es posible que careciera la expedición de curillas si la ampliación del horizonte católico era una de las golosinas que puso ante los reyes para que pagaran el proyecto? ¿Por qué jamás tuvo relaciones con el cardenal Cisneros, como ya dijimos, si era el máximo responsable de la Orden de Marchena? ¿Cómo es que no se envía una partida de franciscanos a esas tierras hasta siete años más tarde de haberlas *descubierto*?

Otro de los grandes amigos religiosos del Almirante fue el singular fray Gorricio, el cartujo que parecía conocer la rebotica de toda la familia mejor que nadie, como ya hemos escrito. Pero Colón no acude a él para que lo confiese y le dispense perdones, sino que establece una sociedad esotérica que los lleva a ambos a escribir el estrambótico *Libro de las profecías*.

Por otra parte, ¿es propio de un cristiano auténtico, devoto de tantas santidades y ánimo presto al ayuno, dejar preñada a una dama y no casarse con ella ni aun después de parir a quien sería el segundo hijo del Almirante? ¿Cómo identificar a ese ejemplo del cristianismo del que habla Las Casas con el avaricioso marino que descubriremos al poco que embarquemos con él y los suyos en cosa de unos capítulos?

Por último, la experiencia dice que quien más alardea de cualquier cosa es justamente quien más secretos desea ocultar sobre aquello de lo que con tanto afán se exhibe. Perro ladrador... Y un judío converso tenía que cacarear como gallo en corral ajeno su cristianismo, ¿no creen? Tal vez haya que entender así aquellas pomposas frases que leemos en su *Diario* destinadas a los reyes:

> Y yo digo que Vuestras Altezas no deben consentir que aquí trate ni faga pie ningún extranjero, salvo católicos cristianos...

O es que a lo mejor no era necesario llevar a Cristo a las Indias en la mochila de ningún monje porque para eso ya estaba el mismísimo

Cristóbal; el que porta a Jesús en los brazos. Y él, como un verdadero Mesías, se lanza al mar del porvenir. Pero se lanza al mar a bordo de las profecías de los profetas judíos (Isaías, Esdras, Moisés, Abraham, etc.), a los que cita de continuo.

Colón se cree un Mesías, un protegido del Señor. Leámoslo en su *Diario* el día 6 de enero de 1493:

> Así que, Señores Príncipes, que yo conozco que milagrosamente mando quedar allí aquella nao Nuestro Señor, porque es el mejor lugar de toda la isla para hacer el asiento y más cerca de las minas de oro…

El Señor está de su parte, y por si no nos había quedado claro, en carta a los reyes escrita en 1051 se despejarán nuestras dudas:

> Dios Nuestro Señor me abrió el intelecto con mano palpable, para que navegue hasta las Indias.

Dios guía su mano, orienta su brújula y gobierna su timón. Y hasta Las Casas termina por creérselo y deja escrito lo que aquí se reproduce, aunque tengamos que contener la risa en el ejercicio:

> [A propósito de la primera entrevista de Colón con los reyes] la gracia singular que Dios le concedió para el misterio que le confió.

Y reprimimos la risa y domamos la mano al escribir porque el incauto fraile dominico está en la cuenta de que el *Señor* del que se llena la boca Colón en sus escritos es el Dios católico con el que él se acuesta y se levanta, pero otros autores (Madariaga, Juan Gil, Nito Verdera…) no tienen duda de que ese *Señor* de don Cristóbal es el Yahvé de los judíos. Y bien claro parece decirlo el Almirante:

> … que al fin David, Rey muy sabio, guardó ovejas y después fue hecho Rey de Jerusalem; yo soy siervo de aquel mismo Señor que puso a David en este estado.

¡Colón, el modesto! ¡Colón, igual al rey David! ¡He aquí el esclavo del Señor!

Pero, claro, qué podía hacer él, don Cristóbal, si las profecías, según el análisis singular que de ellas hizo y alardeó, no admitían la duda. Por ejemplo, solía recordar, leamos lo que dejó escrito en años mozos el profeta Isaías (66, 22):

El Almirante como profeta. Fresco de La Rábida.

> ... lo mismo que *el cielo nuevo y la nueva tierra* que yo creo subsisten ante mí... (la cursiva es nuestra).

Un *cielo nuevo* y una *tierra nueva,* pero ¿para quién? ¿Para los cristianos o para los judíos?

Autores como Madariaga, que proponen a un Colón converso, relacionado con conversos y hasta enamorado de una conversa como sería Beatriz Enríquez de Arana, no lo dudan: un mundo nuevo para los judíos. Y es que se da la extraordinaria casualidad de que esa cita de Isaías encabeza el epígrafe siguiente de sus profecías: *Nace la nueva Jerusalén.*

Y para añadir más leña al fuego de la incertidumbre, Colón resolvió poner por escrito lo que sentía a los mismísimos reyes en 1501:

> Par la hesecuçión de impresa de las Indias no me aprovechó razón ni matemática ni mapamundis: llenamente se cumplió lo que decía Isaías.

¿Será así como debamos entender esa manía suya de reconstruir el templo que hasta hacía reír a los monarcas?: *Protesté a Vuestras Altezas que toda la ganancia de esta mi empresa se gastase en la conquista de Jerusalén, y Vuestras Altezas se rieron...*

Tal vez no se hubieran reído tanto si hubieran llegado a la misma conclusión a la que llega el historiador Juan Gil: *En los momentos de congoja o peligro, cuando el alma humana se presenta más al desnudo, no acuden a la boca de Colón invocaciones a Jesucristo o a la Virgen; el dios a quien ora es el Yahvé del Antiguo Testamento.*

¿Estará en lo cierto Gil? Ya lo veremos, porque les puedo asegurar, y no es profecía sino ventaja de saber lo que el lector encontrará en futuras páginas, si nos acompaña, que tiempo habrá de ver al Almirante con el agua al cuello, expresión muy adecuada para la ocasión y para un protagonista tan aficionado a los collares.

Pero permítanme añadir algo más de confusión, si tal cosa es posible. Leamos lo que un día escribió el cronista Pedro Mártir de Anglería sobre unos mensajes que Colón escribió a su hermano Bartolomé. Según el cronista, era aquella una *escritura en caracteres desconocidos.* ¿Qué idioma usaba el Almirante? Madariaga responde que era *alguna forma cursiva del alfabeto hebreo.* Pero pensamos que un erudito como Anglería hubiera reconocido esas letras hebreas, ¿o no? Tal vez no, si eran letras hebreas pero dispuestas de una manera tan especial como sagrada.

Valle que domina el monasterio de Lupiana.

Ricardo Sanz, desde su propuesta alcarreña, no cree en cambio que don Cristóbal fuera un circunciso travestido de cristiano. Al contrario, en su opinión era cristiano de la mejor especie, aunque también coincide con nosotros en que Colón *se consideró en todo momento como un elegido por Dios*. Es más, este erudito establece una serie de curiosas coincidencias entre la vida de Colón y la de Moisés para tratar de afirmar esa idea de un líder mesiánico, lo que tal vez otros autores observarían como prueba de que el marinero era un judío converso. Veamos algunas similitudes curiosas entre Moisés y Colón que destaca el autor de *Cristóbal Colón, alcarreño*.

Si Ricardo Sanz está en lo cierto y es Colón hijo de Aldonza Mendoza a quien el marqués de Santillana quería eliminar para heredar las tierras de su hermanastra, el futuro marinero nació, como Moisés, bajo una amenaza de muerte. El faraón había ordenado la muerte de los niños judíos y Moisés fue puesto en una cesta de mimbre y entregado a su suerte en el Nilo. Lo recoge una princesa; a Colón, lo adopta otra familia y crece, como Moisés, en secreto.

Las similitudes que se proponen continúan en el caso de que Colón hubiese ido a Italia a completar sus estudios, como sostiene Sanz

García, porque alguien lo había descubierto en el monasterio de Lupiana. Al igual que tuvo que hacer Moisés. Pero, además, también Colón, como el patriarca bíblico, tardó en vencer las reticencias de los reyes para llevar a su pueblo hacia una nueva tierra. Y una vez allí, como le ocurriera a Moisés, Colón padeció las quejas de quienes lo seguían. Ambos llegan a una tierra de promisión y ambos morirán sin gloria alguna. A Moisés su dios no le permite entrar en la tierra añorada y muere en la frontera de Moab, sin que hasta la fecha se haya dado con su tumba. Colón morirá sin que la nueva tierra lleve su nombre, y aún no está claro el lugar donde reposan sus huesos.

¿Cuál sería la diferencia, según Ricardo Sanz García? Pues que Colón dio un nuevo mundo al cristianismo, encajonado en aquellos días en un Mediterráneo controlado por los otomanos al levante y por los mahometanos por el sur. En cambio, Moisés guio al pueblo judío. Sin embargo, ¿realmente hubo diferencias en ambos casos?

La enigmática firma del Almirante

La firma de don Cristóbal es una de las bromas más pesadas que ha gastado nuestro hombre a quienes han querido rastrear sus huellas o proyectar luz sobre su desconocida identidad.

Como señala Philippot, *no se conoce ningún tipo de correspondencia privada ni oficial de Cristóbal Colón anterior* [al Descubrimiento] [...]. *La carta más antigua corresponde al año 1493, y va dirigida al tesorero Rafael Sánchez, pero es una copia del original que se ha perdido.* Es decir, otra carta *que se ha perdido*; otra vez la mano negra o los *hombres de negro* al clarear el Renacimiento.

Sin embargo, como indica Consuelo Varela, nuestro hombre estaba dispuesto a volvernos locos a todos y, a partir del *Descubrimiento,* decide firmar con los títulos *El Almirante* o *El Virrey*, pero colocando antes un enigmático anagrama triangular formado por siete letras. Siempre empleó la fórmula *El Almirante* (salvo en dos misivas para conceder monopolios en las Indias en que usó *El Virrey*) hasta 1502, cuando sorprende a todos firmando tras el anagrama como: *Xpo FERENS*.

Y aunque en páginas anteriores dijimos que muy probablemente el documento donde instaura el mayorazgo con fecha de 1498 es falso, que se escribió en fecha más tardía y con el propósito de sustituir al verdadero (el de 1502 y luego desaparecido sospechosamente), hay en él cláusulas que tal vez no fueron modificadas porque no representaban peligro alguno para los intereses en juego. Una de esas cláusulas la dedica Colón a dejar bien claro cómo es su firma y cómo han de firmar los que le sucedan:

> ... Primeramente tratará don Diego, mi hijo, y todos los que de mí subcedieren e descendieren, y ansí mis hermanos don Bartolomé e don Diego mis armas que yo dexaré después de mis días, sin reserbar más ninguna cosa d'ellas, y sellará con el sello d'ellas don Diego, mi hijo, o cualquier otro que heredare este Mayorazgo. Y después de aver heredado y estado en posesión d'ello, firme de mi firma la cual agora acostumbro, que es una .X. con una .S. ençima y una .M. con una .A. romana encima, y encima d'ella una .S. y después una .Y. greca con una .S. encima con sus rayas y bírgulas como agora hago y se parecerá por mis firmas, de las cuales se hallarán y por esta parecerá...

Veamos cuál es el resultado de esas instrucciones y cómo era la firma del Almirante:

Firma del Almirante en La Rábida.

Hay autores, como Wasserman, que, tal vez para tranquilizarse, califican la firma como una *niñería mística*, pero eso nos parece menospreciar a un hombre tan meticuloso a la hora de preservar su intimidad, hasta el punto de que estamos todos a oscuras sobre su cuna, su vida y hasta su tumba. Si Colón dio instrucciones precisas para algo tan aparentemente pueril como la firma de los documentos, debía ser por alguna razón. Y a dar con ella se han entregado muchos eruditos. Algunas conclusiones que se pueden leer son ciertamente sorprendentes y encapsulamos para el lector una degustación de ellas de forma breve.

Luis Ulloa, por ejemplo, creía que el nombre del *Descubridor* no era realmente Cristóbal, sino Juan Bautista. Cree observar su devoción por el Bautista en el hecho de que bautice la isla de Boriquen, Puerto Rico, como Juan Bautista. Y a su juicio, la Y de la críptica firma quiere decir Isabel, la madre del Bautista.

Nito Verdera, que defiende el origen judío pero ibicenco del Almirante, cree leer en las letras X M Y ni más ni menos que: *Xristofor Mariner Yviça*, es decir, *Cristóbal Marinero de Ibiza*.

Philippot recoge, entre otras, la versión que ofrece Giambattista Spotorno, para quien la lectura correcta sería la siguiente:

S		S
U		U
T	A	F
S	I	E
I	R	S
S	A	O
X	M	Y

Betcher y Cronau, por su parte, se lanzan a la piscina con esta solución al enojoso enigma:

	Servidor	
Sus	Altezas	Sacras
Xesus	María	Isabel

Desde su convencimiento en que Colón era en realidad el gallego Pedro Madruga, Philippot afirma que este anagrama triangular representa más bien el perfil de una casa, de la Casa Soutomaior. Y este galimatías colombino expresaría las *iniciales del árbol familiar de Pedro Madruga*. Entre otras razones, añade, porque parece absurdo que alguien que supuestamente quiera escribir Cristóbal, que es como tradicionalmente se ha traducido la firma *Xpo FERENS*, decida dividir las sílabas de ese nombre y escribir una parte en griego (*Xpo* = *Cristo*) y el resto en mayúsculas y en latín (*FERENS* = *el que lleva*). Por tanto, resuelve Philippot, *Xpo FERENS* es *la abreviatura Xpobo y el patronímico Fernandeanes;* o lo que es lo mismo: *Cristóbal, hijo de Fernando Yáñez.*

Mi amigo Lorenzo Fernández Bueno, en su libro *Los guardianes del secreto,* cree ver números donde otros vieron letras, de modo que la S sería, según su interpretación, un 5, con lo que la lectura sería esta:

5

5 A 5

Identifica después la A con la letra alfa; es decir, la primera o número 1. Y concluye que si se suman el 5 y el 1 que estaría debajo obtenemos: 5 6 5. Lo que, estima, podría ser una pista que nos condujera a la Biblia, en concreto al quinto libro de la misma (Deuteronomio) y a su capítulo 6 y al versículo 5. De ser cierto, ¿qué se lee allí?: *Ama al Señor, tu Dios, con todo tu corazón, con toda tu alma y con todas tus fuerzas.*

La frase, la verdad, nos decepciona bastante. Pero Lorenzo Fernández propone otra opción, que no es la suma, sino la resta de 5 y 1, con lo que regresamos al Deuteronomio, pero nos conduce la pista al capítulo 4 y al versículo 5. Y entonces sí hay cierta sorpresa: *Os he enseñado las leyes y los mandamientos que el Señor, mi Dios, me ordenó, para que los pongáis en práctica en la tierra que vais a tomar en posesión* (el subrayado es nuestro).

Tal vez sea una perfecta carambola, pero no deja de ser una carambola notable, y por ello la citamos.

En cuanto al resto de la firma, este autor se decanta por la posibilidad de que XMY signifique: *Xaume de MaYoriga,* nombre que, afirma, *adoptó el cartógrafo hebreo mallorquín Yehudá Cresques, coautor* [...] *del Atlas Catalán de 1375.*

Finalmente, en su opinión, *Xpo FERENS* no significa *el que porta a,* sino *el que lleva para.* Y ello sería así, según su visión del problema, porque Colón se presenta ante su pueblo, el judío, naturalmente, como un

Moisés, un conductor que dirige a los suyos al lugar donde estaría esperando el verdadero Mesías: América. Y ¿cómo es que allí estaría el Mesías? Pues porque los viejos templarios habrían puesto allí en su día a salvo a un descendiente de la denominada Sangre Real, un presunto retoño de la dinastía que arrancó del nunca probado y siempre sospechado enlace entre Jesús y María Magdalena. Aunque no nos parece seguro que los judíos aceptaran como suyo un Mesías nacido de Jesús.

Para Ricardo Sanz, la firma de Colón es en realidad *un minidocumento de identidad*. Tiene el acierto este autor, a nuestro juicio, de tener en cuenta lo que pocos han hecho: la importancia de los puntos entre las letras. Según su hipótesis, los puntos hacen que se deban leer las letras de la firma de arriba abajo, salvo en el último renglón, donde, al no haber puntos, cree que esa lectura se ha de hacer en sentido horizontal. Y a la luz de sus ideas, las cosas quedarían de este modo al leerlo verticalmente:

Sum Xristobal. Sabole Aldance Mendoza. Scrutator Indiarum

Las horizontales se leerían así:

Xristobal Mendoza Yo

¿Estará en lo cierto Ricardo Sanz?

Lo que sí está claro es que hay que tener en cuenta la estricta posición de los puntos junto a las letras S que Colón empleó, además de los dos puntos que preceden a *Xpo* y otras cicatrices muy concretas. Son las *rayas* y *vírgulas* que menciona el Almirante, quien además hace énfasis en la disposición precisa de las letras, unas encima de otras hasta dibujar el triángulo de marras. Y aquí pocos parecen tener en cuenta ese detalle capital, con la notable excepción de Salvador de Madariaga, quien dedica sus buenas líneas al asunto. De modo que puntos y rayas son necesarios, al igual que el amontonamiento nada caprichoso de todas las letras.

Sua Alabern recoge las opiniones que se han vertido sobre la similitud entre el espíritu inaprensible del *Descubridor* y de Raimundo Lulio, y creemos que por ahí nos podemos acercar mejor a la realidad de este asunto. Lulio, pensador y místico cristiano pero dado a la cábala y tal vez a la alquimia, emparenta bien con Colón. No hablamos de la presunta devoción de ambos hacia la Inmaculada, que tal vez sea falsa en el caso colombino, pero sí en la pasión por el simbolismo. Escribe Sua al respeto de Lulio lo siguiente: *Ama la expresión casi cabalística de figuras representativas, de círculos y triángulos y combinaciones de letras.* Y Lulio también anduvo por ahí, como Colón, dando voces y clamando en el desierto por la recuperación del Santo Sepulcro.

Maurice David, en su obra *Who was Columbus,* opina que la firma es la expresión de un *Kaddish* para apaciguar su conciencia judía. Madariaga insiste en que la letra S con los puntos es frecuente en los escritos de Colón, no solo en su firma, y subraya que el carácter innegablemente geométrico de este anagrama no puede ser casual. En su opinión, *la interpretación cabalística de este triángulo de letras, y en particular las eses punteadas, transfigura esta firma en el escudo de David, doble triángulo o hexagrama.* Y a nosotros nos da por estar de acuerdo con él.

¿Qué queremos decir, por tanto? Pues que, a nuestro entender, la firma de don Cristóbal podría ser una fórmula cabalística de poder y que tal vez le sirva a quien sepa descifrarla para aclarar muchas de las dudas que ensombrecen su silueta. Es más, quizá dejó dicho de esa manera a su hijo algún secreto que le pudiera ser útil en el futuro, de ahí esa obstinada orden de que empleara el anagrama. Ahora bien, ¿quiere esto decir que nos decantamos definitivamente por un Colón judío? No necesariamente. De lo que hablamos es de un hombre que conocía los vericuetos de la cábala, lo que no le obliga a estar circuncidado. Del mismo modo que nuestro convencimiento de que poseía claves secretas del Temple no le hacen vestir el hábito blanco con la cruz roja. Lo que queremos decir es que el Almirante era un iniciado.

Hijos y hermanos

A lo largo de esta aventura han aparecido de vez en vez unos familiares de don Cristóbal cuyos papeles urge poner en regla para que el *Libro de Familia* sea de fácil consulta. En primer lugar, hablemos de brevemente de los hijos.

Ya vimos que el primero, al que bautizaron Diego, fue fruto del matrimonio con Felipa Moniz de Perestrello y que vino al mundo en Portugal. Él será el primogénito por tanto, y también en quien recaiga la ardua tarea de preservar los títulos y prebendas embolsados por el Almirante tras las *Capitulaciones de Santa Fe,* enigma de todos los enigmas y madre de todos los misterios colombinos y que nos aguarda en el siguiente capítulo. Y como de Diego más cosas diremos cuando lleguemos con esta peculiar familia a América, pues dejémoslo ahora aselar a la fresca y vayamos por el segundo retoño de don Cristóbal.

Hernando Colón ha sido mencionado no solo como hijo de Colón y de Beatriz Enríquez de Arana, sino también como biógrafo —mentiroso, pero biógrafo— de su padre en *Historia del Almirante*. Y ya hemos registrado aquí su fecha de nacimiento (15 de agosto de 1488), además de su extraño comportamiento con su madre, a la que no cita jamás. Tenía Hernando siete años menos que su hermano y con él fue a parar a la corte para servir como paje al príncipe don Juan.

En 1502 parte junto a Colón rumbo a América. Será el cuarto y último viaje de nuestro personaje, pero no de Hernando, quien volvió a ese continente en 1509 acompañando a su hermano Diego cuando este iba en oficio de gobernador de La Española.

De Hernando se ha dicho que murió célibe y que entregó su vida al estudio y a la erudición, por lo que no parecerá extraño que fuera llamado a consulta jurídica y cosmográfica con frecuencia tanto por el rey católico como por Carlos V. Pero esos roces y confianzas con la corona no le desviaron ni un ápice en su defensa de los derechos familiares encarnados en su hermano mayor.

Su casa sevillana de la Huerta de Goles tuvo, dicen, un jardín con más de cinco mil especies vegetales. Pero si maravilloso fue el huerto,

Calle dedicada a Fernando Colón en Córdoba.

Tumba de Hernando Colón en Sevilla.

la biblioteca nos lleva al pasmo, pues tuvo registrados y mimados nada menos que 15.000 libros, que fueron los que conformaron la llamada Biblioteca Colombina. Y aunque don Hernando se esforzó en su testamento —a eso dedica la mitad de sus páginas— para que se conservara el legado bibliográfico, lo cierto es que no le hicieron caso los que tamaño recado tenían y el legado fue perdiendo peso hasta enflaquecer llegando a los 6.000 libros que pasaron, como él mismo al morir el 12 de julio de 1539, a dormir en la catedral de Sevilla. Y si hasta su tumba llega el lector, en el trascoro de la catedral, sobre ella podrá leer el siguiente epitafio que una mañana acaricié con mis ojos:

> Aquí yaze don Hernando Colón, hijo de don Cristóbal Colón, primero Almirante que descubrió las Indias, que siendo de edad de L años y IX meses y XIV días e aviendo trabajado lo que pudo por el aumento de las letras falleció en XXII días del mes de julio de MDXXXIX años y XXXIII años después del fallecimiento de su padre. Rogad a Dios por ellos.

Se adorna además el epitafio con el escudo de Colón y a su alrededor la popular leyenda: *A Castilla y a León un nuevo mundo dio Colón.*

Colón demuestra, en los textos que dejó escritos, gran amor a sus hijos y ejerció con ellos de verdadero padre protector, especialmente en lo que a derechos y dignidades hace. Y tanto como a ellos amó, adoró a sus hermanos, Bartolomé y Diego. Y aquí nos espera de nuevo el misterio dispuesto a hacer trizas las hipótesis que cada cual tenga hasta ahora. Vamos a ver si hay fortuna en explicar lo que pensamos.

¿Admitimos que es Colón amante de su familia como coinciden los especialistas? De ser así, ¿dónde han ido a parar en toda esta historia los otros dos hermanos que tendría Christoforo Colombo, el genovés? ¿Por qué solo juegan cierto papel en esta epopeya Bartolomé y Diego, y ni un solo renglón se dedica a Juan Peregrino y a Bianchinetta? ¿Cómo un hermano mayor tan entregado a los suyos olvida a dos de ellos, e incluso también a su padre, que aún estaba vivo al regreso del primer viaje americano?

La respuesta puede ser simple, como ya dijimos: Christoforo Colombo no es Cristóbal Colón, ni suyos son aquellos padres y aquellos hermanos, y sí estos: Bartolomé y Diego. Pero vamos a abrir una nueva interrogación: ¿de dónde salen de pronto?

En efecto, sabemos que Bartolomé Colón estuvo con su hermano en Portugal. ¿Cómo llegó allí y cuándo? ¿También a nado? Consuelo Varela sostiene que lo trajo Cristóbal tras realizar un breve viaje a Génova en 1479, pero eso es porque Varela es una historiadora fantástica, pero su pasión genovista tal vez enturbie su mirada. En cambio, nosotros, que no somos devotos de esas fidelidades ni tampoco gozamos de la ortodoxia histórica, preferimos advertir la sorprendente similitud que a veces ofrece Cristóbal con Moisés y Bartolomé con Aarón. Y además sospechamos que no eran italianos.

Las Casas presenta a Bartolomé como perito en *hacer cartas de navegación, esferas y otros instrumentos de aquella profesión*. ¿Otro *tejedor ilustrado*? ¿Dos autodidactos en la misma humilde familia? ¡Adiós a las estadísticas!

Es más, el cronista dominico afirma que *en algunas cosas d'estas le excedía* (a Colón). O sea, que este *tejedor* es aún más avispado que su hermano mayor.

De estatura, nos informa la misma fuente, era *más alto que mediano*. Era discreto pero de buena labia, porque Colón lo envía a Inglaterra a vender el proyecto de navegación que se traían entre manos. En el viaje, por supuesto, hay aventura, pues cae en manos de piratas. Las Casas escribe: *Ladrones corsarios de la mar de la nación esterlina*, que es una forma rebuscada y de la época de decir que unos bucaneros lo hunden, apresan y apesadumbran durante un tiempo. Pero Bartolomé, como Colón, es tenaz y pareciera que el Señor lo guía. Y llega al rey británico y le explica el caso, y de tanta insistencia y buen palique, el rey a punto está de subvencionar el viaje, pero no ocurrió tal cosa, y Bartolomé viaja a Francia.

En Francia, con esa pasmosa facilidad que tienen los presuntos hijos del tejedor genovés para moverse por palacios y cortes, es recibido y acomodado por la monarquía, y es allí donde recibirá tiempo después carta de su hermano Cristóbal informándolo de lo suyo en las Indias y apremiándolo a que *viniese a servir a Vuestras Altezas, que sería honrado y acrecentado.*

Llega Bartolomé a Castilla, pero es demasiado tarde: Colón se ha marchado de viaje por segunda vez. Y aquí hay un nuevo misterio, pues resulta que quien sí embarca con Cristóbal es otro de estos simpáticos *hermanos Marx*. Nos referimos a Diego, a quien bien podemos adjudicar el papel de *Mudo*, pues poco dijo de interés para los cronistas. Las Casas compone su retrato con cuatro trazos: *Persona virtuosa, muy cuerda, pacífica...*, y tan así fue que terminó de religioso. Pero también quiso poner su granito de arena en este jeroglífico, porque ¿de dónde salió que llegó tan pronto para embarcarse? ¿Vino de Génova? ¿Cómo lo trajo en ese caso Cristóbal, si no consta ni carta ni viaje para ir por él?

Eso mismo quise que me respondiera desde el otro mundo (que no es precisamente América) Diego Colón al pie de donde fue enterrado, en el monasterio de La Cartuja, el mismo que vio las andanzas del misterioso fray Gorricio. Y allí, en la capilla de Santa Ana, actualmente sala de exposiciones, me arrodillé para escuchar la posible respuesta del difunto don Diego, que allí fue enterrado como durante unos años lo estuvo el propio don Cristóbal. Aguardé la respuesta, pero no recibí noticias desde el otro mundo, ni tampoco desde este, de modo que seguí buscando.

Como ya dijimos, Bartolomé se llevará a Diego y a Hernando, sus sobrinos, de casa de Beatriz Enríquez y los entregará como pajes en la corte. Después, embarca rumbo a América en pos de sus hermanos. Y con el tiempo, allí será un mal gobernador, pero tendrá ocasión de hacerse un hueco entre las carnes de una princesa local que se llamaba Anacoana, y de la que dicen los papeles que era *muy graciosa y palanciana en sus hablas y artes y meneos.*

Sus hermanos fueron siempre fieles al Almirante, y él a ellos, como a sus hijos. Formaban un clan que no se disolvió ni aun muerto don

Cristóbal, porque sus hermanos apoyaron sin fisuras los derechos de su sobrino. Podríamos hacer la broma, si los creyéramos italianos, que parece lo suyo el retrato de una *familia* al estilo Corleone. Pero como dudamos de ese pedigrí, de nuevo regresa al estrado la propuesta de Madariaga y otros autores: ¿una familia judía?

¿Y si era alcarreaña? ¿Cómo explica esa tesis el problema de los dos hermanos?

Ciertamente, el doctor Ricardo Sanz es coherente con sus ideas y nos ofrece una explicación que da qué pensar. En su opinión, como ya vimos, a Colón lo cría una nodriza tras haber sido adoptado por Cristóbal Genovés en su casa. A su juicio, Bartolomé y Diego no son hermanos de Colón más que de leche. Es decir, ellos sí son hijos naturales de la nodriza y de Cristóbal Genovés. Y hasta parece lógico, a la luz de esta versión, que Bartolomé tenga tal nombre estando el monasterio de Lupiana bajo la advocación de ese santo.

Decididamente, esta familia está dispuesta a volvernos locos.

CAPÍTULO 7

Benditas Capitulaciones

Será hora de dejar en este Diario, que no será pública cosa, la custodia y guarda de lo que a los cristianísimos príncipes hube de confiar para lograr d'ellos lo que en justicia por mí mismo y por linaje correspondía y que agora aquí se dice: que de aquellas tierras todas y de aquellas gentes y los muchos lugares ricos a maravilla que allá hay ya era yo sabedor cuando a las Altezas yo puse en claro todo en Santa Fe, y hallé que solo poniendo en negro sobre blanco lo que yo sabía y conocía pude meterme al oficio de conquistar...

(Diario secreto del Almirante sin rostro)

En alguna satisfacción de lo que ha descubierto en las mares oçéanas.

(Capitulaciones de Santa Fe)

¿UN ESPÍA VENDEDOR DE LIBROS?

TRAS el *paréntesis familiar* por el que hemos llevado de la mano al lector con el fin de confundirlo aún más en esta aventura compartida, regresamos a los momentos posteriores al rechazo que el proyecto de Colón sufre ante la junta de sabios, aquellos que consideraron sus ideas *imposibles y vanas y de toda repulsa dignas*. ¿Qué sucedió después? ¿Qué nuevos misterios nos aguardan?

El primero de ellos, como ya dijimos, fue que los reyes no lo enviasen fuera de su vista de una vez por todas. Antes al contrario, verdea la esperanza aún en esta frase que Hernando Colón escribió: [Le dijeron los Reyes a Colón que] *con el tiempo se encontraría mejor oportunidad para examinar y entender lo que el Almirante ofrecía*. ¿Cómo era posible? ¿Para qué entonces la junta de expertos?

Hernando Colón nada nos cuenta de las penurias de su padre a partir de entonces, tal vez para no presentar el lado más famélico del héroe, cuando no tiene dinero con el que comprar el pan que apacigüe a su estómago ni vino que lo caldee. Y es que, como apunta Juan Manzano, desde que recibe la última subvención real el 15 de octubre de 1487 hasta que sorprendentemente el mismísimo rey de Portugal le escribe, como ahora veremos, Cristóbal, que aún no era don ni tampoco Almirante, debió pasar hambre. ¿De qué vivió esos meses?

La respuesta la creen encontrar los historiadores en dos citas, una es del cura de Los Palacios, Bernáldez; la otra, de Bartolomé de las Casas. En la primera se lee: *Ovo un hombre de tierra de Milán, mercader de libros de estampa, que trataba en esta tierra de Andaluzía, y principalmente en Sevilla, que llamaban Cristóval Colón.* En la segunda, Las Casas habla de esa angustiosa situación explicando cómo la palió: *Algunos días se sustentó con la industria de su buen ingenio y trabajó de sus manos, haciendo o pintando cartas de marear, las cuales sabía muy bien hacer* [...] *vendiéndolas a navegantes.*

Retenga el lector el dato para cuando haya que hablar un poco después de las misteriosas finanzas que se precisaron para armar el tridente descubridor. Parece claro que Cristóbal, por mucho que hurgara en el fondo de su faltriquera, no tenía un maravedí de más, ¿no es cierto?

Tenemos, parece, al bueno de Colón haciendo cartas de marear y vendiendo *libros de estampa*, es decir, libros impresos. Son los años en que tal industria comienza a despuntar en el país. Manzano cree que tal vez en ese tráfico de libros el destino aportó algún dato más a la amueblada cabeza del Almirante digno de retener para su proyecto, pero nosotros creemos que ya vino con mucho sabido de Portugal, y que tal vez otro poco lo cosechó en Francia, según algunas opiniones.

¡Portugal!

Lo vimos salir huyendo del país *secretamente*. Nadie sabe el motivo, pero nosotros apostamos por uno: el robo de alguna información privilegiada tal vez aportada a las estanterías de Sagres por el Temple. ¿Absurdo? Es posible, pero no es menos cierto que el portugués Juan II mandó una carabela a espaldas de Colón hacia el Mar Tenebroso después de que Cristóbal le hablara de sus quimeras. Por tanto, ¿le concedió algún crédito el monarca?

Por si no tiene el lector bastantes enigmas con los ya vistos, añada al morral el que ahora viene, que es de magnitud notable: ¡el rey portugués invita a Colón a ir a Portugal! ¿Para qué? Leamos la carta que le llega a Sevilla a nuestro héroe fechada el 20 de marzo de 1488 y que comienza en tono extrañamente afectuoso: *A Xpouam Collon nosso espicial amigo, en Seuilha.*

La misiva, que fue reproducida por Damiao Peres en *Historia dos descubrimentos portugueses*, nos informa de una desconocida y sorprendente carta previa de Colón a Juan II (*Vymos a carta que Nos screpuestes*, escribe el luso). ¿Cómo fue posible tal cosa tras la huida de Colón de ese país? Al parecer, Colón se había ofrecido a regresar a Portugal, por lo que algunos autores han llegado a la conclusión de que realmente había llegado a Castilla en misión de espía (*e quanto a vossa vynda aca...*,

Colón vendió en Sevilla libros de estampa.

escribe el monarca). Sea como fuere, el rey se entusiasma ante esa posibilidad e incluso lo urge a ello (*vos rogamos e encomendamos que vossa vynda seja loguo*).

¡Un momento! ¿No había huido Colón de la justicia de ese país? Eso parecía, pero ahora el rey le abre los brazos y le promete inmunidad (*E porque por ventura teerees alguû rreçeo de nossas justiças por razom dalguûas cousas a que sejaees obligado. Nos por esta nossa carta vos seguramos polla vynda stada e tornada*) (el subrayado es nuestro).

¿Era un espía Colón? No lo creemos, puesto que el rey cita las causas pendientes que allí tiene con la justicia. Sin embargo, está dispuesto a saltarse esos delitos, ¿por qué?

Unos meses antes, a finales de 1497, había regresado a Portugal el marino y descubridor portugués Bartolomé Díaz tras haber domado el extremo sur del continente africano. Algunos autores cuentan que el hermano de Cristóbal, Bartolomé, estaba en Portugal y asistió a la recepción del héroe. ¿Tuvo algo que ver todo eso con Colón? No lo parece.

El siguiente debate es saber si fue el futuro Almirante a Portugal o no. Hernando Colón no dice nada al respecto. El historiador Manuel Lucena se muestra tajante: *Colón abandonó España en 1488 y pasó a Portugal*. Y en eso coincide con Juan Manzano. Veamos en qué se basan.

Según esas fuentes, en el Archivo de Indias de Sevilla se conserva un documento esclarecedor (Patronato 12, pieza 3.ª, fol. 72) dentro del paquete de legajos sobre los pleitos colombinos. Se trata de la declaración de un tal Juan Moreno, quien afirmó:

> E asy mismo oyó dezir cómo dicho Almirante pasó a Portugal para armar, e no pudo; y tornó a Castilla.

¿Sirve la frase para creer que fue Colón a Portugal? Y, de ser así, ¿a qué? ¿A vender de nuevo la idea a Juan II? Y, si así fue, ¿cómo es que se dice que *pasó a Portugal para armar, e no pudo*?

Otras fuentes dicen que tal cosa fue imposible; que cómo iba a ofrecer a un segundo rey la misma idea que estaba esperando fuera respondida por Castilla y Aragón. Pero eso no nos sirve, puesto que sabemos que lo mismo había ido a hacer a Inglaterra Bartolomé Colón.

¿O fue para dar celos a los Reyes Católicos? Y si fue, ¿cuánto estuvo? Manzano asegura que poco, puesto que en octubre ya se le ve por Sevilla. Y lo imaginamos sonriendo socarronamente mientras piensa en mí escribiendo esta página y sospechando que él dejó algo escrito con tinta invisible también en este lance.

Nobleza andaluza

La turbia vida del Almirante sin rostro está a punto de ofrecernos nuevas emociones. Lo ha rechazado la corte y no sabemos si fue o no a Portugal, pero si lo hizo no encontró lo que buscaba, que no era otra cosa que apoyos económicos para su descabellada aventura. ¿Qué sucede entonces? Pues de nuevo emerge vigorosa la mano enguantada, la trama cortesana que abre inexplicablemente nuevas puertas a nuestro marinero y le franquea el acceso a los palacios de los nobles más ricos de Andalucía: los duques de Medina-Sidonia y de Medinaceli. Y ambas entrevistas podrían servir para abonar las propuestas que lo ven noble, o quizá no, como ahora se explicará.

¿Cuándo tienen lugar esas entrevistas con la nobleza andaluza? Incluso en esto hay polémica, puesto que cronistas como Gómara u Oviedo afirman que se vio a Colón golpeando el picaporte de la mansión de Medina-Sidonia al poco de llegar a Castilla, en 1485. En cambio, historiadores como Varela o Manzano estiman que tal cosa es imposible y que todo ocurrió años después, en 1488. Por su parte, Hernando Colón se muestra parco como de costumbre en los negocios de su padre previos al *Descubrimiento* y solo menciona raquíticamente la visita al duque de Medina-Sidonia y la despacha en dos palabras.

Y aquí, como en el rosario, hay que hablar de un primer misterio: ¿cómo es posible que un aventurero, presunto extranjero hijo de un oscuro tejedor, sea recibido por el hombre más rico de la época? El cronista Gómara atribuye el mérito al enigmático astrólogo y fraile Antonio de Marchena: *El qual fraile le esforzó mucho en su demanda i empresa, i le aconsejó que tratase su negocio con el Duque de Medina Sidonia, Don Enrique de Guzmán, gran señor i rico...*

¿Tan alto picaban las influencias de Marchena? Sepa el lector que don Enrique de Guzman era más que poderoso, y Las Casas se santigua ante él: *No había en aquellos tiempos en toda España otro señor que más rico fuese.*

Cabría tal vez una explicación menos ortodoxa y muy grata para quienes, como ya explicamos, han querido ver a Colón como hijo de Aldonza Mendoza, y es que sucedía que el duque de Medina-Sidonia estaba casado con Leonor de Mendoza, con lo que podíamos decir que Colón era de la familia política del duque. ¿Lo recibió por eso? Puede ser, pero no le hizo caso y lo despidió, no se sabe si con buenas o regulares palabras. Podemos incluso hacer el chiste fácil de que tal vez lo despidió por ser precisamente de la familia de su mujer.

Y ahora en serio: ¿por qué no atendió a las razones del futuro Almirante? ¿Fue, como propone Las Casas, *o porque no le creyó o porque no entendió la grandeza de la demanda*? ¿O porque estaba, como casi todo el mundo que era alguien en aquel entonces, con la cabeza puesta en la toma de Granada?

¿Qué hace a partir de ese momento nuestro vendedor de libros de estampa? Pues de nuevo se obra el milagro y podemos recitar el segundo misterio: ¡lo recibe el duque de Medinaceli!

¿Quién le abre esas puertas? ¿Otra vez Marchena? O quizá podemos proponer una idea que será golosina en el paladar de quienes creyeron ver en Colón al hijo del príncipe de Viana. Nos explicamos.

Don Luis de la Cerda, el duque de Medinaceli, vivía como el señor que era en el Puerto de Santa María. Tenía las espaldas cubiertas, y sin ser tan rico como el de Medina-Sidonia, la bolsa le sonaba mucho y bien, puesto que se ha calculado en 30.000 ducados sus rentas. Pero es que además era descendiente del primogénito de Alfonso X el Sabio, con lo que podía esgrimir algunos derechos al trono. Y lo que es mejor, y es lo que interesa a propósito de un Colón hijo del príncipe de Viana, don Luis estaba casado con doña Ana de Navarra y Aragón, hija del príncipe de Viana y de María de Armendáriz. En conclusión, tal y como subraya Gabriel Verd, Colón y el duque serían cuñados, si diéramos por válido ese origen para nuestro personaje.

Escudo de armas del palacio de Medinaceli en Cogolludo.

Claro que también hay otra posible explicación para las atenciones del noble para con Colón: ¡el duque de Medinaceli era nieto del marqués de Santillana! Por tanto, de nuevo están los Mendoza en el juego.

La pregunta es: ¿le reveló su identidad Colón? ¿La conocía tal vez el duque?

Nunca sabremos si el duque lo recibió por esta razón, pero de ser así nos preguntamos el porqué no acudió Colón primero a él. En cambio, lo que no se puede negar es que el de Medinaceli le abre las puertas de su casa y las de su despensa, pues Las Casas dejó escrito: *Sabiendo que no tenía el Cristóbal Colón para gasto ordinario abundancia, mandole proveer en su casa todo lo que fuese necesario.* Y allí se instala Colón hasta que la tormenta escampe. Y nosotros volveremos sobre la estancia de Colón en la hacienda del duque más adelante, pues hay quien dice que tal vez no siempre estuvo en Andalucía, sino que pasó temporadas en el palacio que tenía en Cogolludo.

Pero más cosas notables hace el duque que aquí se han de citar, pues lo suyo no fue solo compasión o caridad, y así llegamos al tercer misterio: ¡el duque de Medinaceli se cree a pies juntillas lo que dice don Cristóbal y decide financiar la expedición! ¿Por qué? ¿Qué le pudo decir el Almirante que no había dicho ni a los reyes ni al duque de Medina-Sidonia?

Sea como fuere, imaginamos la escena: don Luis, arrebatado por el verbo de Colón y por algo que se nos escapa, ordena todo lo que se debe ordenar en un lance así y luego lo escribió de este modo Las Casas: *Manda todo lo que Cristóbal Colón decía que era menester, hasta tres o cuatro mil ducados, con que hiciere tres navíos o carabelas, proveídas de comida para un año y para más, y de resgates y gente marinera...*

Mas, ante todo, el duque es fiel a los monarcas y envía recado a la reina, no al rey, de cómo están las cosas por su hacienda, de su convenio con Colón y de la ganga que ve en ello. No obstante, escribe, solo patrocinará la expedición si finalmente los monarcas no lo hacen. A partir de ahí saltarán todas las luces de alarma y no podemos desde ese instante perdernos detalle, puesto que está por suceder el caso más asombroso de la historia. Pero antes, permítame el lector un juego más.

Todos estos guisos ante la nobleza se cocinan, según cálculos de Juan Manzano, entre junio de 1488 y mayo de 1489. En ese periodo se debe incluir la visita a Portugal, si es que la hubo. Pero algo más ocurrió mientras tanto.

Hernando Colón asegura que su padre habló en el Puerto de Santa María con un *marinero tuerto* que le dijo que años atrás, en un viaje a Irlanda, una tormenta arrastró su barco a una tierra ignota, que algunos interpretan como Terranova. Y Las Casas también perdió un tiempo en tal incidente: *Concuerda esto con lo que un marinero tuerto dijo al dicho Cristóbal Colón estando en el Puerto de Santa María.*

Como algunas crónicas proponen que Colón estuvo primero con los duques andaluces que con los reyes al poco de llegar a España, en 1485, confunden a ese *marinero tuerto* con aquel otro llamado Pedro Velasco, avecindado en Palos, con quien tuvo tratos en La Rábida tal vez en compañía del estrellero y fraile Marchena. Pero como parece que Colón no estuvo en el Puerto de Santa María hasta años más tarde, debemos entender que se trata de dos marineros diferentes. ¿Fue el testimonio de ese marino más que la verborrea del Almirante lo que convenció al duque de Medinaceli? ¿O tal vez Colón empleó su testimonio para reforzar su tesis sin necesidad de mostrar las cartas que seguía ocultando bajo su manga?

De nuevo la trama cortesana, y otra vez el Temple

La aventura continúa.

El duque de Medinaceli ha escrito a los monarcas, o solo a la reina, pues será ella quien responda a su billete. Con una presteza que ahora asombra, puesto que primero de Colón en la corte se había hecho burla y aún se seguiría haciendo, dicta esta doctrina al de Medinaceli, tal y como reproduce Manzano:

> Le rogaba él se holgase que ella misma fuese la que guiase aquella demanda, porque su voluntad era mandar con eficacia entender en ella…

Y entonces, leída que fue la nota de la reina por el duque, envía con una palmada de ánimo en la espalda a Colón otra vez a la corte. Estamos tal vez en la primavera de 1489 y se abre el periodo de negociación decisivo que se cerrará con las *Capitulaciones de Santa Fe* el 17 de abril de 1492. Pero este periodo, terriblemente oscuro, está repleto de alicientes para nosotros. Los resumiremos en dos: la reaparición de una trama cortesana que ya hemos dibujado páginas atrás, y el regusto por los enigmas del Temple. Vamos a ver si tenemos acierto en menguar tan larga historia.

Primer pasmo: ¿Por qué la reina da ahora crédito a lo que cuenta el de Medinaceli? ¿Es cosa que fragua ella sola en su mollera o hay sopladores al oído de la reina? A nuestro juicio, los mismos que lograron que Colón no se hundiera nunca son los que ahora le izan de nuevo abordo de la corte.

El Alcázar de los reyes cristianos de Córdoba.

Las Casas, en su *Historia de las Indias*, nos sopla dos nombres: *Por persuasión, según se dijo, del generoso cardenal don Pedro González de Mendoza, y también diz que ayudó mucho el susodicho doctísimo maestro fray Diego de Deza.*

¡Sorpresa! ¿Quiénes están otra vez aquí? Ni más ni menos que el *tercer rey de España*, el presunto, según la teoría alcarreña, pariente de don Cristóbal, y el fraile converso Deza, para alegría de los que ven un Colón judío. Con ellos dos anduvo muy de cerca Alonso de Quintanilla, contador mayor de Castilla, y hombre que, como se vio, hospedó y dio de comer al extravagante Colón tiempo atrás. Todas las manos se dejan notar, pero ahora parece decisiva la del cardenal. Leamos lo que Alonso de Santa Cruz dejó escrito en su *Crónica de los Reyes Católicos*:

> También habló a su Alteça el cardenal Pero Gonçález de Mendoá, porque ya estaba informado de la persona de Cristóval Colón, y la havía hablado y les suplicó lo diesen a entender y le diesen audiencia, diciéndoles a los Reyes como hera hombre cuerdo y de buen ingenio y avilidad, y para lo que se prefería a descubrir parecía tener buenas razones, y bien fundadas en Cosmografía.

¿Qué sabía el cardenal Mendoza sobre las ideas de Colón que otros desconocían? Si una junta de sabios había dicho ya que aquellas ideas eran *imposibles y vanas y de toda repulsa dignas*, ¿cómo podía decir ahora el poderoso cardenal que estaban *bien fundadas en Cosmografía*?

Sea como fuere, la reina cambia de idea y lo hace llamar. Ahora bien, ¿es la reina la que realmente, como dicen Manzano y otros autores, impulsa este proyecto sin que haya ánimo igual en el rey? La verdad es que no tenemos muy claro que eso sea así, como más tarde se explicará a la hora de hablar de un misterio no menor: ¿quién y cómo pagó el proyecto descubridor de Colón?

Es cierto que cuando llega de nuevo a la corte es Isabel quien lo recibe, pero ocurrió de ese modo porque don Fernando andaba a lo suyo, guerreando contra el moro granadino. ¿Quién más asistió a esa enigmática audiencia? Si leemos lo que dice el cronista Oviedo, tal vez tengamos algunas respuestas: *Por medio del Cardenal y de Alonso de Quintanilla fue oydo del Rey y de la Reyna, e lugo se precipitó a dar algún crédito a sus memoriales y peticiones*. Es decir, de nuevo las manos enguantadas mueven los hilos. ¿Por qué?

¿De qué se habló? ¿Qué se confesaron y qué se reprocharon? Nada trascendió salvo el súbito cambio de humor de la reina, que tal vez no era tal, puesto que ya contra la opinión de los sabios tiempo atrás había dejado una puerta entreabierta. Ahora, en cambio, la abre mucho más y el cronista Gómara puso palabras a ese gesto:

> Con buenas palabras se le dieron [a Colón] esperanças ciertas de que acabando lo de Granada se resolverían.

El problema fue que *lo de Granada* no terminaba nunca; que desde la bermeja Alhambra Alá seguía haciendo cortes de manga al rey Fernando y a su colérico dios católico. Y entonces Colón hace algo que debemos subrayar porque, para algunos, lo acerca de nuevo al Temple.

Estatua del cardenal Mendoza en Guadalajara.

Segundo pasmo: ¿Se marcha Colón a Francia?

Harto de esperar, nos dice su hijo Hernando, *decidió ir a visitar al rey de Francia, al que había escrito sobre este asunto.* Y ahí está la polémica: ¿llegó a marchar Colón a ver al rey Carlos VIII? O mejor todavía, ¿fue a Francia, aunque no fuera para ver al rey? Y si fue a Francia, ¿adónde y para qué fue?

Son muchas preguntas que vamos responder en pocos mandobles.

Sabemos que Colón hace de lo público secreto, de modo que no podemos buscar en sus textos respuestas a sus sigilos, de ahí que tengamos que tomar con prevención una carta que escribió tiempo después a los reyes en la que decía: *Por servir a Vuestras Altezas yo no quise entender con Francia, ni Inglaterra, ni Portugal, de los cuales Príncipes vieron Vuestras Altezas las cartas...* Es decir, que da a entender que no llegó a marchar a Francia, y así lo creen muchos historiadores, que cuentan que fue en ese momento cuando decide ir por segunda vez al monasterio de La Rábida, tal vez a buscar a su hijo Diego. Y allí, la mediación de otro personaje que enseguida va a tener su aparición estelar en esta gesta, Juan Pérez, lo retiene.

Sin embargo, hay autores heterodoxos, como Juan García Atienza, que sostienen que Colón sí viajó a Francia, pero no en este periodo entre 1489 y 1492 y tampoco para ver al rey Carlos VIII, sino en 1486, y el destino fue La Rochelle. Y Atienza se interroga en voz alta, para que se le oiga, si no iría Colón a ese histórico enclave templario en busca de algún dato que confirmara lo que ya sabía, y que ya dijimos que, según nuestra teoría, conoció y robó en Portugal. O quizá, prosigue Atienza, *trató de ponerse en contacto con quienes le proporcionarían pruebas complementarias.*

Por supuesto, jamás lo sabremos. Y no hay prueba alguna que acredite ese viaje colombino, pero eso no es noticia en la biografía de este hombre.

Juan Pérez y el milagro franciscano

Estamos en 1491, y aunque algunos detalles bailan entre las diferentes versiones que se recogen de cronistas y eruditos, lo cierto es que en algo todos coinciden: estamos en los umbrales del padre de todos los milagros, aquel que tendrá por resultado que unos reyes que negaron la posibilidad del proyecto de Colón durante años cambien ahora de criterio y le concedan privilegios exorbitantes. Hablamos, aunque no se lo crean, del mismo loco que carece de medios con qué alimentarse, según la versión oficial, y que va a La Rábida por segunda vez casi en gesto de despedida, pues Francia lo espera.

¿Qué fue lo que provocó tan brusco y dramático cambio? ¿Qué nuevo enigma nos aguarda?

Llega Colón a La Rábida. Unos, como Hernando Colón o como Salvador de Madariaga, dicen que fue a buscar a su hijo Diego, que allí dejó años atrás educándose. Otros, como Manzano, piensan que el niño está con sus parientes en Huelva y Colón va a despedirse de Marchena. Pero quien le sale a recibir es otro fraile al que se supone que no conoce, un tal fray Juan Pérez. ¿Quién es? De creer a Hernando, había sido confesor de la reina tiempo atrás y tenía, como se verá, buena mano en la corte.

¿Era el guardián del monasterio entonces? Eso cree Consuelo Varela, que además dice de él que, como Marchena, era *«hábil estrellero»*. Manzano piensa que no, que quien ostenta el mando allí es Marchena, y por ello acude al monasterio Colón, puesto que ya son amigos. Para él, Pérez era *el fraile encargado de la recepción de los huéspedes y peregrinos*. Don Cristóbal y Pérez, al contrario de lo que algunos cronistas dijeron, no se conocieron en 1485, cuando estuvo por estos pagos el Almirante por vez primera.

Ya dijimos que el monasterio tiene rebotica histórica y seguramente esotérica, y que no es casual que Colón lo frecuente ni que los dos personajes claves de su trato con los franciscanos sean *estrelleros*, es decir, sujetos aficionados a ciencias herméticas. Y sucedió con Pérez lo mismo que con Marchena, que fue cosa de cuatro palabras, según las crónicas, y pronto se hacen cómplices el marino y el fraile. Sin embargo, me permito dudar de esa explicación y regreso por donde vine: Pérez, como Marchena, sabe algo que los impulsa a ayudar a Colón decididamente.

La aparición del nuevo fraile en esta intriga histórica la quiere explicar Hernando Colón apelando al carácter mesiánico de su padre: *Pero Dios, para que no quedase sin efecto lo que había dispuesto, hizo que el guardián de aquella casas, fray Juan Pérez, le tomase amistad al Almirante y cobrase atención tanto interés por su empresa que se dolió de su resolución* [marchar a Francia] *y de lo que España perdería con su marcha.*

¿No le parece al lector tan extraño como a mí que en dos visitas al monasterio acierte Colón a toparse con dos frailes que casualmente son *estrelleros* y que se creen a pies juntillas sus especulaciones? ¿Qué conocimientos tenían en común todos ellos?

Para más casualidad, en las discretas dependencias del monasterio había conversado años atrás Colón con el piloto Pedro Vázquez, quien le habló de tierras extrañas más allá del Mar Tenebroso. Y ahora, en la segunda visita, se repite el caso: en el monasterio lo ponen en relación con un sujeto clave en todo este endiablado asunto. Nos referimos a un rico marino y armador de Palos llamado Martín Alonso Pinzón.

Dos visitas a La Rábida. Dos frailes *estrelleros*. Dos ayudas ante la corte. Dos pilotos que saben más de lo que se ha escrito ¡Un *expediente X* histórico!

No pierde el tiempo fray Juan Pérez y envía una carta a la reina por mano de un piloto de Lepe llamado Sebastián Rodríguez. ¿Qué le dice? ¿Qué anticipa? Nada se sabe, pero a los quince días la reina, sorprendentemente, responde en este tono, según declaración que años después hizo el físico García Hernández:

> E dende a catorze días la Reyna, nuestra señora, escrybió al dicho frey Juan Pérez [...] e que dexase al dicho Christóval Colón en seguridad de esperanza fasta que su Alteza le escriviese.

Colón y fray Juan Pérez. Fresco de La Rábida.

¿Qué hace el fraile? Nueva sorpresa: alquila una mula al vecino de Moguer Juan Rodríguez Cabezudo y, con la noche como escudo, marcha a Granada a ver a la reina.

No tardará mucho en tener fruto el viaje del franciscano, pues la soberana manda a Colón que vaya a Santa Fe y le envía 20.000 maravedíes para que se pueda vestir decentemente y costearse el viaje.

¿Qué le dijo Juan Pérez a la reina? Coincidimos con Madariaga en que debió ser algo totalmente inédito, puesto que todos los argumentos del Almirante ya habían sido derrotados una y otra vez. ¿Qué sucedió una noche en La Rábida en la que en medio de una conversación con el monje, según cuentan las crónicas, Colón *le abrió en poridad su corazón*? ¿Qué significa eso?

Hay quien dice que fue secreto de confesión y que en el trance Colón le habló al fraile del piloto anónimo y del predescubrimiento.

Ricardo Sanz cree que allí mismo confesó Colón quién era al fraile y este no pudo evitar santiguarse e ir a contárselo a la reina. Madariaga, en cambio, cree que Colón se jugó el todo por el todo y sacó la carta que guardaba en la manga durante todos esos años. Los historiadores creen que es algo relaciona-

Fray Juan Pérez y la reina Isabel. Monasterio de La Rábida.

do, o tal vez copia, con el mapa que Toscanelli envió a Portugal tiempo atrás, pero en mi opinión tiene que ver con lo que Colón robó en el país vecino, algo relacionado con la sabiduría templaria.

¿Por qué se la juega ahora? En opinión de Madariaga, porque al hablar con Pinzón descubre que este tiene un misterioso documento, del que hablaremos en capítulos venideros, y teme que le robe la gloria del proyecto. Por nuestra parte, nada podemos añadir ni negar, pero sí estamos convencidos de que la confesión que hace Colón al fraile explica dos cosas: quiénes y cómo juzgan ahora su iniciativa, y sobre todo el hermético encabezamiento de las *Capitulaciones de Santa Fe.*

Respecto al nuevo juicio a sus ideas, dos apuntes tan solo.

Estamos a finales de 1491. Colón es recibido por los *suyos* en la corte con los brazos abiertos. Allí está el primero el cardenal Mendoza, y también fray Diego de Deza y el duque de Medinaceli. Pero también está el partido contrario, que sigue desaconsejando a la reina financiar la excursión marítima. Sin embargo, algo poderoso ha mudado la voluntad de Isabel.

Se pregunta Madariaga si en Santa Fe se reunió una nueva junta de expertos. Manzano cree que sí, y Madariaga añade que, de ser así, *no fue de técnicos, sino de grandes.* Y es posible que ocurriera así, puesto que los técnicos no conocían los secretos de Colón y siempre rechazarían su idea. En cambio la reina (y creemos que también el rey), por boca de Juan Pérez, tenía información privilegiada y quería apoyar la iniciativa. ¿Cómo hacerlo sin levantar sospechas? Pues formando una nueva junta en la que predomine el partido colombino.

Y sucedió que si en exámenes anteriores a las ideas de Colón el rechazo fue unánime y clamoroso, ahora hay división de opiniones y el cardenal Mendoza hace valer el peso de Dios. Con todo, el proyecto sale otra vez derrotado, pero menos.

Y ahora, esté atento el lector, puesto que está a punto de suceder el milagro.

ALMIRANTE DE LA MAR OCÉANA

Colón se hunde y Las Casas lo cuenta: ... *despidiose él de los que allí le favorecían; tomó el camino para Córdoba con determinada voluntad de pasarse a Francia...*

¿Está la historia segura de que Juan Pérez habló solo con la reina? ¿Nada sabía el rey de este caso? Preste atención el lector.

Manzano presenta documentos en los que se advierte que el rey envía a Hernando de Talavera y a Diego de Deza a hablar con Colón y *ver si traía camino lo que decía.* Y años más tarde, en 1508, y dirigiéndose al Capítulo General de la Orden de San Francisco en Barcelona dirá, y Navarrete lo recoge: *Haber sido yo la principal causa que aquellas islas se hayan descubierto.*

Más datos de interés. Las Casas escribió: *En carta escripta de su mano, de Cristóbal Colón, vide que decía al rey que el susodicho maestro del príncipe, arzobispo de Sevilla, Don Fray Diego de Deza y el dicho camarero, Juan Cabrero, habían sido causa que los reyes tuvieran las Indias.*

Por tanto, otros peones se mueven, y son peones de la Corona de Aragón: Juan Cabrero, camarero del rey y de su más estricta confianza, y sobre todo Luis de Santángel, escribano de ración. Todos ellos, por otra parte, judíos conversos. Y así lo escribe Hernando Colón:

> Entrando ya el mes de enero de 1492, y el mismo día que el Almirante partió de Santa Fe, el mencionado Luis de Santángel, que, como otros, sentía su marcha, queriéndole poner remedio fue a visitar a la reina...

Y Santángel, un funcionario de la Corona de Aragón, se atreve a poner en tela de juicio la decisión de una reina, la insta a recapacitar y duda de todos los sabios juntos al afirmar que lo que propone Colón *parecía tener buen fundamento.* Añade un poco de economía a la exposición recordando que el marino no pedía más que dos mil quinientos escudos y que no era mucha la inversión.

Eso es todo lo que cuenta la historia, para añadir después que la reina no solo muda de idea, sino que *estaba dispuesta a empeñar sus joyas en la cantidad de dinero necesaria para montar la armada,* según nos cuenta Hernando Colón.

Pero ¿hay quien se pueda creer cambio tan extravagante en una reina? ¿Qué nos hurta la historia? ¿Quiénes son los *hombres de negro* que acechan en toda esta trama?

En nuestra opinión, Colón ganó más adeptos una vez que *abrió su corazón* a Juan Pérez. Es probable que el fraile o el mismo Colón aclarasen más de cuanto sabía a sus amigos conversos y al resto de sus misteriosos partidarios. Por ello, Santángel consideraba ahora que el plan colombino *parecía tener buen fundamento.*

No le ha dado tiempo a Colón de alejarse mucho de Granada cuando todos corren tras él. ¿Qué ha ocurrido aquí? La reina, arrebolada, agita la campana o lo que quiera que agitase para llamar al servicio, y con un hilo de voz ordena al alguacil que se ponga en marcha y que devuelva a la corte a Cristóbal. No solo está ahora dispuesta a empeñar sus joyas, sino que le conceden a Colón lo que nadie sino un tipo de ambición desmedida, o un noble o un rey, sería capaz de solicitar. Y Las Casas nos cuenta la escena:

> Luego la Reina mandó que fuese un alguacil de corte, por la posta, tras Cristóbal Colón, y de parte de su Alteza le dijese como lo mandaba tornar y lo trajese; al cual halló dos leguas de Granada, a la Puente que se dice de Pinos.

¿Un funcionario, pues, cambió la voluntad de una reina? ¡Imposible de creer! Y más, y esto sí que debe recordarlo el lector, teniendo en cuenta que Santángel era funcionario de la Corona de Aragón, no de Castilla. Por tanto, un judío converso aragonés obra el prodigio tras decir que el proyecto de Colón *parecía de buen fundamento*, añadiendo que el propio marino era *de buen juicio y saber* (cuando los sabios y la corte toda hacían de él burla), y que *no pedía más premio que lo que encontrara*. ¿Ningún otro premio? Esperen a leer las *Capitulaciones de Santa Fe* y verán cómo esto no hay quien lo entienda.

EL DOCUMENTO MÁS INSÓLITO

Consuelo Varela califica de *documento controvertido jurídicamente* al acuerdo que firman los Reyes Católicos y Colón el día 17 de abril de 1493 en el que se establecen los pactos para la empresa descubridora. Otros prefieren decir que, sencillamente, es inaudito. Pero el primer debate es sobre su naturaleza. ¿Fue un contrato o fue una concesión real? Autores como Altolaguirre hablan de contrato, lo que supondría que ninguna de las dos partes podía romperlo unilateralmente. García Gallo se decanta por la merced real, que permitiría a los monarcas denunciarlo cuando quisieran, como así ocurriría tiempo después.

¿Qué tiene de asombroso este contrato? En primer lugar, a su alrededor se cierne de nuevo la mano negra o los *hombres de negro*, porque el texto original se extravió, aunque hay copia en el Archivo General de la Corona de Aragón, adonde acudimos para leer con nuestros propios ojos lo que siempre habíamos leído a través de otros investigadores: el insólito comienzo del documento, que es también la primera gran sorpresa del mismo.

Redacción de las Capitulaciones. *Monasterio de La Rábida.*

Primera sorpresa de las *Capitulaciones*: Su encabezamiento:

> Las cosas suplicadas e que a Vuestras Altezas dan e otorgan a don Christóval de Colón en alguna satisfacción de *lo que ha descubierto* en las Mares Océanos… (la cursiva es nuestra).

¿*Lo que ha descubierto*? ¿No estamos en abril de 1492 cuando Colón, se supone, no ha ido a parte alguna que permita justificar esa afirmación? ¿Fue un error del copista? Sinceramente, no lo parece ni lo duda casi nadie. Se lee lo que se escribió, pero el problema es explicarlo. ¿Había ido Colón a América previamente como se ha planteado por parte de algún autor heterodoxo? ¿O quizá procedía de allí como propone De la Riva? ¿O se trata, como se verá en el próximo capítulo, de un predescubrimiento del que Colón tuvo noticia? O, tal vez, como hemos planteado, el gran descubrimiento que ya había realizado Colón en abril de ese año era lo que el Temple conocía de aquellas tierras lejanas y que había dejado en Portugal, de donde Colón lo hurtó.

Segunda sorpresa de las *Capitulaciones:*

> Primeramente, que Vuestras Altezas, *como señores que son de las dichas Mares oçéanas…* (la cursiva es nuestra).

¿*Señores que son…*? ¿De qué podían ser señores los Reyes Católicos en abril de 1492? Como recuerda Juan Manzano, en el Tratado de Tordesillas, firmado por Castilla y Portugal en abril de 1479, quedaba estrictamente claro que a Castilla le correspondían las Islas Canarias y el mar Atlántico situado entre esas islas y África, pero el resto del mar era barbecho portugués. Habrá que esperar hasta el 4 de mayo de 1493 para que el papa Alejandro VI dicte la bula *Inter Caetera* que establecerá una imaginaria frontera a 100 leguas al oeste de las Azores y Cabo Verde dejando a España todo lo que al oeste de esa línea hubiera *(la cual línea diste de cualquiera de las islas que se llaman vulgarmente de los Azores y Cabo Verde cien leguas hacia occidente y el mediodía…,* dice el texto de la bula). Por tanto, ¿nos puede explicar alguien convincentemente de qué mares océanos eran señores los Reyes Católicos en abril de 1492?

Tercera sorpresa de las *Capitulaciones:* Nace el Almirante:

> [Vuestras Altezas] fazen desde agora al dicho Xpoval Colón su almirante…

En efecto, Colón será Almirante, pero algo debe alertarnos, puesto que el marino insiste en que le concedan ese título *con todas aquellas preeminencias e prerrogativas pertenecientes al tal officio, e segund que don Alfonso Enríquez…*

¿Por qué quiere ser Colón Almirante como Alfonso Enríquez? ¡He ahí otro curioso enigma! Primero, porque, como apunta Manzano, no era en aquellos años el tal Enríquez el almirante de Castilla, pues ha-

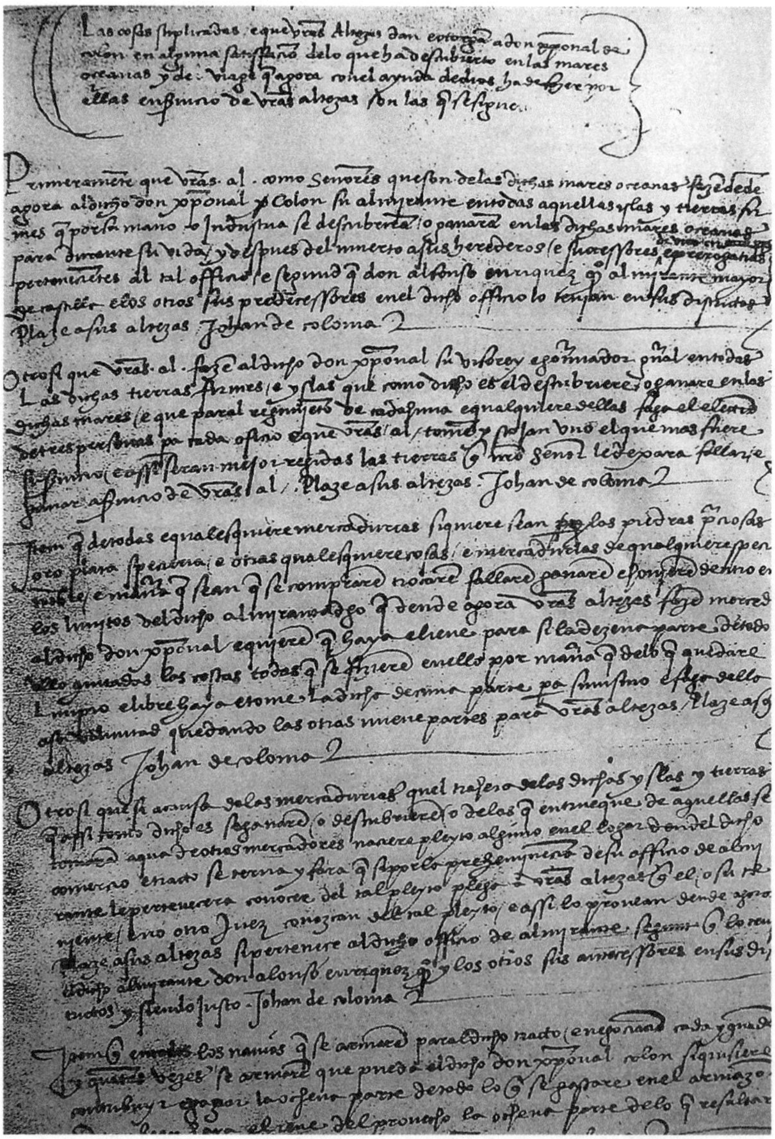

Capitulaciones de Santa Fe. *Archivo de la Corona de Aragón.*

bía muerto años antes y ostentaba el cargo su hijo Fadrique. Según Manzano, la exigencia de Colón se debió a que el cargo de esa familia era hereditario y él pretendía que lo ostentaran en el futuro sus descendientes. Sin embargo, hay interpretaciones más arriesgadas y atrevidas, como la que emparienta a Colón con los Mendoza.

En efecto, si Colón hubiera sido, como se defiende desde la tesis alcarreña, hijo secreto de Aldonza Mendoza, nos encontraríamos ante el nieto del Almirante de Castilla Diego Hurtado de Mendoza, un cargo que fue usurpado al marqués de Santillana por su tío Alfonso Enríquez y que no recuperaron los Mendoza. Es decir, que eso explicaría aquella misteriosa frase de Colón ya conocida (*no soy el primer almirante de mi familia*) y también sus leoninas condiciones, puesto que pretendía recuperar lo que había sido de su supuesta familia. Y también, y esto lo añadimos nosotros sin que aceptemos esa línea de investigación necesariamente, podría explicar su altivez en la negociación, propia de un hombre que, como dejó escrito, se sentía *igual a las dos coronas.*

Cuarta sorpresa de las *Capitulaciones*: El funcionario firmante.

Pasemos de puntillas por las exorbitantes concesiones económicas y políticas (Virrey de las futuras tierras), amén de las sociales (tratamiento de *Don* y, al poco, escudo de armas), que alcanza el desarrapa-

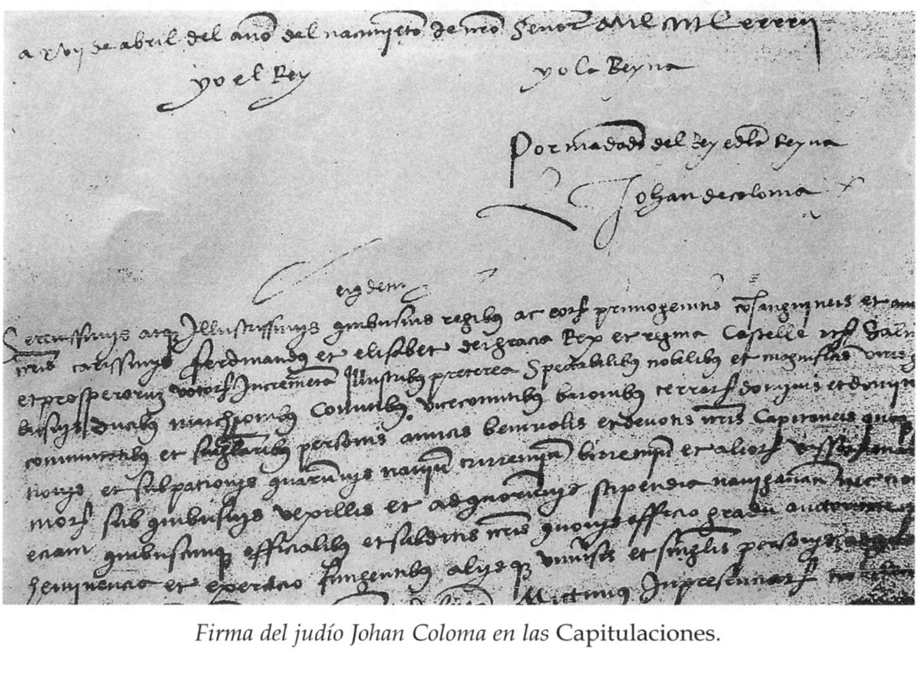
yo el Rey
yo la Reyna
Por mandado del Rey e de la Reyna
Johan de Coloma

Firma del judío Johan Coloma en las Capitulaciones.

do Colón, al que poco tiempo antes hubieron de prestar dinero para comer y vestir, que también deberían provocar pasmo, y vayamos al final del documento. ¿Quién lo redacta y da fe? Leamos: *Johan de Coloma.*

Es decir, que no redacta el documento y lo firma y custodia un funcionario de la Corona de Castilla, ya que siempre se dijo que fue Isabel el motor del proyecto, sino un funcionario de la Corona de Aragón. Esto ha provocado numerosas interpretaciones, puesto que supone una gran anomalía jurídica, como indica Gabriel Verd, que un funcionario de Aragón redacte un texto de esa índole en territorio castellano y luego, además, se lleve copia a su archivo. Y en segundo lugar, pone de manifiesto la fuerte presencia del rey Fernando en este enrevesado caso histórico. Y más claro se verá cuando se hable del dinero para el mismo.

Más cosas asombrosas se podrían decir de este documento, mas con lo dicho ya hay ración que rumiar por un tiempo. Interrumpamos aquí la historia y cerremos el capítulo copiando las palabras de Bartolomé de las Casas sobre cómo salió Colón el día 12 de mayo de la corte de los Reyes tras estas negociaciones:

> [salió] muy a su contento [...] besadas las manos a los Católicos Reyes, y Sus Altezas despidiéndolo con muy alegre rostro y graciosas y favorables palabras.

Capítulo 8

Antes de Colón: El protonauta

. . . Y sé que aunque mi ingenio aya fecho la merçed al mundo que ninguna otra persona aya fecho antes que yo sino el rey David; y aunque no aya más lumbre que la que yo aya prendido en mi coraçón con lo que de mi familia aprendí y de quienes con mi familia en lejanos tiempos negocios e industrias tuvieron, se dirá tal vez que me entusiasmé con esta mi empresa solo cuando el Señor me puso en el estado de cuidar a un moribundo. Y sabe el Señor que aquellas cartas de marear mucha alegría dieron a mi coraçón, pero no añadieron más datos a mi sesera sobre mi empresa que los que yo ya conmigo tenía y que de voces viejas de mi familia y de las gentes del templo del Señor aprendí. . .

(*Diario secreto del Almirante sin rostro*)

... ya él tenía certidumbre que había de descubrir tierras y gentes en ellas, como si en ellas personalmente hubiera estado (de lo cual cierto yo no dudo).

(Bartolomé de las Casas)

El arcano de las dos tierras firmes

Hay varias posibilidades para explicar todo cuanto Colón sabía y que claramente comenzaremos a advertir en páginas venideras, cuando embarquemos con él como grumetes invisibles en el viaje más extraordinario que el hombre ha realizado y solo comparable con el que tuvo como destino la Luna. Una posibilidad, ya la vimos, es que Colón hubiera nacido en América. Eso ayudaría, sin duda, a responder a muchas dudas. Otra, la que hemos avanzado: que se hizo con mapamundis, cartografías o guías de viaje del viejo Temple. Pero hay otra opción, la que ha explorado de manera erudita y casi incontestable el historiador Juan Manzano: que hubo un protonauta al que Colón conoció.

El profesor Manzano, al que vamos a seguir casi íntegramente en este capítulo, expone así su tesis:

> Nos atrevemos a sugerir que el ligur conocía, con seguridad absoluta, no solamente la existencia de tierras oceánicas al Oeste [...], sino la distancia exacta a que estas se encontraban del Viejo Mundo, y lo que es más extraño: su perfecta ubicación en el mar Tenebroso.

La distancia sería 750 leguas al poniente de Canarias. El informador, un piloto anónimo. El único a quien Colón confesó lo que sabía, según Manzano, fue el fraile estrellero Antonio Marchena, que por eso fue siempre su infatigable apoyo.

Ahora bien, ¿en qué lesiona la idea de este historiador a nuestra tesis, la del robo de documentos templarios que hablaban de América? Creemos que en nada. Es más, si Colón ya sabía algo, el posible testimonio del piloto anónimo se lo confirmó, y si no lo sabía, tal vez en las últimas palabras del moribundo piloto tengamos la chispa que impulsó a Colón a robar en Portugal lo que quiera que hurtase.

De lo que no cabe duda es de que Colón guardaba un as en la manga, y era un as tan valioso que no lo mostró en Portugal cuando habló con el rey Juan II, aunque quizá sí lo dejó entrever y por ello el monarca armó un navío y lo envió hacia poniente para ver qué había de cierto en las historias del Almirante. Tan valioso era el as que ni siquiera tras la derrota ante la junta de sabios de Salamanca y después de siete años de desprecios en Castilla se lo quiso jugar. Solo a la desesperada, quizá cuando *abrió su corazón*, según las crónicas, al franciscano Juan Pérez hizo la apuesta definitiva y los reyes mudaron de opinión ante su proyecto, que de pronto apareció como bien fundado y de sólido andamiaje.

Incluso los textos de la época parecen darnos la razón. Las Casas, por ejemplo, cuando habla de las negociaciones de Colón con los reyes señala que él daba *razones y autoridades para que la tuviesen posible* (su empresa), *aunque callaba las más urgentes*. ¿A cuáles se refiere el cronista dominico? En cuanto a Hernando Colón, bien claro lo dejó escrito: *...ni el Almirante se quería dejar entender del todo.*

Para el profesor Manzano, en dos documentos se advierten pruebas de que Colón había puesto encima de la mesa la carta más valiosa de su jugada. El primero de esos documentos son las *Capitulaciones de Santa Fe* de 17 de abril de 1492, y no solo por la ya citada enigmática frase en la que se afirma que al marino se le conceden privilegios *en alguna satisfacción de lo que ha descubierto en las Mares oçéanas*, aunque, por supuesto, también por esa frase.

Con ese encabezamiento parece obvio que Colón ya sabe algo antes de partir de Palos. Del mismo modo que aquella otra frase ya comentada que aludía a los Reyes (*...Vuestras Altezas, como señores que son de las dichas Mares océanas...*) parece confirmar esa idea. Pero no son estas las únicas frases notables de este documento.

En el párrafo tercero de las *Capitulaciones*, hace notar Juan Manzano, allí donde Colón exige satisfacciones económicas por lo que ha descubierto, se advierte que, a pesar de que se supone que en las tie-

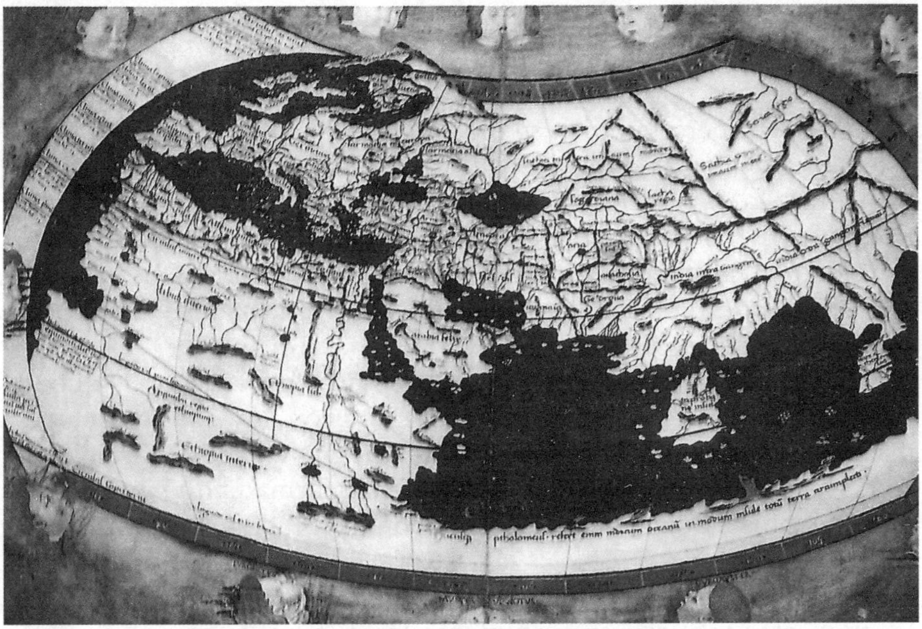

¿Cómo era el mundo que imaginó Colón?

rras del Gran Khan la riqueza más abundante era el oro, el futuro Almirante pone por delante la perlas en sus prioridades (*ítem que de todas e cualesquiere las mercaderías, siquiera sean perlas, piedras preciosas, oro, plata...*). Y nos vemos obligados a preguntarnos cómo pudo saber nuestro héroe que allí adonde iba tales tesoros eran posibles.

La respuesta se ha querido ver en la famosa carta de Toscanelli enviada a Portugal y que, según algunos autores, fue lo que Colón pudo robar o copiar en el país vecino. En dicha carta se lee que Cipango era *fertilísima de oro y de perlas y piedras preciosas.*

Es posible que sea por eso, o es posible que supiera con certeza que allí había perlas porque otros antes que él las vieron y las tuvieron en sus manos. Pero en lo que el autor que estamos citando insiste especialmente es en otros matices que demuestran que Colón sabía de sobra adónde viajaba. Nos referimos a esa singular distinción que hace en sus cartas, en las que habla de una tierra *de acá* y una tierra *de allá.* ¿Qué tierras son?

Curiosamente, en las *Capitulaciones* los reyes lo nombran, teóricamente, Almirante de la Mar Océana, lo invisten con la categoría de Don y lo hacen Virrey de las tierras que vengan de tal negocio. Pero unos días más tarde, el día 30 de abril, cuando se redacta el Real Privilegio de Concesión de los Oficios Colombinos, se advierten algunas diferencias de matiz inquietantes.

Es cierto que se le concede el título de Virrey *por juro de heredad por siempre jamás*, pero también se indica que tales títulos solo los podrá ostentar *después que ayades descubierto e ganado las dichas yslas*. Colón había tratado de que le nombraran todos esos oficios tanto de las tierras *de acá* como de las *de allá*, pero los monarcas sujetan la soga y le conceden privilegios de lo que ha descubierto, *no a todas las islas y las dos tierras firmes*. Es decir, que de nuevo aparece la sugestiva alusión a islas y a dos tierras firmes. ¿Qué es lo que ocurre?

Para que todo quede aún más claro, Juan Manzano señala que los reyes se cuidaron mediante una Real Provisión enviada a capitanes, maestres, patrones y demás cargos del gremio en presentar a Colón como capitán (no Almirante todavía) de una armada que iba hacia el mar Tenebroso. Solo ostentaría los honores prometidos una vez se tomaran las tierras.

Cuando Colón vuelve triunfante a Barcelona tras su primer viaje, los monarcas ratifican en documento legal (Real Provisión de 28 de mayo de 1493) los títulos y reaparece el enigma de las dos tierras: *Almirante* [...] *e de Visorrey e Gobernador de las dichas islas e de tierra firme que habéis fallado e descubierto e de las otras tierras e tierra firme que por vos o por vuestra industria se hallaren e descubrieren de aquí en adelante en la dicha parte de las Indias*.

Dos tierras diferentes, ya se ve. ¿Cuáles son? Según Manzano, la tierra firme *de acá* sería la situada al sur de Cipango; es decir, la costa septentrional de América del Sur. La tierra firme *de allá* sería Catay, a la que Toscanelli había situado a 375 leguas al oeste de Cipango (o sea, a 1.500 millas). Por tanto, Colón sabía que había islas y dos tierras firmes, aunque tal vez no sabía que en realidad eran un único continente.

No obstante, digamos algo antes de proseguir. Colón, en sus cartas tras el primer viaje, afirmaba haber descubierto solo islas, mientras que los reyes lo felicitan por *las dichas islas e de tierra firme que habéis fallado*. ¿Cómo se explica eso? Tal vez para entenderlo deba el lector esperar a que unos capítulos más adelante saquemos de las bambalinas de esta historia al enigmático Martín Alonso Pinzón. Entonces lo entenderá mejor.

El profesor Juan Manzano cree que el Cipango que buscaba Colón no era el mismo del que Toscanelli contaba maravillas en su carta a Martins. La primera diferencia, según él, es que el Almirante no buscaba allí una isla, sino una región, la región de Cibao. Una región de la que tuvo noticias gracias a la fortuna y por boca de un desconocido, como ahora explicaremos.

Por otra parte, el Cipango de Toscanelli estaba dibujado en el mapa, al parecer, a unas 1.000 leguas al occidente, mientras que el de Colón se situaba a 750 leguas al oeste de Canarias. Del mismo modo que la latitud del que dibujó el florentino estaba entre los 8º y los 32º de latitud Norte, en tanto que el de Colón aparecía entre los 24-26º Norte.

Todas estas diferencias entre las islas mal interpretadas como Cipango y las comentadas dos tierras firmes, inclinan a Manzano a pensar que la información confidencial de Colón no procede de Toscanelli sino de otra fuente, pero eso es porque cree que esa fuente de la que ahora vamos a hablar es la única en la que bebió don Cristóbal. En mi opinión, hubo, además de esta caudalosa fuente, otro manantial: el manantial del conocimiento templario.

La leyenda del piloto desconocido

En anteriores capítulos ya vimos que las crónicas nos informan de las conversaciones que Colón sostuvo con dos marineros durante su estancia en La Rábida. La primera, al poco de llegar en 1485 a Palos, con un tal Pedro Vázquez; la segunda, años después, con un marino tuerto. ¿Hay más noticias que permitan aventurar la odisea del hombre al que Manzano llama protonauta? Pues sí, las hay.

El propio investigador pone el acento en los relatos que en los siglos XVI y XVII hicieron, respectivamente, el licenciado Baltasar Porreño y Gonzalo de Illescas. Esas literaturas nos hablan de *un cierto marino, cuyo nombre hasta ahora no se sabe ni de dónde partió ni qué viaje llebava, mas que andava por el Mar Océano de Poniente…*

El dicho marino, al parecer, se vio zarandeado en medio de su travesía por una tormenta de las legendarias, las que hunden a uno en el fondo del mar o lo elevan al mundo de los dioses. Al parecer, este hombre tuvo la segunda de esas suertes, pues fue a parar a un mundo *fuera de toda conversación y noticia de lo que los marineros savían* [...], *adonde vio por los ojos tierras extrañas nunca vistas ni oídas.*

¿Qué oficio desarrolló allí aquella tripulación? Nada sabemos. ¿Fueron ellos los que vieron y cataron aquellas perlas de las que Colón parecía prendado? Tal vez, pero el caso es que por muy bellas y fértiles que fueran las tierras a las que arribaron, a los hombres les gustan siempre más las suyas propias, aunque sean más yermas, de modo que un indefinido tiempo después se hicieron a la mar con la buena suerte, porque eso fue y no desgracia, que otra tormenta la tramó con ellos y llevó al anónimo explorador a la isla de Madeira, donde estaba entonces el vivillo Colón, en cuyos brazos expiró el desdichado piloto no sin antes contar cuantos secretos marítimos aquella mortal aventura le había reportado.

¿Dónde pudieron encontrar inspiración esos autores de los siglos XVI y XVII? Pues lo cierto es que ya antes que ellos otros habían deslizado pistas de interés para construir una historia así.

Por ejemplo, Gonzalo Fernández de Oviedo (*Historia general y natural de las Indias*, Sevilla, 1535) legó lo siguiente a las generaciones venideras:

> Quieren decir algunos que una carabela que desde España pasaba para Inglaterra [...] le sobrevinieron tales e tan forzosos tiempos, e tan contrarios, que hobo necesidad de correr al Poniente tantos días, que reconosció una o más de las islas destas partes e Indias [...] e que después le hizo tiempo a su propósito y tornó a dar la vuelta...

Oviedo relata la muerte de toda la tripulación y añade:

> Dícese que, junto con esto, que este piloto era tan íntimo amigo de Cristóbal Colón [...] y en mucho secreto dio parte dello a Colom, e le rogó que hiciese una carta y asentase en aquella tierra que había visto.

¿Quién era este desconocido marino? ¿De qué tierra partió? ¿Dónde lo encuentra Colón? Según algunos, era andaluz y Colón se tropieza con él en Madeira; según otros, era vizcaíno y el futuro Almirante lo encuentra moribundo en Cabo Verde o en Porto Santo.

¿Qué dice el hijo de Colón, Hernando, al respecto? Por supuesto, nada claro, no vaya a ser que le quiten los entorchados de Almirante a su padre, pero no puede soslayar en el capítulo IX de su *Historia del Almirante* los relatos que se contaban sobre las hazañas de navegantes como Pedro Correa, Martín Vicente, Pedro Velasco o el portugués Vicente Díaz, todos los cuales parecen tener noticias —o al menos indicios— de islas y tierras ignotas situadas al poniente.

Pero más claro es el cronista Francisco López de Gómara: *He aquí cómo se descubrieron las Indias por desdicha de quien primero las vio, pues acabó la vida sin gozar dellas.* Y a continuación explica cuanto ya sabemos a propósito de la muerte del piloto anónimo en brazos de Colón y el trasvase de conocimientos del muerto al vivo.

Incluso el reconocido Bartolomé de las Casas se hace eco del suceso y habla del desconocido descubridor, *el cual*, escribe el dominico, *en recognoscimiento de la amistad vieja o de aquellas buenas y caritativas obras, viendo que se quería morir, descubrió a Cristóbal Colón todo lo que les había acontecido y diole los rumbos y caminos que había llevado y traído.*

Colón con el físico García Hernández y Antonio Marchena. Monasterio de La Rábida.

Es evidente que algo tiene el agua cuando la bendicen. Y se nos ocurren más refranes, pero no nos armarían de más razones para afirmar que Colón sabía cuando partió de Palos dónde iba y por dónde había de ir a donde iba. Estamos de acuerdo con Manzano, aunque creemos que no todo lo que Colón supo lo conoció a través del infortunado piloto anónimo. Por ello no lo habrían perseguido en Portugal. Y por si al lector le quedan dudas de que Colón sabía mucho más de lo que contaba, añadamos esta sentencia de Bartolomé de las Casas, con la que pretendemos dinamitar la resistencia de la ortodoxia:

> Cuando el Almirante determinó buscar un príncipe cristiano que le ayudase e hiciese espaldas, ya él tenía certidumbre que había de descubrir tierras y gentes en ellas, como si en ellas personalmente hubiera estado (de lo cual cierto yo no dudo).

«Se entusiasmó más»

Las crónicas, por tanto, son de una dureza implacable: antes de Colón hubo al menos un piloto que llegó a las costas desconocidas más allá del horizonte del Mar Tenebroso. Y Juan Manzano recuerda esta cita de Segundo Ispizúa (*Historia de la Geografía y de la Cosmografía*) para reforzar su tesis de un protonatua: *Si hay una tradición en la historia que merezca crédito, es la del Piloto Desconocido.*

Estamos de acuerdo con ellos. Sin embargo, con el mayor respeto a eruditos de mucho mérito y más conocimiento, me atrevo a emitir una nota discordante. Creemos que Colón sabía lo que buscaba antes de llegar a Portugal, donde la Orden de Cristo, tiempo atrás, había sido heredera de muchos secretos templarios, y seguramente también de aquellos que tenían que ver con el mar. Y aunque estoy totalmente de acuerdo con la tesis del profesor Manzano de un piloto anónimo que pudo quizá morir en los brazos de Colón y narrarle su odisea amenizando el relato con las cartas de navegación que pudo hacer, si es que le dio tiempo, no creo que fuera ni el primero en hacer la travesía (propongo que el Temple, entre otros, antes la había hecho) ni quien diera la primera información a Colón (que por eso quizá fue a Portugal, y no por accidente).

Es hora de que nos expliquemos.

Juan Manzano, en un trabajo irreprochable, difiere en cambio de lo que aquí exponemos en algo básico: para él, la información del anónimo marino es la primera que tiene Colón y la que lo mueve en su aventura.

Hernando Colón afirma que su padre *estando en Portugal comenzó a conjeturar que [...] se podría navegar la vuelta a Occidente...* Y aunque presenta a Colón como docto por haber estudiado en Pavía, todos los investigadores niegan que se hubiera formado allí. Es más, no le conceden otros estudios que los de un autodidacto. Por tanto, creen, es falso que don Cristóbal fuera un erudito. El cronista Gómara parece confirmarlo (*no era docto*, escribió, pero sí *bien entendido y* [...] *informose de hombres leídos sobre lo que decían los antiguos acerca de otras tierras y mundos*).

El profesor Manzano cree que Colón comenzó a fraguar la idea del *Descubrimiento* una vez que el piloto anónimo le cuenta su secreto. Entonces, dice este autor, se enfrenta a la lectura de las fuentes que ya hemos comentado en páginas anteriores: el *Imago Mundi* del cardenal Pierre D'Ailly (el autor hablaba de la navegabilidad de los océanos, de que en cualquier clima se podía vivir, de que había antípodas a las que llegar y que por el Atlántico se podía ir de Europa a Asia. Colón realizó 898 anotaciones en los márgenes de esa obra); la *Historia rerum ubique gestarum locurumque descriptio,* de Eneas Silvio Piccolomini, quien sería más tarde Pío II (allí se leía sobre la llegada de indios a Alemania en el siglo XII, de rutas marítimas a través del Atlántico y hasta de la existencia de amazonas. Colón hizo 861 anotaciones mientras leía este libro) y la famosa carta del florentino Paolo dal Pozzo Toscanelli envidada por este al portugués Fernao Martins el 25 de junio de 1474 y a la que Colón accedió por medios que nos son totalmente desconocidos. Hay quien dice que el tal Martins era familia de la suegra portuguesa de Colón y que se la dio a este, y otros proponen que Colón la copió o la robó.

Para Madariaga, don Cristóbal buscaba en esos libros no información, sino *confirmación y seguridad para sus opiniones ya formadas.* Y eso es justamente lo que yo creo, solo que estos autores proponen que esas opiniones ya formadas proceden del relato del protonauta, y yo creo que no, en primera instancia.

Y aquí está la clave que nos lleva a pensar que Colón sabía antes de todo esto algo que ignoramos: una frase de su hijo Hernando Colón que trae de cabeza a todo el mundo. Vamos a recordar el contexto.

Se supone que el padre de Felipa Moniz, primera esposa de Colón, se llamaba Bartolomé Perestrello. Este hombre había sido *gran hombre de mar*, según Hernando. Y en compañía de dos capitanes más había descubierto tiempo atrás las islas de Madeira y Porto Santo, y se determinó que la primera, como era más grande, se dividiría para su gobierno entre dos de los tres capitanes, quedando Porto Santo, más pequeña, para uno de ellos. Porto Santo, por escrupuloso sorteo, le correspondió a Perestrello. Por esta razón allí vivió después Colón con su esposa y su suegra.

¿Qué más cuenta Hernando? Pues escribió lo siguiente:

> Viendo la suegra que el saber de tales navegaciones e historias agradaba mucho al Almirante, le dio los escritos y cartas de marear que le había dejado su marido. Con esto el Almirante *se entusiasmó más* y se informó de los otros viajes y navegaciones que por entonces hacían los portugueses a la Mina y por la costa de Guinea... (la cursiva es nuestra).

¿Por qué destacamos esa frase? Muy sencillo: si Colón, como propone Juan Manzano, comenzó a rumiar la idea de opositar al oficio de descubridor solo tras su conversación con el piloto anónimo, la frase de Hernando Colón sería imposible, puesto que claramente nos dice que ya antes, puesto que tras la herencia de Perestrello se *entusiasmó más*, estaba en esa búsqueda.

Recordemos la cronología para entender mejor el magnífico enigma que tenemos entre manos. Según el propio Manzano, Colón llega a Portugal en 1476. Al poco, quizá en 1477, ya está casado con Felipa Moniz y con ella marcha a casa de su suegra en Porto Santo. En 1478 nace su primer hijo, Diego Colón.

¿Cuándo conoció Colón al piloto de marras? Seguramente, según la misma fuente, hacia 1478.

¿Cuál es el problema? Pues saber si don Cristóbal recibió los papeles de su suegro antes de la confidencia del protonauta, puesto que si las cartas de Perestrello fueron antes, y entonces Colón *se entusiasmó más*, no fue el relato del desafortunado marinero desconocido el que espoleó el ingenio del Almirante sin rostro, sino algo que ya sabía previamente. Y eso es lo que yo creo. Y me parece más lógico que fuera antes el regalo de su suegra, seguramente al poco de llegar a Porto Santo el joven matrimonio, que la llegada del desconocido agonizante a una casa que no era exactamente la de Colón, sino de su familia política.

Por supuesto, esta posibilidad solo es factible si los documentos de Perestrello hubieran existido realmente, algo que niega el propio Manzano, consciente de que ese adverbio que usa el cordobés Hernando (*más*) hiere su hipótesis de que es el piloto desconocido el que genera el gusanillo descubridor en Colón. Por eso niega la veracidad de lo escrito por Hernando y afirma que no fueron los enigmáticos papeles de Perestrello los que prendieron la mecha, sino que las palabras del marinero moribundo *fueron los primeros informes que poseyó el proyectista.* Por eso, en opinión de este historiador, la frase de Hernando es falsa y lo correcto sería que hubiera escrito: *se entusiasmó y se informó de los otros viajes...*

Se puede negar la credibilidad de Hernando, como en este mismo libro hemos hecho sobre algunos aspectos biográficos que ofrece de Colón, pero o negamos toda la frase o la admitimos entera.

Manzano minimiza aún más la importancia de la herencia de Perestrello diciendo que *si tan importantes eran esos documentos, ¿por qué Hernando no nos reveló su contenido, como hizo con la famosa carta de Toscanelli?* Y concluye que eso fue así por la sencilla razón de que *esos escritos no existieron nunca,* opinión en la que coinciden otros investigadores, como Madariaga o Jos.

Seguramente tengan razón, puesto que más autoridad que quien escribe aquí tienen, pero lo incómodo sigue siendo incómodo, y don Hernando escribió que *se entusiasmó más.* Es decir, que antes de la herencia de Perestrello y antes del piloto anónimo ya estaba entusiasmado, seguramente porque ya tenía otras noticias sobre tierras remotas.

Es cierto que no parece haber rastro de los documentos de Peresterllo, pero eso no debería de extrañar a estos ilustres estudiosos de Colón, puesto que lo que sobra en esta trama histórica son documentos, legajos y cuadernos desaparecidos, o incluso falsificados, según algunas fuentes.

UN ENCUENTRO DECISIVO

Si los cronistas tienen razón y la propuesta de Juan Manzano es cierta, debemos preguntarnos: ¿dónde y cuándo tuvo lugar ese encuentro? ¿Fue en Porto Santo? ¿Fue en Azores? ¿Fue en Madeira?

No hay acuerdo entre los que citan el suceso. Oviedo escribió que unos *dicen que Colón estaba entonces en la isla de la Madera e otros quieren decir que en la de Cabo Verde, y que allí aportó la carabela que he dicho.* Gómara prefiere ver el encuentro en Cabo Verde, mientras que Bartolomé de las Casas se queda con Madeira, donde sabe, según él mismo escribió, que Colón residió durante un tiempo. Y allí cree Manzano ver el escenario *donde tuvo lugar el decisivo encuentro de los protonautas con el futuro descubridor de América*. Por tanto, no sería en Porto Santo.

¿Y cuándo? En eso, tras calcular lo que se sabe de las andanzas comerciales del escurridizo Colón, Manzano se inclina por el año 1478.

Pero, por supuesto, para que ese encuentro fuera posible y tuviera la trascendencia que todos le suponen, lo primero que tenemos que admitir es la propia existencia del piloto, de su nave derrotada y de su viaje fatal. ¿Qué dicen las crónicas al respecto?

No hay tampoco acuerdo absoluto entre los autores de aquellas narraciones sobre por dónde iba la nave desdichada antes de que una tormenta la arrojara a los pechos tremendos de la *Mar Océana* y se viera zarandeada hasta encallar en alguna ignota cala o arrecife. Oviedo propone como ruta de esta nave la que uniría un puerto español con Inglaterra, pero entonces habría un inconveniente terrible para creer el resto de la historia y que ya hizo notar algún autor avisado, como Taber: en esa posible ruta no hay ni vientos ni corrientes capaces de derrotar así una nave como para llevarla sin comerlo ni beberlo al Caribe.

Miremos, por tanto, a otro lado. López de Gómara prefiere creer que el buque iba de camino entre Canarias y Madeira, e incluso se ha dicho que llegaba de Guinea. Y entonces sí hay contexto marítimo como para que tal accidente se produjera debido a los vientos y corrientes imperantes en la zona.

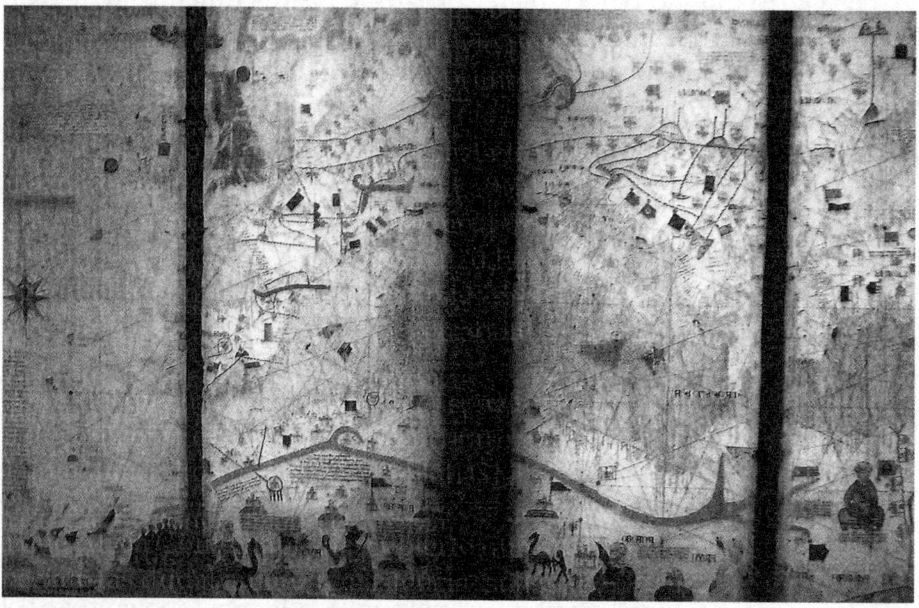

Detalle del Atlas Catalán de Abraham Cresques.

Tenemos, por tanto, ya al barco en manos de los vientos y las corrientes que le alejan de su rumbo y destino, y tiempo después la quilla muerde la playa de alguna isla. ¿Cuál? ¿Llegaron realmente a América? Manzano recoge la descripción de Oviedo y esta no nos saca de muchas dudas, pues afirma: *recosció* (el piloto perdido) *una o más de las islas destas partes e Indias* —él escribe *destas* porque su texto se redactó en América.

Peor nos lo pone López de Gómara al afirmar que *fue a parar en tierra no sabida ni puesta en el mapa*. Pero, gracias a los dioses, emerge la pluma cabal de Las Casas para ofrecer un dato correspondiente al primer viaje colombino que alegra al profesor Manzano:

> [los indios] tenían reciente memoria de haber llegado a esta isla Española otros hombres blancos y barbados como nosotros, antes que nosotros no muchos años.

Ahí está la prueba de la presencia de la tripulación perdida. Ellos serían, según sus cuentas, esos *hombres blancos* de los que hablaban los indios. ¿Por qué ellos?, se preguntará el lector, pues, según el criterio del erudito citado, porque estuvieron en esas tierras *antes que nosotros no muchos años*, es decir, no muchos años antes de que Colón y Las Casas se dejaran caer por allí.

Es muy probable, casi seguro, que el profesor Manzano esté en lo cierto y su fantástico trabajo atine con la diana, pero hay algo que no me cuadra del todo y es cómo resuelve el concepto de *no muchos años*. ¿Cuántos son *no muchos* para los indígenas? ¿El cómputo del tiempo de aquellos nativos coincidía con el de Las Casas? ¿Son *no muchos años* los necesarios entre la llegada del protonauta y la de Colón?

Recuerde el lector —ya se verá en breve cuando viajemos en el tiempo para acompañar al Almirante en su histórica navegación— que la expedición española encontró en algunas islas a hombres y mujeres de color blanco. ¿Quiénes eran? Sin duda, no podrían ser descendientes del protonauta y sus muchachos, puesto que se acaba de decir que anduvieron por allí *no muchos años* antes, con lo que potenciales retoños suyos —sífilis de por medio, como enseguida se explicará— no habrían tenido tiempo de medrar hasta ser hombres cabales a los ojos de Colón, ¿o sí?

Puede ser que esos blancos, como avanzamos en su momento, tengan que ver con los templarios que Antonio de la Riva nos propuso en el capítulo tercero de esta biografía maldita del Almirante. O peor aún, con las gentes que, procedentes del cielo, según descubriremos leyendo el diario de Colón, esperaban los nativos de aquellas tierras.

La odisea del protonauta

Imaginemos cierta la tesis de Juan Manzano, algo que no nos resulta demasiado costoso puesto que intuimos que es correcta en gran medida. Y una vez admitida, leamos la reconstrucción del caso que el historiador ha realizado.

En su opinión, el accidentado viaje de aquel buque llevó a sus ocupantes a la región del Cibao, territorio que años más tarde don Cristóbal bautizará como La Española. Según esta teoría, los navegantes *se detuvieron en algún otro punto de esta isla, en la de Guadalupe y en la tierra firme del Sur (la costa de Paria)*, pero no regresaron de inmediato, sino que permanecieron allí un tiempo, lo que resultaría mortal para casi todos ellos, según prosigue la tesis del profesor Manzano.

En efecto, los cronistas —Oviedo, Gómara o Las Casas— que se ocupan de la desgraciada fortuna de estos hombres anónimos, dibujan el dantesco espectáculo de la muerte salpicando la nave en su regreso como si fuera espuma de mar. Y cuando el futuro Almirante Colón los encuentra, apenas queda un hilo de vida en un puñado de hombres. Han muerto el capitán del buque y buena parte de su tripulación, pero la fortuna sonríe a Cristóbal y el piloto aún es capaz de echar un pulso a la muerte durante varios días, que son los que aprovecha Colón para, según Manzano, adquirir los conocimientos básicos para su proyecto. En nuestra opinión, solo fue la confirmación de lo que Colón sabía por otras fuentes.

¿Qué extraño mal mermó a la tripulación de la carabela derrotada?

La explicación la cree advertir Juan Manzano en el sorprendente descubrimiento que hace Colón años después en una zona norte de La Española, donde encuentra varios hombres y mujeres blancos, como ya dijimos. Parecen ser bastantes, tal vez demasiados para la explicación de Juan Manzano, creo yo. El caso es que el eminente estudioso propone que aquellas gentes eran el fruto de los desahogos de la marinería perdida entre las prietas carnes de las indígenas, y para ello trata de moldear el escenario como la ocasión merece: unos hombres arrojados por un destino aterrador en medio de un mundo sin nombre; unas hembras que se pasean ofreciendo sin disimulo lo que en Europa mucho se disimulaba y más aún se tapaba; semanas de abstinencia, siempre en vísperas de la muerte... Y ocurrió lo que parece lógico, aunque no sabemos la opinión que esa lógica europea provocó en las mujeres ligeras de ropa y de prejuicios católicos. Y, como conclusión tras los meses que tales gestas requieren, nacieron los hombres y mujeres blancos que se encontrará Colón.

Por mi parte, ya he explicado que muchos partos me parecen a mí, y que muy crecida estaba la prole para ser hombres y mujeres hechos y derechos los que por allí merodeaban teniendo en cuenta que habían pasado tal vez solo dieciséis años del accidentado desembarco de la carabela sin nombre. Pero el caso es que Manzano lo cree así y encuentra una explicación a la enfermedad de los marineros en el contagio al contacto con las mozas taínas, las cuales les transmitieron la *Spirochaeta pallida*, es decir, la sífilis, una enfermedad entonces desconocida en Europa. Sin embargo, el propio Manzano tiene que reconocer que el asunto

El protonauta. Monasterio de La Rábida.

del origen de esta enfermedad, que él cree americano, es *una cuestión no resuelta todavía definitivamente por los especialistas*.

Las Casas, en su *Apologética Historia*, parece coincidir en el diagnóstico al asegurar que *es cosa muy averiguada que todos los españoles incontinentes, que en esta isla no tuvieron la virtud de la castidad, fueron contaminados dellas* (se refiere a las bubas de la sífilis), *de ciento no se escapaba uno si no era cuanto la otra parte nunca las había tenido; los indios, hombres y mujeres, que las tenían, eran muy poco afligidos dellas, y cuasi no más que si tuvieran viruelas, pero a los españoles les eran los dolores dellas muy grande y continuo tormento, mayormente todo el tiempo que las bubas no salían*.

Solo en los momentos en los que la enfermedad comenzó a mostrar su cara más letal y terrible, con pústulas, fiebres y dolores insoportables, aquellos marineros perdidos y dados a la caza de la entrepierna indígena fueron conscientes de su terrible situación e hicieron planes para regresar. Y entonces aparejaron su nave y buscaron el modo y manera de retornar a casa, pero en el intento muchos murieron y solo halló con vida Colón a una ínfima parte de la tripulación.

En síntesis, esa es la explicación de lo ocurrido por parte del profesor Manzano. Tal vez ocurrió así, pero sigue siendo para mí enigmático si también fue cosa de accidente que pudiera acertar aquella gente a coger la ruta correcta de regreso teniendo en cuenta que nunca jamás habían estado antes allí.

Otro aspecto del debate es el origen del piloto informante de Colón. López de Gómara habla de un *piloto español*, pero como bien aclara Manzano, eso no quiere decir que fuera español tal y como hoy lo entenderíamos, puesto que en aquella época el calificativo podría servir para cualquier peninsular, incluyendo los portugueses. Las crónicas no aclaran nada al respecto. Es verdad que Las Casas afirma haber oído que el buque había partido un infortunado día de Portugal, pero pudiera ser que la tripulación no fuera de allí.

En 1609, mucho tiempo después por tanto, El Inca Garcilaso se sacó de la manga la leyenda de que aquel piloto era de Huelva y que atendió por el nombre de Alonso Sánchez. Muchos han dado crédito a esa idea, caso de Edward Rosset en su novela *Cristóbal Colón. Rumbo a Cipango*, pero no hay pruebas que la confirmen ni que la desmientan. Manzano, muy atinadamente, advierte que si el accidente que llevó a América a aquellos hombres tuvo lugar entre 1476-77, cuando Colón vivía en Madeira, todavía no se había firmado el Tratado de Alcáçovas entre Portugal y Castilla, que fue suscrito en 1479. Y, como ya hemos

La carabela derrotada volvió con la tripulación mermada.

escrito en otro momento, fue ese documento el que permitió a Portugal explorar en solitario la ruta de Guinea hacia las Indias por el sur, de modo que hasta entonces era perfectamente posible que un buque castellano anduviera por aquellas latitudes y se viera zarandeado por la tormenta perfecta hasta encallar a la vera de las entrepiernas taínas.

Ahora bien, si todo esto fue así, y si el gran *secreto* de Colón fue justamente aquella información privilegiada que le confió antes de expirar el piloto desconocido, ¿cómo es que luego ha escrito sobre ello tanta gente? ¿Qué extraño *secreto* era ese?

El profesor Juan Manzano explica el caso diciendo que seguramente se comenzó a divulgar después de una de las noches más extraordinarias de la historia de la humanidad, la del 9 al 10 de octubre de 1492 —a ella regresaremos como se merece en capítulos venideros—, cuando Colón se ve obligado a contar su secreto mejor guardado a Martín Alonso Pinzón ante la revuelta de la marinería.

Explica el autor, cuyas ideas resumimos, que los descendientes de Pinzón se encargaron de que no apareciera aquella confesión en los pleitos colombinos que se librarán años después de modo que pudieran presentar a su antepasado, Martín Alonso, como el hombre que entregó a Colón el plano decisivo del descubrimiento, siniestro episodio que nos aguarda en páginas futuras. Con ello querían otorgar a su antepasado la gloria que debiera corresponder al protonauta.

Pero lo cierto es que si los Pinzón querían ocultar esa información para darse ellos importancia, esta explicación no explica, sino que confunde. ¿Cómo se pudo divulgar tanto el supuesto *secreto* de Colón? Manzano, tal vez porque cayó en la misma cuenta que nosotros, atribuye esa circunstancia a aquellas frases escritas por Las Casas sobre la presencia, según el testimonio de los nativos, de unos hombres blancos que habían estado por allí años antes. Dice Manzano que seguramente cuando los españoles supieron la lengua de los nativos y escucharon esa historia ataron cabos y cayeron en la cuenta de que el Almirante sabía algo de todo aquello.

Pero, claro, eso suponiendo que aquellos hombres blancos fueran los de la carabela extraviada y no otros; tal vez los verdaderos autores de los días de aquellas gentes blancas que Colón tropezó. Unos hombres blancos y barbados, sí, pero llegado mucho tiempo atrás.

Las enseñanzas del piloto moribundo

¿Qué pudo decir en sus momentos postreros el piloto? ¿Qué enseñanzas aprendió de él el Almirante para su futura industria?

Por supuesto, Juan Manzano Manzano cree que toda la ciencia que Colón desplegó sobre las olas embravecidas del Atlántico años después se debió a las confidencias que con un hilo de voz le transmitió el infortunado navegante. Y aunque nunca sabremos si todo lo aprendió de él, como propone este autor, o solo confirmó lo que ya sabía, como a mí me gusta pensar, lo cierto es que el propio Almirante nos da pistas de una misteriosa conversación con alguien en España. Lean, si no lo creen, su *Diario* en las notas garrapateadas el día 30 de octubre, según versión posterior de Las Casas:

> ... y dice que había de trabajar de ir al Gran Can, que es muy grande, según le fue dicho antes de que partiese de España.

¿*Según le fue dicho antes de que partiese de España*? ¿Quién se lo dijo? Para Manzano, sin duda, fue el piloto anónimo. Otros autores, como Emiliano Jos (*La génesis colombina del descubrimiento*), prefieren creer que lo había leído en la obra de Marco Polo. No pudo ser, razona Jos, la carta de Toscanelli, pues ese documento lo había leído en Portugal y no en España. Pero eso no es lo que se dice en el *Diario*. Literalmente la frase es esta: *le fue dicho*, es decir, no que lo hubiera leído. Por tanto, alguien se lo dijo. La pregunta es quién fue ese confidente.

Joyas indígenas en la Casa de los Tratados de Tordesillas.

Según el autor de *Colón y su secreto*, la verdadera fuente de información que el Almirante tuvo para su proeza fue lo que en pago por su caridad le ofreció el desgraciado piloto.

¿Cuáles fueron esos informes que confió el moribundo explorador? Pues que entre 700 y 750 leguas al oeste de las Islas Canarias había una multitud de islas en las cuales vivían gentes que, como Colón escribió en su *Diario*, no eran ni negras ni blancas, sino *de la color de los canarios*. Y que por allí iban algunos desnudos y que de isla en isla viajaban en canoas. Y entre esas islas había una más grande, que será la que Colón bautice como La Española, que poseía dos ricas minas de oro. Una de esas minas estaba en una región montañosa que los lugareños llamaban Cibao, donde reinaba a sus anchas un jefecillo al que conocían como Caonaboa. El extraño nombre, traducido convenientemente, *entusiasmó más* a Colón, puesto que *Caona* significaba *oro* y *boa* podía traducirse como *casa*. De modo que sumó Colón las piezas y le quedó esto: *Señor de la Casa de Oro*, y su mente se echó a volar y se *entusiasmó más*, como escribiría Hernando Colón. Es decir, *más* de lo que ya lo estaba antes de saber todos estos detalles.

Y por el piloto aprendió que la otra mina de oro estaba más al sur. Y también tuvo noticia de algo que nos sorprenderá más adelante: la existencia de unos extraños pozos o agujeros abiertos por manos desconocidas, no por la tripulación accidentada, que los encontró allí cuando llegó. ¿Quiénes pudieron haber practicado aquellas perforaciones si los indios no disponían de instrumentos capaces de hacerlo?

Si no fueron los compañeros del piloto anónimo, ¿de quién tenemos que sospechar? ¿Tal vez de otros hombres blancos? ¿De quiénes?

El moribundo habló a Colón de la existencia de una isla en la que solo vivían mujeres y a la que por allí se llamaba *Matininó*. Y otra isla, le dijo, estaba poblada por terribles caníbales. Era la que recibía el nombre de *Carib*.

Entre esas dos islas, que se situaban en la puerta de entrada a aquellas tierras, había un grupo de arrecifes y pequeñas islas tremendamente peligrosas para la navegación. En concreto, en un mapa habría que dibujarlas a 50 leguas al este, y serán las que Colón denomine después Once Mil Vírgenes.

A unas 70 leguas al sur de la isla que tenía minas de oro había tierra firme, según la supuesta confesión del piloto. Sería la costa actual de Venezuela. Le dijo que habían visto un inmenso golfo en aquella zona, que no sería otro que el actual golfo de Paria.

Con esos datos, según se nos dice, Colón se hizo un pequeño, o monumental, lío.

En primer lugar, al parecer, confundió la isla de las minas de oro con Japón, el Cipango del que hablaba Toscanelli, de modo que creyó que la tierra que había más al oeste, que no era otra que Cuba, pertenecía a Catay, o sea, China.

Echando mano de la Biblia, el Almirante concluyó que aquellas ricas minas de oro que había en la isla de marras no podían ser otras que las mismas que enriquecieron al rey Salomón. La región aurífera del sur, la de los misteriosos pozos, tendría que ser, se dijo, la mítica Ofir bíblica. Y también añadió de su cosecha, según se ve, que la actual isla de Jamaica era la isla de Saba, afirmando que de allí había salido uno de los reyes magos para adorar al Niño Jesús. Finalmente, en su desatino, al parecer creyó ver el Paraíso Terrenal en la tierra firme de Venezuela.

Sin embargo, mejor será que vayamos descubriendo todas estas aventuras a bordo de la *Santa María;* les prometo que será cosa de un par de capítulos. No obstante, espero que se me permita esta licencia: ¿cómo es que se atrevió a tomar posesión de aquellas tierras el Almirante en nombre de los Reyes Católicos si estaba tan convencido de estar a las puertas del reino del Gran Khan, señor de muchas riquezas y general de muchos ejércitos? Recuérdese lo escrito en el *Diario* el día 11 de octubre de 1492:

> ... y dijo que le diesen por fe y testimonio como él por ante todos tomaba, como de hecho tomó, posesión de la dicha Isla por el Rey y por la Reyna sus señores.

CAPÍTULO 9

Los enigmáticos hermanos Pinzón

Y aun diz que pasamos adelante solo gracias a él, y que sin sus instrucciones de navegar nada hubiera dado fruto en la industria de descubrir. Todo eso diz, y aun recuerdo el día 6 de enero en que volvió con la Pinta diciendo haber partido contra su voluntad y dando razones dello, pero yo sabía que fue falso y que no había sino codicia y soberbia en él, pero tuve que callarme, porque mucho tuve que callar yo ante el dicho Martín Alonso Pinçón. . .

(*Diario secreto del Almirante sin rostro*)

... que fue el dicho su padre a Roma aquel dicho año [1492] *antes que fuese a descobryr.*

(ARIAS PÉREZ PINZÓN, hijo de Martín Alonso Pinzón)

«Y VINE A LA VILLA DE PALOS, QUE ES PUERTO DE MAR»

Y PARTÍ yo de la ciudad de Granada a 12 días del mes de mayo del mismo año de 1492, y vine a la villa de Palos, que es puerto de mar...

Esas frases que leemos en el *Diario* del Almirante nos obligan a abrir una nueva interrogación: ¿por qué Palos? ¿Qué tenía aquel pueblo marinero situado a la vera de los ríos Tinto y Odiel que lo convirtió en cuna del llamado *Descubrimiento*? ¿Fue una perfecta casualidad que allí viviera Martín Alonso Pinzón, personaje al que vamos a poner bajo la lente del microscopio a partir de este capítulo? Sinceramente, no sé ya qué pensar. Seguir las borrosas huellas del Almirante me marea, y eso que aún no hemos embarcado.

La Ordenanza de la Villa de Palos de 1594 nos dice que *los términos de esta villa son muy cortos* y que no tenía entonces más de *seyscientos vesinos e moradores*. Había otros puertos en Andalucía desde los cuales se podría haber dado el salto hacia ninguna parte, que era exactamente ir hacia donde proponía navegar Colón, más allá de lo que la línea del horizonte permitía ver a ojo de buen cubero. Cádiz, Sanlúncar o El Puerto de Santa María, por mencionar alguno, podrían haber armado aquella pequeña expedición, sin embargo, se elige Palos. ¿Cuál fue la razón?

Las Casas trató de explicar la decisión diciendo que allí había buenos marinos, pero eso no explica gran cosa puesto que en otros puertos también los habría. Luego añade que Colón tenía amigos por allí, y eso ya nos empieza a gustar más. Cita el dominico a los enigmáticos frailes Marchena y Juan Pérez, estrelleros y quién sabe qué más cosas. Y es que personalmente sigo creyendo que la trama de esta aventura es mucho más gruesa y enrevesada de lo que se pretende y que La Rábida, de pasado rico y lugar de iniciación, debía ser el punto de arranque de este viaje iniciático, pues sin duda mucho de eso tiene la travesía en la que nos vamos a embarcar en breve.

Creo que Colón no fue a Portugal por casualidad ni tampoco el albur lo trajo a La Rábida la primera vez. Y la misma corazonada me impulsa a creer que tampoco fue accidente que allí conociera a pilotos que le dieron noticias sobre otras tierras lejanas y que allí viviera Martín Alonso Pinzón. Ni puede ser chiripa que siempre esas conversaciones con los marineros de marras tuvieran por escenario el monasterio, ni que los frailes estrelleros estuvieran presentes, suponiendo —que es justamente lo que creo— que no fueran ellos mismos los instigadores de las mismas.

Estatua de Martín Alonso Pinzón en Palos de la Frontera.

Juan Manzano nos informa de la compra de la mitad de Palos por los Reyes Católicos el día 24 de junio de 1492 a los hermanos Silva, que eran sus propietarios, por el precio de 16.400.000 maravedíes, tal vez con la idea de que la armada colombina partiera de un puerto real que además no estaba lejos del eterno competidor, Portugal. Según un documento que duerme en el Archivo de Simancas, la compra de ese puerto la firmó Pedro de Silva en representación de sus hermanos, Juan y Lope Silva. Es posible que las razones aducidas pesasen, pero no sé si la compra del puerto es anterior a la elección por parte de Colón de ese enclave para partir o es posterior. De hecho, si nos fijamos, la fecha de compra, el 24 de junio, es la víspera del día en el que, como enseguida se verá, Colón *puso tabla*, como dicen las crónicas, para comenzar a alistar a la tripulación. Por ello, en mi ensueño, quiero ver alguna causa hasta ahora no esgrimida para que se eligiera ese puerto, e insisto que me parece que lo importante no era tanto el puerto como el monasterio, pero ya advierto que solo son cosas mías.

La historiadora Alicia B. Gould ha explicado que había una política real para hacerse con la propiedad de los puertos, pero ya es mucha casualidad que se decida comprar justamente en ese momento, cuando se nos dice que no había muchas monedas que contar en el tesoro real, ese puerto exactamente.

Es rigurosamente cierto, en cambio, como apunta Manuel Lucena, que Palos era *puerto condenado a pagar dos carabelas a la Corona por haberla deservido anteriormente.* ¿Cuándo sucedió tal rebeldía? Manzano propone como posible explicación la negativa del puerto de Palos años atrás a participar en una armada fletada por los reyes para ayudar al rey de Nápoles. Pero Lucena reconoce que *esto no explica que los Reyes tuvieran que elegir necesariamente Palos como puerto de organización y partida de la armada descubridora.* Y aún más dudas ofrece el caso si le decimos al lector que al final solo una carabela se aprestó allí, la *Pinta*, mientras que la *Niña* procedía de Moguer y la nao *Santa María* llegó del Puerto de Santa María.

Por eso a mí me seduce más mirar a La Rábida que al propio puerto. Prefiero imaginar el monasterio como lugar de iniciación, donde los secretos de Colón, que pudieran ser los de cosmógrafos judíos que tiempo atrás trabajaron con o para el Temple, conectaron con la facilidad que las enseñanzas herméticas lo hacen en toda época y lugar con lo que los estrelleros de La Rábida sabían. Los franciscanos tenían un espejo peligroso en el que mirarse: Raimundo Lulio (1235-1315), místico, alquimista y erudito franciscano posiblemente relacionado con los cosmógrafos judíos mallorquines. El mismo Lulio que era tan aficionado a los criptogramas cabalísticos a los que tanto asemeja la firma del Almirante.

No puede ser tampoco casualidad lo que apunta Nito Verdera a propósito de lo escrito un siglo antes por el propio Lulio sobre la existencia de un nuevo continente en su *Quastiones per artem demostrativam solubiles*:

> Toda la principal causa del flujo y reflujo del Mar Grande, o de Inglaterra, es el arco de agua del mar, que en poniente estriba en una tierra opuestas a las costas de Inglaterra, Francia, España y toda la confinante de África [...] así como en nuestra parte estriba en nuestro continente que vemos y conocemos, en la parte opuesta del poniente estriba en *otro continente que no vemos ni conocemos desde acá...* (la cursiva es nuestra).

Por tanto, aun a riesgo de burla, creo que es La Rábida, más que el puerto de Palos, el lugar donde todo se gestó, y desde su inmediaciones partió el viaje iniciático colombino: el héroe parte en busca de un grial que solo él siente como propio, supera sus propios temores y las burlas y escarnios a los que los demás lo someten, y lo hace de forma suicida, pues la apuesta es temeraria: regresar o morir en el intento. O muere, pero vuelve vivo, aunque muy diferente. En el caso de Colón, reaparece tras trances al borde de la muerte convertido en Don, en Almirante y en *Visorrey*.

¿QUIÉN PAGA ESTA RONDA?

Si creemos a los cronistas y a los historiadores, Cristóbal Colón llegó a España con una mano delante y otra detrás, con un hijo a cuestas y con una única riqueza: un descabellado plan que consistía en navegar hasta donde nadie antes, supuestamente, se había atrevido. Y a lo largo de estas páginas lo hemos visto casi mendigando caridades, ejerciendo de vendedor de libros de estampa o dibujando cartas de marear que se vendían en el mercado donde tuviesen algún valor. Ocasionalmente, ya lo sabemos, hubo algunas inyecciones económicas de la Corona que aliviaron el ruido de sus tripas y adecentaron el armario de nuestro héroe. Pero, paralela y sorprendentemente, personajes de muy alta consideración social se desviven por él. Unas veces le dan asilo —por espacio de dos años vivió en la hacienda del duque de Medinaceli—; otras lo sientan a su mesa —el mismísimo cardenal Mendoza—, y otras hablan, median o camelan a los reyes para que le provean para vivir.

Por tanto, todo lo que sabemos nos lleva a pensar que en la faltriquera de Colón no había un maravedí de más ni de menos. Y, sin embargo, estamos en los umbrales de un nuevo milagro: ¡la multiplicación de los maravedíes como los panes y los peces!

El presupuesto del viaje colombino, al día de hoy, sigue siendo todo un enigma, y es caso que asombra a especialistas como Lucena, que señala que eso es *cosa poco frecuente en la época, ya que la contabilidad de los Reyes era un prodigio de minuciosidad.* ¿Por qué será que allí por donde Colón pasa la escena se ensombrece, incluso la teneduría y los arqueos de la Corona?

El erario público estaba famélico. La guerra de Granada se había llevado todos los cuartos de los monarcas, de modo que no había dinero para darse alegrías, y menos una como la del apresto de la armada colombina. Y a pesar de que los cronistas le echaron unas gotas rosas de romanticismo al caso afirmando que la reina Isabel se mostró dispuesta a empeñar sus joyas para la ocasión, lo cierto es que no tenía ya mucho que empeñar, porque, escribe Consuelo Varela, *ya tenía empeñadas gran parte de sus joyas en las ciudades de Valencia y Barcelona para pagar los gastos de la conquista de Baza.*

¿Quién puso, por tanto, el dinero?

Todos los historiadores coinciden en un hombre: Luis de Santángel, escribano de ración del rey. Pero hay un par de cosas que resultan asombrosas en este caso: que era un funcionario de la Corona de Aragón y no castellano (fue el mismo que, excediéndose en todo punto en sus funciones y rango, se obstinó ante la reina en que reconsiderase el caso de Colón cuando este ya había abandonado Santa Fe derrotado y decepcionado), y que era judío converso. ¿Una casualidad? Lo dudo.

¿Cuánto dinero pedía Colón? ¿Cuánto se necesitaba?

Bartolomé de las Casas escribió que don Cristóbal solicitaba *un cuento de maravedíes*, es decir, un millón de maravedíes. Varela sostiene que Luis de Santángel puso sobre la mesa esa cantidad y añadió además otros 140.000 maravedíes como anticipo de los sueldos que como capitán le correspondían a Colón. Pero el viaje suponía, según las crónicas, un desembolso de dos *cuentos*, de modo que aún falta casi un millón de esas monedas.

Como los vecinos de Palos, tal y como indicamos, habían sido condenados por el Consejo Real a servir a los soberanos durante dos meses con dos carabelas armadas a su costa, los reyes ordenaron:

> E agora, por cuanto nos avemos mandado a Christóval Colón que vaya con tres carabelas de armada [...] e nos queremos que lleve consigo las dichas dos carabelas con que asy nos aveys de servir…

Manzano ha calculado lo que económicamente supuso esa aportación al proyecto colombino. Según sus números, cada carabela aportaba aproximadamente 60 toneladas, y el flete significaba 3.000 maravedíes por tonelada. Por tanto, eso supone 360.000 maravedíes (180.000 maravedíes por carabela), los cuales, apilados junto a la cantidad aportada por el judío converso Santángel (1.140.000 maravedíes), sumaban 1.500.000 de maravedíes. De modo que nos falta aún medio *cuento* o 500.000 maravedíes. ¿Quién los puso?

En su testamento de 1506, Colón escribió: *Sus Altezas no gastaron, ni quisieron gastar para ello, salvo un cuento de maravedís, e a mí me fue necesario gastar el resto.* ¿De dónde lo pudo sacar este hombre que no tenía dónde caerse muerto, según las versiones oficiales?

Bartolomé de las Casas confirma que nuestro personaje aportó ese medio *cuento* que faltaba y se ha rumoreado que fue préstamo de los Pinzón, pero eso no parece tener demasiado sentido. No obstante, leamos lo que el dominico escribió al respecto:

> … que el dicho Martín Alonso, cosa verosimile y cercana de la verdad según lo que yo tengo entendido, prestó solo a Colón el medio cuento, o él y sus hermanos.

Otros autores, como la citada Consuelo Varela, creen que consiguió el dinero de Juanoto Berardi, quien se convertiría en su socio en una especie de empresa de marina mercante. De todos modos, esa cantidad, 500.000 maravedíes, era el doble de lo que, según la capitulación, debía costear (en ese documento se obliga a Colón a poner el ochavo del total). Otras fuentes hablan de otros supuestos prestamistas, como los genoveses Jacobo de Negrón o Luis Doria. Pero lo que nadie explica es algo ciertamente enigmático y fácil de preguntarse en voz alta: ¿con qué garantías pudo obtener Colón esos préstamos si él no tiene dinero ni hacienda propia? ¿Cómo es posible que unos prestamistas se jugasen sus cuartos a caballo casi seguro perdedor? ¿No les parece ciertamente enigmático que unos usureros apuesten su dinero a fondo casi perdido en una aventura de la que todos los sabios de la época dudaban? Y si no fueron los prestamistas, ¿quién pudo poner ese dinero? ¿Colón? Pero ¿no se ha dicho que era pobre? ¿Qué mano endiablada anda enredando en esta historia?

El apresto de la armada

Cinco líneas exactas se demora Hernando Colón en su *Historia del Almirante* para despachar el apresto de la armada. No dedica ni una sola palabra a las burlas que sufrió Colón de los experimentados marineros locales de Palos ante la propuesta que les hacía de subirse a bordo de aquellas naves por él guiadas, y eso que no les dijo cuál sería su destino. Nada tampoco concede Hernando a la decisiva intervención del personaje central de este capítulo: Martín Alonso Pinzón. Pero eso no debe extrañarnos, porque a partir de ahora al héroe don Cristóbal le sale un competidor en el oficio de descubrir y Hernando no quiere que medre la imagen del marino y armador de Palos.

Según los datos de Juan Manzano, el día 23 de mayo de 1492, que cayó en miércoles, Cristóbal Colón salió del monasterio de La Rábida en compañía de Juan Pérez y llegó a Palos dispuesto a enrolar la marinería precisa para su aventura. Y una tarde de mucho sol pero poco calor pues el viento mitigaba los sudores, también yo decidí hacer aquel mismo recorrido y desde La Rábida marché a la villa de Palos, que era puerto de mar, con la intención de prestar atención a los sonidos del silencio.

La tradición afirma que se dio lectura por boca del escribano Francisco Fernández en la iglesia de San Jorge de la Real Provisión de 30 de abril dictada por los Reyes Católicos en la que se daba cuenta del

Interior del monasterio de La Rábida.

Colón con su hijo. Monasterio de La Rábida.

nombramiento de Colón como capitán mayor de una armada a la que Palos debía contribuir con dos carabelas (*aderezadas e puestas a punto*). Y en la plaza de la iglesia de San Jorge abrí los oídos a las voces del pasado dispuesto a averiguar lo que allí pudo ocurrir. Y aunque ya habrá supuesto el lector que baldíos resultaron mis esfuerzos, sí creí escuchar las burlas de los marineros palermos.

Los marineros locales debían servir en esas carabelas dos meses, decía el escrito real, que no precisaba en cambio adónde iría aquella expedición y no añadía más que un vaguedad: irían *a ciertas partes de la Mar Océana.*

La misma instrucción escucharían los vecinos de Moguer, y unos y otros pensaron que de acuerdo, que pondrían a disposición de la Corona las dos carabelas requeridas, pero nadie podía obligar a aquellos hombres a embarcarse en semejante delirio, de modo que ni en Palos ni toda la comarca hubo muchos voluntarios, y más teniendo en cuenta que el tal Colón a nadie inspiraba confianza y que había mucho sigilo en el destino último de aquellos buques, como prueba esta declaración de un anciano de 85 años llamado Juan Domínguez y que recoge Juan Manzano: *Yban a descubrir tierra, pero no dezían qué tierra era la que iban a descubrir.*

Esta declaración la encontrará el lector en el Archivo de Indias, dentro de las Probanzas del fiscal Villalobos en el año 1535, y debemos aclarar qué fuente es esa, puesto que a partir de ahora aparecerá en otras muchas ocasiones. Al mismo tiempo, eso nos permite empezar a mostrar nuevas cartas enigmáticas.

Veamos. Todo el mundo cree que Colón fue el gran artífice del *Descubrimiento.* La historia y su bien cuidada propaganda lo garantizan. Sin embargo, como ya veremos, tras el primer viaje y en años siguientes, la familia Pinzón entablará pleitos en los que pretenderá probar que fue Martín Alonso el gran descubridor y que sin él jamás aquella industria del descubrir hubiera dado frutos. Por eso, en varias ocasiones reproduciremos frases que se dijeron en esos pleitos por testigos de aquella época.

De modo que en aquel contexto, el futuro Almirante, ahora todavía solamente capitán mayor, tan solo fue capaz de incorporar a su loca aventura a un puñado de delincuentes a los que se dice que les eximieron del cumplimiento de su pena. En concreto, según Alicia B. Gould, y a la luz de un documento exhumado en Simancas, se trató de Bartolomé Torres y Juan de Moguer, vecinos de Palos; Pedro Izquierdo, avecindado en Lepe, y Alfonso Clavijo. Todos ellos estaban conde-

La armada colombina costó dos millones de maravedíes.

nados a muerte y les propuso redimir su pena con este viaje, que también les debió parecer pena de muerte, me da por pensar.

Y a propósito de la presencia de reos de muerte en esta aventura descubridora, diremos algo que no es sino el anticipo del homenaje que vamos a rendir a Alicia Bache Gould unas líneas más adelante. Y es que ella fue quien, contra la opinión de muchos investigadores que aseguraban que Colón no llegó a hacer uso de lo dictado en una de las cuatro cédulas reales de 20 de abril de 1492 redactadas para ayudarle a reclutar tripulación, fue ella, decíamos, quien probó lo contrario. En ese documento se le permitía perdonar la pena de muerte a reos que se sumaran a esta odisea, y Alicia B. Gould desempolvó en el Archivo de Simancas la prueba documental para poder asegurar que cuatro criminales se enrolaron en aquel histórico viaje, y sus nombres eran los antes citados.

En definitiva, que el primer intento de Colón para hacerse con una tripulación fue un perfecto fracaso. Pero una mano amiga que ya nos es muy conocida media para que la situación cambie por completo. Nos referimos, ya lo habrá adivinado el lector, al monje estrellero Antonio de Marchena, pues es él quien presenta a Colón a un hombre de reconocido prestigio en el mar y en la tierra: Martín Alonso Pinzón.

En los llamados Pleitos Colombinos, a los que ya hemos hecho alguna referencia, se dice que Pinzón y Cristóbal Colón se conocieron en la segunda visita de este último a La Rábida, en 1491, antes de la firma de las *Capitulaciones de Santa Fe*. Manzano niega ese extremo, y para ello subraya esta frase esclarecedora de los propios Pleitos, donde un tal Juan Quexo, vecino de Palos, declara:

> ... que después vino el dicho don Christóval Colón de la Vega de Granada de fazer la dicha Capitulación con el Rey e llegó a esta villa de Palos, el dicho Martín Alonso Pinçón se determinó de yr con él al dicho biaje.

Y de un modo muy similar se expresa en los Pleitos el físico García Hernández:

> Desta fecha [tras las *Capitulaciones*] fue el concierto e compañía que tomó con Martín Alonso Pinçón.

De este modo, las visitas de Colón a La Rábida se saldan siempre sospechosamente con el encuentro con un piloto que sabe cosas sobre el Mar Tenebroso, y siempre por mediación de Marchena. Pero antes de poder conocer a Pinzón, el Almirante tuvo que esperar, porque justo en ese momento se encontraba de viaje, como dijo su propio hijo, Arias Pérez, al ser preguntado años después en los pleitos de marras:

> Que fue el dicho su padre a Roma aquel dicho año (1492) antes que fuese a descobryr.

Y enseguida regresaremos a ese oscuro viaje de Martín Alonso Pinzón a Roma, puesto que va a ser uno de los grandes enigmas con los que tengamos aún que lidiar en las próximas páginas. Solo han de esperar unas líneas para valorar la magnitud de lo que se nos viene encima.

Olvidemos ahora por un momento el viaje de Pinzón y observemos de cerca el instante en el que Marchena presenta a ambos marinos, tal y como declaró tiempo después en los Pleitos el vecino de Huelva Fernando Pérez Camacho:

> ... que oyó dezir al dicho Martín Alonso Pinçón que un fraile de San Francisco, que hera guardián del monasterio de La Rábida [...] le avía ynformado he dicho que fuese a descubrir las Yndias, e que plazería a Dios que avían de fallar tierra, e queste fraile era muy grande astrólogo.

Iglesia de San Jorge en Palos.

Ahora bien, a la luz de lo que después sucede no tengo seguridad de que ambos navegantes no tuvieran noticia el uno del otro ni que todo aquel tejemaneje de los frailes no fuera cosa de ciencia segura y nada casual. Porque de otro modo no se alcanza a entender la facilidad con la que el prestigioso marino que era Martín Alonso se lanza de bruces al mar en compañía de un soñador como Colón. ¿Cómo es posible que Pinzón comprometiera a amigos y a familiares en una aventura semejante? ¿Qué le pudo decir o prometer Colón? ¿Acaso por ser nombrado capitán en esa ridícula armada iba a empeñar su vida y su palabra, y esto último era muchas veces más grave?

Lucena recoge una frase de Las Casas con la que se pretende explicar la actitud que toma de inmediato Pinzón apoyando el proyecto colombino: *Algo debió prometer Colón a Martín Alonso Pinzón, porque nadie se mueve si no es por su interés y utilidad.* Y aunque muy cierto nos parece lo que escribe el dominico, ¿hasta dónde puede conducir a un hombre la avaricia? ¿Incluso a embarcar a sus parientes en una expedición a la muerte, según la ciencia de la época?

Tal vez esta frase atribuida a Fernand Pérez Camacho en los Pleitos pueda servir para comprender hasta qué punto Martín Alonso arriesgó su prestigio —y quizá parte de su dinero si damos crédito al préstamo del que habla Las Casas:

> ... si el dicho Martín Alonso Pinçón no se determina de yr, el dicho Biçeynte Yañez no fuera.

Y junto a su hermano Vicente Yáñez habrá de ir el otro hermano, Francisco, y buena parte de sus amistades y vecinos de la comarca donde mueren el Tinto y el Odiel. Por tanto, ¿qué seguridades tenía Martín Alonso? Tal vez, como estima Juan Manzano, ¿lo animó el relato del vecino de Palos y piloto Pedro Vázquez de la Frontera, quien tiempo atrás había formado parte de una tripulación portuguesa que bajo el impulso de Enrique el Navegante había rondado el Mar de los Sargazos en 1452?

Crédito excesivo me parece a mí el jugarse la vida, la suya y la de los suyos, por un relato, y hacerlo con la seguridad suicida que mostró en la noche del 6 de octubre, de la que ya diremos muchas cosas en su momento, cuando con la tripulación amotinada, y según el testigo Alonso Gallego declaró en los Pleitos, Martín Alonso juró lo que sigue:

> ... quien se quisiese bolver, buélvase, que yo adelante quiero pasar, que yo tengo que descubrir tierra o tengo que morir en esta demanda.

Queda una posible explicación por completo heterodoxa: que Martín Alonso supiera lo mismo que Colón. Y en ese caso, la pregunta siguiente es esta: ¿se lo dijo Colón o lo supo por sus propios medios Pinzón? Y la respuesta a esa cuestión será trascendental.

Los papeles de Martín Alonso Pinzón

Nada se sabe de los padres de los hermanos Pinzón salvo sus nombres, que fueron, nos dice Alicia B. Gould, Martín Alonso Pinzón y Mayor Vicente. En cambio, algo más se sabe sobre sus hijos, que fueron Martín Alonso, Vicente Yáñez y Francisco Martín. Y los tres tendrán mucho que ver, en especial los dos primeros, en todo lo que a partir de aquí nos va a ocurrir, puesto que vamos a embarcar con ellos en la expedición a ninguna parte.

Se sabe que Martín tuvo dos esposas. La primera fue María Álvarez, y la segunda Catalina Alonso. Y que se dio arte con ellas para que le parieran cinco hijos, y al ser el número impar le quedó la prole desigual: dos fueron varones (Arias Pérez y Juan Martín) y tres mujeres (Mayor, Catalina y Leonor). La prole debió ser gestada en la casa del marino en la calle Nuestra Señora de La Rábida, en Palos. La casa de Martín Alonso acoge en la actualidad un museo sobre su persona y por la que anduve aquella tarde pensando qué pensó este interesante personaje de los proyectos colombinos entre aquellas paredes que, obviamente, ya no son las que fueron.

Era Martín marino, pero más que marino y armador, era hombre admirado y querido en Palos. Antón Romero, uno de los testigos que declaró en los Pleitos y que era vecino de Huelva, dejó dicho que *hera avido e tenido por hombre muy sabio y asperto en las cosas de navegar, y que era hombre rico y emparentado y uno de los más principales que avía en aquel tiempo en la dicha villa de Palos, y no avía entonces otro más nombrado quel dicho Martín Alonso Pinçón*.

Alicia Bache Gould.

Fíjese bien el lector en la importancia de aquel hombre y en su prestigio para calibrar en su justa medida la embarcada, nunca mejor dicho, en la que iba a participar. ¿Creen que alguien así se jugaría el todo por nada?

Iba y venía con frecuencia Martín Alonso por el Atlántico conocido entonces y también por el Mediterráneo, de modo que no debe extrañar en principio que en 1492, como declararon su hijo y otros testigos, estuviera en Roma. ¿Qué hacía allí? Pues se habla de un cargamento de sardinas, e incluso Manzano habla de la posibilidad de que se hubiera llevado entonces al papa Inocencio VIII un regalo que le habían hecho los reyes españoles: una carabela llamada *La Condesa*. Pero, nos dice el mismo historiador, que de ser ese el caso, cuando Pinzón llegó a Roma el Papa había muerto (esto sucedió el 25 de julio de ese año, y enseguida vamos a regresar a ese dato).

El caso es que está Martín en Roma. ¿Y sus hermanos? No sabemos por dónde andan en ese momento, pero sí podemos decir que Vicente Yáñez había nacido en 1461 ó 1462, que también casó dos veces y que tuvo un par de hijos. Los papeles sitúan su casa en la calle de La Ribera, en Palos.

De él dejó escrito Las Casas: *En la otra* (carabela) *que se llamaba la Niña, puso* (Colón) *como capitán y maestre a Vicente Yáñez Pinzón*. En cambio, Hernando Colón lo nombra como *capitán* y no como maestre, y parece que va más acertado, según los estudios de Alicia B. Gould. Esta erudita trata de subrayar la diferencia de comportamiento, algo que el lector descubrirá en los próximos capítulos, entre Martín Alonso y este hermano suyo, de quien Gould asegura que, al margen de Colón, tras 1492 fue el personaje *de historia posterior más destacada, ilustre y benemérita*, amén de mostrar un comportamiento difícilmente atacable incluso por el irascible Almirante.

Más discreto en todo habría de ser Francisco Martín, incluso en eso de las bodas, ya que solo pasó una vez por ese trance, y nunca sabremos si es que fue siempre feliz con la primera o no tuvo arrestos para soportar una segunda ceremonia, con todo lo que conlleva. Sí, en cambio, dejó un par de hijos, pero en la industria de descubrir tuvo poca importancia, a pesar de ostentar en la primera expedición un cargo notable.

Pero regresemos a Martín Alonso, que lo hemos dejado en Roma.

¿Qué hace allí una vez entregadas las sardinas o la carabela? ¡Sorpresa!: visita la biblioteca vaticana, donde, dicen, tenía una amistad, que no era nada más ni nada menos que el bibliotecario. ¿Dónde se hi-

Martín Alonso y Vicente Yáñez.
Monasterio de La Rábida.

cieron amigos? No lo sabemos. ¿Qué papeles fue a consultar? ¡He ahí un nuevo e imponente enigma! Según muchos testimonios, Martín Alonso trajo de Roma los documentos claves para poder viajar al continente ignorado.

En el Archivo de Indias se conserva la declaración de un tal Antón Fernández Colmenero, en la que se lee:

> … oyó dezir destas escrituras [las que trajo de Roma Pinzón] contenidas en esta pregunta al mismo Martín Alonso quél avía traydo el treslado de Roma, e se las oyó leer al dicho Martín Alonso, e que lo que sabe esto por queste testigo vino de Roma con el dicho Martín Alonso.

Hay, por tanto, alguna escritura o carta en liza. Autores como Manzano, que niegan el protagonismo que años después la familia de Pinzón quiso dar a Martín Alonso en la aventura del *Descubrimiento,* sí reconocen que pudo existir esa documentación, aunque niega que aportara nada a lo que ya sabía Colón. Sin embargo, Pedro Alonso Ambrosio declaró en aquellos Pleitos lo siguiente:

> Fue [Colón] al monasterio de Santa María de La Rábida e allí esperó hasta que el dicho Martín Alonso vino de Roma *e truxo la ynstruyçión de la navegación…* (la cursiva es nuestra).

¿Qué se nos dice aquí? Pues, ni más ni menos, que lo que quiera que trajo Martín Alonso era la instrucción para poder navegar. Y nada hizo Colón hasta que llegó Martín, entre otras cosas porque por él mismo sería incapaz de enrolar a un solo marinero de aquellas tierras.

Y aunque todo esto parece una locura, ya habrá descubierto el lector que en realidad locura parece todo lo que toca a Colón. Y ahora demos un paso más en ese delirio, y para ello recordemos el epitafio que se mandó grabar en la tumba del papa Inocencio VIII, el Pontífice al que tal vez llevaba Pinzón la carabela *La Condesa.* Nos referimos a un epitafio que ya comentamos al hablar de los oscuros orígenes de don Cristóbal y las cosas que sobre ellos se han dicho. Esta era la inscripción de marras:

Novi orbis suo aevo inventi gloria.

Y tal como ya apuntamos en su momento, se podría traducir así: *Fue insigne por la gloria del Nuevo Mundo descubierto.*

Pero hemos dicho que este hombre se fue al paraíso de los papas el 25 de julio de 1492, cuando no había *Descubrimiento* colombino. Por tanto, ¿qué era lo que sabía Su Santidad Inocencio VIII? ¿Jugamos a que en la Biblioteca Vaticana tenía pruebas documentales, a lo mejor propiedad templaria, que hablaban de cómo llegar hasta América? ¿Nos atrevemos a decir que fue esa documentación a la que accedió, seguramente haciendo copia, Martín Alonso?

Se puede argumentar que todo esto es mera especulación, y es cierto. Pero no se podrá negar que es ciertamente divertida y tentadora.

Ahora bien, para cerrar definitivamente esta hipótesis inquietante, pensemos por un instante lo imposible que parece que un marinero de Palos acceda a la Biblioteca Vaticana y obtenga semejante joya. Es más, ¿cómo podría siquiera tener inquietudes intelectuales de ese tipo?

Manzano cree que la visita a La Rábida en 1491 por parte de Colón, además de las idas y venidas de fray Juan Pérez a la corte, hizo sospechar a Pinzón o que incluso se corrió el rumor por la comarca del proyecto de don Cristóbal, y eso azuzó su curiosidad. Sin embargo, eso no explica la puntería que tuvo al ir a la Biblioteca Vaticana y localizar lo que quiera que encontrase, y en segundo lugar, no parece lógico que se publicara en la comarca el proyecto de Colón si luego se dice que al alistar a la tripulación nadie sabía adónde se pensaba ir.

¿Es posible que se orquestara años después una mentira tan grande y por parte de tantas personas, ya muerto incluso Martín Alonso, y que todas dijeran cosas semejantes sobre los méritos en el descubrir del Pinzón? Sinceramente, me resulta difícil de creer, tanto como pensar que por sus propios medios y ciencias dio con el papel adecuado en la inmensidad vaticana.

Y es por ello que arriesgo de nuevo y digo que Martín Alonso pudo ir a Roma mandado y teledirigido por los frailes estrelleros de La Rábida, Marchena y Juan Pérez. Y fueron ellos, y las pruebas —¿templarias tal vez?— que de allí se trajo las que convencieron a Martín Alonso para jugarse la vida y la de sus hermanos, parientes y amigos en la aventura que está al llegar. Por eso, a partir de ahora observaremos de reojo siempre todo lo que se haga en la *Pinta*.

Los hombres

El día 23 de junio, tras haber regresado de Roma Martín Alonso y haber tenido conversaciones con Colón y con Marchena por cuyo contenido también yo pagaría un *cuento* de maravedíes, se inicia el alistamiento de la marinería. La diferencia con respecto al primer intento del genovés es grande, ya que junto a él está ahora Martín Alonso. Y así, según citan las crónicas, don Cristóbal *puso tabla* [...] *para dar sueldo a los marineros y grumetes e gente que en la dicha armada van.*

No tardan en llegar los voluntarios. ¿Quiénes son? ¿Cuántos son?

Al día de hoy, sigue sin poderse afirmar cuántos valientes se sumaron a la empresa. Es cierto que Hernando Colón asegura que eran *noventa hombres*, y la misma cifra da Las Casas. Oviedo, por su parte, dejó escrito que embarcaron 120, la misma cantidad de la que habla Pedro Mártir de Anglería.

Varios han sido los trabajos históricos que pretendieron dar con la identidad de esos aventureros, pero a todos ellos superó con creces la mujer a la que ya hemos mencionado en varias ocasiones y a la que rendiremos ahora el anunciado homenaje, que no será sino el dedicarle unas justas líneas, puesto que además su historia tiene mucho de romántico y también de misterioso en lo que a su muerte toca.

Ramón Carande recuerda que en la entrada del Archivo de Simancas se colocó una placa en recuerdo de esta americana *española* que trabajó entre los papelotes de esa casa ni más ni menos que cuarenta años, y que allí mismo, a sus puertas, murió el 25 de julio de 1953.

Llevaba Alicia Bache Gould un tiempo enferma cuando aquella tarde de julio sintió frío mientras estaba en los jardines del Archivo y le pidió a su amiga María Zamora que fuera por su toquilla. Marchó María por el recado y Alicia sintió el deseo de acercarse una vez más a las puertas del Archivo, que en día festivo estaba cerrado. Y allí mismo, en los umbrales de la historia polvorienta de Simancas, murió súbitamente. Luego se supo que hubo una inquietante coincidencia, pues ese mismo día, pero en París, falleció también arrollada por un vehículo la archivera de Simancas, Asunción Mendoza, que estaba en Francia de viaje.

Pero ¿quién fue Alicia B. Gould? Cuando el lector descubra de quién hablamos, estoy seguro que disculpará este minúsculo homenaje.

Había nacido en Boston el 5 de enero de 1868. Era hija de un renombrado matemático y astrónomo llamado Benjamín Apthrop Gould, quien trabajó un tiempo en Argentina, donde su hija aprendió el castellano. No obstante, la vida parecía alejarla de lo español, pues regresó a su país y comenzó a estudiar Matemáticas en el Instituto de Tecnología de Massachusetts. Sin embargo, cuando el destino teje la madeja, no hay fuerza que tuerza su pulso. Y quiso la casualidad que cayera enferma Alicia y que se viera conveniente para ella permanecer en Puer-

Colón intentado reclutar tripulantes.

to Rico un tiempo. Y es allí donde le pica el mosquito desconocido del gusto por lo colombino. También es entonces cuando da la primera muestra de su tesón inquebrantable, puesto que redacta un trabajo extraordinario sobre la colonización de Barbados, pero no lo publica por el hecho de que no fue capaz de dar con el nombre del primer poblador inglés de la isla.

Poco después emprende un viaje con una amiga hasta Roma, pero su acompañante enferma en Gibraltar y deben hacer escala. Desde luego, si Alicia creyera en el mismo Dios en que yo creo, pensaría que le estaba hablando a su modo. En todo caso, lo que hizo fue recordar de pronto su cuenta pendiente con el desconocido inglés de Barbados y decidió ir al Archivo de Indias de Sevilla para ver si daba con su nombre.

En su idioma, el Dios del que hablo volvió a hacer señales a Alicia, puesto que entre los documentos del Archivo no encontró el nombre que buscaba, pero sí un manuscrito en el que se hablaba del pago realizado *al tripulante Pedro de Lepe, en la carabela del primer viaje de Colón.* ¡Increíble! Resultaba que Alicia Gould había descubierto que ese hombre, de quien los especialistas dudaban de su existencia, sí había vivido y había participado en la aventura colombina.

Decidió entonces esta mujer, de *frente despejada, unos pequeños ojos claros, boca grande de labios muy finos que emitían con dificultad, pero con acierto, palabras castellanas,* según descripción de Ramón Carande, sacar a la luz la identidad del resto de los compañeros de Colón en aquella memorable travesía. Imaginó la investigadora que si había sido capaz de localizar a quien nadie creía real, más fácil sería encontrar al resto. Lejos estaba de pensar que un día ella misma exclamaría:

> La que creí habría de ser tarea de dos años, no he podido terminarla en cuarenta.

Y así fue, puesto que murió esta extraordinaria mujer sin ver publicadas todas las investigaciones realizadas, aunque afortunadamente, siguiendo sus instrucciones, José María de la Peña publicó el resto veinte años más tarde.

El primer fruto de sus desvelos lo publicó Gould en el *Boletín de la Real Academia de la Historia* en marzo de 1920. Y a lo largo de su vida localizó sin ningún género de dudas a 87 tripulantes, de los cuales 11 nadie había podido descubrir antes. Además, añadió a su famosa lista 18 nombres más que consideraba dudosos. Jamás pagaremos lo suficiente su paciencia y honradez.

En la aventura colombina encontramos hombres expertos en las artes de navegar, aunque no todos. Había, eso sí, todos los oficios necesarios: capitanes, maestres, contramaestres, pilotos, escribanos (levantarán actas de lo que ocurra), alguaciles (serán la justicia en el mar), veedores (con dedos o con ábacos llevarán las cuentas), despenseros, carpinteros, calafates (para que la bodega y panza del barco permanezcan estancos hasta el final)... Pero ¡ningún sacerdote! Y aunque es algo que ya dijimos, ahora es el momento de volver a insistir en el caso: ¿no se suponía que la conversión de todos los desgraciados que no habían sido bañados en el agua de Cristo era uno de los objetivos de esta expedición? ¿Por qué Colón no embarcó a ningún cura, fraile o tonsurado de algún grado o especie? Y sin embargo, a las supuestas tierras del Gran Khan se lleva consigo a Luis de Torres, el traductor que dominaba el hebreo, el arameo y el árabe. ¿Para qué demonios lo podía necesitar? La respuesta, tal vez, la podamos dar unas líneas más adelante.

El historiador Francisco Morales Padrón pinta con estos colores el retrato del *descubridor medio*: gorrete o bonete de lana roja y vuelta azul en la cabeza; papahígo o gorra con visera por delante; calzas con bragueta; capuz o pieza similar a una cogulla; camiseta de lana y capa corta de paño gris, que era frecuente que se la viesen puesta a don Cristóbal.

Y ahora que hablamos de don Cristóbal, ¿cómo lo hubiéramos visto vestido si tal cosa nos fuera posible? Por lo que él mismo escribió en su *Diario* el día 18 de diciembre, momento en el que un reyezuelo indígena sube a bordo de la *Santa María* cuando Colón está dando buena cuenta de su comida, gustaba vestir *zapatos colorados* y era amigo de llevar collares. De hecho, aquel día le regaló uno al indio:

> Y el Almirante se quitó del pescueço un collar de buenos alaqueques y cuentas muy hermosas de muy lindos colores [...] y se la puso a él.

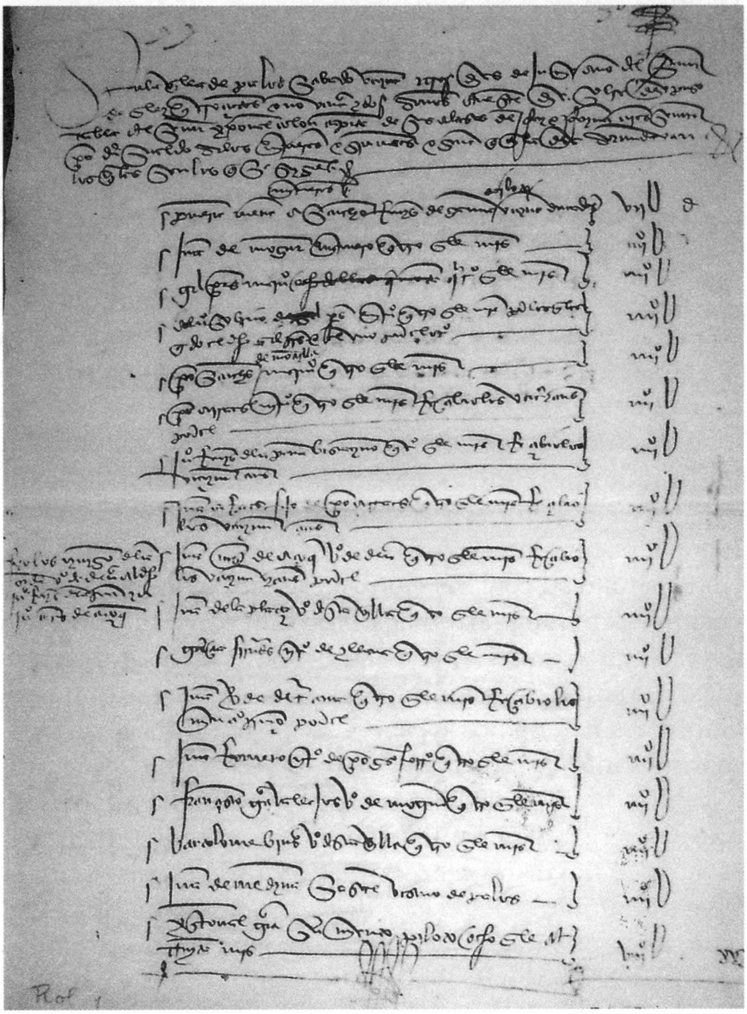

Rol de la tripulación y sueldos. Monasterio de La Rábida.

Y aunque sus biógrafos más aduladores, su hijo y Las Casas, digan que era modesto en el vestir, muy bien advierte Consuelo Varela que eso es mentira, puesto que pidió en repetidas ocasiones a la Corona que le enviasen vestidos, y sobre todo zapatos. Y en 1494 le hicieron llegar *çiento e veinte pares de çapatos comunes* solo para él.

Los barcos

¡Cuántas veces nos dijeron siendo niños que Colón descubrió América a bordo de tres carabelas! Pues eso, como casi todo lo que alrededor del suceso ocurrió, es inexacto. Solo dos de los barcos eran carabelas (*Pinta* y *Niña*), la *Santa María* era una nao.

La nao era una nave de tres palos rechoncha, más pesada, de vela redonda y poco apta para descubrir, como el propio Colón decía, puesto que tenía mucho calado y era inapropiada para andar entre islas. Probablemente tenía una cámara sobre la cubierta de la tolda. De ella se suele decir que fue construida en 1480, que tenía 23,60 metros de eslora y 7,92 metros de manga, además de un calado de 2,10 metros.

La *Santa María* era propiedad del piloto y cartógrafo cántabro Juan de la Cosa. Este hombre, aunque nacido en Santoña, al parecer vivía en el Puerto de Santa María, donde quizá lo conoció Colón mientras se hospedaba en la hacienda del duque de Medinaceli. Y su barco fue el único que tal vez alquiló el Almirante.

Este tipo de nave era de frecuente construcción en el norte de España. Philippot, que defiende el origen gallego de Colón, cree que se construyó en Galicia, y a su idea contribuye el hecho de que el barco fuera conocido también como *La Gallega*. Otros autores niegan esa opción y sitúan su construcción en Cantabria. Pero donde hay menos discusión es en que la tripulación de este barco, al contrario que el resto, debía estar formada por cántabros y vascos, fundamentalmente. Es más, hablando de la marinería y recordando las opiniones de Alicia B. Gould, mencionemos lo que ella misma indica a propósito de algún marino santoñés que iba embarcado en la nao y que puede valer para el propio Juan de la Cosa a propósito de que hay documentos en los que se menciona a Santoña como Puerto de Santa María de Santoña. ¿Por qué? Así responde Gould: porque *el barrio marítimo de ella* (se refiere a Santoña) *siempre solía llamarse Santa María del Puerto, con referencia a su iglesia antiquísima*. De modo que cuando se habla sobre Juan de la Cosa y el Puerto de Santa María hay que extremar las precauciones, porque, añade Gould, es difícil a veces *el distinguir entre los dos puertos, el del norte y el del sur*.

La carabela, en cambio, era una nave más pequeña y es de origen árabe. Los armadores andaluces la modificaron a su gusto y, siguiendo ese modelo, se construyó en los astilleros de Moguer la *Niña*, llamada

Réplica de la nao Santa María.

así por su propietario, Juan Niño. Como era costumbre entonces, tenía un segundo nombre más religioso: *Santa Clara,* como *advocación al famoso monasterio de Moguer,* apunta Gould.

La *Niña* tenía velas latinas, 52,70 toneladas, una eslora de 21,44 metros y 6,44 metros de manga. Su calado era 1,78 metros. Carecía de castillo de proa y tenía un pequeño alcázar. Su historia fue grande y gloriosa, puesto que se sabe que Colón la empleó en el segundo y el tercer viaje, amén de ser la que le trajo de vuelta tras el *Descubrimiento.*

La *Pinta* era propiedad de Cristóbal Quintero, vecino de Palos. Al parecer, Martín Alonso Pinzón la había alquilado en alguna ocasión y la conocía perfectamente, tal vez por ello, erróneamente, se ha creído que era de su propiedad. Pero el propio Colón nos saca de dudas en su *Diario.* El 6 de agosto escribió:

> Saltó o desencajase el gobernario a la carabela *Pinta,* donde iba Martín Alonso Pinzón, a lo que se creyó por industria de un Gómez Rascón y Cristóbal Quintero, cuya era la carabela.

La *Pinta* tenía entre 18,25 a 23,60 metros de eslora y 5,80 a 6,30 metros de manga. Su calado era de entre 1,60 a 1,85 metros.

En todo caso, por las medidas que les ofrecemos y que tomamos de la información que encuentra el visitante en el *Muelle de las Carabelas,* a tiro de piedra del monasterio de La Rábida, el lector habrá advertido que se trataba de poco más que cáscaras de nuez. En el mencionado muelle se puede contemplar la réplica exacta de las tres naves colombinas, y una vez a bordo de las mismas uno se llega a preguntar todavía con más intensidad cómo fue posible tamaña odisea. Si la muerte venía a por uno en medio del Mar Tenebroso, no había escapatoria ni escondite al que acudir. Salvo el camarote de Cristóbal Colón, toda la población de esta aventura flotante no podía estar sino en cubierta o en la bodega; o a merced de las olas en cubierta o en las tripas de madera de la nave.

La *Pinta* tuvo en Martín Alonso Pinzón a su capitán. El maestre era Francisco Martín Pinzón, y el piloto, Cristóbal García Sarmiento. En la *Niña,* el capitán era Vicente Yáñez Pinzón; el maestre, Juan Niño, y el piloto, Sancho Ruiz de Gama. Y en la *Santa María,* por supuesto, el capitán era Colón; el maestre, Juan de la Cosa, y el piloto, Pedro Alonso Niño.

Y entre aquella tripulación había unos nombres que *miss* Gould no pudo localizar: somos usted, amiga o amigo lector, y yo. Pero antes, recordemos el momento en el que nos echamos a la mar.

«LARGAD»... QUE EMPIEZA EL ÉXODO

Dice la historia que aquella minúscula armada, tras aprovisionarse de cuanto necesitaran y llenar odres de agua en la fuente de la Fontanilla, en Palos, soltó amarras al amanecer del día 3 de agosto.

Si acude hoy el visitante a la fuente de la Fontanilla, no encontrará caño alguno del que mane agua. Está la fuente seca, como seco está el paraje donde en aquellos tiempos soltó amarras la flota. Pero eso no evitó que yo permaneciera como embobado largo rato en aquel lugar, y puedo asegurar que por un instante me pareció ver el trajín del embarque, las voces de los hombres mientras se abastecían *muy mucho* de todo lo necesario. Pero cuando me froté los ojos solo quedaba el recuerdo inmortalizado por una placa en la que se lee:

> Aquí se encontraba el embarcadero desde el cual, el 3 de agosto de 1492, los marinos palermos iniciaron el viaje que les llevó a descubrir América.

Y eso, según testimonio de Antón Romero en los Pleitos Colombinos, ante la cuarta pregunta del fiscal.

¡El 3 de agosto! ¡Qué casualidad! ¿Por qué ese día?

Se cuenta que ocurrió así porque el día antes se celebraba la fiesta de la Virgen de los Milagros en el monasterio de La Rábida y los marineros locales tenían gran devoción a la imagen y desearon participar en la romería y rezar ante ella. La tradición asegura que Colón también rezó, pero a mí me cuesta imaginar una escena así. Antes al contrario, es posible que en cambio la salida de la expedición justo a finales del mes de julio tuviera otro simbolismo, y tal vez el futuro Almirante de la Mar Océana mirase con un ojo a poniente y con otro a oriente y repitiera para sí lo que ya hemos visto que dejó escrito:

> ... que al fin David, Rey muy sabio, guardó ovejas y después fue hecho Rey de Jerusalem; yo soy siervo de aquel mismo Señor que puso a David en este estado.

Y nos explicamos.

Recuerda el historiador Joseph Pérez que el decreto de expulsión de los judíos de España dictado por los Reyes Católicos tuvo forma jurídica de provisión real, y de él se conocen tres versiones. Irónicamente, una de ellas es del inquisidor Torquemada, de quien se ha dicho que pudo ser familia de la amante de Colón, Beatriz Enríquez de Arana. Y ese documento se firmó el 20 de marzo de 1492 en Santa Fe, es decir, poco más de un mes antes de que en ese mismo lugar Cristóbal Colón firmara sus misteriosas *Capitulaciones* con los monarcas.

Las otras dos versiones conocidas del decreto de expulsión fueron firmadas en Granada. Una, el 31 de marzo y por ambos reyes y válida para ambos reinos, y otra que se suele mencionar menos, la firmó solo el rey Fernando para Aragón y está fechada el mismo día y en la misma ciudad.

¿Qué dicen esos decretos, aunque entre ellos hay ciertas variantes? Pues, naturalmente, se dedican a dejar claro a todo el mundo que los judíos *por su propia culpa están sometidos a perpetua servidumbre*, de modo que no les queda otra opción que ser *siervos y cautivos*. Por todo lo cual, los católicos monarcas acordaron *de mandar salir todos los judíos y judías de nuestros reinos y que jamás tornen ni vuelvan a ellos ni alguno de ellos*. No había excepción, ni por edad ni por sabiduría. Nadie podría sacar oro, plata o moneda *amonedada* o acuñada. Deberían vender sus casas y tierras en el tiempo récord de cuatro meses, con lo que muchos se vieron obligados a malvender y a ponerse, irónicamente, en manos de usureros cristianos.

Cuatro meses. Ese era el plazo, aunque el decreto de Torquemada añadía unos días, diez, de prórroga. De modo que en los primeros días

Fuente de la Fontanilla en Palos.

Estado actual del lugar del que partió la expedición.

de agosto debían salir de Sefarad quienes en ella habían vivido durante cientos de años.

Y entonces, aquel inolvidable amanecer del día 3 de agosto, los primeros rayos de sol besaron al Almirante sin rostro. Y don Cristóbal, no sé si porque se sintió obligado a salir de aquel maldito reino al mismo tiempo que los judíos, por ser él mismo de aquella estirpe, o porque a la ciencia de estos, cartógrafos a sueldo templario en otros tiempos, debía su ciencia y su inminente fortuna, gritó: *¡Largad!* Y al mismo tiempo, en todo el sur de Sefarad, las lágrimas rodaban por las caras de miles de personas porque el país se quedaba sin otro dios, el segundo que se perdía en solo unos meses.

Y entonces don Cristóbal, como nos alerta Salvador de Madariaga, cogió recado de escribir y comenzó su *Diario* de a bordo encabezando el escrito con un punto de amargura y de ironía (*In nomine domini nostri Ihesu Christi*, garrapateó) y obsequió a los *muy poderosos príncipes, Rey y Reina de las Españas*, con un enigmático preámbulo que nunca sabremos si ellos entendieron bien, y si fue así disimularon muy bien la hiel que hubieron de tragar, o en su cortedad no captaron el mensaje. ¿Qué les escribió Colón? Léalo el lector por sí mismo:

> Así que, después de haber echado fuera a todos los judíos de todos vuestros Reinos y Señoríos, en el mismo mes de enero mandaron vuestras Altezas a mí, que con armada suficiente me fuese a las dichas partidas de Indias; y para ello me hicieron grandes mercedes y me ennoblecieron, que dende en adelante yo me llamase Don y fuese Almirante Mayor de la mar océana y Visorrey e Gobernador perpetuo de todas las islas y tierra firme que yo descubriese.

¿Qué necesidad tiene Colón de mezclar sus éxitos con la expulsión de los judíos? ¿Quiere echar en cara algo a los reyes o les obliga a recordar lo que seguramente ya saben?

Apunta Madariaga lo extraordinario que resultaba en aquellos momentos que alguien aludiese a la expulsión de los judíos ante los reyes sin añadir un párrafo adulador por ese acto, pero Colón no lo hace. En opinión de ese autor, tal silencio es en el caso de Colón *una confesión*. Yo no me atrevo a afirmar tal cosa, pero sí estoy de acuerdo en que el Almirante unió su victoria con la derrota judía por alguna razón, tal vez homenaje a quienes tanto debía, o quizá, en efecto, por ser hermano de credo de ellos. Y por si se necesitan más datos, allá va el último.

Unas líneas antes de ese párrafo del *Diario* Cristóbal Colón anuncia a los monarcas que con su viaje los pueblos que permanecían en la idolatría se verían ganados para la religión católica, lo que mucho satisfaría a *Vuestras Altezas, como Católicos cristianos y príncipes amadores de la Santa fe cristiana y acrecentadores de ella, y enemigos de la secta de Mahoma y de todas idolatrías y herejías…*

Tal y como apunta Madariaga, ¡qué mejor ocasión para haber añadido entre las *sectas* enemigas de la verdadera fe a la judía! Pero Colón no lo hace. Tal vez porque Colón (*Xpo Ferens*), como los viejos templarios, hubiera preferido una religión diferente, sincrética, tal vez un culto nuevo para un Nuevo Mundo.

Capítulo 10

Cientos de leguas de aventuras

Que me quieren perder y que mi cabeça piden bien lo sé yo e que tras de mi persona muy mucho dicen y traman y andan en echarme al mar, mas estoy seguro que en hallando adonde haya especieria y oro mucho se contentarán y calmarán. Pero las cuentas engordan y la paciencia mengua y las leguas que yo tengo en sigilo dejan mentirosas a las cartas de marear que yo guardo escondidas y secretas, y luego está el dicho Martín Alonso, que a todos gusta y trata de perderme, según yo creo.

(*Diario secreto del Almirante sin rostro*)

... El Almirante, a las diez de la noche, estando en el castillo de popa, vio lumbre...

(*Diario de a bordo*)

«... EN ESCRIBIR DIARIAMENTE...»

DEJÓ dicho Hernando Colón en su *Historia del Almirante*: *Gran diligencia observó desde aquel momento el Almirante en escribir diariamente, con todo detalle, todo lo que sucedía en el viaje*. Y así fue, por lo que parece. Colón escribió un diario de a bordo que, como seguramente ya habrá supuesto el lector, también ha desaparecido, aunque de él podamos saber ciertos detalles.

Parece que los *hombres de negro* colombinos se cuidaron muy mucho de llevarse hasta la Nada en la que habitan otro documento más que pudiera darnos luces en mitad de tantas sombras. Que hubo un diario original no parece posible ponerlo en duda. Leamos a Bartolomé de las Casas, quien afirmó que, al ser recibido por los Reyes Católicos en Barcelona al regreso de este viaje que ahora emprendemos, Colón les dejó:

> El Libro de toda su navegación y rumbos o caminos que había llevado o traído en aquel su descubrimiento y primero viaje para que se sacase un traslado que quedase en los archivos reales y después de trasladado quedaron en enviárselo.

Y parece que así se obró, y de modo juiciosamente discreto se ordenó a más de un escriba la copia de aquella joya literaria, y el 5 de septiembre de 1493 la reina Isabel remitió una misiva a Colón junto a la que parece se le enviaba una de aquellas copias del libro que, en palabras de la reina, *acá dexasteis*. Por tanto, los Archivos Reales se quedaban con el original, pero, como tantas veces hemos visto en esta aventura, ese manuscrito se esfumó.

Es verdad que otros manejaron alguna copia para sus escritos, como el propio hijo del Almirante, Hernando Colón, y Bartolomé de las Casas, gracias al cual podemos leer hoy una versión extendida con frases del Almirante que parecen ser auténticas y otros fragmentos por el propio dominico añadidos. Y ese diario, tanto en la versión que ofrece Hernando como la que da Las Casas, será la fuente básica para que nos dé la brisa marina en la cara como al centenar de hombres que dejaron atrás la barra de Saltés un histórico día y marcharon a otro mundo.

«... NAVEGAR TANTO QUE YO LLEGASE A LAS INDIAS»

Leemos, en la versión del *Diario* que ha llegado a nosotros, que desde Canarias pretendía Colón *tomar mi derrota y navegar tanto que yo llegase a las Indias*. Y eso es lo comúnmente admitido: que Colón pretendía ir a las Indias por una nueva ruta jamás espumada por cristiano alguno o fiel de ninguna otra especie. Pero ya hemos visto que Colón siempre confunde, tanto en lo que dice como en lo mucho que silencia, y lo que sí parece claro es que tenía informaciones privilegiadas de por dónde iba y hacia dónde ponía proa. ¿Hay base para tal afirmación? Sin duda, muchas pruebas podremos encontrarnos a lo largo de las próximas leguas que vamos a compartir juntos, pero ya ahora podemos esbozar ideas.

Luis Arranz estima que el objetivo de Colón era llegar a Cipango (Japón), que, según los cálculos de Toscanelli, estaría a 375 leguas de la costa de Catay (China), dado que las leguas, según el cálculo colombino, equivalía cada una a cuatro millas; por tanto, estaba Cipango a 1.500 millas de Catay. Es más, todo el mundo sostiene que Colón cree pisar Cipango en la isla que él bautiza como La Española, lo que no deja de ser sorprendente en gran medida, puesto que, si sabe que está en reino ajeno y que este tiene nombre, no se acaba de explicar uno cómo es que toma posesión en representación de los reyes españoles y además lo *bautiza* con otro nombre. ¿O es que no era Cipango lo que Colón buscaba?

El caso es que en el *Diario*, el día 9 de enero, a punto de emprender el viaje de regreso, leemos:

Representación de Colón en el Muelle de Las Carabelas.

> Dice que esta noche, con el nombre de Nuestro Señor, partiría a su viaje (de regreso), sin más detenerse en cosa alguna, *pues había hallado lo que buscaba,* porque no quiere más enojo con aquel Martín Alonso... (la cursiva es nuestra).

¿Qué era lo que buscaba? En cuanto a sus *enojos* con Pinzón, algo hemos anunciado y mucho más desvelaremos en breve. Sobre lo que pretendía nuestro escurridizo personaje, cree encontrar Juan Manzano una respuesta clara en el Privilegio dictado por los reyes el 30 de abril de 1492. Leamos la versión que ofrece Navarrete:

> Vos, Cristóbal Colón, vades por nuestro mandado a descubrir e ganar, con ciertas fustas nuestras e con nuestras gentes, ciertas islas e tierra firme de la mar Oçéana, e se espera que, con la ayuda de Dios, se descubrirán e ganarán algunas de las dichas islas e tierra firme en la dicha mar Oçéana, por vuestra mano e industria...

Estima Juan Manzano que Colón pretendía ganar *ciertas islas y tierra firme,* pero en su opinión sería una de las dos tierras firmes que sabía que había tras las informaciones del anónimo protonauta. Una de esas tierras firmes sería la de *acá*, es decir, la zona del golfo de Paria (inmediaciones de Venezuela), y la otra sería propiamente el continente, tal y como cree Manzano que lo debía ver Colón. Y este autor insiste en el término *ciertas* usado en el texto y cree que demuestra que tenían certeza los Reyes y también Colón de su existencia, lo que reforzaría la teoría del protonauta.

La misma fuente cree encontrar así explicación al acierto pleno de Colón al encontrar las *ciertas islas*, porque de ellas le había hablado el moribundo piloto, y el error que cometió al creer que La Española era Japón y que a 375 leguas estaría China, y eso le pasó, según Manzano, porque se guio para ello de los cálculos de Toscanelli.

Sin embargo, otros autores, como Nito Verdera, no están tan seguros de que Colón cometiera tantos errores y creen que sabía con mucha seguridad por dónde andaba. Y para él, y también para mí, la mejor prueba fue el itinerario elegido para viajar hacia el otro lado del Atlántico. Por otra parte, podrían haber sido más explícitos los monarcas en el Privilegio y haber anotado, para que no hubiera duda, que Colón iba a Cipango y a la tierra de Catay, dado que, como veremos, entregan a Colón cartas para el poderoso monarca de ese reino. Curiosamente, al mismo tiempo que pretenden hacerse con su oro, to-

Partida del puerto de Palos. Monasterio de La Rábida.

mar las islas próximas militarmente y engatusar a los lugareños con cascabeles y abalorios. Sin duda, todo un plan y extraño alarde diplomático.

«... LLEVÉ EL CAMINO DE LAS ISLAS CANARIAS...»

Y así comienza la aventura, tal y como leemos en el *Diario*:

> ... y partí de dicho puerto [Palos] muy abastecido de muy muchos mantenimientos y de mucha gente de la mar, a tres días del mes de agosto de dicho año, en un viernes, antes de la salida del sol, con media hora, y llevé el camino de las islas Canarias de Vuestras Altezas.

Nuevo debate: ¿por qué Canarias? ¿Cómo es que tuvo el acierto espectacular nuestro hombre de situarse a merced de los vientos alisios que habrían de mermar la duración de un viaje jamás realizado por nadie antes, supuestamente?

Podemos buscar explicaciones tranquilizadoras para los espíritus. Juan Manzano propone dos muy buenas. La primera, nos dice, porque Canarias era *la base más adelantada que poseían los Reyes españoles en el Océano*; la segunda, porque *no tiene otra opción posible* debido al Tratado de Alcáçovas de 1479, que dividía las aguas atlánticas, dejando para Portugal los mares *para abajo contra Guinea*. Por tanto, Colón no podría ir más hacia el sur en busca de mejores vientos y debía contentarse con seguir siempre el paralelo 28 para no vulnerar el espacio marítimo portugués.

Esto último parece confirmarse al leer el *Diario*, pues días más tarde, no lejos de El Hierro, una carabela se cruza con ellos y les informa de que tres buques portugueses rondan la zona *para lo tomar*, en referencia a Colón. Las Casas atribuye el incidente a la envidia del rey portugués, pero lo que ocurre es que los lusos estaban en patrulla de vigilancia para que no se violase su territorio marítimo.

A todo esto no hay objeción alguna. Es cierto que había un determinismo político que obligaba a no bajar más al sur y también que Canarias era el trampolín más occidental de España, pero no es menos cierto que si Colón no supiera con certeza adónde iba, podría haber sucedido que el destino final, navegando como lo hizo siempre en línea recta, estuviera más lejos. Nos explicamos: si no sabía adónde iba, ¿cómo sabía que Canarias estaba más cerca de ninguna parte navegando en línea recta? Sí, es cierto que se podrá argumentar que Colón dispone de la carta de Toscanelli y en ella hay un retrato burdo de unas tierras a las que supuestamente marcha Colón, pero es que no está claro que el Cipango de Toscanelli fuera el Cipango que Colón ansiaba.

Hay una explicación más lógica: Colón sabe adónde va, tiene mapas e instrucciones precisas que le ha facilitado, como cree Manzano, el protonauta, pero es muy posible que eligiese Canarias también por otra razón. Hubo otros hombres antes que Colón que en otros tiempos tuvieron en Canarias su base de operaciones, y esos hombres fueron los monjes-soldados del Temple. Si Colón poseía información relacionada con ellos, tal vez eso vendría a explicar su itinerario, sin excluir todo cuanto se añade para aclararlo.

SABOTAJE

A la luz de lo que nos dice el *Diario* y de lo que narra Hernando Colón, había marejada de fondo entre la marinería que acompañaba al Almirante desde el primer momento, pero tiene gracia que casi siempre la protagonista de estos incidentes fuera la nave capitaneada por Martín Alonso Pinzón, la *Pinta*. Y es que no habían hecho más que partir, prácticamente, cuando hay sabotaje a bordo. Era el día 6 de agosto y esto recoge el *Diario*:

> Saltó o desencajose el gobernario a la carabela *Pinta*, donde iba Martín Alonso Pinzón, a lo que se creyó o sospechó por industria de Gómez Rascón y Cristóbal Quintero, cuya era la carabela, porque le pesaba ir aquel viaje...

Algo parecido, aunque confundiendo el día, pues era viernes y Hernando escribió que sucedió en sábado, nos dice el hijo del Almirante:

> El día siguiente, sábado [...] a una de las carabelas, la Pinta, se le saltaron los pernos del timón.

Y añade que Colón *temía que la avería se hubiera debido a astucia o malicia del patrón, queriendo de esa manera librarse del viaje, como ya antes de la partida había intentado hacer.*

Y a tenor de las informaciones del *Diario*, al día siguiente hubo de nuevo avería a bordo de la *Pinta*. Todo lo cual obligaría a echar amarras en Gran Canaria a esta carabela mientras Colón pasó adelante hasta la Gomera. ¿Por qué allí? Algunos autores creen ver razones estratégicas ineludibles en esa maniobra, pero otros buscan las explicaciones en los encantos de doña Beatriz Fernández de Bobadilla.

¿Quién era esa mujer? Se trataba de la viuda de Andrés de Cabrera, amiga de la reina y, a decir de algunos colombinistas, uno de los apoyos del marinero en la corte. Otros van más lejos y sostienen que entre ellos hubo algo más que relaciones corteses, y que por eso Colón echó el ancla de la *Santa María* en la Gomera para esperar allí a la *Pinta,* que debía repararse. Pero mal le salió la jugada a Colón, porque resultó que doña Beatriz no estaba en la isla, que estaba en Gran Canaria, aunque se la esperaba en breve.

Al respecto de las reparaciones en las carabelas no hay acuerdo entre el *Diario* y la *Historia del Almirante,* puesto que en aquel se indica que fue a la *Pinta* a la que se cambió el velamen para hacerla *redonda,* porque *era latina,* mientras que en la obra de Hernando Colón se dice que fue la *Niña* la que sufrió esos cambios: *Se le cambia la vela latina en cuadra, para que pudiera seguir a los otros barcos con más tranquilidad y menor peligro.*

Dos hechos enigmáticos, además del sabotaje, tienen lugar antes de partir de las Canarias y los vamos a mencionar brevemente. El primero

Colón reparando las naves en Canarias. Plaza de España de Sevilla.

es una alusión que encontramos en el *Diario* a la misteriosa isla de San Borondón o Barandán, que las leyendas aseguran que es visible en algunas ocasiones como si fuera un islote fantasma del archipiélago:

> [Las gentes decían] que cada año veían tierra al oeste de las Canarias, que es al Poniente, y otros de la Gomera afirmaban otro tanto con juramento.

Y además el Almirante parece darle cierto crédito a la leyenda al recordar que estando él en Portugal en 1484 vino un hombre de la isla de Madeira al rey portugués a pedir una carabela para ver esa tierra, *el cual juraba que cada año la veía siempre de una manera.*

El segundo suceso sorprendente tiene lugar al navegar cerca de la isla de Tenerife, cuando *vieron salir gran fuego de la sima de la isla de Tenerife, que es muy alta en gran manera.* Y esto es muy curioso por el hecho de que, según fuentes de la Estación Vulcanológica de Canarias, dependiente del Centro Superior de Investigaciones Científicas (CSIC), no hay constancia histórica de ninguna erupción en el Teide en esas fechas. Y esto abre el episodio a todo tipo de posibles explicaciones, desde un incendio forestal hasta arriesgadas alusiones a objetos luminosos de origen desconocido en lo alto del volcán, como algún

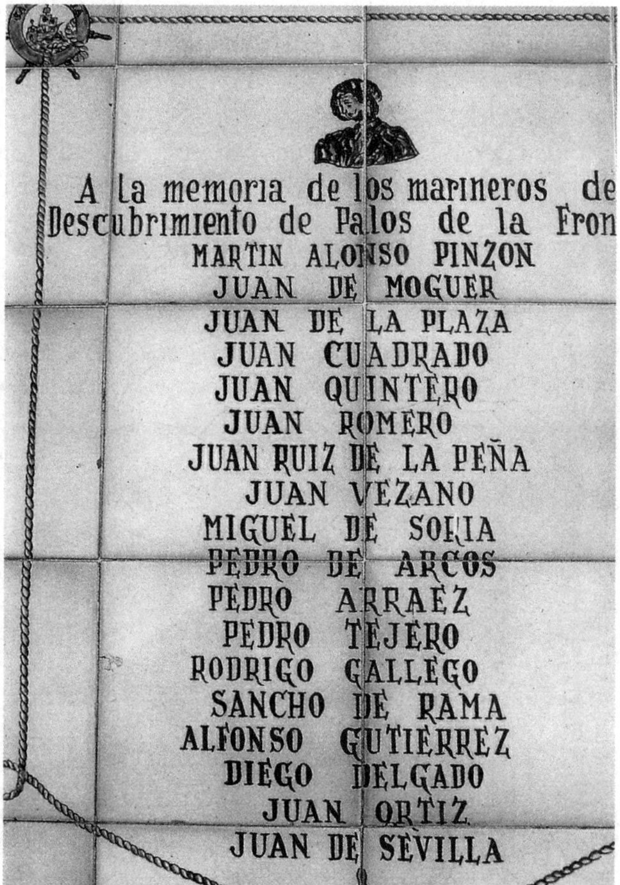

Monumento en recuerdo a los marineros en Palos.

autor osado ha propuesto, algo que, ya veremos en breve, volverá a plantearse en medio del océano.

El caso es que solucionados los problemas técnicos y aprovisionados de carne, leña y agua, el 6 de septiembre de 1492, tal y como escribe Hernando Colón, *se puede considerar como el principio de la empresa y de la travesía por el océano.* Y la misma fuente nos sitúa muy bien en el inquietante escenario que poco después se ofreció a los ojos espantadizos de los marineros:

> Al amanecer del domingo comprobó que se hallaba a nueve leguas a occidente de la isla de El Hierro; fue el día que perdieron la tierra de vista, y temiendo que no iban a volver a verla en mucho tiempo, muchos se pusieron a suspirar y a llorar.

¡Lejos estaban de suponer que algunos jamás volverían a sus casas!

Las cuentas falsas de un navegante desorientado

Los marineros lloran, escribe Hernando Colón, y tal vez lo hace para destacar aún más los perfiles de la apolínea imagen que pretende dar de su padre, pero lo cierto es que en breve advertiremos los primeros sudores fríos recorriendo la espalda de Colón porque no sabe bien dónde está, y será de nuevo el enigmático Martín Alonso Pinzón quien emerja como salvador de esta empresa.

En efecto, los marineros tienen miedo, pero ¿cómo no tenerlo si no saben hacia dónde navegan? Cristóbal Colón, como bien apunta Juan Manzano, sabe su destino, de modo que no es tanto su valor como Hernando, su hijo, quiere presentar. Y aunque Hernando lo disimule, también Martín Alonso sabía el destino, de modo que el resto navegaba en la ignorancia y no es extraño que años después, en los Pleitos colombinos, en la probanza del fiscal Villalobos en 1535, el testigo Francisco Medel dijera:

> Pensavan que yban a la muerte e que nunca más avían de volver, pero se esforçaban con ver que el dicho Martín Alonso en persona iba allí.

Martín Alonso era su guía, que no Colón. Pinzón era quien los había embarcado y prometido algo que solamente quien sabía el destino podía prometer, como declaró en los mismos pleitos Fernánd Yánez y recoge Manzano:

Casa de la Aguada, donde Colón repostó en La Gomera.

> [Martín Alonso dijo a los marinos de Palos] que segund fama avemos de fallar las casas con tejas de oro, e todos verney rricos e de vuena ventura.

Las palabras de Pinzón demuestran que tenía iguales ideas a propósito de los lugares que iban a descubrir que el mismísimo Colón. ¿Cómo lo supo? Según Manzano, porque Colón se lo había dicho a los capitanes, tal y como escribe Hernando:

> [7 de octubre] Les había dicho que no esperaba encontrar tierra hasta tanto que no huviesen caminado setecientas cincuenta leguas al occidente de Canarias, en cuyo paraje había dicho que encontraría La Española llamada entonces [por él] Cipango.

Esta afirmación demuestra claramente que Colón sabía muy bien su camino, puesto que era capaz de asegurar con gran pulso que no hallarían tierra hasta que hubieran navegado exactamente setecientas cincuenta leguas. Y también esa afirmación permitiría pensar que fue así como Pinzón obtuvo sus conocimientos de por dónde navegaban, pero se ha de recordar que las afirmaciones anteriores del testigo Fernánd Yáñez demuestran que el marino palermo ya hablaba de esas tierras supuestamente llenas de oro antes de partir de la Península.

¿Se lo dijo Colón? ¿Fue fray Antonio de Marchena? ¿O fue fruto de los polémicos papeles que dicen que trajo del Vaticano?

Antes de responder a esas cuestiones, vamos a observar de nuevo el comportamiento hermético de Colón, quien el día 9 de septiembre, según leemos en el *Diario*, comienza a llevar una doble contabilidad de las leguas navegadas y ofrece los datos falsos al resto de la expedición mientras él custodia para sí las cuentas verdaderas:

Colón y los marineros de Palos. Monasterio de La Rábida.

> 9 de septiembre. Domingo. Anduvo aquel día 15 leguas, y acordó contar menos de las que andaba, porque si el viaje fuese luengo no se espantase y desmayase la gente.

Esta doble contabilidad, de la que se nos habla una y otra vez en el *Diario*, hará que lentamente engorde la cuenta verdadera y lo haga mucho menos la que ofrece a sus compañeros de viaje. Veamos, por ejemplo, cómo estaban las cosas el día 1 de octubre:

> La cuenta menor que el Almirante mostraba a la gente eran 584, pero la verdadera que el Almirante juzgaba y guardaba eran 707.

¿Qué demuestra esto? En primer lugar, es una clara imagen de la borrosa personalidad del Almirante, siempre desconfiado, pero también es la muestra de que esas seguridades que pregonaba de encontrar tierra en un preciso momento de la travesía parecen ahora fanfarronadas. ¿Sabe o no sabe por dónde anda? ¿Es que solo tiene indicios o es que no sabe leer las cartas de navegación secretas de que dispone?

Pero aclaremos esa insinuación nuestra a cartas secretas. Hay alusiones claras de que Colón guarda naipes en la manga en el propio *Diario*:

> Martes. 25 de septiembre. Iba hablando el Almirante con Martín Alonso Pinzón [...] sobre una carta que le había enviado tres días había a la carabela, donde según parece tenía pintadas el Almirante ciertas Islas por aquella mar.

Colón tiene mapas, por lo que se ve. En esos mapas tiene pintadas *ciertas islas*, y vemos que Pinzón lee esa carta, pero luego sacaremos conclusiones de quién de los dos parece mejor marino a la hora de interpretarla. Pero antes quiero detenerme en otro incidente misterioso que sucedió el día 15 de septiembre y que ha dado motivo para la especulación sobre su naturaleza, a la vez que nos hace recordar el inexplicado fuego que advirtieron en el Teide. Leamos lo que dicen el *Diario* y la *Historia del Almirante* sobre lo ocurrido ese día. El hijo del Almirante escribió:

> Hallándose a casi trescientas leguas a occidente de la isla de El Hierro, por la noche cayó del cielo una maravillosa llama de fuego.

¿Qué era esa *llama de fuego* que del cielo cayó al mar? En el *Diario* se la denomina *ramo de fuego*, pero en ningún caso se explica su naturaleza. ¿Objetos Voladores No Identificados? Eso ha creído ver algunos autores.

Mientras, la marinería empieza a murmurar, y observa además que los vientos no son propicios. Hernando Colón resuelve la incomodidad de unos inexistentes vientos que los tiene retenidos durante unos días presentando de nuevo a su padre como un profeta; como un profeta, naturalmente, judío:

> Él sostiene que en aquella ocasión Dios le ayudó como hizo con Moisés cuando sacó a los hebreos de Egipto [...] porque inmediatamente, el domingo siguiente, día 23, se levantó un viento oestenoroeste como sus hombres pedían.

El día 3 de octubre Colón cree que ha dejado atrás las islas que pretendía localizar:

> Creía el Almirante que le quedaban atrás las Islas que traía pintadas en su carta.

¿Qué carta era esa? ¿Era la misma que mostró a Pinzón? ¿Tenía que ver con los diseños de Toscanelli y este se había equivocado, como dice Hernando Colón para salvar la cara a su padre? ¿O es carta dibujada siguiendo las indicaciones del protonauta, como prefiere Manzano? ¿O tiene que ver con lo que quiera que Colón robó en Portugal y que, en mi opinión, podía guardar relación con las informaciones de cosmógrafos judíos a sueldo del Temple?

Sea la fuente que fuera la que dio noticias a Colón para disponer de aquella carta, el navegante no tiene ni idea de por dónde anda. Está desorientado, perdido, pero no puede reconocerlo ante una marinería que siempre desconfió de él, y desoyendo las propuestas de buscar esas islas, escribe Hernando, pasaron adelante para *no perder la autoridad y el crédito de su viaje andando a tientas de un lugar a otro, buscando aquello que siempre había afirmado saber con mucha certeza.*

Colón anda dando tumbos por las aguas de 27°, pero las islas que tenía dibujadas estaban al sur, entre los 18° y 20°. ¿No sabe leer las cartas de marear? ¿Se ha vuelto loco? ¿Son siempre los demás los que se equivocan, como pretende Hernando Colón, o es que su padre no era tan gran marino como lo retrata?

Y ahora llega lo mejor. ¿Sabe el lector quién acude al rescate del Almirante y lo saca de su error? ¡Martín Alonso Pinzón!

En efecto, es el palermo el que le dice al Almirante que varíen el rumbo. Todo sucede el día 6 de octubre, con la tripulación totalmente soliviantada:

> Esta noche dijo Martín Alonso que sería bien navegar a la cuarta del Oueste [...], y al Almirante le pareció que no.

Colón no quiere dar su brazo a torcer. Los murmullos de los marinos pronto serán clamores. Las tensiones entre Cristóbal Colón y Martín Alonso Pinzón reaparecen y son muchos los que creen ver en estas indicaciones de Pinzón, que luego se verá que eran todo un acierto, que el andaluz sabía bien por dónde se andaba. Y si no tenía informaciones privilegiadas traídas del Vaticano, al menos demostró ser un marino mucho más diestro que nuestro personaje.

Curiosamente, y eso debería mover a la reflexión, Hernando Colón se salta en su relato lo ocurrido el día 6 de octubre, cuando Pinzón desafía la autoridad de Colón y lo ridiculiza al indicarle cuál es el camino. La *Historia del Almirante* nos propone un salto desde el día 4 al 7 de octubre. Nunca se vio semejante semana sin viernes ni sábado. ¡Bravo por don Hernando!

Dos noches que cambiaron la historia: «Se consultaban sobre echarlo al mar»

Muchas voces amordaza Hernando Colón. Son las de los marineros que murmuran y miran de reojo al loco que en esa suerte incierta los ha puesto. En la *Historia del Almirante* se nos deslizan pistas de lo que sucedió en las noches del 6 de octubre y del 9 de octubre, que bien podemos decir que son dos de esas fechas en que la Historia pudo haber variado para siempre. Y es que el hijo del Almirante deja caer que, ya a finales del mes de septiembre, había marejada, pero no en el mar, sino a bordo:

> Así seguían murmurando día tras día, quejándose y conspirando. El Almirante sospechaba de su inconstancia y de las malas intenciones que abrigaban hacia él.

E incluso llega a escribir Hernando que su padre en ocasiones se sentía *ya preparado para morir*. Y el día 3 de octubre, fecha en la que

Los marineros oteaban el horizonte desde el palo más alto.

ningún otro cronista dice que sucediera nada extraordinario, Hernando Colón asegura que *los hombres estuvieron a punto de amotinarse, perseverando en sus murmuraciones y conjuras*. Pero entonces emerge de nuevo el profeta y añade la misma fuente que *Dios vino a socorrerlo con nuevas señales*. Quiere decir que Dios puso ante sus narices aves más propias de tierra que de mar, maderas flotando en el agua y otras indicaciones que aumentaron el ánimo de las tripulaciones, hasta el punto de que desde la *Niña* alguien gritó *¡tierra!* a destiempo, pues era equivocación, que allá adelante no había nada más que un mar irritantemente eterno y que ya iba tomando la forma de fosa en la que enterrar a Cristóbal Colón.

¿Por qué dice Hernando que hubo jaleo el día 3 cuando sabe muy bien que ocurrió el día 6 de octubre, justo cuando Pinzón recomendó al Almirante que variara su rumbo y este hizo oídos sordos?

Aquella noche estalla el motín entre los marineros de la *Santa María* en exclusiva, según confirman los cronistas. Los marineros andaluces de la *Pinta* y de la *Niña* se mantienen fieles a las órdenes de los Pinzón, aunque de buena gana ahogarían también al siniestro capitán que los había conducido a ninguna parte.

Pedro Mártir de Anglería, en su *Décadas del Nuevo Mundo,* describe perfectamente la evolución del ánimo de los marinos, entre los cuales nos contamos usted, lector, y yo mismo:

> Sus compañeros españoles comenzaron primeramente a murmurar; después a instarle con manifiestos denuedos y a pensar en matar a su guía; finalmente se consultaban sobre echarlo a la mar.

En términos similares se expresa otro cronista de la época, Gonzalo Fernández de Oviedo:

> He llegó la cosa a tanto que le certificaron que si no se tornaba, le farían volver de mal de su grado, o le echarían en la mar.

Colón logra salvar la vida y su aventura pidiendo una prórroga para dar con las ansiadas tierras que llevaba dibujadas en su enigmática carta, y lo logra gracias a que los dos hermanos Pinzón se ponen aún de su lado.

Pero los días fueron pasando y no había más que azul arriba y azul abajo en el microcosmos de aquella minúscula armada.

Todo tiene un límite, incluida la paciencia, y cuando Hernando Colón se salta en su relato la noche del día 9 de octubre, debemos ponernos en lo peor, máxime cuando de lo ocurrido entre ese día y el día 11 tampoco encontramos en el *Diario* más que una vaga frase:

> Aquí la gente ya no lo podía sufrir: quejábanse del largo viaje. Pero el Almirante los esforzó lo mejor que pudo, dándoles buena esperanza de los provechos que podrían haber.

Aquella noche del día 9, cumplida la prórroga que le habían dado los marineros a Colón días antes para encontrar tierra, estalló el motín, pero ya no solamente en la nao capitana, sino en los tres navíos. Había que acabar de una vez por todas con aquel tipo y con su delirante proyecto. En la *Niña* se llevaban contabilizadas 860 leguas; en la *Pinta* 844 leguas, pero lo que no sabían, porque de haber estado en ese secreto allí mismo le hubieran servido sin aliñar a los tiburones, es que en las cuentas secretas de Colón se habían superado con creces las 1.000 leguas. ¿Dónde diablos estaban aquellas tierras que dijo que hallarían a las 750 leguas? ¿No los había alertado incluso de que cuando llevasen 700 leguas había que estar prevenido y no navegar de noche sino dejar los barcos al pairo hasta el amanecer previendo que a esa altura había gran número de minúsculas islas?

Colón está perdido. No es consciente de que el archipiélago que en el segundo viaje bautizará como las *Once Mil Vírgenes* y que él presentaba como la *Entrada a las Indias* está más al sur. Colón parece haber oído campanas, pero no sabe dónde. O, lo que es más preocupante, tiene unas cartas de marear y no sabe leerlas.

Y en ese contexto de extrema tensión, esto fue lo que sucedió, insulto arriba o insulto abajo, aquella noche histórica, y los datos se los debemos a los esfuerzos de Alicia B. Gould que tuvo la paciencia de recuperar los testimonios que en los Pleitos dieron tipos como Francisco Morales, el cual contó lo que Juan Niño le dijo a propósito de esos hechos.

Ocurrió que la marinería dejó de cuchichear y pasó a la acción. Los tres maestres se juntan en la *Santa María*. El propósito es claro: o regresan a Castilla o matan allí mismo a Colón. Nosotros, marineros de a pie, aguardamos expectantes lo que de allí nazca.

Así declaró al fiscal el tal Morales:

> Se juntaron los tres maestres de tres navíos que traía el dicho primer viage e que se pusieron a requerir al dicho Almirante que bolviese a Castilla.

Colón saca valor u orgullo de alguna faltriquera oculta y responde que no da marcha atrás: *El Almirante les respondió que no curasen de aquello.*

Los nervios de los presentes son arcos dispuestos a dispararse. Los marinos echan mano de lo más afilado que tenían cerca para rebanar el pescuezo al Almirante:

> Los maestres y marineros le dixeron que no se pusyese en aquello que no lo avían de consentir, e que para esto tomaron armas.

Y entonces tiene lugar la intervención de Martín Alonso Pinzón y Colón mantiene con él una conversación que debió ser fascinante, tensa, repleta de retos y miradas asesinas y que bien hubiera valido unos micrófonos ocultos en la cámara del capitán de la *Santa María*. Según declaró en 1515 al fiscal el testigo Manuel de Valdovinos, tal y como recoge Juan Manzano, Colón pidió una prórroga y puso su cabeza a disposición del personal si erraba:

> Que tenga yo conmigo este día y esta noche, e si no vos diese tierra antes del día y antes de por la mañana, cortarme la cabeza e bolveros heys sy no vos la diere…

¿Qué más se dijeron Martín Alonso y Colón aquella memorable noche? ¿Acierta Manzano al suponer que el futuro Virrey de las Indias, para salir con vida de aquella, reveló al Pinzón su gran secreto, es decir, la información que le había facilitado el protonauta? ¿Qué reproches y juramentos se hicieron que mes y medio después, ya en el viaje de regreso, Colón escribe en su *Diario* el 21 de noviembre y en referencia a Pizón: *otras muchas me tiene hecho y dicho*?

Y así fue como, una vez más, el visionario, el profeta bíblico, se nos escapó a los marineros de las manos y no lo pudimos ahogar allí mismo, sin más ceremonias ni solemnidades.

RODRIGO DE TRIANA, EL MARINERO ROBADO QUE JAMÁS EXISTIÓ

Cuando el Almirante era más dueño de la situación, antes de todos estos agrios episodios, había establecido una serie de normas según las cuales había que obrar en caso de ver tierra. Hernando Colón nos dice:

> Tenía también ordenado que al salir del sol y al ponerse se juntasen [los tres barcos], porque estos dos tiempos son más propios para que los humores den más lugar a ver más lejos.

Y en caso de que alguien viera tierra, el barco en el que viajara debía disparar lombardas e izar banderas, lo que hizo, como ya vimos, la *Niña* cuando creyó ver costa donde no había sino mar. Pero algo más debían tener en cuenta:

> … para evitar que cada poco tiempo se suscitaran falsas alegrías gritando: «¡Tierra, tierra!», se había establecido que el que dijese que la había visto y ello no resultase cierto en un plazo de tres días se le castigase con la pérdida de la renta, aunque luego la viese de verdad.

¿Qué *renta* era la que perdería quien cometiera esa equivocación? Se trataba de un premio otorgado por los reyes que ascendía a 10.000 maravedíes. Y lo que ahora va a suceder demuestra el carácter ciertamente soberbio y vil de Cristóbal Colón. No se lo pierdan.

Escribe Hernando Colón lo siguiente para justificar el miserable comportamiento de su padre:

> Dos horas antes de medianoche, hallándose el Almirante en el castillo de popa, vio una luz en tierra, aunque él advierte que era tal la oscuridad, que no se atrevió a asegurar que fuese tierra.

Dice Hernando que, ante la duda, Colón llama al despensero del rey, Pedro Gutiérrez, y le pregunta si él también ve aquella candela a lo lejos. Y el interpelado, nunca sabremos si dijo eso o no, aseguró que sí, que también veía la luz. Y deciden entonces llamar a Rodrigo Sánchez, para igual comprobación, pero este no ve nada porque, afirman Hernando Colón, la luz *desaparecía y reaparecía rápidamente.*

En el *Diario* se escribió que Cristóbal Colón vio *como una candelilla de cera* y que creyó que se trataba de la luz de algún pescador. Pero nadie gritó *¡tierra!*

Transcurridas dos horas, como la *Pinta* era más velera, estaba por delante de las otras dos, y entonces *un marinero llamado Rodrigo de Triana* ve tierra y grita su alegría a los cuatro vientos. Él pasará a la historia y, lo que sin duda le importaba mucho más, para él había de ser la recompensa real. Pero Colón, miserable y orgulloso más allá de todo límite, le niega el premio porque, leemos a Hernando, el Almirante había sido el primero en descubrir *por haber visto la luz en medio de la oscuridad, simbolizando la luz espiritual que él había llevado hasta aquella tinieblas.*

Allí mismo debía haber dado muerte Rodrigo de Triana a este arrogante y mentiroso Almirante que iba a convertirse al alba, puesto que son ahora las dos de la madrugada del día 12 de octubre de 1492, en Virrey de aquella tierra y Almirante de la Mar Océana y le niega esa recompensa a un pobre marinero. Esos 10.000 maravedíes, para colmo de su infamia, Colón los hará llegar tiempo después a la mujer que le parió a su segundo hijo, Beatriz Enríquez de Arana, como quien tira un mendrugo de pan a un perro.

¿Pudo ver realmente Colón aquella dudosa *candelilla*? Según la opinión de Samuel E. Morison, fue imposible que viera nada. Escribe Lucena que *el Almirante Morrison comprobó que a dicha hora la flotilla española estaba a 35 millas de las islas Bahamas, desde donde era totalmente imposible que nadie viese tierra alguna, y menos «candelillas» de indios, ya que no se veía ni un faro que existía en la isla de Watling.*

Pero las mentiras y las inexactitudes son la atmósfera propia que se respira en las aventuras de Cristóbal Colón, y ahora solo nos falta decir al lector que el marinero que la tradición afirma que se llamaba Rodrigo de Triana jamás existió y que su nombre era Juan Rodríguez Bermejo.

En efecto, hasta tres testigos declararon en 1515 que el nombre del marinero que avistó tierra en primer lugar se llamaba de ese modo. La paciente Alicia B. Gould exhumó sus declaraciones que ahora resumimos en lo esencial.

El testigo Francisco García Vallejos declaró:

> En esto aquel jueves en la noche aclaró la luna, e un marinero que se dezía Juan Rodríguez Bermejo, vecino de Molinos, de tierra de Sevilla, como la luna aclaró, del dicho navío de Martín Alonso Pinzón vido una cabeza blanca de arena, e alzó los ojos e vido la tierra, e luego arremetió con lombarda e dio un trueno: ¡Tierra, tierra!...

El testigo Manuel de Valdovinos se expresó de igual manera: *... e que yendo navegando al quarto vido la tierra un Juan Bermejo de Sevilla, e que la primera tierra fue la isla de Guanahani.*

Finalmente, Diego Fernández Colmenero, al ser interrogado por el fiscal, también llamó Juan Bermejo al verdadero primer marino que vio la tierra americana en aquella expedición.

Se podrá argumentar que los dos últimos testigos contaron lo que les refirió tiempo después Vicente Yáñez Pinzón, y es cierto, pero no lo es menos que el primero de ellos, Francisco García Vallejos, fue testigo presencial, pues formaba parte de la tripulación.

¿Por qué le dio ese nombre Colón en sus escritos? Navarrete, ingenuamente, escribía en 1825 que eso fue así tal vez porque siendo Colón extranjero, como Navarrete pensaba, erró el Almirante y en lugar de Rodríguez puso Rodrigo, y siendo el marino de Sevilla lo apodó Triana *por creerlo avencindado o haberlo conocido allí.* Pero es una explicación tan pueril que no se sostiene. Antes al contrario, Colón sabría muy bien el nombre de aquel marino que le podía quitar la gloria y las albricias de los reyes y pretendió silenciar su verdadero nombre. Esa puede ser una posibilidad muy sólida conociendo a Colón.

CAPÍTULO 11

Oscuridad en el Nuevo Mundo

Vide tierras y peces y árboles que son bellos a maravilla, tal y como yo había leído y sabía, y llegueme a los hombres de aquellas islas, que bien sabía yo que no eran las que a los demás yo mismo dezía, y les vi bien hechos y algunos de piel blanca que yo supe que eran hijos de aquellos a los que tanto debo y en mi recuerdo guardo. Y en mitad de la oscuridad de aquella travesía, apareció Monte Christi y miré al cielo, de donde otros hombres una vez llegaron a estas tierra y di gracias al Señor de David y Salomón. . .

(*Diario secreto del Almirante sin rostro*)

Y entendíamos que nos preguntaban si éramos llegados del cielo.

(CRISTÓBAL COLÓN, *Diario de a bordo*)

ESTE, ciertamente, debiera ser el capítulo que más consenso y mejores digestiones provocase entre todos los que se han acercado a la inquietante figura de Cristóbal Colón, pues estamos a punto de llegar a las Indias y nos aprestamos a oficiar de *descubridores*. Sin embargo, enseguida *descubrirá* otro mundo el lector: ni Colón parece saber bien por dónde anda, ni tampoco tienen clara la derrota los investigadores.

PRIMER MISTERIO EN EL NUEVO MUNDO: LOS HOMBRES DEL CIELO

Estamos a punto, estimado lector, de subir a bordo de las chalupas que desde las tres naves se botan para saltar a tierra. Chapotea la madera en aguas limpias como jamás vimos y en Colón se inflama el pecho de orgullo mientras sus ojos escrutan aquella tierra. Con las pulsaciones domadas, leeremos después en el *Diario*:

> ... hasta el día viernes, que llegaron a una isleta de los Lucayos, que se llamaba en lengua de indios Guanahani...

Esta pequeña isla de las Bahamas, a la que el navegante muda de nombre y la bautiza como San Salvador, merece esta descripción de Hernando Colón:

> Una isla de quince leguas de longitud, llana y sin montañas, llena de árboles muy verdes y transparentes aguas y con una gran laguna en medio.

Saltamos a tierra. El Almirante y los otros dos capitanes, Martín Alonso y Vicente Yáñez Pinzón, vienen con él y con gente de armas. Llevan grandes banderas de cruz verde e insignias con las iniciales de los monarcas y toman así acomodo en las recién halladas tierras. Y entonces se produce el primero de los sucesos ciertamente singulares que comienza embadurnar de oscuro el caso del *Descubrimiento*. Leamos el *Diario*:

> El Almirante llamó a los dos capitanes y a los demás que saltaron a tierra, y a Rodrigo de Escobedo, escribano de toda la armada, y a Rodrigo Sánchez de Segovia, y dijo que le diesen por fe y testimonio como él por ante todos tomaba, como de hecho tomó, posesión de la dicha Isla por el Rey y por la Reina sus señores…

Con palabras muy similares rememora el histórico acto Hernando Colón, pero para situar mejor la escena tal vez convenga mirar la cara de pasmo que debían tener todos los indios que asistieron al ceremonial, que andaban por allí desnudos, felices como la Madre Naturaleza

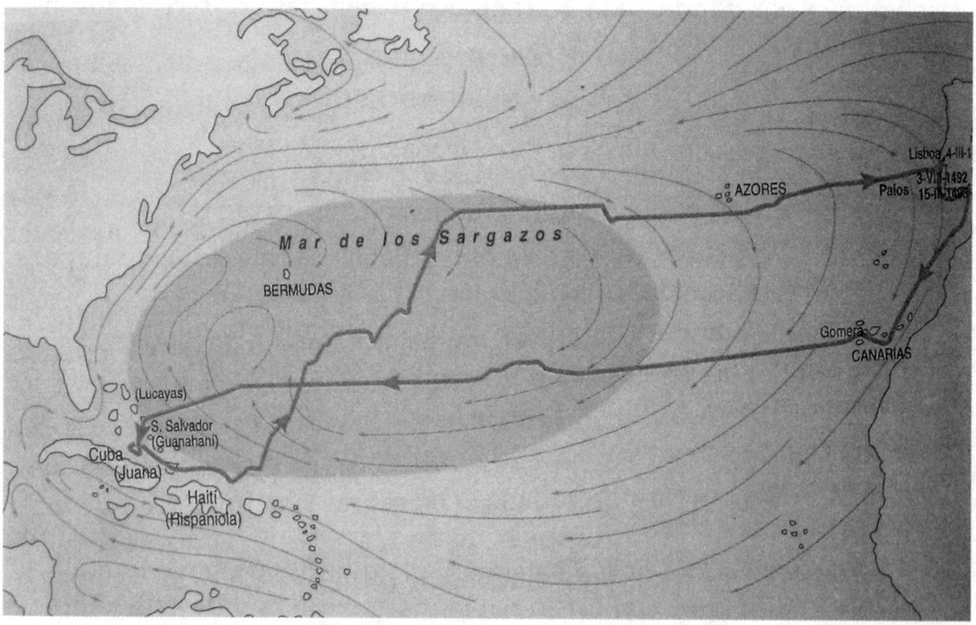

Itinerario del primer viaje colombino.

Los indios creían que llegaban del cielo.

los había despachado, y convencidos de que los recién llegados no podían proceder sino del cielo. Y aquí nos vamos a detener un instante.

¿De dónde le viene a aquella gente el convencimiento de que los visitantes proceden del cielo? Esa afirmación, lo habremos de ver en nuestra travesía anárquica por las islas caribeñas en las próximas líneas, se repite en las crónicas con gran frecuencia. El mismo Hernando comenta que aceptaban aquellas gentes los regalos de Colón no tanto por el valor que tuvieran, que era ninguno, sino porque *dando por seguro que los nuestros eran gente venida del cielo* [...], *deseaban ardientemente que les quedase algo como recuerdo.*

El Almirante insiste en ese tema a lo largo de todo su *Diario*, como ocurre en lo anotado el día 14 de octubre:

> Y entendíamos que nos preguntaban si éramos llegados del cielo.

¿Cómo podían llegar a pensar tal cosa los nativos? ¿Cómo, siquiera, podían llegar a imaginar viajes desde semejante origen? ¿Es que en algún momento de su ignorada historia recibieron visitantes procedentes del cielo? Sin duda, las posibles respuestas a estas extravagantes preguntas nos llevarían mucho más lejos, y tal vez a la deriva, de lo que ahora nos es posible navegar, pero el lector podrá seguir esa derrota hasta donde la razón se lo permita.

Segundo misterio en el Nuevo Mundo: La conquista

Ya lo hemos anunciado en capítulos anteriores, pero es el momento ahora de profundizar en el asunto como merece. Si, como siempre se ha dicho, Colón andaba tras la pista de las riquísimas tierras de Catay y de Cipango, y si en verdad cree estar a las puertas de estos lugares o incluso, como ya veremos, supuestamente cree estar en ellos mismos, ¿cómo es posible que se atreva a tomar posesión de esas tierras de poderosos príncipes y de presumibles muy bien pertrechados ejércitos? Colón, si leemos el *Diario*, no está dispuesto a dejar ni una sola isla sin que caiga en su zurrón:

> Mi voluntad era de no pasar por ninguna isla de que no tomase posesión, puesto que, tomando una, se puede decir de todas.

¿O quizá Colón sabía que no estaba en tierras peligrosas?

También hemos deslizado en páginas precedentes la confusión que nos genera el hecho de que un individuo como el navegante al que seguimos la pista vaya provisto de grandes cantidades de abalorios y burdas cuentas de vidrio para trocar por oro y especiería con los lugareños, y aun incluso adquirir con semejantes negocios el mismísimo oro. Leamos algunos breves ejemplos de los muchos que se agolpan en las páginas de las crónicas. Y para empezar, y que quede claro que es maniobra estudiada en no sé qué manual de comercio, veamos el primer día, 12 de octubre, cuando no ha dado tiempo para conocimiento de vicios y aficiones entre los nativos:

> Le di a alguno de ellos bonetes colorados y unas cuentas de vidrio que se ponían al pescuezo, y otras muchas cosas de poco valor, con que hubieron mucho placer y quedaron tanto nuestro que era maravilla.

Insiste Colón poco más tarde en lo mismo, al asegurar que *nos traían papagayos y hilos de algodón en ovillos y azagayas* [...] *y nos las troca-*

ban por otras cosas que nos les dábamos, como cuentecillas de vidrio y cascabeles. Y por no ir más allá de este primer mes de octubre que ahora exploramos, concluyamos esta ínfima muestra de trueques con esta frase del día 22 de ese mes:

> Algunos de ellos traían algunos pedazos de oro colgado al nariz, el cual de buena gana daban por un cascabel de estos de pie de gavilano y por cuentecillas de vidrio.

¿Cómo podía saber Colón que era necesario llevar buena provisión de cascabeles y abalorios para una odisea como la suya? ¿Se lo había dicho el protonauta del que habla el historiador Juan Manzano? Es posible. Y también puede ser posible que otras informaciones le hubieran puesto en la idea de que serían recibidos como gentes llegadas del cielo, puesto que ya hemos visto que Hernando Colón dice que aceptaban aquellas baratijas especialmente por querer tener un recuerdo de los hombres del cielo, no porque fueran tan torpes de creerlas de gran valor.

Y a propósito de la fiebre de oro que padece el Almirante al poco de tocar tierra, añadamos algunas de las mil frases que exponen al sol de la realidad la avaricia de los recién llegados *del cielo* y el brutal con-

Colón se atrevió a conquistar aquellos reinos.

traste con la serena ingenuidad de los legítimos dueños de aquellas tierras, sus pobladores de toda la vida. Leamos al Almirante:

> ... y yo estaba atento y trabajaba de saber si había oro.

Y poco después:

> ... que hay mucho oro, y que lo traen en los brazos en manillas, y a las piernas, y a las orejas, y al nariz y al pescuezo.

No acertaré, por mucho que lo intente y a la papelera lance los ensayos para ponerlo por escrito, a confesarle al lector la tremenda tristeza que me produce la lectura de las crónicas donde aquellos hombres no ven en los nativos más que su oro en la nariz o en la oreja, mientras que los indios tan confiados se muestran que se hieren sin saber que tal cosa es posible:

> Les mostré espadas y las tomaban por el filo, y se cortaban con ignorancia.

Tan mal principio no podía presagiar nada bueno para los habitantes de las islas.

Algo hay también en esa fiebre del oro que nos provoca cierta curiosidad del todo sana. Leamos este singular incidente:

> Y ahí había perros mastines y branchetes, y ahí hallaron uno que había al nariz un pedazo de oro que sería la mitad de un castellano, en el cual vieron letras.

¿Qué letras eran aquellas? Si se hubiera tratado de pictogramas o escritura jeroglífica, no hubiera sido interpretado como letras por los españoles, luego tal cosa les debió parecer al poco de verlas. Y ello tal vez porque letras eran, ¿pero de quiénes y en qué idioma?

Dos mundos se han encontrado. Las descripciones del *Diario* de aquellas gentes y de tan lejanas tierras tienen, hay que reconocerlo, una fuerza que casi me atrevería a proponer que es poética de no ser por lo que todos sabemos que terminaría por ocurrir. Pero, claro, también sobre la guerra hay páginas memorables que comienzan con una bella introducción. Leamos algunos ejemplos.

> Aquí son los peces tan disformes de los nuestros, que es maravilla. Hay algunos hechos como gallos, de los más finos colores del

> mundo, azules, amarillos, colorados y de todos los colores, y otros pintados de mil maneras, y las colores son tan finas, que no hay hombre que no se maraville y no tome gran descanso a verlos; también hay ballenas. Bestias en tierra no vide ninguna de ninguna manera, salvo papagayos y lagartos.

Mucho asombra a don Cristóbal también la vegetación que le sale al paso:

> ... viendo tanta verdura en tanto grado como en el mes de mayo en Andalucía, y los árboles todos están tan disformes de los nuestros como el día de la noche.

Pero, por encima de todo, son aquellas gentes, cuyo color de piel le recuerda al navegante la de los habitantes de las Canarias, la que más sorprende a los recién llegados, viéndolos en su inocencia *todos desnudos como su madre los parió, y también las mujeres.* A sus cuerpos y a su belleza (*bien hechos*, dirá Colón) dedica el Almirante numerosos renglones de su *Diario de a bordo*. Ellos son los legítimos dueños de las tierras que él mismo acaba de conquistar con un puñado de hombres, pero ¿qué tierras son realmente aquellas?

Tercer misterio en el Nuevo Mundo: ¿Qué Cipango busca Colón?

Siempre se nos ha dicho que don Cristóbal creyó haber llegado a las Indias. Y a decir de lo que dejó escrito, tal cosa es lo que parece:

> ... y así todos estos días, después que en estas Indias estoy, ha llovido poco o mucho... [17 de octubre].

A las numerosas ocasiones en que escribe algo parecido habrá que añadir las que otros dicen que dijo tal cosa. Sin embargo, lo hemos visto tomar alegremente posesión de aquellas tierras, y eso nos extrañó mucho. La razón de nuestra extrañeza la vamos a tratar de explicar en breve, pero antes recordemos que la expedición en la que nos hemos embarcado fue navegando sin aparente rumbo cierto entre las islas del Caribe bautizándolas cristianamente, como si dueño no tuvieran. Tras San Salvador le llegó el turno a Santa María de la Concepción (hoy Rum Cay), y luego a la Fernandina (Long Island) y a la Isabela (Crooked Island). Pero el Almirante tenía entre ceja y ceja, si creemos lo que escribe, un objetivo, y lo anota al día siguiente de llegar a Guanahaní:

> ... quiero ir a ver si puedo topar a la isla de Cipango.

La búsqueda de Cipango le obsesiona y sobre ella escribe en numerosas ocasiones. Así se expresa el 21 de octubre:

> Y después partir para otra isla grande mucho, que creo que debe ser Cipango [...] a la cual ellos llaman Colba.

La versión más extendida sobre este asunto, que habrá de ver el lector que es decididamente complicado, es que Colón cree estar a un paso de arribar a la poderosa y rica Cipango, de la que Marco Polo (1254-1354) tantas maravillas dejó escritas. Es más, se estima que el Almirante no ha cejado en su empeño de llegarse hasta la mismísima Catay, que no sería otra que China, para hacer llegar las cartas de sus reyes al Gran Khan. Y Colón así lo escribe:

> Mas todavía tengo determinado de ir a la tierra firme y a la ciudad de Quisay, y dar las cartas de Vuestras Altezas al Gran Can y pedir respuesta y venir con ella.

Ahora bien, si sobre eso hay consenso casi unánime, y además Colón escribió lo que hemos copiado, ¿dónde está la oscuridad en paisaje tan cristalino?, se preguntará el lector. Pero eso es porque no ha reparado en algunas cosas notables que ahora vamos a mencionar para embadurnar tanta sospechosa transparencia, que no es propia de Colón.

El mismo Almirante, al interpretar las señas y aspavientos que le hacen los indios como indicaciones sobre su anhelada Cipango, escribe:

> ... es la isla de Cipango, de que se cuentan cosas maravillosas; y en las esferas que yo vi y en las pinturas de mapamundis es ella en esta comarca.

¿Qué dice la ortodoxia al respecto? Pues que Colón cree haber arribado al territorio del Cipango de Marco Polo, que no es otro, según estas versiones, que Japón. Y aun espera llegar a Catay, que sería China. Pero Colón dice haber visto esas comarcas marítimas en *esferas* y *mapamundis*. ¿Cuáles son? La respuesta de la historia es que se refiere a la ya manoseada carta de Toscanelli y a las fuentes literarias que ya mencionamos. Se sabe que Colón adquirió en 1497 a través del mercader de Bristol John Day el *Libro de las Maravillas de Marco Polo*, pero nada impide pensar que esa edición, impresa en Amberes en 1485, no hubiera sido leída ya por Colón. Y además las descripciones de Toscanelli se basaron en esa obra. ¿Dónde está la complicación, por tanto?

Fragmento del Atlas Catalán.

Colón, leemos en el *Diario*, está convencido el día 28 de octubre de estar en Cipango, a la que los lugareños llaman Cuba y él bautiza como Juana. Incluso escribe que debía ser allí, según Marco Polo, donde iba el Gran Khan en busca de oro:

> Y entendía el Almirante que allí venían naos del Gran Can.

En las próximas líneas veremos que no hay tampoco unanimidad entre los especialistas sobre lo que realmente buscaba Colón.

En primer lugar, no puede negarse que don Cristóbal, que ya es Don y Virrey desde hace unos días, había anunciado a todo el mundo antes de partir que encontraría tierra tras haber navegado 700 ó 750 leguas, pero ahora estamos a más de 1.000 leguas de las Canarias, por tanto, ¿cómo puede ser que Colón siga buscando Cipango?

Para complicar más las cosas, el mismo Colón parece seguir al dedillo a Marco Polo al decir que desde la isla que él, supuestamente, cree que es Cipango, *a tierra firme había jornadas de diez días*.

Para el historiador Emiliano Jos, eso se debe a que Colón ha calculado que sus naves han cubierto de media 36 leguas al día, siendo cada legua el equivalente a 4 millas; por tanto, en diez días calcula Colón hacer 1.440 millas, que sería el equivalente a lo afirmado por Marco Polo. Sin embargo, ¿hay realmente esa distancia entre Japón y las costas más orientales de China? Desde luego que no.

Juan Manzano cree resolver el tremendo embrollo en que nos acaba de arrojar el Almirante diciendo que cuando Colón habla de *tierra firme* se refiere en realidad a la que don Cristóbal tenía costumbre de llamar tierra firme *de acá*, que equivaldría a la que le citó el protonauta y que correspondería a las tierras de la actual Venezuela.

Otros autores, tiempo atrás, propusieron otras ideas que fueron fuertemente contestadas, como Henry Vignaud, para quien Colón no buscaba en modo alguno las Islas Orientales, sino otras tierras nuevas de las que había tenido noticia a través de misteriosas fuentes, lo que, por otra parte, no viene a ser muy diferente de lo que a nosotros nos ha dado por pensar.

Vignaud añadía con mucha audacia que todas las apostillas que hizo Colón a libros como el *Imago Mundi* son falsas, un añadido posterior a 1492 para hacer coincidir su búsqueda con esas viejas ideas y disimular su conocimiento. Por supuesto, Juan Manzano, que no siempre está de acuerdo con la ortodoxia colombina, aquí está de acuerdo con ella y no cree que Vignaud esté en lo cierto. Para él, Colón buscaba las Indias, solo que cree advertir una evolución en esa búsqueda que les vamos a resumir a continuación y que tiene mucho interés para advertir hasta qué punto hay penumbra en el Nuevo Mundo.

Juan Manzano cree que Colón lo que trata de localizar al llegar muy confundido a aquellas tierras situadas a más 1.000 leguas del punto de partida de su viaje, es el Cipango del que hablaba Toscanelli y que era el mismo de Marco Polo, un reino fabuloso, donde las casas y palacios tienen techos de oro, y que está a 375 leguas (1.500 millas) de Catay. Un territorio donde abundan las perlas, añade Manzano.

Sin embargo, Colón no encuentra sino chozas con techos de palma, y yo me pregunto cómo es que podía seguir pensando en descubrir por allí el tal Cipango de Marco Polo.

Sigamos con la idea de Juan Manzano.

Tras vagabundear por el Caribe, arriban el día 28 de octubre a la isla que los lugareños llaman Cuba y él bautiza como Juana y se muestra convencido de estar en Catay, es decir, en China, o sea, en tierra firme. Y esa idea parece confirmarse al enviar Colón una expedición hasta el mismísimo Gran Khan para llevarle las cartas de los Reyes Católicos:

> Determinó el Almirante de llegar a aquel río y enviar un presente al rey de la tierra y enviarle la carta de los reyes [...] y dice que había de trabajar de ir al Gran Can, que pensaba que estaba por allí o a la ciudad de Catay, que es del Gran Can...

Y en efecto, así se obró, y el día 2 de noviembre salen con la carta de marras hacia la corte del poderoso Khan dos hombres. Se trata de Rodrigo de Xerez, vecino de Ayamonte, y el converso Juan Torres, el traductor que sabía «hebraico, caldeo y aun algo arábigo». Mientras tanto, el resto de la armada se esfuerza en buscar la riqueza que de oro y especiería pudiera haber por allí para hacerse con ella.

Y yo me vuelvo a preguntar con qué permiso y contando con qué fuerzas pretendía llevarse aquella marinería española las riquezas de todo un imperio como era el del Gran Khan. ¿Habían perdido la cabeza u opositaban a perderla de un solo tajo bajo las armas del monarca local?

Por supuesto, la minúscula embajada regresa días después, en la noche del 5 de noviembre, tras haber completado un sonoro fracaso en su intento de localizar al Gran Khan. Que por allí no hay trazas de ciudades, dijeron, ni de oro ni de templos admirables, sino nativos que les besaban pies y manos e insistían, cosa notable como ya dijimos, en la idea de que venían del cielo. Y más les valía tal vez a los especialistas aclarar de una vez por todas cómo es que podían creer tales cosas los lugareños en lugar de enfrascarse en discusiones sobre el Gran Khan y el Cipango, me parece a mí, ya que el Almirante insiste en esa idea el día 12 de noviembre al escribir que aquellas gentes no parecían idólatras, que eran mansos y *firmes que nosotros hemos venido del cielo.*

Colón, a la vista del estrepitoso fracaso, marchará después en pos del oro que a decir de los indígenas había en un par de islas no lejanas a Juana y que ellos llamaban Bohío y Baneque. A la primera Colón la bautizará como La Española (Haití), y, según Manzano, el Almirante no creyó ni por un momento que fuera Cipango hasta el día 4 de enero, en que sucede algo ciertamente notable. Así lo escribe este historiador:

> Hasta el 4 de enero, continuó creyendo en la continentalidad de Cuba y que la Española era una isla muy hermosa, pero en ella no se encontraba el Cipango.

Juan Manzano llega a esa conclusión porque La Española estaba a corta distancia de Cuba, y como Colón seguía creyendo, según él, que Cuba o Juana era Catay, era imposible que Cipango estuviera tan cerca, ya que Marco Polo los distanciaba en 375 leguas o 1.500 millas.

¿Qué es lo que hace a Colón cambiar de idea el día 4 de enero según Manzano? Pues el descubrimiento de un monte al que llamará Monte Christi en La Española y del que, según su teoría, le había hablado el protonauta. A partir de ese instante, el Almirante parece tener claro el itinerario a seguir y que aquella isla no era el Cipango de Marco Polo, sino *su Cipango*, el que le había descrito el protonauta.

Todo eso está muy bien, y es posible que profesor Manzano esté en lo cierto, pero en el *Diario* leemos el día 14 de noviembre (es decir, casi dos meses antes de ver Monte Christi):

> ... y si puerto no hallara fuérale necesario volver atrás a los puertos que dejaba en la isla de Cuba.

Y el 5 de diciembre Las Casas, que debió tener a la vista el diario original, anota:

> Así que porque el tiempo era Nordeste y tomaba del Norte, determinó de dejar a Cuba o Juana, que hasta entonces había tenido por tierra firme por su grandeza.

Si Colón cree que Cuba es tierra firme y no isla hasta el día 4 de enero, ¿dónde colocamos para que estemos cómodos estas frases del *Dia-*

Representación de los viajes de Marco Polo.

rio? ¿Debemos pensar que se la inventa Las Casas al hacer el extracto de ese libro? Es posible, pero si no es así, si el dominico fue riguroso al reproducir los escritos del Almirante, la teoría de Manzano aquí encuentra arrecifes peligrosos. Por otra parte, y antes de embadurnar todavía más esta extraña navegación, si Colón ve en La Española *su* Cipango, no el de Toscanelli y Marco Polo, ¿por qué no podía estar este más cerca de Catay que el Cipango de aquellos otros autores?

Y ahora sí; ahora vamos a embarrar más las cristalinas aguas del Caribe.

¿Qué sucedería si Colón mintiera una vez más? ¿No resulta chulesco bautizar no solo una isla cualquiera con nombre cristiano, sino ni más ni menos que un verdadero reino inmensamente rico y con dueño propio, y además pretender tomar posesión suya? Si llega a pensar que Cuba es Catay, ¿por qué lo bautiza como Juana y cree posible ser virrey de aquellas tierras? ¿Podía pensar en ser virrey también de Cipango?

Para que el lector comprenda nuestra zozobra y padecimiento, veamos qué dice el propio Marco Polo de la isla de Cipango o Ciampagu para ver si coincide con lo que se asegura que Colón había leído.

Marco Polo afirma que la dichosa isla que está *al oriente en alta mar, que dista de las costas de Mangi mil cuatrocientas millas*, y añade que es soberana, no tiene más dueño que su rey, es rica en oro, pero *el monarca no permite fácilmente que se saque fuera de la isla, por lo que pocos mercaderes van allí y rara vez arriban a sus puertos naves de otras regiones.*

Colón hizo 366 apostillas al libro de Marco Polo. En el margen de este fragmento anotó solamente: *Oro en grandísima abundancia.* Y esto es ciertamente curioso, puesto que no subrayó que rara vez hasta allí llegaban mercaderes y que el rey no estaba por la labor de dejar que se llevaran dicho oro. Por tanto, ¿qué seguridad suicida tenía don Cristóbal en poder llevárselo él con una flota tan minúscula? Máxime cuando, según Marco Polo, para tomar esa isla de Ciampagu *el Gran Can envió su ejército.* Incluso poco después narra el veneciano los combates entre los terribles tártaros, que osaron tomar Ciampagu, y el rey local y cómo este cercó la ciudad por aquellos tomada *durante siete meses por un gran ejército* y finalmente obtuvo la victoria.

Colón anota al margen referencias sobre unas milagrosas piedras preciosas y sobre el ardid que usaron los tártaros para sorprender en primera instancia al rey local, pero singularmente no toma nota del formidable ejército del monarca de la isla ni tampoco de la *crueldad de sus hombres*, según escribe Marco Polo. Y por si necesita el lector detalles que llevarse a la boca, ahí va esta perla:

> Cuando los habitantes de la isla de Ciampagu apresan a un extranjero, si el cautivo puede lograr su redención por dinero, lo dejan ir a cambio de un rescate; mas si carece de bienes para alcanzar la libertad, lo matan y se lo comen cocido e invitan a semejante banquete a sus parientes y amigos, ya que comen con gran gula aquella carne, afirmando que la carne humana es mejor que ninguna otra.

¿De verdad Colón pretendía tomar posesión de un imperio semejante y con semejante vecindario dentro con tan solo un puñado de hombres? ¿Era Colón más diestro espadachín que los generales tártaros? ¿Las pacíficas gentes que hasta entonces había encontrado respondían al perfil de quienes describió Marco Polo?

¿Dónde dice Marco Polo que está Ciampagu? Leamos:

> ... es una isla al oriente en alta mar, que dista de la costa de Mangi mil cuatrocientas millas.

Y poco después añade que *el mar donde está la isla de Ciampagu es Océano y se llama mar de Cim.*

Lo cierto es que todo esto genera una soberana confusión, y da pábulo a interpretaciones diferentes de esta odisea endiabladamente oscura, porque parece que mil cuatrocientas millas es una suma excesiva para la distancia entre el extremo oriental de Asia y Japón.

En el transcurso de la investigación para llevarle de viaje a usted, amigo lector, a bordo de la *Santa María* para no quitarle ojo al Almirante, me tropecé con el trabajo de Enrique García Barthe, quien, a la luz de estos y otros datos, llega a la conclusión de que Ciampagu no puede ser Japón, sino una tierra mucho más lejana. Esta misma fuente recuerda que el profesor japonés Toshio Okuno encontró *pruebas en Japón del paso de una expedición china despachada por el emperador Chin-Shi-huang-Ti en el año 220 a. de C. en busca de los Inmortales*, y estima que esa búsqueda los llevó a América.

Según esta interpretación de lo sucedido, Ciampagu, si estuviera situada a 1.500 millas de China, estaría en mitad de la nada oceánica del Pacífico, y se nos dice que *es presumible que M. Polo haya tenido en cuenta la geografía Ptolemaica de la época que no pasaba de 180°*, pero en realidad se refería a un territorio mucho más lejano, que no sería otro que la propia América.

Otra dificultad para poder identificar Cipango con Japón, propone la misma fuente, es la siguiente afirmación de Marco Polo:

> … sus habitantes, blancos y de linda figura, son idólatras y tienen un rey…

¿Los habitantes de Japón *blancos*?, se interroga este autor. Y concluye que el Ciampagu de Marco Polo no puede ser el objetivo de Colón, lo que viene a sumarse a nuestro asombro sobre la *conquista* militar de nuestra minúscula expedición. Por ello, el autor ya referido no duda en asegurar que *la supuesta equivocación de Colón al decir que había llegado a Cipan-guo no era tal, mas bien no sabía cuán grande era América pero sabía que había llegado a la costa este de las Indias Orientales, y que en la costa oeste se encontraba Chrise, la Catiagara de Ptolomeo y el Cipan-guo de Marco Polo.*

¿Son esas y no Japón las tierras que había visto nuestro Almirante en *esferas* y *mapamundis*, como él escribió? ¿Eran las tierras de las que le habló el protonauta o son las que conoció a través de documentos judíos y templarios? ¿Está con esto resuelto el caso? Por supuesto que no. Esta interpretación no sería admitida por la ortodoxia, pero ya no sé si tendría o no razón al oponerse.

Como verá el lector, nada parece claro y meridiano. Colón eclipsa la verdad siempre. Pareciera que está perdido, desorientado, y que incluso no sabe leer bien las cartas marcadas que guarda en la manga (hay un momento en que cree estar en 42° sobre el Ecuador cuando en realidad se encuentra en 21° N). Pero su propia desorientación demuestra que sabe adónde va, y de ahí le viene la incertidumbre.

¿Por qué toma posesión de unas tierras que muy posiblemente tienen un rey feroz y unos guerreros crueles? En mi opinión, porque sabe que allí no hay tales, que aquellas tierras no son el Cipango de Marco Polo, sino las que lleva dibujadas en los mapas templarios. Y le era imprescindible tomar posesión de ellas y no dejar ni una sin hollar porque, de lo contrario, jamás sería Don, ni Virrey ni Almirante. Para comprenderlo, recuerden conmigo lo escrito en la Real Provisión de 30 de abril expedida por los Reyes Católicos, según la cual todos esos privilegios le serían dados:

> ... después que hayades descubierto e ganado las dichas islas e tierra firme en la dicha mar océana.

Ahora sí. Ahora realmente podemos hablar del Almirante sin rostro.

Cuarto misterio en el Nuevo Mundo: La espantada de Martín Alonso

Para pasmo de todo el mundo, la noche del 21 de noviembre Martín Alonso Pinzón abandona la diminuta armada conquistadora y se aleja con la *Pinta sin obediencia y voluntad del Almirante*, leemos en el *Diario de a bordo*. ¿Por qué obra así el palermo? En el *Diario* encontramos pronta respuesta a su aparente deserción: *Por codicia, diz que pensando que un indio que el Almirante había mandado poner en aquella carabela le había de dar mucho oro*. Y para que no hubiera duda de que don Cristóbal no aprobaba aquella aventura en solitario, se insiste en su *Diario* en el hecho de que el Pinzón *se fue sin esperar, sin causa de mal tiempo, sino porque quiso*. Y enigmáticamente se añade en referencia a Martín Alonso: *Otras muchas me tiene hecho y dicho*.

Hernando Colón, deseoso siempre de echar tierra a quien pudiera hacer palidecer a su padre, no duda en asegurar que Pinzón hizo tal cosa *movido por la codicia* [...] *sin verse obligado a ello por tiempo o causa alguna*.

Está bien, convengamos en que padre e hijo dicen, extrañamente, la verdad en esta ocasión. Pues si tal cosa ocurrió, más misterio tiene el caso, puesto que no alcanzo a entender cómo cegó tanto al Pinzón el brillo del prometido oro que puso en peligro a sus parientes y hasta a su propio hermano, Vicente Yáñez, quien sí se quedó junto a Colón al mando de la carabela *Niña*. ¿Tanto cegó el oro a Martín Alonso que olvidó que no sabía volver a España sin las cartas de marear del Almirante? ¿Adónde iba sin rumbo ni pensamiento que lo guiara? ¿Perdió la cabeza por cuatro indicaciones de un indígena?

Martín Alonso Pinzón.

Colón, ya lo veremos, guardaba la sorpresa de regresar a España por una ruta marítima diferente a la empleada en el viaje de ida, pero se supone que solo él estaba en tal secreto. ¿No pensó Martín Alonso, hombre de mar avezado, en que podrían perderse para siempre y él no sabría regresar jamás? ¿No parece todo esto extraño? ¿O quizá sucedía que Martín Alonso, como ya dijimos que se propuso años después en los Pleitos, no solo sabía el camino de ida, sino también el de vuelta?

Durante cuarenta y cinco eternos días no se vuelve a ver a Martín Alonso ni a su carabela. La situación era ciertamente dramática, puesto que para entonces, como enseguida veremos, la *Santa María* se ha hundido y un buen puñado de hombres habrá de quedarse en tierra esperando un socorro que, si todo iba bien, tardaría muchos meses en llegar. Es de suponer que si Colón echaba el guante a Martín Alonso, deberían saltar chispas, pero veamos lo que sucedió el día 6 de enero cuando, según escribe Hernando Colón, *un calafate vio desde la gavia del palo a la carabela Pinta, que con viento de popa venía navegando con rumbo oeste.*

Al poco de llegar, Martín Alonso sube a bordo de la *Niña*, donde se encuentra el Almirante, y trata de justificarse, según Hernando Colón, «*inventando razones.* En el *Diario* leemos que llegó diciendo *que se había partido de él contra su voluntad, dando razones para ello*. La misma fuente tilda de *falsas* las excusas del palermo y se aduce que fue su codicia la que lo llevó en pos del oro, pero el Almirante guarda en silencio sus reproches porque, se nos dice, no quería *dar lugar a las malas obras de Satanás, que deseaba impedir aquel viaje*. Y en parecidos términos (*para no romper el plan de su empresa*) se expresa el autor de *Historia del Almirante.*

Es cierto, se podría aducir, que Colón guardó silencio y dejó sus reproches a los Pinzón para sus escritos, temeroso de que, si tomaba represalias, la marinería onubense se volvería en contra suya y tal vez lo arrojaran por la borda; pero si hicieran tal cosa, ¿cómo habrían de regresar a casa si solo Colón sabía el truco para tal tornaviaje? ¿O es que no era Colón tan imprescindible y Martín Alonso tenía en su poder aquellos misteriosos papeles vaticanos que se dijo que poseía?

Juan Manzano cree que el círculo próximo a Martín Alonso, a instancias de este y temiendo la reacción de los reyes al volver a España, elaboró un cuidadoso plan de embustes para encumbrar al palermo como verdadero artífice del *descubrimiento*. Pero, siendo como es las más de las veces muy difícil poner de acuerdo a dos, ¿qué astucia hubo en este caso capaz de poner de la misma opinión a tantos?

Quinto misterio en el Nuevo Mundo: Los indios blancos

Aquel 13 de diciembre cayó en miércoles. La expedición colombina ha llegado ya a Bohío, a la que dieron por nombre La Española (actual Haití), y se produce un sorprendente encuentro que ya hemos citado someramente en capítulos anteriores. Leamos el *Diario*:

> ... y que entre los otros vieron dos mujeres mozas tan blancas como podían ser en España.

Y tres días más tarde se vuelve a sorprender el Almirante al ver a alguno de aquellos indios:

> Harto blancos, que si vestidos anduviesen y se guardasen del sol y del aire, serían cuasi tan blancos como en España.

¿Quiénes eran aquellas mujeres y hombres blancos?

Juan Manzano cree fortalecida su tesis de que antes de Colón hubo un barco que llegó a aquellas islas accidentalmente. Allí permanecieron sus ocupantes recuperándose del susto y dando buena cuenta de las beldades locales, las cuales, a lo mejor en inconsciente defensa propia, les contagiaron la sífilis, la cual a todos se llevó por delante en el viaje de vuelta. Y estima Manzano que esos hombres y mujeres blancos que ahora salen al encuentro de los españoles son los descendientes de aquellos desventurados marineros. ¿En qué se basa? Pues echa mano de un texto ya citado de Bartolomé de las Casas que aparece en su *Historia de las Indias* y que dice así:

> ... que los indios vecinos de aquella isla tenían reciente memoria de haber llegado a esta isla española otros hombres tan blancos y barbados como nosotros, antes que nosotros no muchos años.

Deduce el autor de *Colón y su secreto* que esa referencia temporal (*no muchos años*) permite imaginar que, siendo las mujeres mozas, estas tendrían unos catorce o quince años, con lo que podría coincidir su nacimiento con las inmediaciones del año 1477-78, momento en que este historiador sitúa la estancia de los prenautas en esta isla, que sería el particular Cipango de Colón.

Por supuesto, como ya comentamos, eso es tentar a la fortuna, puesto que habría que interrogar a los lugareños sobre su concepto del tiempo y de los años, no fuera a ser que la fecha la deslizara Las Casas sacada de su cosecha. Además, no faltan otras propuestas para explicar el caso maravilloso de estas pieles pálidas, como ya explicamos a propósito de las teorías de Antonio de la Riva, quien cree que se trata de descendientes de los templarios que por allí llegaron muchos años antes.

Finalmente, para incordiar aún más, añadiré por mi parte que el mismo día 16 de diciembre en que Colón anota el incidente con algunos de esos indios blancos, el Almirante, por dos veces, hace notar la convicción de los indios de que los españoles llegaban del cielo:

> Uno de los indios que traía el Almirante habló con él, y le dijo que cómo venían los cristianos del Cielo.

Y poco más abajo:

> Mas ni los indios que el Almirante traía, que eran los intérpretes, creían nada, ni el rey tampoco, sino creían que venían del cielo, y que los reinos de los Reyes de Castilla eran en el cielo y no en este mundo.

¿A qué viene esa seguridad en mundos celestes habitados? ¿Debemos dar crédito a los relatos legendarios que circulan por buena parte de América Central y del Sur a propósito de la llegada de seres procedentes del espacio que fueron interpretados como dioses por los lugareños? ¿Tuvieron descendientes esos míticos visitantes que también las crónicas describen como de piel blanca? ¿De ahí procedían esas creencias? ¿Qué misterio aguarda tras el enigma de los indios blancos?

Sexto misterio en el Nuevo Mundo: El hundimiento de la *Santa María*

En la noche del día 24 de diciembre tuvo lugar un episodio que pudo ser clave para toda esta historia: el hundimiento de la nao *Santa María*, que está —no podía ser de otro modo— rebozado de misterio.

En el *Diario*, el Almirante empieza excusándose afirmando que *acordó echarse a dormir porque hacía dos días y una noche que no había dormido*. El historiador Manuel Lucena se pregunta en alta voz a qué se debían tales insomnios, pues en el relato no queda clara la causa, si es que la hubo. Pero el caso es que don Cristóbal se marchó a dormir y dejó al mando, en mitad de un tiempo absolutamente en calma, a un marinero, el timonel. Y el relato prosigue diciendo que este, viendo que el Almirante se retiraba a dormir, cedió los trastos de navegar ni más ni menos que a un grumete, algo ciertamente insólito, máxime si tenemos en cuenta lo que el mismo *Diario* dice:

> ... lo que mucho siempre había el Almirante prohibido en todo el viaje, que hobiese viento o que hobiese calma, conviene a saber, que no dejasen gobernar a los grumetes.

El caso fue que a las doce de la noche, con un mar tan calmo como agua en plato, todos los cristianos de a bordo dormían salvo el infeliz grumete, que debía creerse el mismísimo rey del mundo con tamaña nao entre sus manos. Pero su impericia le impidió sentir que una traicionera corriente arrastraba el buque hacia unos bancos. Entonces se desencadenó el drama:

> El mozo, que sintió el gobernalle y oyó el sonido de la mar, dio voces, a las cuales salió el Almirante, y fue tan presto que aún ninguno había sentido que estuviesen encallados.

Por mucho que el *Diario* se esfuerce en restañar el terrible rasguño que en la piel marina del Almirante se acaba de producir, y por más

Maqueta de la nao Santa María.

que ahora diga que fue el primero en despertar y que luego trató de salvar primero la nave a toda costa y a su tripulación y a toda su carga, el único responsable de lo sucedido era él.

Antes de que todo fuera calma, aunque fuera muy tensa, parte de la marinería había intentando huir a la otra carabela a bordo de la lancha dejando a su suerte a la nao y a su Almirante, pero al no ser recibidos por la otra nave hubieron de regresar. El incomprensible error de Almirante lo fue también, enigmáticamente, de Juan de la Cosa, el maestre, y de Pero Alonso Niño, el piloto. ¿Se habían vuelto todos locos?

Si hubiera habido mala mar o viento malhumorado, ninguno hubiera salido con vida de allí. Y aun después, muchos terminarían por perderla, como se verá.

En efecto, el perder la nao y la ausencia de la *Pinta*, que dijimos que no dejó ver su vela hasta el día 6 de enero, hacía que la *Niña* no pudiera llevar a bordo a tanto personal. Y entonces el Almirante decide construir una fortaleza que pasó a ser el primer poblado cristiano de aquellas tierras. Y como la *Santa María* se hundió el día de Navidad, Navidad llamó al fortín que allí se edificó. Ahora bien, ¿por qué se decidió construir el fuerte? Manuel Lucena cree que las explicaciones que da el Almirante son insuficientes, pero, como tantas otras cosas, eso solo Colón podría aclararlo.

Como consecuencia de aquella torpeza, allí quedaron treinta y nueve hombres, *e sobre aquellos pôr sus tenientes a Diego de Arana, natural de Córdoba, y a Pedro Gutiérrez, repostero de estrado del Rey, criado del despensero mayor, e a Rodrigo de Escobedo, natural de Segovia.*

¿En verdad quedaron allí, expuestos a una muerte casi segura, porque todos no cabían a bordo de la única carabela? De ser así, ¿por qué Colón no regresó por ellos cuando días más tarde, el 6 de enero, se encuentra con la *Pinta* de Martín Alonso? En ambas carabelas, todos hubieran podido volver a casa. ¿Qué clase de hombre es este Almirante sin rostro?

Séptimo misterio en el Nuevo Mundo: Monte Christi

Siempre se nos dijo que Colón anhelaba encontrar una ruta hacia las Indias orientales y que ese era el objetivo de su aventura, sin embargo, desde que topa con la primera pequeña isla a la que bautizó como San Salvador, el Almirante nunca termina de poner proa directamente hacia el oeste, donde debía encontrar esas tierras. Y luego navega de Juana (Cuba) a La Española (Haití-República Dominicana) costeando obsesivamente hacia el este, ¿por qué haría tal cosa?

Juan Manzano cree encontrar la explicación en lo que sucedió el día 4 de enero, cuando ha tomado la determinación de regresar a España dejando en el fortín de la Navidad a aquellos desgraciados a su suerte. Ese día, leemos en el *Diario*, el Almirante parece tener una revelación en un punto concreto de La Española:

> Navegó así al Leste camino de un monte muy alto, que quiere parecer isla pero no lo es, porque tiene participación con tierra muy baja, el cual tiene forma de un alfaneque muy hermoso, al cual puso por nombre Monte-Cristi…

Ese monte cónico provoca una extraña seguridad en Colón, que ya hemos visto que ha ido mudando de ideas, aparentemente al menos, de lo que busca y de dónde está: que si Cipango de Toscanelli, que si Catay…Y ahora sucede que, a pesar de que los indígenas le han dicho que el Cibao del que ellos hablan y que Colón interpreta como Cipango no está en esa isla, el navegante, tras ver ese monte, muda de ideas y aun de faz y así se lee lo que se lee en el *Diario*:

> Concluye que Cipango estaba en aquella isla y que hay mucho oro y especiería y almáciga y ruybarbo.

Seguridad suicida que obliga a Las Casas a escribir en su *Historia de las Indias:*

> … parece que adivinando el día anterior, no sé por qué ocasión, dijo terminantemente que Cipango estaba en aquella isla.

¿Qué ha sucedido para que don Cristóbal se muestre tan seguro? ¿Cómo es que a partir de ese instante, sin apearse de la *Niña*, en la que ahora viaja rumbo a España, afirma taxativamente que allí está Cipango y que al sur de esa isla hay unas minas de oro que no son sino las de Ofir, donde en viejos tiempos mandaba Salomón sus naves a cargar oro?

Juan Manzano no tiene duda: el descubrimiento de ese monte le abre los ojos a Colón. Era la baliza indicadora que el protonauta le había dado para que identificara la isla aurífera en la que ellos habían estado. Eso explica, según este autor, la seguridad casi profética, muy de su gusto además, que exhibe Colón ante sus hombres. Una vez se ha situado tomando como referencia ese monte, puede describir muy bien la zona porque el piloto anónimo se la había dibujado antes. Pero para Colón aquel Cipango no era ni mucho menos el de Toscanelli. Según su concepción de aquellas tierras, Cipango era solamente una región de La Española, lo mismo que Ofir era otra comarca de la isla, no la isla entera.

Es muy posible que Juan Manzano tenga razón, pero eso no invalida otras fuentes de información del navegante como las que hemos propuesto. Es más, todas estas ideas perjudican notablemente el planteamiento de un Colón que viaja a ciegas en pos de unas Indias orientales. Si *su* Cipango no era el de Toscanelli, como bien parece, ¿por qué ese empeño en imaginar que buscaba las Indias y no otras tierras incógnitas de las que tuvo noticia en un momento impreciso de su vida y obtuvo confirmación de su existencia a través del piloto moribundo?

Muchos más, ya lo habrá sospechado el lector, son los misterios que el primer viaje colombino dejó a su paso como espuma de mar, pero con los mencionados ya hay ración suficiente. Dejemos hueco para los siguientes viajes y aprestémonos a navegar en el insólito tornaviaje.

CAPÍTULO 12

Las sorpresas en el retorno

. . . y soñaba yo con las muy grandes mercedes y albricias prometidas por los cristianísimos y muy excelentes y muy poderosos príncipes, Rey y Reina de las Españas y de las islas de la Mar, cuando aquella tormenta puso la mar en mi contra queriendo devorar la gloria que el Señor había puesto en mi mano. Y entonces tomé pluma y escribí la verdad de mi vida, de quién soy y qué ciencias me trajeron hasta aquellas tierras ricas a maravilla y me enseñaron cómo regresar. Y cogí la pluma y escribí la verdad en mi idioma natal, que es . . . (borrado en el original) Y luego, encerado el mensaje, al mar lo mandé en un barril.

(*Diario secreto del Almirante sin rostro*)

Nordeste cuarta del Leste.

(*Diario de a bordo*)

LEVANDO ANCLAS

CON un puñado de hombres abandonados a su suerte en el fuerte de la Natividad, el Almirante sin rostro se apresta a regresar a España en busca del éxito. Pero ¿de qué está tan contento y cuál es la razón de que pretenda ser un héroe ante los reyes? ¿Ha encontrado los fabulosos templos y palacios que dicen que andaba buscando en Cipango? ¿Lleva la bodega repleta de los muchos oros que prometió? ¿Ha entregado las cartas de los Reyes Católicos al Gran Can? Por supuesto que no. Por tanto, ¿cómo podemos interpretar esta frase que leemos en el *Diario de a bordo* del día 9 de enero?:

> ... dice que esta noche, con el nombre de Nuestro Señor, partiría a su viaje, sin más detenerse en cosa alguna, pues *había hallado lo que buscaba...* (la cursiva es nuestra).

Si no ha cumplido ninguno de los objetivos que acabamos de recordar, ¿qué era lo que buscaba el Almirante? La respuesta parece clara, puesto que toma la decisión de regresar al poco de toparse con Monte Christi. Por eso Juan Manzano exclama que ese era el objetivo de Colón; que ese monte, del que le había hablado el protonauta, era *su* Cipango. Pero de ser así, también podríamos pensar que autores como Vignaud alguna razón tenían al pensar que Colón no buscaba exactamente las Indias orientales sino otras tierras.

Nuestro personaje, además, siempre desconfiado, teme a Martín Alonso Pinzón, y en el *Diario* tan claro se ve que no hace falta lumbre para leerlo:

> ... porque no quiere más enojo con aquel Martín Alonso hasta que sus Altezas supiesen las nuevas de su viaje y de lo que ha hecho. «Y después no sufriré —dice él— hechos de malas personas y de poca virtud, las cuales contra quien les dio aquella honra presumen hacer su voluntad con poco acatamiento».

He aquí las dos razones para retornar a Castilla. Por un lado, el convencimiento de que ha encontrado lo que buscaba, lo que sin embargo no le impide hacer una exploración detenida de la costa de esa isla antes de hacerse definitivamente al mar; y por otro, el temor a que los Pinzón le roben la gloria. Sin embargo, este último recelo no se acaba de entender muy bien siendo él quien ha firmado con los monarcas las *Capitulaciones de Santa Fe.* ¿Qué podía argumentar el Pinzón? ¿Mentiras? ¿Se atrevería a mentir a los reyes? ¿O quizá tenía argumentos el palermo para demostrar que sabía cómo ir y volver de esas tierras por sí solo?

El enigma de los vientos del Oeste

Y ya que hemos mencionado el problema, ni mucho menos diminuto, de cómo diablos se volvía a casa desde tan lejos, abordemos el asunto, puesto que es uno de los grandes misterios de esta odisea. Aunque antes, escrita como ha quedado la palabra odisea, no perdamos de vista las pinceladas que el *Diario* nos regala hasta convertir a don Cristóbal en un Ulises de los estertores del siglo XV, ya que deberá sortear mil y un peligros y tentaciones, incluidas las sirenas.

En las notas del 6 de enero leemos:

> También diz que supo el Almirante que allí, hacia Leste, había una isla a donde no había sino solas mujeres...

Pero este Moisés marítimo supera la tentación de ver qué se traen entre manos las hembras de Matininó, que es como los lugareños llamaban a la isla. No se deja tentar por cantos de sirena, aunque las sirenas no le parezcan tan bellas como de ellas se tenía dicho. Leamos las notas del 9 de enero:

> Dijo que vido tres sirenas que salieron bien alto de la mar, pero no eran tan hermosas como las pintan, que en alguna manera tenían forma de hombre en la cara.

¿Eran focas, como en alguna parte hemos leído? ¿Quién lo sabe sino Dios, farol perpetuo en la proa del Almirante?

Y como Ulises, también habrá de ser valiente y astuto para sacar con bien a sus polluelos marinos de la primera escaramuza que sostienen con un puñado de indígenas el día 13 de enero:

> Mataran diz que los cristianos muchos de ellos, si el piloto que iba por capitán de ellos no lo estorbara.

¿Quién era el piloto que iba por capitán en la avanzada cristiana? Según Alicia Gould, fue Vicente Yáñez Pinzón, pero Manzano cuestiona esa teoría recordando que el Pinzón no era el piloto de la *Niña*, sino su capitán. ¿Sería el piloto Sancho Ruiz de Gama? Vaya usted a saber, puesto que también se ha discutido que realmente este hombre fuera el piloto de esa carabela.

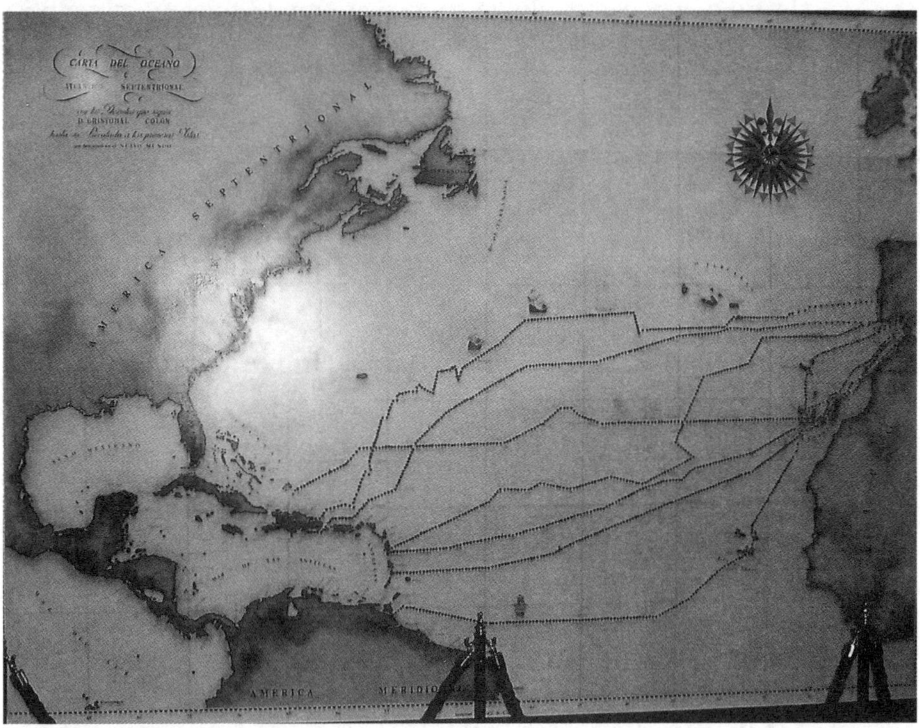

Las rutas colombinas. Casa de los Tratados de Tordesillas.

Pero el número de prestidigitación definitivo de Colón tuvo lugar el día 16 de enero, cuando, sin el menor atisbo de duda, indica cuál es el camino que se ha de tomar para volver a casa:

> ... hubo de dejar el camino que se creía que lleva a la isla y volvió al derecho de España, Nordeste cuarta del Leste.

¿Cómo pudo saber don Cristóbal cuál era el camino correcto? ¿Cómo tras haberse aventurado más allá de donde nadie, se supone, había ido jamás embarcado en nave alguna, tiene el asombroso acierto de subir a latitudes más altas para dejarse empujar por los vientos del Oeste?

Tal vez, para comprender mejor el fantástico acontecimiento que estamos viviendo ahora mismo, cuando Colón ha dado el nuevo rumbo, haya que leer los temores que los marinos habían expresado meses antes y que el propio *Diario de a bordo* recoge. Leamos lo anotado el día 23 de septiembre:

> Como la mar estuviese mansa y llana, murmuraba la gente diciendo que pues por allí no había mar grande, que nunca ventaría para volver a España.

Un elemento básico de navegación: la brújula.

Y en muy parecidos términos se expresa Hernando Colón al escribir que los marineros decían que *puesto que siempre tenían el viento en popa, nunca lo tendrían próspero en aquellos mares para regresar*. Y don Cristóbal callaba, y quién sabe si no reía entre dientes.

¿Fue una lotería o fue sabiduría? A mí, personalmente, no me cabe duda de que es otro botón de muestra de que el Almirante podía ser torpe, y enseguida veremos otro caso que parece demostrarlo, al leer las cartas de navegar que llevaba, pero sin duda las llevaba y en ellas estaba anotado por dónde ir y por dónde regresar. ¿Quién se lo había dicho? ¿El piloto anónimo tal y como propone Juan Manzano? Ya hemos dicho que estamos muy de acuerdo con esa idea, pero que añadimos otros ingredientes a la marmita colombina. ¿Tuvo que ver en su fantástica maniobra náutica lo que Colón averiguó en Portugal? ¿Por allí regresaban las naves templarias?

No va el Almirante a la deriva, puesto que sabe qué tiempo le esperará pocos días después, por eso leemos el día 21 de enero:

> Hallaba los aires más fríos y pensaba diz que hallarlos más cada día cuanto más llegase al Norte, y también por las noches ser más grandes por la angostura de la esfera.

No hay casualidad. Madariaga también tiene que reconocer que *para su viaje de retorno eligió, pues, deliberadamente una latitud mucho más al norte de la que había seguido en su viaje de ida.*

Un viaje que, por lo demás, fue en los primeros días tranquilo y apacible y solo alterados por los retrasos que sufría la *Pinta* debido a que su mástil estaba en mal estado. Eso servirá a Colón para criticar de nuevo a Martín Alonso:

> Si el capitán della, que es Martín Alonso Pinzón, tuviera tanto cuidado de procurarse un buen mástil en las Indias, donde tantos y tales había como fue codicioso de se apartar de él, pensando henchir el navío de oro, él lo pusiera por bueno [23 de enero].

En la barandilla de la muerte y los votos del Almirante

A veces, los hombres se asoman por la barandilla que da la muerte y se hispan sus pelos por el espanto. Y de dar crédito a la crónica de aquel histórico tornaviaje, aquellos hombres fueron más allá de la barandilla prohibida el día 14 de febrero, un jueves inolvidable, cuando el fragor de una tormenta estuvo a punto de hacerlos zozobrar.

> Esta noche creció el viento y las olas eran espantables.

Nada se podía hacer y el Almirante dejó que el viento arrastrase la nave donde quisiera, pues otro remedio no se veía. Y ocurrió que las dos carabelas supervivientes se separaron, *aunque toda la noche le hizo faroles el Almirante y el otro* [se refiere el *Diario* a Martín Alonso Pinzón] *respondía, hasta que parece que no pudo más por la fuerza de la tormenta y porque estaba muy fuera del camino del Almirante.*

No volveremos a saber de la *Pinta* ni de Martín Alonso hasta dentro de unos días, pero si eso a nosotros algo nos debiera preocupar, más que nada por completar del todo este epopeya repleta de misterios, imagínese el lector lo que andaría rumiando el Almirante en esas horas. ¿Y si él se hundía en aquel mar endiablado y al final llegaba el Pinzón ante los reyes a dar cuenta de lo que ya sabemos? ¿Qué sería de su gloria así usurpada?

Nunca sabremos si fue por eso o porque en su delirio nadie sabía en qué dar para salir del caso, leemos en el *Diario* que *él ordenó que se echase un romero que fuese a Santa María de Guadalupe y llevase un cirio de cinco libras de cera y que hiciesen votos todos al que cayese la suerte cumpliese la romería.*

Para el cual sorteo mandó don Cristóbal *traer garbanzos cuantas personas en el navío tenían y señalar uno con un cuchillo, haciendo una cruz y metellos en un bonete bien revueltos.*

Y así se hizo. Revueltos fueron los garbanzos mientras el mar bramaba y hacía tal vez planes sobre los marinos que se iba a zampar, pero, claro, no contaba con el profeta de Dios que era Colón. Y es que fue el Almirante quien sacó aquel garbanzo marcado:

> El primero que metió la mano fue el Almirante y sacó el garbanzo de la cruz.

¡Don Cristóbal Colón, romero! ¡Y eso que creíamos haberlo visto ya todo en este viaje!

Pero no contentos con eso, y tal vez porque no se veía que menguasen las olas con aquel futuro sacrificio de romería, hubo un segundo sorteo para mandar a un marino, si llegaban con bien a tierra, a la virgen de Santa María de Loreto. Y por igual lotería, le cupo el honor a Pedro de Villa, marinero del Puerto de Santa María.

Mas la mar no se calmaba. ¿Qué hacer? Pues tal vez por falta de imaginación ni de muchos recursos en estado tan minúsculo como era la carabela *Niña*, echaron mano otra vez del sorteo y se prometió que el afortunado velaría toda la noche en Santa Clara de Moguer, e hiciese decir misa. ¿Y a que no sabe el lector a quién se le quedó entre los dedos el ya famoso garbanzo? En efecto, ¡al Almirante! Mas la mar no dejaba de gruñir.

La desesperación era general. Tras tanta penuria, al final morirían no lejos de la orilla. Y alguien debió exclamar, a pesar de los nulos resultados de ese conjuro, que se hiciera un nuevo voto. Esta vez, se prometieron que *en llegando a la primera tierra, ir todos en camisa en procesión a hacer oración a una iglesia que fuese de la invocación de Nuestra Señora.*

Y todo esto está muy bien, que rezar nunca está de más y hasta parece cosa notable que un posible judío como el Almirante se viniera a ello, salvo que no deja de ser gracioso que todas las promesas tuvieran como destino un enclave dedicado a Nuestra Señora, la vieja dama del Temple, ya tuviera el santuario en Guadalupe, ya en Moguer o ya donde fuera. ¿Es por ello que nuestro hombre propone tales votos? ¿Cómo saberlo?

El caso es que el *Moisés* de la *Niña* flaquea por vez primera:

> Le ponía grandísimo miedo de no lo conseguir, y que cada mosquito diz que le podía perturbar e impedir. Atribúyelo esto a su poca fe y desfallecimiento de confianza de la Providencia divina.

Y en esos sus temores se anota el *Diario de a bordo* una frase que levemente comentamos al hablar de su relación con Beatriz Enríquez de Arana y que ahora volvemos a recordar, pues es este el contexto en que fue escrita:

> También le daba gran pena dos hijos que tenía en Córdoba al estudio, que los dejaba huérfanos de padre y madre.

Como recordará el lector, don Cristóbal tenía dos hijos, sí, pero solo uno de ellos, Diego, estaba huérfano ya de madre, que fue la portuguesa Felipa Moniz. ¿De dónde sale ahora eso de que dejaría dos hijos huérfanos de madre y padre? ¿No tenía Hernando Colón madre en la figura de Beatriz Enríquez de Arana? ¿Qué nuevo lío es este? ¿Había otro hijo no censado?

Tales eran los temores que acuciaban a Colón, que tomó una decisión propia de la mejor película de aventuras:

> Tomó un pergamino y escribió en él todo lo que pudo de todo lo que había hallado, rogando mucho a quien lo hallase que le llevase a los reyes. Este pergamino envolvió en un paño encerado, atado muy bien, y mandó traer un gran barril de madera y púsolo en él sin que ninguna persona supiese qué era, sino que pensaban todos que era alguna devoción, y así lo mandó echar al mar.

Hernando Colón, en su *Historia del Almirante,* completa esa atractiva información añadiendo que su padre escribió esa nota lanzada a la mar prometiendo mil ducados para quien así lo encontrase cerrado y a los reyes se lo llevara sin tardanza. Pero añade que no contento con ese mensaje, *pensando que tal vez aquel barril no llegase a lugar seguro, y que los barcos aún seguían navegando y acercándose a Castilla, hizo otro atado semejante al primero y lo colocó en lo alto de la popa, para que, si se hundía el barco, quedase el barril flotando al arbitrio del temporal.*

Pero Dios, tal vez sabiendo que los reyes españoles eran católicos, mandó aplacar la furia del mar, y el día 15 de febrero el tiempo mejora y luego un marinero, que Hernando Colón nombra como Ruiz García, vecino de Santoña (Cantabria), vio tierra. Y al poco hay dudas de dón-

Colón lanzó al mar un barril con documentos.

de se encuentran. Unos dicen que aquello es Madeira y otros que si la Roca de Sintra, pero:

> El Almirante, por su navegación, se hallaba estar con las islas Azores, y que creía que aquella era una de ellas.

¿Y saben qué? Pues que el Almirante, *por su navegación*, que no puede ser sino sus misteriosas cartas de navegar, acierta. Y el día 18 la carabela puede surgir en la isla Santa María, una de las que integran el archipiélago de las Azores. ¿Sabía o no sabía cómo volver el Almirante sin rostro?

LA POLÉMICA ESCALA EN PORTUGAL

Al poco de verse salvado, Colón recupera lo mejor de sí mismo y vuelve a mentir y a disimular:

> Y diz que fingió haber andando más camino para desatinar a los pilotos y marineros que carteaban [...] por lo cual ninguno puede estar seguro de su derrota para las Indias.

Curiosamente, Hernando Colón silencia ese detalle que evidencia el carácter tan evasivo y siniestro de su padre, aunque tal vez hiciera bien este en desconfiar hasta de su sombra a la vista de lo que les sucedió en las islas al poco de llegar.

En efecto, el día 19 de febrero el capitán del lugar, un tal Juan de Castañeda, les tiende una trampa. Tras haberlos agasajado con unos presentes, la marinería se confía y media tripulación, entre los cuales no estaba el Almirante, desembarca para dar cumplimiento de aquel voto de ir todos en camisa a un santuario de Nuestra Señora para dar gracias por haber salvado el pescuezo de las garras de la tormenta. Pero pronto algo raro sucede. ¿Por qué tardan tanto en regresar?, se interroga Colón.

La ermita de la devoción no estaba a la vista, y eso había aprovechado el capitán portugués para apresar a todos los marineros:

> Estando en oración, saltó contra ellos todo el pueblo a caballo y a pie con el capitán y prendiéronlos a todos.

La desconfianza de Colón hacia todo el mundo le ayuda en esta ocasión. Se diría que alzó la nariz y venteó el peligro. Ordena levar el ancla y navegar hasta donde se pudiera ver la ermita. Vienen entonces hombres de armas en una barca y el capitán del lugar le pide rendición, a lo que, muy digno, don Cristóbal responde como quien era: Almirante de la Mar Océana y Virrey de las Indias. Pero al luso aquello le deja frío y pide papeles, los cuales Colón *le enseñó de lejos*, al tiempo que recordó que *los Reyes estaban en mucho amor y amistad con el rey de Portugal.* Pero ¿y él? ¿Estaba él en amistad con la Corona portuguesa después de haber tenido que huir años antes perseguido por la justicia?

Y aquí está la polémica. Porque si al principio se dan estas vicisitudes y agrias discusiones al poco de llegar a tierra portuguesa, no sucederá, aparentemente, lo mismo en Lisboa poco después. Pero antes digamos que el terco capitán local obliga a Colón a retirarse a otra isla, la de San Jorge, poniéndole en serio apuro porque había mala mar y al Almirante solo le quedaban a bordo tres marinos *de los que supiesen de la mar.*

Al día siguiente, en cambio, regresa a por sus hombres y los recuperará, pero antes anotemos algo notable que aparece en el *Diario* cuando el Almirante echa de menos la bondad de las aguas por las que anduvieron y las compara con las bravías olas que ahora les acechan, y entonces recuerda que sabios y teólogos decían que *el Paraíso Terrenal está en el fin del Oriente, porque es lugar temperadísimo*, y concluye por ello Colón que como donde habían estado siempre hacía buen tiempo, por tanto, *aquellas tierras que agora él había descubierto es el fin del Oriente.* Y este razonamiento tan profético, que se incrementará en viajes posteriores, nos permite advertir de nuevo que Colón no menciona haber estado en Cipango ni en Catay, sino en otras tierras remotas.

Tras superar el rocoso escollo que había supuesto el capitán luso Juan de Castañeda, la carabela siguió su rumbo en dirección a Lisboa. ¿Por qué allí?

Escribe el historiador Manuel Lucena que, habiendo llegado como ya veremos Pinzón a Galicia, no se entiende cómo fue que Colón llegó a Portugal. ¿Es cierto, como alguien dijo, que era un espía a sueldo de la corona lusa? Eso parece absurdo. Pero Lucena escribe que *no es creíble que Pinzón fuera mejor navegante que Colón, lo que obliga a considerar que el Almirante quiso arribar a Lisboa y entrevistarse con Juan II de Portugal.* Y a continuación se pregunta si fue solo por darse una satisfacción personal.

Esa escala en Lisboa ha motivado todo tipo de especulaciones. Si bien es cierto que la carabela debía llegar en mal estado, no es menos cierto que no consta que se hicieran reparaciones en ella en los días en que Colón permaneció en la corte lusa. Por tanto, ¿a qué se debió su visita?

En el *Diario* leemos que Colón escribió al rey de Portugal el 4 de marzo pidiendo entrar en Lisboa, pero si no reparó la nave esos días, bien podía haber llegado directamente a su destino en Palos. ¿A qué se detuvo y entrevistó con el rey portugués?

Quizá fuera afán de revancha por no haberle financiado en su día este proyecto que ahora le traía aquí hecho Virrey, Almirante y Don. Es muy posible, pero no lo es menos que tenía cuentas pendientes con la justicia local. ¿Lo había olvidado Colón o sabía que con todos sus títulos actuales no se atrevería el rey a prenderlo? ¿O es que en verdad se creía un elegido de Dios?

Es posible que sucediera un poco de todo, y quizá sobre todo lo segundo después de que el día antes de esa carta al rey luso, en medio de otra tormenta, la tripulación sacase de nuevo el ya popular puñado de garbanzos para hacer voto de mandar a un romero en camisa a Santa María de la Cinta. ¡No se van a creer a quién eligieron los dioses!: ¡al Almirante!

En Portugal hubo toque de clarines, recepción de mucho copete y murmullos de admiración. Era el primer gran triunfo del orgulloso Colón.

Allí hubo de dar cuentas al rey de que no había violado el precepto de navegar más abajo de lo que marcaban los acuerdos con Castilla y rehusó la oferta de ir por tierra, con la seguridad de las armas de Portugal como escolta, hasta los límites con Castilla. Colón argumenta que, como Almirante que es, no ha de abandonar nunca su nave, pero no sabemos si tal cosa dijo, si es que la dijo, porque temía celada del rey.

Hernando Colón anota el detalle de que también la reina de Portugal, que estaba en el monasterio de Santa María de las Virtudes, en el valle del Paraíso, le hizo llamar *con gran insistencia*. Y allí se demoró don Cristóbal y recibió nuevos honores que no entiendo muy bien a qué se debieron por parte de la reina.

Y el 15 de marzo, relamiendo su triunfo e imaginando la venganza contra los que de él se burlaron (*contra sentencia de tantas personas principales de vuestra casa, los cuales todos eran contra mí*, escribió el rencoroso marino), *a hora de medio día, con la marea de montante, entró por la barra de Saltés hasta dentro del puerto de donde había partido a tres de agosto del año pasado.*

CARTAS MARCADAS

He aquí otro problema: las cartas que el Almirante envió a España para pregonar su *descubrimiento*. ¿Por qué no escribió antes que a nadie a los reyes? O, por lo menos, ¿por qué no se limitó a escribir a los reyes que eran quienes habían financiado su aventura y con quienes tenía firmadas unas *Capitulaciones* ciertamente singulares?

En efecto, aquí también hay disensiones y se afilan las uñas los investigadores, puesto que se puede sacar petróleo para la tesis de cada cual.

Lucena nos dice, por ejemplo, que *en Lisboa escribió Colón su famosa* Carta del Descubrmiento. *No se la dirigió a los Reyes Católicos, como era lógico esperar, sino a dos altos personajes de la Casa de Aragón, don Luis de Santángel, escribano de ración, y don Gabriel Sánchez, tesorero de ese Reino.*

Ya tenemos un problema: ¿escribió o no a los reyes? Madariaga cree que sí, pero nos dice que esas cartas (¡qué casualidad!) se han perdido; sin embargo, este autor sitúa la redacción de esas misivas en las Azores:

> En cuanto llegó a las Azores y pudo resguardarse unas horas de la tormenta [...] se puso a escribir a los Reyes Católicos cartas de propaganda personal.

Consuelo Varela, nada dada a creer en enigmas, nos dice que el Almirante *empleó sus días lisboetas* [...] *en escribir un buen puñado de cartas*. Y es que, en su opinión, Colón sí escribió a los reyes, lo mismo que hizo con los dos funcionarios ya mencionados y también con el duque de Medinaceli. Y aquí tenemos otra sorpresa que incluso esta historiadora debe reconocer:

> Resulta sorprendente que tan solo quince días más tarde de aquella arribada, el duque de Medinaceli estuviera en condiciones de escribir una curiosísima carta al Gran Cardenal de España. En ella don Luis de la Cerda comunicaba a Pedro González de Mendoza la noticia del Descubrimiento.

Esto es ciertamente notable. ¿Cómo es que sabía tales hazañas don Luis de la Cerda antes que los propios reyes? Y mejor aún, ¿por qué escribe al cardenal dándole cuenta de ello y no directamente a los monarcas?

Vamos a detenernos en este problema, puesto que juega a favor de la tesis alcarreña, según Alfonso Sanz Núñez, y tal vez no le falte razón.

Retablo que representa a los Reyes Católicos.

Observe el lector estos hechos con el asombro que merecen: se dice que la primera referencia escrita de la famosa *Carta de Colón* aparece, como recuerda Sanz Núñez, *en el Libro de Actas Capitulares del Cabildo de la ciudad de Córdoba, en el que consta con fecha* 22 de marzo de 1493 *la llegada al Concejo de una carta que envió Cristóbal Colón dando noticias del hallazgo de una islas* (el subrayado es nuestro). En segundo lugar, sabemos que los reyes le responden dando albricias y jaleando al nuevo Almirante por su hallazgo con fecha de 30 de marzo de 1493. Pero he aquí una tremenda sorpresa: el duque de Medinaceli escribe desde Cogolludo al cardenal Mendoza anunciándole el descubrimiento de América el 19 de marzo de 1493, es decir, tres días antes de la fecha en que llega la primera noticia de lo ocurrido a Córdoba y mucho antes de que nada supieran Isabel y Fernando. ¿Cómo es posible? ¿Por qué Colón envió noticias a Cogulludo antes que a ninguna otra parte?

En efecto, don Luis de la Cerda, duque de Medinaceli, uno de los benefactores de Colón que ya presentamos en capítulos anteriores, escribe a otro Mendoza, el gran cardenal Pedro González, en carta fechada *de la mi villa de Cogolludo, a XIX de março (1493)*. Y en la misiva el noble dice dos cosas notables. La primera es la frase en la que recuerda que Colón estuvo viviendo en su casa y dice así:

> … No sé si sabe Vuestra Señoría cómo yo tove en mi casa mucho tiempo a Cristóbal Colomo, que venía de Portogal y se quería ir al Rey de Francia para que emprendiese de ir a buscar las Indias...

De esta frase deduce Sanz Núñez que seguramente Colón pasó parte de ese tiempo en la hacienda del duque en Cogolludo, aunque tradicionalmente se piensa que estuvo en su palacio de andaluz. Y la segunda frase, todavía más trascendente y misteriosa, es la siguiente:

Palacio del Infantado, en Guadalajara.

> Puede aver ocho meses que partió y agora él es venido de buelta a Lisbona y ha hallado todo lo que buscava y muy complidamente, lo cual luego yo supe...

¿Qué es lo que ocurre aquí?

Claramente se ve que el duque, en Cogolludo, supo antes que los reyes la llegada de Colón a Lisboa y también el hallazgo de las nuevas tierras. Y comoquiera que en aquellos tiempos los correos no se podían enviar sino a uña de caballo y tardaban lo que la uña de caballo tarda en recorrer distancias como las que separan Lisboa de Córdoba o de Cogolludo, debemos entender que Colón escribe primero al duque que a los monarcas, que estaban en Barcelona.

Creemos que Consuelo Varela es muy optimista al asegurar que *está claro que se trata de una misma carta a la que Colón añadió una postdata desde Lisboa, incluyendo las últimas noticias*. Y eso pensamos porque nunca es fácil afirmar tajantemente nada en relación con este personaje, por más que ella, Consuelo Varela, asegure que es la *mismísima carta* que envió al menos a cuatro destinatarios: los reyes, el duque de Medinaceli y los funcionarios ya conocidos.

Bien, imaginemos que hubo en verdad tantas cartas. ¿No parece extraño que el duque de Medinaceli pueda informar a los reyes del éxito de la aventura colombina si las noticias salieron al tiempo a los cuatro destinatarios? Además, si había escrito Colón a los reyes, ¿por qué tenía que informar a dos funcionarios aragoneses? ¿Es que debía lo mismo a Luis de Santángel y a Gabriel Sánchez que al rey Fernando? ¿Por qué el duque de Medinaceli se dirige al cardenal, como ya hemos indicado?

Si el lector recuerda el capítulo dedicado a la trama cortesana, deberá sonreír, puesto que ya tenemos de nuevo aquí a casi todos aquellos protagonistas: los judíos conversos Santángel y Sánchez —que además, sobre todo el primero, tuvieron arte y mucha parte en que el proyecto viera la luz—, el duque de Medinaceli y el cardenal Mendoza. Otra vez una mano enguantada acaricia estas páginas.

Así pues, un velo envuelve a los destinatarios de las cartas, pero no es ese, siendo el principal, el único problema que aquí se nos genera.

Ocurre que la carta de marras, la de Santángel que se conoce, está fechada sorprendentemente en las Islas Canarias y el día 15 de febrero de 1493. ¿Cómo es posible tal cosa? ¿Dónde estaba el Almirante ese día? Desde luego, no en Lisboa, puesto que será el día 4 de marzo cuando escriba al rey portugués solicitando surgir en su puerto, y no será hasta el día 8 del mismo mes en que el monarca le responda. Por tanto, ¿escribió o no la carta en Lisboa? ¿Tiene razón Varela al pensar que ya estaba escrita y en Lisboa la completó?

En todo caso, ¿dónde estaba el Almirante el día 15 de febrero? Curiosamente, ese día es el siguiente, con la mar más calma, al de la tormenta que le hizo temer por su vida y por su aventura y le obligó a escribir una enigmática carta y meterla en un barril sellado. ¿Es la carta de Santángel copia de aquel billete escrito por un marino desesperado? En todo caso, ¿hay quien pueda aclarar por qué demonios fechó la carta en las Canarias? ¿Será posible encontrar un gramo de verdad en la vida de don Cristóbal?

Para colmo, si se lee la carta de marras, se descubre que el navegante se honra de todo lo hecho, de cómo encontró lo que encontró y de los muchos oros, especierías y tierras fértiles halladas, pero no dice ni una palabra de Cipango. Y sobre Catay no añade más que su confusión inicial al creer que era la isla de Cuba o Juana.

La *Carta del Descubrimiento* se publicó en Barcelona en 1493 y tuvo un enorme éxito, puesto que fueron numerosas las ediciones que de ella se hicieron, varias de las cuales en latín, y pronto recorrió la noticia por media Europa. Y ya que estamos en ello, leamos lo que dice Consuelo Varela sobre cómo llegó la noticia a Italia:

Piñas y mazorcas de maíz en el palacio de Medinacelli en Cogolludo.

La ciudad de Córdoba conoció la noticia del descubrimiento en primicia.

> La primera noticia que se tuvo en Italia fue a través de una carta que, desde Barcelona el 9 de abril de 1493, Aníbal Zennaro escribió a su hermano Jacobo Trotti y que este, a su vez, remitió a su patrón el duque de Sforza.

¿Por qué queremos que el lector repare en este hecho? Pues para que no le suceda lo mismo que a esta magnífica historiadora que cree a pies juntillas que Colón era genovés: ¿cómo es posible que semejante proeza náutica no fuera conocida en su país de origen por el propio Colón? ¿No escribió el Almirante a su supuesta Génova natal para dar cuenta de su epopeya? Pues no señor, no lo hizo. En realidad, ya lo dijimos, no se tiró una salva en honor al Almirante en Génova. En cambio (nueva sorpresa) la misma fuente nos indica que *sabemos que en algunas ciudades españolas se supo la noticia con anterioridad a la llegada de Colón»*, y se da el caso curioso de que en Córdoba su ayuntamiento pagó a un heraldo para que divulgase el suceso. Y si esto ocurrió en España y aquello fue lo que pasó en Italia, saque el lector la conclusión que le parezca oportuna sobre el origen de nuestro héroe.

La muerte de Martín Alonso Pinzón

No, no hay una lápida que señale su tumba, me explicó fray Roque, el franciscano del monasterio de La Rábida, pero la tradición afirma que está enterrado en el altar de la iglesia.

De modo que con esa manía mía de hablarle a los muertos, aunque casi siempre me sucede que no se sabe bien dónde duermen los difuntos a los que más deseo dirigirme, perdí unos minutos para ver si podía asear al menos un ángulo de esta maldita historia. Pero no lo conseguí, y no sé si fue porque Pinzón no me escuchó o porque yo no oí su respuesta.

Y es que hace ya demasiadas páginas que tenemos olvidada a la carabela *Pinta* y a su capitán. ¿Qué fue de ellos después de que la feroz tormenta separara a ambas carabelas en el tornaviaje?

Las Casas, en su *Historia de las Indias*, asegura que *Martín Alonso Pinzón fue a parar con* [...] *su carabela a Galicia*, y de inmediato cierra esta odisea con pocos datos y apresuradamente: *... y porque en breves días murió, no me ocurrió más que dél pudiese decir*. Y así lo despacha, casi igual que Hernando Colón: *Pinzón fue a parar a Galicia.*

El investigador Alfonso Philippot es, en cambio, extremadamente preciso en los datos, puesto que asegura que hizo su entrada en Bayona el marino palermo el 1 de marzo de 1493, y una vez rebasada la Punta de la Tenaza, *la carabela se dirigió a la Playa de Ribera, donde varó para ser carenada y reparar las graves averías causadas por el temporal.*

Los Pleitos Colombinos le ofrecen a Juan Manzano la noticia de que tuvo la suerte Martín Alonso de encontrarse en Bayona con su hijo Arias Pérez y con un primo suyo llamado Hernán Pérez Mateos, que regresaban de Flandes.

¿En qué condiciones llega allí Pinzón y cómo es que muere al poco de atracar en España? ¿Qué más sucedió en Bayona?

Comenzaremos por la segunda pregunta, pues también encierra misterio. Según los Pleitos nos dicen, fueron varios marineros los que escucharon narrar a Martín Alonso en Bayona el relato de lo ocurrido y cómo fue él quien decidió pasar adelante cuando llevaban 800 leguas navegadas y flaqueaba el ánimo del Almirante Colón, y él sería quien encontró tierra, y en la Española *falló grandes muestras de oro y lo rescató*.

Por tanto, como anota Alicia Gould, ya tenemos aquí el principio de la futura polémica sobre quién descubrió en realidad el Nuevo Mundo. Es evidente que para la familia Pinzón aquí no hay más héroe que su patriarca. ¿Fue al cabo obra y gracia de los misteriosos documentos vaticanos?

¿Escribió a los reyes para anotarse el magnífico tanto del *Descubrimiento*? He aquí otra polémica. Para Hernando Colón, no hay duda:

> ... pretendiendo ir por su cuenta a Barcelona a dar noticia a los Reyes Católicos de lo acontecido.

Pero añade el hijo y propagandista de Colón que los monarcas rehusaron esa propuesta y le hicieron saber *que no debía ir sino con el Almirante, con el que se le había enviado al descubrimiento*. Sin embargo, mucho me temo yo que otra vez Hernando miente para elevar a los altares a su padre, puesto que si Martín Alonso tan enfermo estaba que pocos días después murió, malamente podría pretender ir en persona a Barcelona, que era donde sus graciosas majestades se demoraban aquellos días.

Ahora bien, ¿escribió o no a los reyes presentándose como el descubridor? Pues aquí tenemos otro enigma que resolver. Manzano re-

Entierro de Martín Alonso. Monasterio de La Rábida.

coge una cita de Jerónimo Zurita, quien en 1670 publicó *Historia del rey don Hernando el Católico*, y allí leemos esto que bien claro parece que lo deja:

> ... le declararon [se refiere al rey] que avía llegado nueva por una carabela de las que fueron con Colón, que aportó a las costas de Galicia, cómo había hallado yslas y tierra [firme] que iba a descubrir...

Parece que hay carta. Y Alicia Gould recoge a su vez la información del pago que los reyes hicieron a varios mensajeros para prohibir que se armasen navíos para llegar a esas tierras, y uno de esos heraldos fue a Galicia, de donde deduce que es muy posible que hubiera esa misiva de Pinzón a los reyes. Y Juan Manzano añade que el ya citado Zurita escribió también que al poco de llegar la carta de Pinzón a Barcelona llegó otra de Colón *por la que le hazía saber lo mismo.*

¿Dirían lo mismo el marino andaluz y el enigmático Almirante? Juan Manzano advierte una diferencia importante que tal vez tenían ambas cartas, al margen de atribuirse cada uno de ellos el mérito del hallazgo. Y es que en la que supuestamente envía Pinzón se habla de islas y de tierra firme, pero cuando los reyes escriben a Colón el día 3 de marzo de 1493 lo nombran definitivamente Almirante de la Mar Océana, *e visorrey y gobernador de las islas que se han descubierto en las Indias.* Es decir, que solo se habla de islas, no de tierra firme. ¿Cuál es la razón? Según Manzano, porque en la carta posterior de Colón este solo habla de islas, dado que tras descubrir *su* Cipango al identificar Monte Christi llegó a la conclusión, como ya se explicó, de que no podía ser Juana (Cuba) la tierra firme de Catay, pues estaba muy cerca. En cambio, Pinzón no sabría, según esta hipótesis, ese detalle, dado que Colón se topa con Monte Christi el día 4 de enero y el palermo aún no ha vuelto al lado de Colón de su particular excursión caribeña.

Sin embargo, me pregunto yo si no pudo saber nada de eso Martín Alonso una vez que se volvieron a juntar las dos carabelas. Por otra parte, como apunta Philippot, el supuesto informe enviado a los Reyes desde Bayona también, como tantos otros documentos de este *expediente X*, ha desaparecido, si es que realmente existió.

¿Cuándo y de qué murió Martín Alonso?

Philippot recoge una frase del historiador Rumeu de Armas, a quien parece no le cabe la menor duda de que *Martín Alonso falleció en Bayona.* Sin embargo, nadie parece estar de acuerdo con esa propuesta.

Ocurrió que, a todas las extraordinarias aventuras y maravillas sin cuento que hasta aquí llevamos dichas, habrá que sumar la descomunal casualidad que propuso Dios para la llegada definitiva de ambas naves a Palos: ¡Increíblemente, llegan el mismo día después de haberse separado muchas jornadas atrás por la tormenta!

En efecto, y aunque hay también porfía sobre si llegaron juntas o no (todo parece indicar que no, aunque lo hacen el mismo día), no deja de ser el último guiño de Poseidón o de la reina de los mares. El 15 de marzo de 1493 llegan, con horas de diferencia a favor de la *Niña* en la que viaja Colón, ambas naves al lugar del que partieron. Así lo anotó el cronista Fernández de Oviedo:

> E después cada navío destos tomó su camino por el río de Saltés, e de cómo entraron en un mesmo día; y entró el Almirante por la mañana, e la otra carabela llegó a la tarde.

Pero lo que todos dicen, al contrario que Rumeu de Armas, es que Martín Alonso llega gravemente enfermo pero con vida. A Philippot le sorprende que si estaba tan grave no lo dejaran en Bayona, y que si murió al poco de zarpar, lo más normal, le parece a él, es que lo hubieran echado por la borda. Pero tal vez aquí haya que recordar lo que aquel marinero significaba para toda la tripulación del barco y para la expedición misma. Además, parece haber cierto consenso en que llegó vivo a Palos.

Debía llegar vivo, pues el suyo había sido un viaje de iniciación y había que completar el círculo, de modo que salta la sorpresa: ¡Pinzón no va a su casa, sino que se hace llevar al monasterio de La Rábida! ¿Por qué? Para Manzano, porque Colón maquinaba llevarlo reo ante la corte y el andaluz buscó acogerse a sagrado para evitarlo, pero muy difícil me parece a mí que Colón pudiera llevar a cabo su plan dada la endeble salud del onubense. Más parece que el héroe decide morir con su misterio allí donde el misterio se fraguó.

¿De qué muere?

El día 27 de noviembre el Almirante escribió en su *Diario de a bordo* que *hasta hoy toda mi gente no ha habido persona que le haya mal la cabeza ni estado en cama por dolencia, salvo un viejo de dolor de piedra*. Es decir, que hasta ese momento, no parece haber enfermedad notable a bordo. Pero Martín Alonso se había separado de ellos el día 21 de ese mes, y durante cuarenta y cinco días anduvo incontrolado. ¿Qué jardines frecuentó?

En los Pleitos se dice que murió de andar por aquellas tierras: *E de andar por la tierra había cobrado la dolencia de que falleció.* ¿Por andar por aquellas tierras maravillosas y fértiles? No hubo refriega con indios que se sepa ni heridas ni rasguños a infectar. ¿Murió de celos, como parece querer decir el *Pinocho* Hernando Colón? Recordemos sus palabras:

> ... lo que le produjo tanto pesar [se refiere a la supuesta negativa de los reyes a recibir a Pinzón sin la presencia de Colón] y disgusto que regresó a su patria enfermo y a los pocos días murió de dolor.

Hay que ser muy miserable para llegar a vincular una cosa con la otra, pero después de lo dicho y sabido, nada pasma ya de esta familia tan peculiar y mentirosa que son los Colón. Pero el caso es que *desde a pocos días*, según las crónicas, muere Martín Alonso Pinzón. Y Alicia Gould y Juan Manzano sostienen que fue la sífilis la que le comió la salud después de que hubiera tenido placeres con las nativas como antes les sucediera a los protonautas. ¿Será verdad? Si no lo es, mucho se le parece.

El 15 de marzo llega a su tierra. ¿Qué día muere? Nada se sabe con certeza, pero hay quien dice que le dan sepultura el día 30 del mismo mes. Y aunque yo me esforcé en escuchar su voz en el monasterio de La Rábida, tal vez erré el tiro, porque otras fuentes aseguran que lo llevaron a la iglesia de San Jorge, en Palos. No obstante, esta última versión, poco creíble, tampoco me consuela, pues en aquella iglesia en la que también estuve ninguna voz escuché.

Déjeme el lector que le confiese al oído que sentí que Pinzón murió en La Rábida para poder cerrar un círculo mágico.

El circo del Almirante

La clausura de este capítulo no encierra menor dosis de misterio que su apertura, y es que sucedió que no contento don Cristóbal con informar a algunos cortesanos judíos al tiempo, si no fue antes, que a los propios monarcas de su hazaña sin par, se presentó ante los Reyes Católicos dos meses después de haber arribado a la Península. Es decir, que primero le cuenta lo suyo con las supuestas Indias al rey portugués; después prefiere ir en barco y no por tierra a Castilla, y cuando llega a Palos se demora dos semanas en emprender viaje hacia Barcelona, que era donde Isabel y Fernando de Aragón lo esperaban.

Colón ante los reyes. Plaza de España de Sevilla.

Pero si solamente fueran estas las excentricidades de nuestro personaje estaríamos defraudados. Antes al contrario, y como advierte Manuel Lucena, nuestro hombre, en lugar de echarse al mar para cubrir en barco y con la celeridad que el caso exigía la distancia entre Palos y Barcelona, decide hacerlo por tierra. Y además, dando tumbos.

El propio hijo del Almirante nos dice que su padre *salió por tierra hacia Sevilla con la intención de continuar desde allí hacia Barcelona.* Y así lo hizo, pero siguiendo una ruta absurda que lo llevó por Córdoba, Murcia, Valencia y Tarragona. Hernando Colón reconoce la demora, aunque trata de minimizarla:

> En el viaje hubo de detenerse algo, *aunque poco,* por la mucha admiración de los pueblos por donde pasaba (la cursiva es nuestra).

¿Aunque poco? Colón llegó a Barcelona en la segunda quincena del mes de abril después de haberse exhibido como el director de un circo ambulante provisto de un tropa integrada por los indios emplumados que se trajo de América y que no eran sino clara y llanamente los pri-

meros esclavos que esta industria del *descubrir* iba a provocar, además de un puñado de papagayos que dejaban boquiabierto al vecindario por dondequiera que pasara. Hernando Colón trata de quitarle yerro al caso al decir que la gente salía a la calle por verlo, *así como las demás cosas y novedades que llevaba consigo*.

¿Era un insensato este hombre que había dejado en una isla perdida a treinta y nueve españoles que esperaban su socorro y él se dedicaba a pasear papagayos por los pueblos de España? ¿Es que no debía fidelidad, expresada bajo contrato en las *Capitulaciones*, a los monarcas? ¿Cómo se atreve a torearlos de ese modo?

Pero los misterios en esta historia no tienen fin, puesto que cuando todos nosotros esperaríamos algún gesto de los monarcas en señal de reprimenda, he aquí que nada de eso sucede, sino todo lo contrario, puesto que Colón es igualado a los mismísimos reyes una vez que está ante ellos, si es que no miente de nuevo Hernando Colón, quien refiere que al llegar a la Ciudad Condal toda la corte salió a su encuentro. Y así, entre clarines, trompetas y mucha y muy grande fanfarria, los reyes lo esperaban sentados en un trono *bajo un baldaquino de brocado de oro*. Y entonces llega el Almirante sin rostro y no hay reproche alguno por su retraso y sus desplantes, sino lo contrario, pues los reyes no le dan la mano para que se la bese al considerarlo un grande, tan grande que me da por recordar aquella frase suya según la cual se sentía *igual a las dos coronas*.

Y así, a cuerpo de rey, permanece unos días en Barcelona don Cristóbal cabalgando incluso al lado del rey Fernando, quien se estaba restableciendo aún de un atentado que a punto había estado de acabar con su vida. Pero una nueva sorpresa aguarda, puesto que a pesar de que Hernando Colón, Fernández de Oviedo y Bartolomé de las Casas hablan de esta estancia, resulta que no hay documento alguno que la recuerde. De nuevo, los *hombres de negro colombinos*. ¿Qué ocurre aquí?

El historiador Antonio Rumeu de Armas, en cita que recoge Nito Verdera, nos alerta sobre el caso: *Ni en el magnífico depósito documental del Archivo de la Corona de Aragón* [...] *ni en el Dietari del antich Consell*

Barceloní, ni en el Dietari de la Diputació [...] *y en otros semejantes aparece la más leve indicación que pueda servir de base para fundamentar, con absoluta verosimilitud, el problema de si Colón fue recibido por primera vez, de regreso de su viaje, en la capital del Principado, y si llegó a morar dentro del recinto de sus muros.*

¿Cómo es posible que un hecho histórico de semejante calibre no haya dejado huellas escritas a su paso?

Verdera explica el asombroso caso diciendo que ese silencio oficial fue deliberado y lo enlaza con su teoría de un Colón judío e ibicenco, es decir, vecino de la Corona de Aragón. Y es que así, silenciando la participación de Aragón en esta empresa, Portugal no tendría argumentos para reivindicar los viejos tratados con Castilla que prohibían la expansión atlántica de Aragón.

¿Está en lo cierto Verdera? ¿Tendría alguien la bondad de cicatrizar esta profunda herida en la biografía del Almirante? Y ya de paso, aclaren las dudas que le provoca a Ricardo Sanz la lectura de lo que escribió Las Casas a propósito de la Carta de Privilegios que los monarcas otorgan a Colón en Barcelona. Leamos al dominico:

> Diéronle así mismo muy hermosas insignias o armas, de las mismas armas reales, castillos, leones y destas *con las que tenía de su linaje antiguo* (la cursiva es nuestra).

¿A qué *linaje antiguo* hace mención Las Casas? ¿No era Colón hijo de un lanero? Por ello se pregunta en voz alta Ricardo Sanz si cabe en cabeza humana creer que los monarcas entregarían a un genovés los emblemas de Castilla y de León. Por supuesto, parece imposible, por ello, este autor sostiene que *la reina le concedió este escudo no por gracia, sino por justicia.* Y aún apunta algo más, ya que debajo de los cuatro cuarteles en que se divide el escudo (castillo, león, islas y anclas) *Colón sitúa una banda, la misma banda que vemos en el arcón funerario de doña Aldonza Mendoza, así de claro.* Y tan claro parece que marea, ¿no lo cree el lector?

¿Con qué Colón nos quedamos?

CAPÍTULO 13

Otros viajes del Almirante

Y luego que llegué a aquellas tierras que yo dije a los reyes que las Indias eran, pasaron tan grandes penas y pocas alegrías que de no ser por lo que yo en mi corazón y cabeça llevaba, más de una vez habríame arrepentido de ir hasta allá. Pero yo sabía que mucho tenía que disimular porque pronto fueron vistas gentes de túnica blanca y blanca piel y comprendí que eran ellos. Sí, eran ellos. . .

(Diario secreto del Almirante sin rostro)

Por escrito, por palabra y aun por pintura.

(De una carta de los Reyes Católicos a Colón)

TRES veces más, tres, los ojos de don Cristóbal se llenaron de azul de mar y cielo en otros tantos viajes a las tierras de las que era virrey y gran señor. Y en cada uno de esos viajes, como no podía ser menos, el Almirante sembró a su paso el misterio. De modo que decidimos embarcar con él una vez más y fruto de aquellas navegaciones nuestras presentamos ahora al lector un puñado de inquietantes interrogaciones.

1. EL SEGUNDO VIAJE (25 DE SEPTIEMBRE DE 1493 AL 10 DE MARZO DE 1496)

Que las cosas de palacio suelen ir despacio es algo por todos sabido, pero en esta ocasión, a la hora de pertrechar la segunda expedición, la lentitud fue exasperante, y a ello contribuyó no poco la soberbia del nuevo Almirante y el recelo de algunos funcionarios, amén del deseo de otros muchos de *hacer las Américas* (malversación de dinero, picaresca entre los proveedores, etc.) en la primera ocasión que hubo. Y así fue que aunque los reyes tenían mucha prisa en que el personal descubridor trajera algo más que papagayos e indios, y en diversas cartas (12 de junio y 25 de julio, por citar un par de ejemplos) instaban al funcionario responsable, el arcediano Juan de Fonseca, a apresurarse en los trámites, lo cierto es que los 17 navíos no partieron del puerto de Cádiz hasta el día 25 de septiembre de 1493. ¿Es que nadie, ni por un momento, tuvo en cuenta a los treinta y nueve hombres que el insigne Almirante había abandonado a su suerte en una isla remota meses atrás?

Madariaga nos dice que esa expedición, capitaneada por la *Marigalante*, en la que con todo el boato que correspondía a tan gran señor, viajaba el misterioso Colón, se pertrechó *con lanzas de Granada, corazas, espingardas y ballestas de Málaga, artillería, pólvora y otras municiones*. Es decir, todo lo necesario para llevar la *civilización*. Y junto a los marinos y soldados viajaban algunos frailes y muchos colonizadores, pues uno de los propósitos era el de organizar esas tierras a favor de la Corona española, lo que no deja de ser divertido si es que, como se ha dicho siempre, el destino era Cipango y Catay, donde ya había reinos y reyes que en ellos reinaban.

Además, otros negocios se cocían al margen de nuestro hombre, y por ello Isabel y Fernando enviaron a gente independiente capaz de dar información veraz de lo que allí había. El principal de entre ellos fue Antonio Torres, hermano del ama del príncipe don Juan y hombre de toda confianza de Sus Altezas. Torres hizo varios viajes de ida y vuelta llevando lo necesario y trayendo cuanto pudo como correo naval.

Por otro lado, para entonces (sucedió el 4 de mayo de 1493) el papa Alejandro VI había arbitrado en la segunda bula *Inter caetera* claramente a favor de España en su pugna con Portugal por el control de

Colón y los marineros andaluces. Monasterio de La Rábida.

aquellas ignotas tierras y fijó una línea imaginaria que de norte a sur atravesaba el océano Atlántico situada a cien leguas al oeste de las islas Azores y estableciendo que las tierras que hubiera al oeste de ese surco invisible en el mar caían del lado español.

SE MATERIALIZAN LOS DOS HERMANOS FANTASMAS

Entre los hombres que viajan con Colón en esta segunda exploración, además de Juan de la Cosa y otros de mucho lustre marino y aventurero, se encuentra su hermano Diego, que es aquel a quienes los *genovistas* denominan Giacomo, y yo no alcanzo a entender qué tipo de traducción se hizo para que Giacomo termine por ser Diego bajo el sol de Castilla. Pero siendo ese un enigma curioso, aún más nos lo parece su súbita materialización. ¿De dónde sale este tipo? ¿Dónde vivió hasta entonces y qué oficios desempeñó este de quien Bartolomé de las Casas escribió que era *persona virtuosa, muy cuerda y pacífica*?

Mientras tanto, Bartolomé Colón, el otro hermano con frase en este extravagante libreto, dado que del resto de la supuesta familia genovesa nada más se volvió a saber, se supone que se entera del éxito clamoroso de su hermano mientras está en Francia. Y aunque ya dijimos algo a propósito de esta peculiar familia en capítulos anteriores, tal vez sea necesario reparar en algunos detalles curiosos. Por ejemplo, Bartolomé parece estar en Portugal en diciembre de 1487, puesto que se dice que asistió al glorioso regreso del marino luso Bartolomé Díaz de su navegación hasta el Cabo de Buena Esperanza, y luego se asegura que en febrero del año siguiente, no sin antes caer en manos de piratas y sufrir mucha pena y gran rechinar de dientes, lo tenemos en Londres pidiendo al rey inglés apoyo para la idea colombina. Pues bien, veamos un nuevo enigma que se plantea al leer este dato que aporta Salvador de Madariaga y que recoge de una declaración del propio Bartolomé en los famosos Pleitos colombinos:

> ... e porque el dicho almirante fue el primero que descubrió estas tierras, e Paria, e nunca otro avya venydo hasta entonces, antes el tiempo que el dicho almirante lo solicitava fazían burla del dicho almirante *e deste testigo* diziendo que querían descubrir otro mundo nuevo... (la cursiva es nuestra).

¿Qué queremos hacer ver al lector? Pues que Bartolomé dice ser testigo directo de las burlas que recibió en Castilla Colón cuando presentó su idea, de modo que parece que está con él durante ese tiempo. Pero, si eso es así, ¿cómo es posible que nadie lo cite nunca hasta que aparece en escena tras el memorable descubrimiento de su hermano?

Madariaga cree que sí estuvo en Castilla durante todo ese tiempo y que era él quien pintaba las cartas de marear que luego su hermano Cristóbal vendía. Y añade que Bartolomé marchó a Portugal cuando su hermano conoció a Beatriz Enríquez de Arana. De allí fue a Inglaterra y luego a Francia, moviéndose con facilidad pasmosa entre las cortes. Madariaga olfatea un aroma muy judío en esa facilidad migratoria y destreza en situarse en posición notable con rapidez.

Juan de la Cosa. Monasterio de La Rábida.

Sea como fuere, Bartolomé recibe carta de su hermano cuando está en la corte francesa en la que le pide que *viniese a servir a vuestra Alteza, porque sería honrado y acrecentado*. Pero cuando llega, y así lo cuenta Hernando Colón, la segunda expedición colombina ha partido y él deberá esperar un tiempo hasta poder embarcarse en una nave que lo llevará a La Española.

ASOMBROSOS DESCUBRIMIENTOS

Desde que la expedición divisa el día 3 de noviembre una pequeña isla que el Almirante bautiza como La Deseada, según el cronista Fernández de Oviedo y otros (aunque Hernando Colón y Las Casas mencionan la isla Dominica porque, afirman, llegaron a ella un domingo), hasta que regresan a España, muchas cosas notables ocurrieron en aquella exploración antillana. Pero ¿fue solo antillana la inspección? De eso hablaremos luego.

Como es obvio, imposible sería narrar todas las aventuras, pero sí podemos rescatar algunos episodios que tienen muy difícil explicación y que resultan sabrosos a nuestro paladar. Veamos el primero.

Asegura Bartolomé de las Casas que mientras los exploradores inspeccionaban la isla de Santa María de Guadalupe *hallaron en las casas*

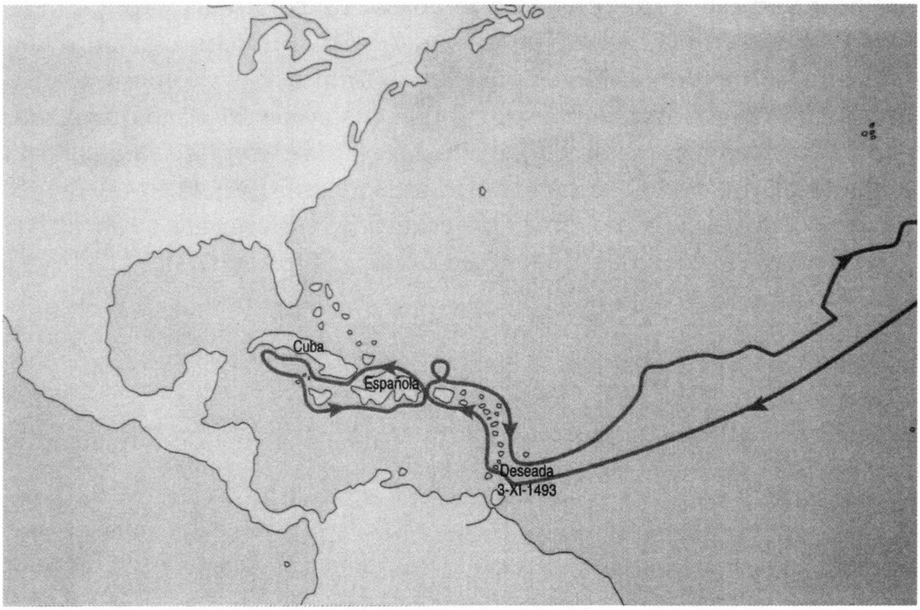

Itinerario del segundo viaje.

un madero de navío, que llaman los marineros quedaste: de que todos se maravillaron, y no supieron imaginar como hobiese allí venido.

¿Un codaste? Una pieza de navío en mitad de las Antillas ¿De dónde vino? ¿Quién lo trajo? ¿Procedía tal vez del poblado de la Navidad, donde el cacique Caonaboa y los suyos asesinaron a los españoles que allí dejó Colón a su suerte y destruyeron el fuerte? Pudiera ser así, pero mucha casualidad sería. Además, no sabemos cuánto hacía que tenían los indios aquella pieza naval. ¿Era tal vez de los protonautas? ¿O debemos hablar de unos protonautas mucho más antiguos, tal y como ya hemos insinuado?

Otro hallazgo anacrónico lo encontramos el día 14 de noviembre, que era lunes. Hernando Colón cuenta que aquel día *lo que causó mayor asombro fue el encontrar una olla de hierro.*

¿Una olla de hierro? ¿No habíamos quedado en que estas gentes benditas desconocían ese material? ¿Quién puso la olla allí?

Hernando Colón trata de esclarecer como puede el asunto:

> Como las piedras y las rocas volcánicas de aquellas tierras son tan brillantes como el hierro, el que la encontró, poco razonablemente, la consideró de ese metal sin serlo.

Pero a pesar de sus patéticos intentos, don Hernando no acierta a explicar nada de nada, puesto que no fue un solo marinero quien se asombró, sino mucha gente de la expedición, con lo que la confusión no pudo ser de todos. Tal vez por ello, y porque ni él mismo se cree lo que dice, añade otra posible solución al caso diciendo que quizá fueron los caribes los que se habían hecho con la perola de la discordia después de robársela a los colonizadores de La Española.

No sé, no sé, pero me parece que tampoco me creo esa explicación. ¿Debo pensar de nuevo en los protonautas? Pero ¿en cuáles?

Pero aguarden a escuchar lo que dijo un tal Cuneo, testigo de este segundo viaje colombino, en una declaración que se puede leer en la *Raccolta* y que recoge el profesor Juan Manzano:

> Estuvimos en el templo de los caníbales y vimos dos estatuas de madera parecidas a la Piedad.

¿Qué quiere decir este hombre? ¿Qué significa *parecidas*? ¿Iguales? ¿Se daban un aire? ¿Estaban inspiradas en la Piedad cristiana? ¿Una virgen en el Caribe? ¿Quién les dijo a los lugareños tal cosa, si es que

Fachada del Archivo General de Indias en Sevilla.

este marinero no miente como un bellaco por alguna razón que yo no alcanzo a entender?

Tal vez lo supiera don Cristóbal, de eso estoy seguro. El Almirante se movía ahora por las islas con pasmosa seguridad, por más que los especialistas digan que creía que Cuba o Juana podía era tierra firme (algo que entra en contradicción con lo que se lee, como ya dijimos, en el *Diario* del primer viaje y en el día 14 noviembre: *...y si puerto no hallara fuérale necesario volver atrás a los puertos que dejaba en la isla de Cuba*). ¿Y por qué decimos que el Almirante parece saber por dónde se anda muy bien? Pues, por ejemplo, por esta frase que se incluía en la carta que el médico Álvarez Chanca, que iba en esta expedición, remitió al Cabildo secular de Sevilla: *Vinimos tan derechos como si por camino sabido e seguido viniéramos.*

Y así, muy derecho, llegó la armada a la Navidad, pero lo hizo demasiado tarde. En concreto, un mes tarde. ¿Qué remordimientos tendría el orgulloso Colón al descubrir que solo con haber llegado un mes antes hubiera salvado de la muerte a los hombres que allí había abandonado casi un año atrás? ¿Cómo lo mirarían los demás marineros?

Poco después mandó construir el que sería primer poblado español de verdad en aquellas tierras y le puso por nombre Isabela, no sin antes verse obligado a sofocar una conjura de traidores que a sus espaldas se maquinaba, porque el personal venía en busca de oro fácil y no a construir ciudades y a trabajar. Y poco más tarde ordenó la construcción de otro fuerte tierra adentro, el de Santo Tomás. Y en aquellos trabajos llegó una nueva sorpresa que copiamos a Hernando Colón para ver si alguien nos explica qué es lo sucede aquí:

> Mientras cortaban un roca para abrir las zanjas, al llegar a dos brazas bajo la piedra encontraron nidos de heno y paja, y en lugar de huevos tres o cuatro piedras redondas del tamaño de una naranja grande que parecían hechas a propósito para la artillería, lo que los llenó de asombro.

Ya lo creo que es asombroso. ¿Cómo no iba a serlo encontrarse con lo que Las Casas denomina *pelotas de lombarda*? ¿Quién las había llevado allí? ¿Quién poseía artillería en el Caribe antes de la llegada de Colón? ¿De nuevo los protonautas? Pero otra vez nos interrogamos sobre su identidad. Recuerde el lector que ya en el siglo XIV hay datos, según los especialistas, que afirman que se utilizaba artillería en algunos combates. Los árabes bien la conocían, por lo que se ve.

No será aquí donde narremos el brutal descubrimiento que los indígenas tuvieron del poder de la artillería que traían aquellos que ellos ingenuamente creyeron llegados del cielo, ni tampoco su desigual y dolorosa lucha por la independencia de su cultura, de sus mujeres y de su vida entera. No será aquí, pero el lector se puede permitir una lágrima por aquella libertad ahora entre grilletes. Mientras, vayamos en pos de un nuevo sobresalto.

Sin duda, todos los incidentes que hemos reseñado provocan el estupor y abonan el terreno para la especulación más arriesgada, pero tal vez haya uno que nos sitúe de nuevo en la senda de los viejos visitantes que, no me cabe la menor duda, antes de Colón anduvieron por estas tierras de ensueño. Todo ocurrió, a decir de Las Casas, el día 3 de junio de 1494 en la costa meridional de Cuba. Y aunque casi todos los cronistas (Bernáldez, Gómara, Anglería o el propio Hernando Colón) lo mencionan, Juan Manzano se ve en la obligación de reconocer que ninguno de ellos consigue explicar tamaño misterio.

Bernáldez, el cura de la localidad de Los Palacios y que tuvo mucho trato con Colón, lo narra de este modo:

> Acaesció allí que, estando forneciendo los navíos de leña e agua, salió un vallestero de las carabelas a caça por la tierra con su ballesta,

> e alexando un poco se halló con obra de treinta indios, e *el uno dellos era vestido de una túnica blanca fasta los pies...* (la cursiva es nuestra).

¡Túnica blanca! ¿Un sacerdote? ¿Acaso un monje? Eso mismo pensó el ballestero, según escribe Bernáldez:

> ... e se halló tan súpito sobre ellos que pensó, por aquel vestido, que era algund fraile de la Trenidad que iva allí en la conpaña, e después vinieron a él *otros dos con túnicas blancas, que les llegaban abaxo de las rodillas, los cuales eran tan blancos como onbres de Castilla en color...* (la cursiva es nuestra).

El extraordinario encuentro concluye con el ballestero huyendo y dando voces como un poseído buscando el burladero del barco y uno de aquellos seres enigmáticos siguiéndolo y, según el cronista, *llamándole.*

Cuando don Cristóbal tuvo noticia de lo ocurrido envió una avanzadilla de los suyos hacia la zona por ver quiénes eran aquellos *frailes* blancos en túnica y rostro, *mas no hallaron a nenguno, e creyeron que aquel de la túnica complida sería el cacique dellos,* añade finalmente el cronista citado.

En similares términos hablan Pedro Mártir de Anglería (*un hombre revestido de una túnica blanca,* escribe) o Las Casas (*con una túnica blanca vestido y que hasta los pies le cubría,* anota el dominico).

Días más tarde, de nuevo hay pistas sobre la existencia de esos singulares hombres blancos, tal y como refiere Bernáldez y reproduce Juan Manzano:

> [Los indios dijeron] que la gente de aquellas montañas tenían un rey de grande estado [...] que le llamaban Santo e que traía túnica blanca que le arrastraba por el suelo.

¿Qué tiene que decir respecto al encuentro del ballestero el ladino Hernando Colón en su *Historia del Almirante*? Leámoslo:

> [El ballestero] relató que había visto vestido a uno con una túnica blanca larga que le llegaba hasta las rodillas, llevado por otros dos, siendo los tres blancos como nosotros.

Hernando Colón completa las informaciones afirmando que un viejo local le contó al Almirante que en una zona del occidente de Cuba *el cacique de aquella región vestía como un sacerdote.*

¿Qué gentes eran aquellas que como monjes vestían? ¿Qué clase de túnicas blancas manchan ahora de misterio el Nuevo Mundo? ¿Tienen que ver las túnicas blancas con los protonautas cuya existencia no hemos dudado en admitir, o tal vez esas vestimentas nos deben retraer a otros visitantes más antiguos? ¿Viejos templarios en el Nuevo Mundo?

El viaje jamás narrado

A estas alturas de la singladura supongo que al lector ya casi nada le puede asombrar. Don Cristóbal es todo un mundo por descubrir, y tras cada arrecife y cabo de su vida una nueva sorpresa aguarda, como, por ejemplo, la que anuncia el historiador Juan Manzano llevando la contraria a la tradición: Colón viajó a América del Sur en este mismo segundo viaje, sin esperar al tercero, y lo hizo en compañía de Américo Vespucio.

¿Qué interés y misterio puede tener todo esto? Es bien simple: de estar en lo cierto el erudito Manzano, Américo Vespucio, del que ahora vamos a decir algunas cosas, estuvo bajo las órdenes de don Cristóbal en esta primera expedición a la tierra firme que el Almirante denominaba *de acá*, y nunca llegó allí por su cuenta y para su mayor gloria.

Manzano se apoya para realizar esta afirmación que contradice la idea general de que Colón viaja a las costas orientales de América del Sur en su tercera expedición en una carta del cronista Pedro Mártir de Anglería fechada el 5 de octubre de 1496 y dirigida al cardenal Bernardino de Carvajal dando en ella cuenta del descubrimiento del golfo de Paria por Colón en 1494 y no en 1498, como siempre se suele decir. Es más, la carta de Anglería contiene información que el propio Colón le transmitió.

La misma fuente indica que en los Pleitos el piloto Hernán Pérez Mateos, que fue testigo directo de este viaje, al parecer, declaró al fiscal Villalobos, en alusión a las islas de Paria avistadas en este viaje jamás narrado, lo siguiente:

> ... y en el dicho segundo viaje el dicho don Cristóbal Colón, con su industria, descubrió las islas en la pregunta contenidas y este testigo las ayudó a descubrir como su piloto.

El fiscal de aquellos Pleitos, como ya hemos dicho en otras oportunidades, se esforzaba por restar méritos a Colón en esta empresa y atribuírselos a Pinzón en algunos casos, pero resulta que incluso un testigo de la fiscalía contradice la tesis del propio fiscal Villalobos en este punto. Se trata de Rodrigo de Bastida, quien afirmó: *Pero Alonso Nyño fue en compañía del Almirante don Cristóbal Colón al tiempo que descubrió la Paria y la Margarita.*

Juan Manzano recuerda que siempre, hasta que Alica B. Gould demostró lo contrario, se había creído que Pero Alonso Niño había ido con el Almirante en su tercer viaje, pero la infatigable investigadora norteamericana verificó que no fue así. Todos sabemos que sí formó parte Alonso Niño de la primera e histórica expedición. Lo que ahora se nos dice es que también se embarcó en una de las naves que durante la segunda estancia de Colón en las islas salieron desde España llevando más provisiones y personal. De ser así, obviamente solo podría haber acompañado a Colón en su singladura por la costa de América del Sur cuando ya estaba en La Española, y Manzano se inclina por pensar que esta expedición ignorada se llevó a cabo a finales del año 1494.

Muelle de Las Carabelas.

Encontraron blancos entre los indígenas.

¿Cuál sería la razón de este improvisado viaje a la tierra firme *de acá*? Pues, según la misma fuente, tuvo que ver con una carta de los Reyes Católicos que, mediado el mes de noviembre de ese año, trajo Antonio Torres desde España. En ella los monarcas informaban al virrey Colón de la decisión del traslado del meridiano de Alejandro VI 270 leguas más a occidente tomando como referencia Cabo Verde. Y eso generó inquietud por esta razón: había que saber cuanto antes qué tierras había en esos límites, y por eso los reyes habían insistido a Colón en traer la mayor información posible *por escrito, por palabra y aun por pintura.*

Y ahora viene lo mejor y más misterioso del caso: ¿iba o no Américo Vespucio en ese viaje ignorado? Manzano cree que sí, pero antes detengámonos brevemente en este sujeto, puesto que terminó por robar la gloria que a don Cristóbal parecía corresponder.

Américo Vespucio, o Amerigo Vespucci, vivió entre 1454 y 1512. Había nacido en Florencia en una familia que, dicen, tenía relación con los Médicis, lo que le permitió entrar en contacto con humanistas de su época. Tras una estancia en París, en 1492 llegó a Sevilla con misiones comerciales y se puso bajo el manto de Juanoto Berardi, con quien Colón tenía tratos empresariales. Consuelo Varela cree que conoció a Colón en Santa Fe, cuando el Almirante regresó de su primer viaje, y que colaboró en los preparativos de la segunda armada. Pero no será, dice la ortodoxia, sino años después cuando realice varios viajes a América, según las cartas que él mismo redactó.

Los biógrafos de Vespucio proponen más viajes de este hombre en el amanecer del siglo XVI, ya bajo bandera portuguesa, y se le atribuye el *descubrir* que aquellas tierras eran continente y no isla. El propio navegante explicó sus odiseas en una carta enviada a Lorenzo di Pier Franceso de Médicis y que fue editada en París en 1502, y especialmente en una *Lettera* que remitió en 1504 a Piero Soderini. Manzano indica que en la *Lettera*, versión a su juicio alterada del que en realidad debió ser el primer viaje a América de Vespucio, se dice que ese viaje tuvo lugar en 1497, pero, añade este historiador, *en ese año, nos consta que no salió de España ninguna expedición oficial, y la de Américo lo era.* Además, en esa carta atribuida a Vespucio se dice que fue en aquel viaje *para ayudar a descubrir*, con lo que claramente se ve que él no era la cabeza de la expedición.

En su obra *Colón descubrió América del Sur en 1494*, Manzano propone argumentos a favor de su tesis de que Américo nada descubre antes del Almirante, y eso es tremendamente importante para lo que luego pasó y que adoptó forma de mapa y de nombre de mujer para un continente: América

El nombre de América y un mapa secreto

¿Por qué América se llama así y no Colombia? ¿No se lo ha preguntado nunca el lector?

Dicen que tras las cartas de Vespucio, como reguero de pólvora, la noticia del *descubrimiento* de un Nuevo Continente se propagó por Europa, y en un lugar que en principio no tenía ni arte ni parte en toda esta industria, como fue la abadía de Saint-Dié, en Lorena (Francia), se orquestó una oscura decisión de poner ese nombre, América, a las nuevas tierras. Pero antes, veamos algunas cosas notables y que permiten soñar a espíritus como el nuestro.

En primer lugar, como subraya Verdera, en Saint-Dié existía un misterioso cenáculo de eruditos geógrafos y cosmógrafos denominado

Américo Vespucio.

Gymnase Vosgien. Había sido el impulsor de ese círculo casi esotérico el duque de Lorena, Renato II, nieto de aquel Renato de Anjou bajo cuyas órdenes, dicen algunos, había navegado Cristóbal Colón, el judío metido a corsario. ¿Casualidad? Prosigamos.

Aquel grupo creado por el Anjou estaba infectado de judíos, si las suposiciones de Verdera son ciertas. Gauthier o Vautrin Lud, astrónomo y cosmógrafo, era su cabecilla. Su apellido lo delata como judío, lo mismo que a otro de la camarilla, Mathias Ringman. Y también el dibujante del fantástico y sospechoso mapa que allí se cocinó en 1507 pudiera serlo: Martin Waldseemüller.

En efecto, allí se urdió el primer mapa universal donde aparece el continente americano, y allí es donde se bautiza como América. Se dice que el original eran doce planchas o cuarterones de 45,5 × 62 cm cada uno. Los continentes se parecen muy mucho a los actuales y sobre las tierras argentinas se pintó el nombre de América. ¿Por qué ese nombre si sabían de sobra que aquella industria la había pagado Castilla y Colón había sido el Almirante de la expedición?

Antes de tratar de responder, digamos que Waldseemüller y esta cofradía sospechosa se basó en la *Cosmografía* de Ptolomeo para su obra, pero también en relatos de Marco Polo y en las ya citadas cartas de Américo Vespucio, amén de fijarse bien en el globo obra de Martin Behaim, que se dibujó en 1492 (curiosamente, Behaim parece haber sido también judío y, al igual que Colón, vivió en Portugal y también allí contrajo matrimonio. Es muy posible que ambos se conocieran). Pero, según Verdera, además de estas, *tuvo que utilizar otras fuentes de información que nos son completamente desconocidas*. Y sospecha que la casa de Anjou *tenía mapas antiguos elaborados no se sabe cuándo ni por quién, pero que fueron puestos a disposición de Cristóbal Colón, primero, y después pasarían a manos de los sabios de Saint-Dié para levantar el mapamundi de 1507.*

Y llegados a este punto, concédame el lector la posibilidad de dar un salto de alegría —*alehop*—. Y de no ser tan cautos como el caso requiere, hasta gritaríamos *eureka*, puesto que parece que hemos encontrado un eslabón fantástico para nuestra propuesta: Colón sabía algo que lo llevó a buscar información complementaria en Portugal. ¿Por qué allí? Pues porque el Temple y los cartógrafos judíos, como sucedió con Yehuda Cresques, que con ellos habían tenido negocios, terminaron por impulsar la escuela de navegación de Sagres. Y tal vez lo que Colón sabía lo obtuvo a través de la casa de Anjou, si es que Verdera está en lo cierto, o por ser él mismo muy próximo por cuna y vida al mundo hebreo. Y esos mapas, que yo sueño despierto diciendo que existieron, bien pudieran haberlos trazado mano judía para uso de los caballeros de la túnica blanca. ¿Parientes lejanos de aquellos con los que se topó el ballestero colombino?

El caso es que la *logia de los geógrafos* judíos encamados en Saint-Dié puso el nombre femenino a una tierra que sabían con toda seguridad que era continente y no isla. Sería América por Vespucio, un hombre cuya fama había crecido desmesuradamente aun en vida de don Cristóbal, y sin embargo Colón jamás le reprochó nada. ¿Por qué? También Consuelo Varela se inquieta por el caso y escribe: *Sorprende a primera vista que nunca hiciera Colón la más mínima crítica al florentino.*

Incluso, en 1505 escribió a su hijo Diego una carta en la que decía de Vespucio que *«es mucho hombre de bien»*. ¡Qué extraño en un sujeto como Colón, que fue capaz de robarle el premio al marinero Juan Bermejo para autoproclamarse primer hombre que veía aquellas tierras!

Cuando apareció el mapa de Waldseemüller, Colón ya había muerto, pero me queda la duda de si hubiera protestado o no por aquel desliz en el nombre. ¿O es que tenía algo que ocultar que quizá la casa de Anjou podría reprocharle?

Sea como fuere, el destino quiso que nuestro Almirante sin rostro, que pasó por la vida pintando de oscuridad su cuna, su vida y aun incluso su tumba, como ya veremos, abandonara esta realidad de manera que ni siquiera su gran obra descubridora perpetuara su nombre. De él se diría, si no hubiera tantos documentos que prueban que estuvo entre los mortales, que jamás existió, que fue una sombra, espuma sobre ola, aroma de salitre... nada.

Y si grave es la infamia que a Colón le robó el nombre de aquellas tierras, más lo sería si Juan Manzano estuviera en lo cierto a propósito del viaje que jamás existió, porque, en su opinión, el primer viaje del florentino a América tuvo lugar justamente en 1494, en compañía de Pero Alonso Niño. Y ambos, que habían ido hasta allí en uno de los correos comerciales que dirigía Antonio Torres, se enrolaron con don Cristóbal en la expedición a tierra firme americana. Y la misma fuente los presenta llegando incluso hasta donde el río Amazonas se entrega al Atlántico.

¿Fue la historia injusta con Colón? Tal vez, pero no más que lo habría sido si él se llevara la gloria que al protonauta correspondía. ¿O tal vez correspondía a los caballeros templarios?

Las minas del rey Salomón

La leyenda dice que todo ocurrió de este modo, si es que el cronista Fernández de Oviedo no yerra en mucho espacio: un mancebo aragonés que iba en esta segunda aventura y que se llamaba Miguel Díaz tuvo unas palabras gruesas y fuerte discusión con otro marinero y de resultas del caso el maño apuñaló al otro dejándolo malherido. Y temiendo represalias de sus superiores, huye en compañía de media docena de cristianos isla adentro en La Española. Y no pasó mucho tiempo para que hiciera amistad con unos indios y se encamara con una cacica *que se llamó después Catalina*, escribió Oviedo.

Y a lo mejor porque el aragonés era diestro en los placeres o quizá porque simplemente le cayó simpático, la cacica le habló de unas minas de oro. Y Miguel Díaz pensó que si daba cuenta de lo sabido al Almirante tal vez le perdonara su crimen, de modo que marchó a buscar a los cristianos españoles.

¿Cuándo pasó tal epopeya? Oviedo afirma que estaba entonces en la isla Bartolomé Colón, pero sabemos que este se incorpora a los colonos el 24 de junio de 1494, que es época de ausencia del lugar de don Cristóbal, que anda husmeando en Jamaica y Cuba.

En cualquier caso, parece ser que así ocurre y al poco creerá Colón a pies juntillas, con esa querencia suya por el Antiguo Testamento tan sospechosa en opinión de Salvador de Madariaga que lo mira con descaro como judío, que aquellas minas no podían ser otras que las del rey Salomón. Aquello, se dijo, tenía que ser la región de Ofir, y en cuanto vio un monte que parece que le iluminó la sesera, dijo que tal montaña era Sophora y que allí llegaban los barcos del mítico Salomón a cargar oro a espuertas.

¡Ofir! ¡Minas del rey Salomón! ¿Se habrá visto nada más evocador? ¿Qué dice la Biblia sobre tales comarcas?

Leemos en 1 Reyes 9, 26-28:

> Construyó también Salomón naves en Esyón Guéber, que está junto a Elat, en la costa del mar de Suf, en la tierra de Edom; y mandó a Jiram para nuestras construcciones a sus siervos, diestros marineros, con los siervos de Salomón, y fueron hasta Ofir, y trajeron de allí oro, cuatrocientos veinte talentos, que llevaron al rey Salomón.

Y poco después (10, 11 y ss.) se insiste en las riquezas de aquel lugar al asegurar que *las flotas de Jiram, que traían el oro de Ofir, trajeron también gran cantidad de madera de sándalo y piedras preciosas.*

¿De dónde sacó Colón la idea disparatada de que había llegado a las minas del rey Salomón?

Es verdad que el cardenal Pierre d'Ailly escribió en su *Imago Mundi* sobre el mítico monte Sophora (*Sophora igitur mons est seu promontorium Indie orientales, ad quem Salomón classem transmisit, mon minus triennio inmorante...*), pero eso no explica cómo es que el Almirante llega a esa conclusión. Es evidente que le sucede lo mismo que en su primera travesía al ver Monte Christi. De pronto, ante la imagen de ese monte, tiene una aparente revelación y ofrece muestras de conocer la zona como si ya hubiera andado por ella. ¿Es que también el protonauta le había hablado de ese monte?

Sea como fuere, don Cristóbal asombra al personal marinero y anuncia, según declaración del testigo Cuneo, la siguiente profecía con el mejor sabor bíblico:

> Señores míos: os quiero llevar al lugar de donde salió uno de los tres Magos que vinieron a adorar a Cristo; el cual se llamaba Saba.

Definitivamente, el Almirante parece haber perdido la razón. ¿O tal vez había oído campanas sin saber exactamente dónde? Y nos explicamos: al poco sabrán los españoles que los indios llaman a la zona Sobo, lo que don Cristóbal explicó triunfalmente como una deformación de la lengua local para designar Saba. Por tanto, algo sabía nuestro hombre, por más que su hijo Hernando quiera disimular diciendo que tuvo inspiración divina, como corresponde al *Mesías* que él retrata en su obra.

¿Cómo tuvo tanto acierto el Almirante? Y lo mejor del caso: ¿quién había excavado antes que ellos en aquellas minas de oro?

Así es. Contra todo pronóstico, en la zona aurífera encontraron, dicen las crónicas, unos *fosos profundos*. Y si los nativos carecían de herramientas para esos trabajos y costumbre en tales oficios, ¿quién los había realizado? ¿Los protonautas? Tal vez, tal vez...

Para el Almirante, que si creemos a Las Casas murió en la convicción de que aquellas eran las minas salomónicas, fueron los hombres de este rey judío quienes habían hecho esos fosos; obras que, por otro lado, de nuevo en el cuarto viaje aparecen en otra zona diferente.

Es evidente que no era Ofir aquel lugar, y al día de hoy sigue siendo un enigma impenetrable la ubicación exacta de esa tierra fabulosa.

2. EL TERCER VIAJE (30 DE MAYO 1498-25 DE NOVIEMBRE DE 1500)

Espero indulgencia del lector por destacar solamente algunos botones de muestra, que a mi juicio son tan sospechosos como atractivos y seductores, de cuantas cosas ocurrieron en esta tercera aventura. Y al mismo tiempo que indulgencia espero agradecimiento, puesto que sería terrible alargar tanto el relato como el propio viaje exige. Por tanto, con su indulgencia y con su gratitud, he aquí algunos problemas notables.

CONOCIMIENTO MISTERIOSO

El 30 de mayo de 1498 seis naves parten del puerto de Sanlúcar de Barrameda. Tres de ellas irán a La Española, y otras tres, y a bordo de una de ellas don Cristóbal, se dirigen con una seguridad suicida hacia el sur, y lo hacen con tan extraordinario acierto para llegar al continente que los especialistas se asombran del caso. Por ejemplo, Samuel Eliot Morrison escribe que Colón *poseía ese conocimiento misterioso, en parte intuitivo y en parte basado en experiencias y observaciones acumuladas*. ¿Intuitivo? ¿Experiencias de quién?

Juan Manzano cree poder resolver el increíble acierto de la derrota que sigue Colón hasta llegar a América del Sur, adonde se supone que jamás había ido nadie antes, aludiendo al ya comentado viaje no narrado en el que, según su teoría, Colón había descubierto esa tierra en su segunda aventura, en la cual iría a bordo Américo Vespucio. Pero eso es algo que la mayoría de los especialistas niega, y quieren ver en esta tercera singladura el instante en que Colón arriba al gran continente.

En lo que parece haber más acuerdo por parte de los estudiosos es en creer las palabras de Colón cuando afirma que aquella tierra es isla (*isla de Paria*, dejó escrito el Almirante) y no continente. Solo más tarde cambiará de idea. Pero a estas alturas de la singladura ya no sé en qué debo creer al Almirante sin rostro. De modo que a pesar de que Las Casas escriba, apoyándose en lo que el propio Colón anotó en su momento que fue ahora, en este tercer viaje, cuando *vino ya en cognoscimiento que tierra tan grande no era isla, sino tierra firme*, tal vez estemos otra vez confundidos si, como ya propusimos citando a Manzano, a lo mejor ya había ido a esas tierras en su segundo viaje.

De ser así, ¿por qué miente el Almirante? ¿Por qué silenció aquella primera expedición?

¿Quién descubrió Brasil?

Aparentemente, esta pregunta resulta absurda, pero enseguida se verá que no lo es tanto.

Si recuerda el lector, dijimos que el 4 de mayo de 1493 el papa Borgia, Alejandro VI, en connivencia con el rey Fernando según la teoría de Nito Verdera, se esforzó por fijar unos límites a la navegación por el Atlántico a Portugal y a España. Y claramente favoreció a su país de origen al establecer un meridiano ficticio situado a 100 leguas al oeste de las Azores y diciendo que todas las tierras que estuvieran al poniente de esa línea serían españolas y las que estuvieran al levante sería lusas.

¿Dónde está aquí el misterio? Pues en que un año después, como ya comentamos, en concreto el día 7 de junio de 1494, se firma en la localidad vallisoletana de Tordesillas un Tratado, forzado por el rey portugués Juan II, entre Portugal y España y con la mediación del Papa. ¿Qué hay de interés en el caso? Pues que el luso había pugnado para que el Papa desplazara en 270 leguas al oeste el famoso meridiano ilusorio, con lo que ahora resultaba que sería de España todo lo que estuviera a 370 leguas al oeste de esa línea, quedando para Portugal lo que al este hubiera.

Y la gran pregunta que se nos viene a la cabeza es: ¿qué interés podía tener Portugal en poseer una mayor extensión del océano Atlántico, puesto que nadie sabía que hubiera tierra entre esa franja definida

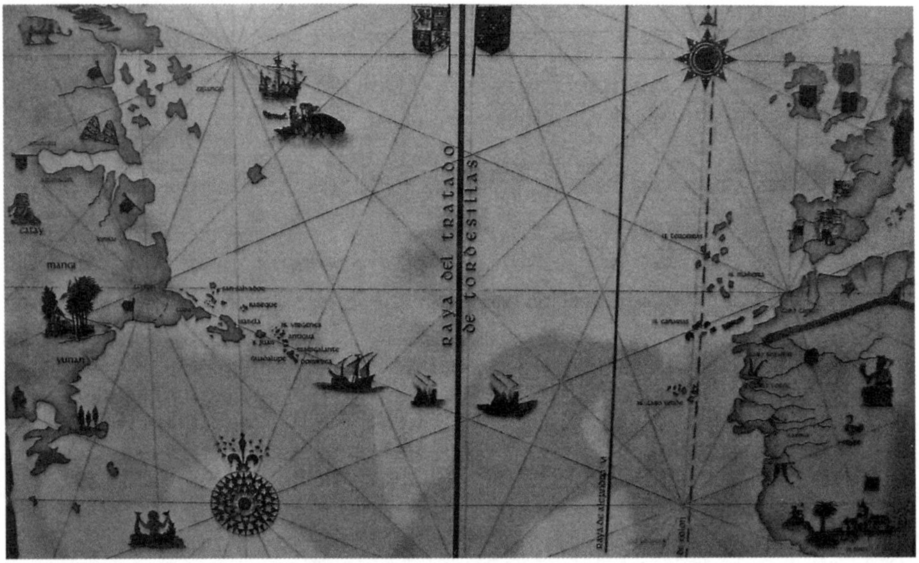

Evolución de la «Raya» oceánica.

entre el primer límite —100 leguas— y el segundo —370 leguas? Dicho de otro modo: ¿qué más daba que el límite estuviera en las 100 leguas que en las 370 leguas si era conocido que nada más que agua había en esas latitudes?

Esas mismas preguntas me repetí a mí mismo una tarde terriblemente calurosa del mes de junio en la Casa de los Tratados de Tordesillas, allí donde se firmó el documento que ahora traemos a estas páginas. Y se me ocurrió una respuesta desestabilizadora: Portugal sí sabía que había tierras allí y por eso engañó a los reyes españoles, que firmaron sin saber lo que hacían (o eso suponemos). Y de resultas del caso, Portugal metió el hocico en lo que sería con el paso del tiempo Brasil.

Ahora bien, ¿cuándo descubrió Portugal que había tierras en esa franja que se creía repleta solo de agua salada? Manzano cree que todo ocurrió en el verano de 1493, al poco de regresar Colón de su primer viaje. Según él, Portugal se apresuró a enviar una expedición clandestina, pero singularmente tuvo un acierto formidable y llegó a esas tierras y pudo volver sin que nadie les explicara cómo, ya que, se supone, Colón guardó celosamente sus cálculos (recuérdese que el Almirante falseó las cuentas tanto a la ida como a la vuelta de su primer viaje).

Hay historiadores portugueses que dicen incluso que Brasil fue descubierto por sus navegantes antes de que Colón llegara a América en 1492, y suelen exhibir como prueba una carta de Esteban Frois que

Manzano reproduce. Se trata de una misiva dirigida a quien era rey de Portugal el 30 de junio de 1514, Manuel I. En ella se lee:

> Vuestra Alteza possuía estas terras ha vinta anos e mais…

¿Poseía Portugal esas tierras desde hacía veinte años y más? ¿Cuánto más?

Si así fuera, el rey de Portugal hubiera pleiteado y ganado fácilmente a España la posesión de América y no se hubiera limitado a buscar una porción de la tarta mediante el Tratado de Tordesillas. Por tanto, no parece probable que lo supieran antes de Colón, porque, además, entonces el Almirante no habría visto rechazado su proyecto por Portugal antes de venir a Castilla.

En definitiva, Portugal sabía que existía Brasil, pero lo supo después del primer viaje colombino. Ahora la pregunta es: ¿cómo llegó allí?, si es que llegó. Y nos explicamos: a lo mejor no fue preciso enviar a nadie si todo se podía leer en un mapa. ¿Qué le dijo Colón al rey portugués a su regreso del primer viaje? No lo sabemos. ¿Tal vez tras esas conversaciones el rey exhumó algún documento que le permitió saber de la existencia de esas tierras? ¿Otra vez hay que mirar hacia Sagres y al Temple y a sus cartógrafos judíos?

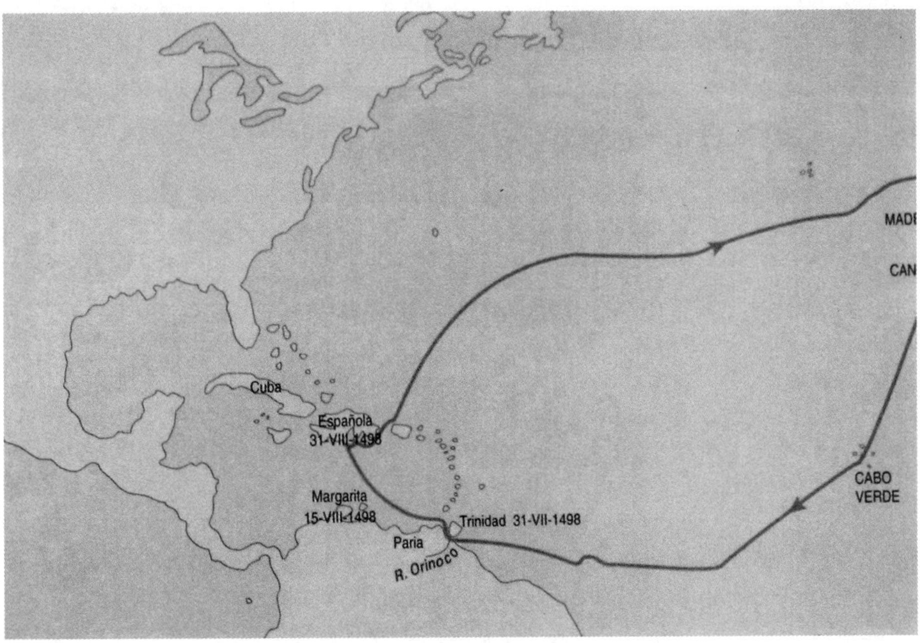

Itinerario del tercer viaje.

EL PARAÍSO TERRENAL

En agosto de 1498 la mirada azul del Almirante se llena de hermosura. Nunca se viera tierra tan maravillosa como aquella a la que denomina sin rubor Los Jardines, porque, según dejó escrito, había llegado al Jardín del Edén. Y esto, que debió pasmar en gran medida a quienes con él viajaban, no era sino el principio de mil y una sorpresas más que aquí sería imposible menguar para que alcanzaran el tamaño exacto para incluirlas en este relato. No obstante, sí habrá que consignar un par de apuntes que nos hacen atiesar las orejas.

Sea el primero de ellos el hecho de que habiendo llevado nuestro hombre en los dos viajes anteriores intérpretes, e incluso en el primero se pensó necesario dominar el palique de los hebreos y de los musulmanes sin que ni Dios sepa la razón, ahora don Cristóbal no lleva a nadie que tenga el don de lenguas. Y mira tú qué curioso que aquí aparece un abundante número de *gentes vestidas*, según escribe Las Casas, y que son más blancas que las otras que se habían visto hasta ahora entre los indios. Y esas gentes muestran con gestos ostensibles su gran pesar de no poder comunicarse con los recién llegados, a los que salen a recibir y agasajar de inmediato. ¿Por qué no hay ahora un intérprete entre los hombres de Colón?

Juan Manzano cree que eso se debió a que Colón no quería que nadie pudiera saber a través de aquellas gentes que allí había habido an-

Casa de los Tratados en Tordesillas.

tes otros cristianos, que serían los protonautas de marras, no fuera a mermar la importancia de su empresa.

Sin embargo, hay algo en todo esto ciertamente extraño. Hasta ahora hemos navegado en tres ocasiones con nuestro hombre y en las tres hemos topado con hombres blancos. ¿Fueron todos ellos descendientes de los protonautas? ¿Tanto procrearon y con tanta facilidad se movieron por aquellas tierras?

Por lo demás, los pobladores de esta región parecían incluso más blancos que todos los otros antes vistos, y así lo escribió Las Casas:

Fragmento del Tratado de Tordesillas.

> Muchos [eran] tan blancos como nosotros y mejores cabellos y bien cortados y de muy buena conversación.

Y Hernando Colón no se queda atrás en la descripción:

> Era la gente de piel más blanca y de mejor aspecto que habían visto en las Indias, con el pelo cortado a media oreja como se usa en Castilla.

Estoy deseando que alguien explique de manera convincente quiénes eran estas gentes blancas y quién los había gestado y parido. ¿Hablamos de protonautas? Tal vez, tal vez...

Esto es la pera

Lo común por parte de los especialistas es creer que Colón estaba seguro de haber llegado a las míticas tierras asiáticas. Incluso es posible cierto consenso si se propone que don Cristóbal veía en Paria la tierra firme asiática. Y de hecho, los cronistas que tuvieron acceso más directo a sus escritos, como Las Casas, parecen confirmar esa idea: [Colón] *llegó a la Trinidad y tierra firme, que creyó ser el cabo de Oriente, por respecto del lugar donde estaba, donde acababa la tierra toda y las islas…*

¿Y eso por qué? Pues porque había un general convencimiento entre los cosmógrafos en que entre Europa o África y Asia no había sino mar, un mar monstruoso y poblado por feroces criaturas. De modo que salvado el escollo atlántico, no había duda de que aquello habría de ser Asia. Y también hay acuerdo en que Colón ofreció justamente a los reyes la posibilidad de llegar hasta Cipango y Catay sin dar el largo rodeo africano. Esa era su promesa, ¿no es cierto?

Pues bien, ocurrió que el Almirante envió noticias suyas a los monarcas en cinco barcos que llegaron a Cádiz el 10 de diciembre de 1498. El correo para las dos cartas que había escrito fue un tal Cañizares, quien pudo entregarlas finalmente en Ocaña, donde entonces estaba ocasionalmente la pareja real. Y testigos del caso, como recuerda Juan Manzano, fueron los hijos de Colón, Diego y Hernando, quienes con veinte y diez años de edad, respectivamente, eran entonces pajes en la corte. Y leídas que fueron las cartas, tal y como se anotó años después en los Pleitos, la reina afirmó ante todo el mundo *quel Almirante avía cumplido lo que prometió.*

¿Había cumplido lo prometido? Si es así, ¿dónde estaban los fabulosos palacios de Cipango y Catay? ¿Dónde los habitantes decidida-

Colón creyó llegar al Paraíso Terrenal.

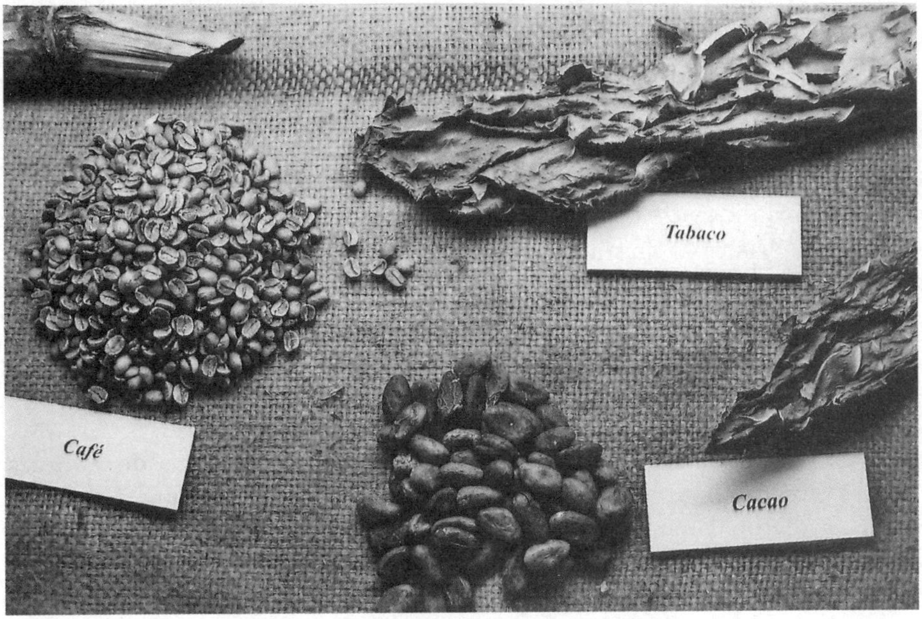

Especias, pero no el oro prometido.

mente orientales que allí debía haber? ¿En qué se parecían a los indios que esclavizó? ¿Dónde estaba el Gran Khan? ¿Qué fue de aquellas cartas que al mítico monarca debía entregar? ¿Había cumplido lo prometido?

Si la reina decía verdad, tal vez haya que pensar que Colón no había prometido exactamente lo que siempre se ha dicho.

Por lo demás, un mentiroso habitual como ha demostrado ser Cristóbal Colón siempre puede engañarnos una vez más. A estas alturas nadie sabe cuál es su cuna ni siquiera dónde está su tumba, de modo que nada raro habría en nuevas sorpresas. Y es que a veces se diría de él, como sucede en el primer viaje, que no es marino experimentado y que equivoca la lectura de las cartas. Tal vez se lo viera como un loco que confunde unas nuevas tierras con Cipango y Catay y que con esa convicción muere, pero en otras ocasiones demuestra tener una mente bien despierta, como sucedió en este tercer viaje, en el que anotó en su *Diario* lo que sigue:

> Yo siempre leí que el mundo, tierra y agua, era esférico, y las autoridades y experiencias que Ptolomeo y todos los otros escribieron de este sitio daban y mostraban para ello [...] y hallé que no era redondo en la forma en que escriben; salvo que es de la forma de una pera que sea toda muy redonda, salvo allí donde tiene el pezón, que

> allí tiene más alto, o como quien tiene una pelota muy redonda, y en lugar de ella fuese como una teta de mujer allí puesta, y que esta parte de este pezón sea la más alta y más próxima al cielo y sea debajo la línea equinoccial y en esta Mar Océana el fin del Oriente...

En efecto, el hemisferio oriental que Ptolomeo desconocía venía a desmentir la idea de que la Tierra era absoluta y perfectamente esférica, y don Cristóbal da muestras de ser algo más que un buen observador y un notable marino. Los dos hemisferios no son simétricos, pero esta es una convicción de hace poco tiempo. Verdera escribe al respecto lo siguiente, reproduciendo informaciones de la Real Academia de Ciencias Exactas, Físicas y Naturales:

> Los primeros resultados en el estudio de la forma de la Tierra fueron logrados a partir de las observaciones del Vanguard I, que dieron como valor del aplanamiento alfa = 1/298,3 en lugar del valor 1/297 adoptado hasta entonces [...], confirmándose lo que Cristóbal Colón había intuido, que la Tierra debía tener forma de pera.

Acierto extraordinario, sin duda, pues se anticipó a la conclusión de los satélites en casi quinientos años. Y más extraordinario aún viniendo de un hombre que, dicen, confundió una nueva tierra con los reinos de Cipango y Catay y con tales ideas murió.

Una escritura misteriosa y el Almirante en grillos

Atardece ya sobre este tercer viaje que va a finalizar con todos los Colones en grillos y en la sentina de un barco. Pero antes, expliquemos el caso y añadamos un nuevo misterio.

Tras sus exploraciones por las costas de América del Sur el Virrey regresa a La Española, donde se encontró, dice Hernando Colón, con que *todas las familias de la isla se hallaban envueltas en gran tumulto y sedición.* ¿Quién era el culpable? Por supuesto, para Hernando no son ni su padre ni sus dos tíos, Bartolomé y Diego, sino un tal Francisco Roldán, natural de Torredonjimeno, a quien presenta como un malvado de la peor especie sin reparar en los abusos de poder que todos los Colones habían llevado a cabo hasta la fecha. Y entre ellos el más descarado fue el nombramiento de Bartolomé Colón como Adelantado, algo inaudito, puesto que don Cristóbal no tenía esos poderes, reservados solo a los monarcas. ¿Se había creído acaso un rey? ¿Tendrá razón Ricardo Sanz, autor de la tesis alcarreña, que lo presenta como descendiente de Enrique de Trastámara a través de la casa de los Mendoza?

El caso es que eso nunca se lo perdonaron Isabel y Fernando y vino a contribuir a todo lo que enseguida se verá.

La enfermedad, el descontento y las penurias desataron las miserias humanas. Los españoles humillaban a los nativos, a sus mujeres tomaban con o sin consentimiento y no pretendían sino el oro que se suponía que abundaba por allí. Y por más que Hernando diga que a los reyes les llegaron solo *calumnias* servidas por los amotinados contra el que llamaban burlonamente *Almirante de los mosquitos*, fue lógico que los reyes enviaran un juez para ver qué pasaba allí después de que la sedición durase demasiado tiempo y aquello tuviera formas de guerra civil. Y el juez elegido se llamaba Francisco de Bobadilla, quien puso pie en Santo Domingo cuando moría el mes de agosto de 1500.

Os rogamos, por tanto, que le prestéis fe y creencia y que obedezcáis, decían Isabel y Fernando a Colón en la Real Célula que debió restregar sobre su nariz el recién llegado. Y a decir de Hernando Colón, *sin más tardanza ni información jurídica, a principios de octubre de 1500 lo metió pre-*

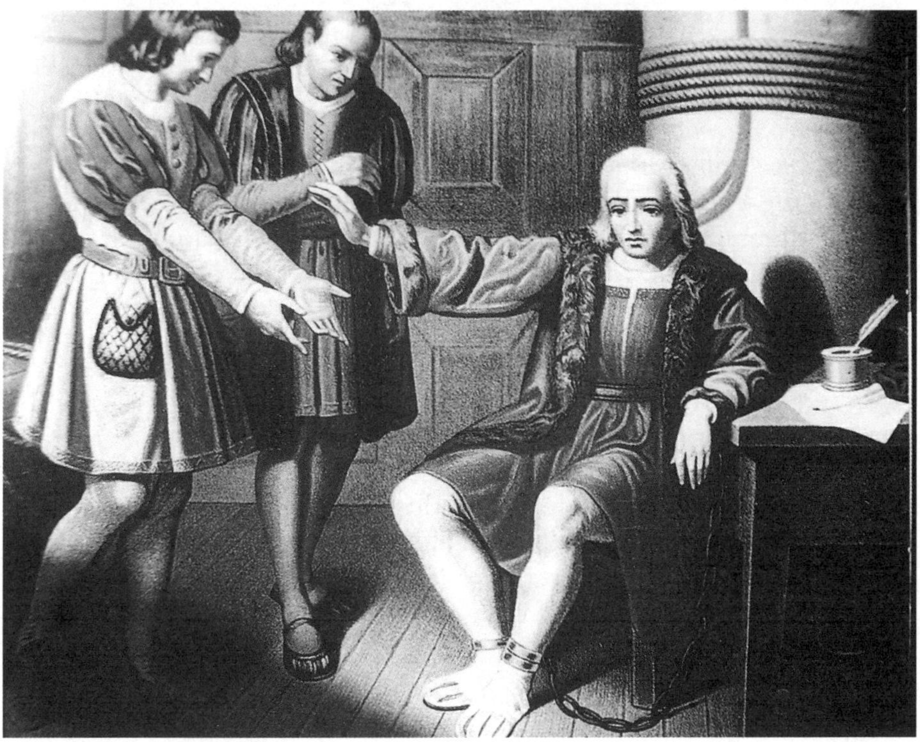

El Almirante en grillos.

so en un barco junto a su hermano Diego. Y al lote de Colones en grillos se sumó poco después el Adelantado Bartolomé Colón. Y así, hechos gavilla, los *hermanos Marx* llegarían a España y don Cristóbal exhibiría su martirio negándose a que le quitaran aquellas esposas hasta que así le vieran los reyes. Y una vez ante ellos, genuflexo como es debido, llora su infortunio y los reyes lo perdonan. Pero el orgullo herido le hace decir lo que dicen que dijo y otros escribieron, como Hernando Colón: *Tenía intención de conservar aquellos grillos como reliquia y memoria del premio dado a sus muchos servicios* [...] *y quiso que fueran enterrados con él*. Lo que parece ser que cumplió.

Pero antes de la detención de toda esta singular familia sucedió algo notable que subraya Salvador de Madariaga. Al parecer, escribió unas cartas a los monarcas, de las cuales el cronista Pedro Mártir de Anglería asegura:

> Dicen que el nuevo Gobernador ha enviado a los Reyes cartas escritas por el Almirante en caracteres desconocidos en las que cuida y aconseja a su hermano el Adelantado, que estaba ausente, que venga con sus fuerzas armadas a defenderle contra todo ataque...

¿En *caracteres desconocidos*? ¿Qué tipo de escritura sería esa? En opinión de Madariaga, *es muy poco probable que se hubiese constituido una cifra para uso personal. Más natural parece suponer que conociesen por tradición familiar alguna forma cursiva del alfabeto hebreo.*

Sin embargo, siendo posible tal hipótesis, parece extraño que no hubiera quien pudiera leer el hebreo por allí, por más que fuera cursiva la letra. Entonces, ¿qué escritura podía ser aquella? ¿Tenía que ver con la misteriosa firma del Almirante? ¿Otro criptograma cabalístico?

3. EL CUARTO VIAJE (11 DE MAYO DE 1502-7 DE NOVIEMBRE DE 1504)

No le puedo ocultar al lector mi desconsuelo: después de esta travesía, jamás volveré a navegar con el Almirante sin rostro. Y es sensación extraña, pues casi no recuerdo las páginas en las que anduve por tierra firme, y hasta diría que envejecí con él durante todos estos años. Y heridas como las del tiempo no tienen para mi otro bálsamo posible que el misterio.

Gracias a los dioses, don Cristóbal siempre guarda provisiones de esa mixtura maravillosa que me hace soñar.

EL PROFETA

De no ser porque nada está claro en la biografía de nuestro marino, casi me atrevería a decir que es ahora, a las puertas del final, cuando se produce el regreso a su pasado judío, si es que tienen razón los que tal origen le asignan. Y todo empieza antes incluso de embarcarse en la última aventura marítima, cuando, tal y como escribió Madariaga, *se puso a recoger todos los textos en que los profetas habían presagiado la liberación de Jerusalén, y precisamente por España.*

Emerge de nuevo aquella fiebre suya de recuperar el Templo de Jerusalén y, ya puestos en la hazaña, conquistar la ciudad entera. Pero ¿en qué se apoya para semejante proyecto nuestro hombre? Pues, naturalmente, en los profetas judíos, que son los únicos fiables según parece, y si no lo creen, esperen a leer esta frase que se incluye en una carta a los reyes contenida en el misterioso *Libro de las Profecías* que redacta Colón con la ayuda del también turbio fray Gaspar Gorricio, aquel cartujo que vivía en Sevilla y del que ya quedaron dichas cosas en páginas pasadas. Pero, como les anunciaba, lean la frase del Almirante:

> Ya dije que para la esecución de la impresa de las Indias no me aprovechó razón ni matemática ni mapamundos: llanamente se cumplió lo que dijo Isaías.

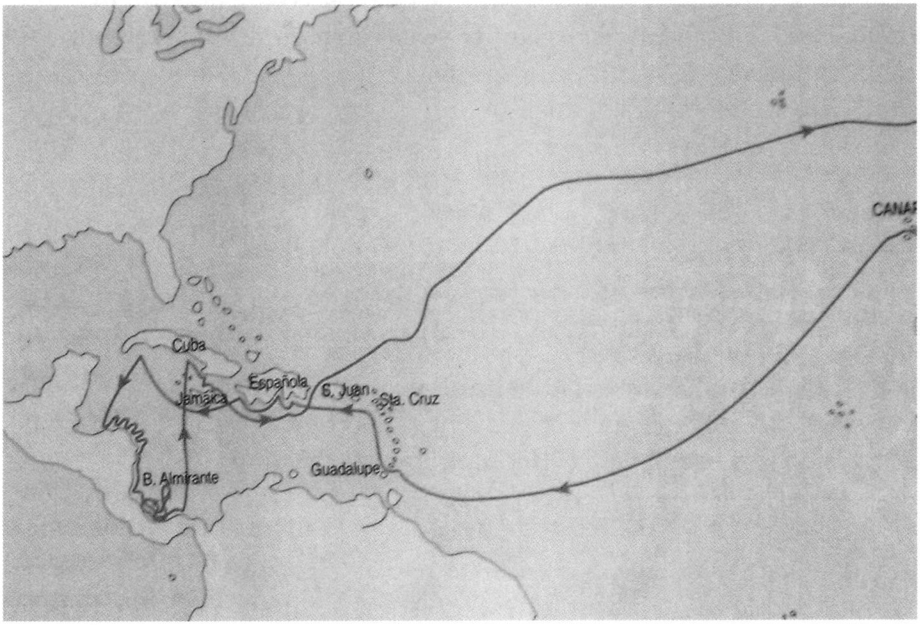

Cuarto viaje colombino.

¿Colón muestra la oreja de lobo judío bajo una piel pálida de cordero cristiano? Eso parece si atendemos a esta más que audaz frase suya que recoge Navarrete:

> Digo que el Espíritu Santo obra en cristianos, judíos, moros y otros de toda seta y no solamente a los sabios, mas en los inorantes.

De modo que don Cristóbal se pone a estudiar con denuedo a los profetas y así se confecciona el *Libro de las Profecías*, donde recolecta todas aquellas afirmaciones bíblicas en las que, según su criterio, se anunciaba el hallazgo de las tierras que él dio a España. Y tiene especial predilección por Isaías por frases tan ambiguas como las siguientes: *Asimismo acontecerá en aquel tiempo, que Jehová tornará a poner otra vez su mano para poseer las reliquias de su pueblo que fueron dejadas de Asur y de Egipto… y de las tierras de la mar,* o *a ti vendrán gentes de los extremos de la tierra…*

¿Por qué Colón cree que Isaías se refiere a su descubrimiento? Imposible responder a esa cuestión, como sin cabeza parece tampoco su convicción de que, tras sus investigaciones, en el séptimo milenio de la historia del mundo este se destruirá. Y Colón hace sus cálculos proféticos y llega a la conclusión de que en 1501, que es cuando él saca las cuentas necesarias, el mundo tiene 6.845 años, con lo que solamente le quedaban 155 años más. Pero antes se debían cumplir todas y cada una de las profecías del Antiguo Testamento, que no eran sino cosa de judíos. ¿Tal vez como era él mismo? Tal vez, tal vez. Siempre, con Colón, todo acaba en tal vez.

El último viaje y una revelación divina

Los monarcas habían despojado a Colón de todos sus cargos políticos y en su lugar nombraron como gobernador de La Española a Nicolás de Ovando. Y ni Cristóbal ni Bartolomé Colón tenían la menor intención de volver a embarcarse hacia las nuevas tierras, tal y como Hernando Colón señala: *El Almirante estaba decidido a no meterse más en las cosas de las Indias*. Sin embargo, los reyes les piden un último viaje. ¿Por qué?

Juan Manzano cree encontrar la explicación en algo que sucedió en 1497 y que fue la partida desde Lisboa de una expedición capitaneada por Vasco de Gama que tenía por objetivo llegar por la ruta africana a la India Oriental. Y ocurrió que lo logró, pues arribó a Calicut. Por esa razón, añade el erudito, a los Reyes Católicos les flaquearon las piernas. ¿Qué ocurriría si Portugal llegaba antes que ellos a las islas de las especierías?

Hernando Colón asegura que por aquellas fechas su padre había cumplido ya todo lo prometido: *... la principal cosa que él había prometido antes de descubrir las Indias la había cumplido ya...* Sin embargo, tal y como hemos dicho, eso no es cierto, puesto que ni había llegado ante el Gran Khan ni tampoco a los impresionantes palacios en oro construidos y a todo lo demás tantas veces cacareado. ¿O es que, como hemos dicho ya, no era eso lo prometido?

El caso es que Manzano estima que Isabel y Fernando envían a Colón en una nueva expedición para tratar de adelantarse a Portugal y el Almirante parte con el propósito de encontrar un paso hacia aquellas anheladas islas el 11 de mayo de 1502 con cuatro naves y desde el puerto de Cádiz. Lo acompaña por vez primera su hijo Hernando, que tenía trece años de edad.

El autor en una carabela.

Grandes males le aguardaban en aquella aventura que lo llevó a navegar por las costas de las actuales Honduras, Nicaragua, Costa Rica y Panamá, perdiendo por tormentas primero dos naves y luego las otras dos y viéndose obligado a permanecer, tras padecer fuertes fiebres y crueles ataques de gota, amén de sublevaciones y otras pesadumbres, casi un año a la espera de socorro en Jamaica.

No obstante, en esta aventura emerge nuevamente la personalidad singular de nuestro personaje, capaz de engañar a unos indios aprovechando que sabía que habría un eclipse lunar.

En efecto, les amenaza con provocar graves males en la Luna si se lo pedía a su Dios en caso de que los indios no le trajesen provisiones. Y los nativos, primero descreídos, terminan por suplicar su intercesión al observar por la noche el misterio lunar anunciado.

Colón junto a los reyes.

Pero hay otro rasgo de su carácter, aquel mesianismo del que ya hemos hablado, que ahora regresa y lo hace de la manera más extraordinaria, como le hubiera sucedido a Jacob o a Moisés: el Dios de Israel habla al Almirante y así escribió en su *Diario* lo sucedido:

> Cansado, me adormecí gimiendo. Una voz muy piadosa oí, diciendo: ¡Oh, estulto y tardo en creer y a servir a tu Dios, Dios de todos! ¿Qué hizo Él más por Moisés o por David, su siervo? Desde que naciste, siempre tuvo Él en ti muy grande cargo.

Y por si queda duda del carácter judío de estas alusiones, añadamos esta frase:

> ¿Qué hizo Él más al tu pueblo de Israel cuando le sacó de Egipto, ni por David, que de pastor hizo rey en Judea?

La enigmática voz termina diciéndole: *No temas, confía: todas estas tribulaciones están escritas en piedra de mármol y no sin causa.* Frase esta que se puede leer hoy en día en el monumento funerario que se construyó en Santo Domingo en memoria del *Descubridor*.

Y por lo que se ve, ya fuera el dios de los judíos, el de los cristianos o el *dios desconocido* del panteón romano, la Providencia estuvo con el Almirante una vez más y gracias a un par de canoas por los indios prestadas, según nos cuenta su hijo Hernando, se pudo llegar a La Española para pedir ayuda y casi un año después de su naufragio un carabelón llegó en su socorro. Y así, tras muchos males imposibles de referir aquí, la misteriosa familia llegaba a Sanlúcar de Barrameda el 7 de noviembre de 1504 con una mochila repleta de nada: ni se había descubierto el paso a las islas de la especiería ni el anunciado oro de las minas de Veragua venía con ellos.

Por aquel entonces, Dios, el que fuere, estaba preparando la hoja de ingreso en el reino de los muertos del Almirante sin rostro, pero él aún no lo sabía, porque, a pesar de todo, no era profeta.

Capítulo 14

Nadie conoce su tumba

Moriré a no tardar. Ya se lo dejé dicho a fray Gorricio, quien tiene la manda de hacer con mis huesos lo que yo siempre he querido. Espero que su Dios y el mío le ayuden y den fuerzas para que pueda yo descansar de muerto lo que no se me dejó de vivo. Y lo mismo que dije de mí que me llamaren como quisieren, que lleven flores, si es que las llevan, adonde les dé la gana, que seguro que de iguales maneras que erraron en diciendo de donde yo era, así habrá yerro en ellos cuando crean que están ante mi tumba.

(Diario secreto del Almirante sin rostro)

In manus tuas, Domine, commendo spiritum meum.

(Supuestas últimas palabras de Cristóbal Colón)

«Desposeído y despojado»

Don Cristóbal me tiene embobado, como ya habrá advertido el lector. Como si de una moza provocadora se tratara, me hace ir en pos suyo, me cita, me incita y al final se escapa. Y ahora, cuando ha regresado de su cuarto viaje y no es sino, en palabras de Consuelo Varela, *un hombre derrotado*, tenía yo pensado echarle el guante, darle el alto, prenderlo, torturarlo si era preciso con mil preguntas para que me aclarase estas dudas que él ha puesto en mi cabeza; pero justo en ese instante se desvanece, y ni siquiera el día exacto de su muerte queda claro, ni tampoco dónde pusieron sus huesos. Y así, el gran iniciado que a todos nos inició al proponernos rociar con luz su biografía, completó el ciclo: nadie sabe cuál fue su cuna ni tampoco dónde está su tumba.

En efecto, don Cristóbal regresa enfermo de gota, cansado y seguramente más viejo de lo que algunos dicen y menos de lo que otros proponen. Su cuarta aventura puede ser interpretada como un fracaso: ha perdido los cuatro barcos que capitaneaba para regocijo de sus enemigos, que eran muchos, y no se ve por ningún lado ni el oro ni la especiería prometidos. Además, el 26 de noviembre de 1504 la reina Isabel, su gran valedora según creen muchos eruditos —aunque ya hemos visto que el papel de la Corona aragonesa fue mucho más importante de lo que se suele decir en este asunto—, muere en Medina del Campo. ¿Es por ello que a partir de entonces todo le va de mal en peor a nuestro hombre? No lo creo. Se diría más bien que lo que ahora viene es fruto de lo que ya se sembró.

Colón, ciertamente, ha recuperado para entonces algunos de sus privilegios, pero vive obsesionado con que los mismos pasen en herencia, según se leía en las míticas *Capitulaciones de Santa Fe,* a su hijo Diego una vez que él muriese, de modo que pide audiencia al rey Fernando, pero las respuestas se alargan. Interviene de nuevo fray Diego de Deza, escribe Colón también al papa Julio II, a la Banca de San Jorge y a muchos más, pero no hay respuestas y sí un espeso silencio.

Andaba el rey Fernando entonces más pendiente de la llegada a España de su hija Juana y de su esposo el archiduque Felipe —*el Hermoso,* ya saben—. Eran los estertores de 1504 y Colón adereza su viaje desde Sevilla para ver al rey y pedir lo que estima que es suyo por contrato, que no por concesión o gracia real. Incluso solicita y logra que se le ceda el derecho de usar unas andas, dado que su gota le impide viaje tan largo. Pero cuando todo está previsto, el frío lo retiene en Sevilla y él lo deja escrito así:

> Porque este mi mal es tan malo y el frío tan conforme a me lo favorecer, que non pudía errar de quedar en alguna venta.

Y no será hasta los primeros amaneceres de 1505 cuando el Almirante emprenda su último viaje, que irónicamente no será por mar, sino por las ásperas tierras castellanas. ¿Las que lo vieron nacer, según

Plaza Mayor de Valladolid, cerca de la cual se enterró a Colón.

Muerte del Almirante.

la tesis alcarreña? ¿Cuál era su destino? Era la corte de don Fernando, que anda de acá para allá: Salamanca, Segovia... A Colón lo acompaña su hermano Bartolomé y logra una primera entrevista en la que Fernando lo recibe bien e incluso le sonríe amablemente, pero el grueso de la negociación se pospone.

Es ahora cuando redacta un testamento que misteriosamente desaparece, tal y como ya explicamos en páginas lejanas de esta aventura. ¿Quién lo roba? ¿Qué se trama alrededor de don Cristóbal?

Burgos, Valladolid... El rey no para y el Almirante va tras él. Pero en Valladolid habrá de echar el ancla y lo hará para siempre. La muerte se viste para la ocasión complicando la enfermedad de Colón. El marino la ve venir por el horizonte, como aquella lejana noche viera las supuestas candelillas de los indios, y manda venir a un notario llamado Pedro de Hinojedo, al que se le hace llegar con recado de escribir y copia la última voluntad de Colón. Dicen que mandó ratificar el testamento de agosto de 1505 y el mayorazgo de 1502, pero, naturalmente, no quedaron copias, como es costumbre en esta apasionante historia.

Es ahora cuando Diego Colón queda investido por voluntad de su padre con *todos sus bienes y oficios de juro y heredad*, y también es ahora cuando Colón, en medio de su miseria, recuerda a la mujer que parió a su segundo hijo, Beatriz Enríquez de Arana, y pide a su primogénito que nada le falte, *y esto se haga por mi descargo de la conciencia, porque esto pesa mucho para mi ánima.*

Expira el Almirante con estas palabras en los labios, a decir de su hijo Hernando: *In manus tuas, Domine, commendo spiritum meum.* Pero ¿a quién llama Señor Colón? ¿Al mismo que por tal tenían Moisés y David?

Todo ocurrió el 20 de mayo de 1506. El visitante podrá aplacar su sed colombina acudiendo a la Casa Museo, que está en la calle Colón de la misma ciudad. Dicen que se construyó tomando como inspiración el palacio virreinal que Diego Colón tenía en Santo Domingo. Se trata de un edificio de dos plantas, de estilo gótico-isabelino y en cuyo jardín hay dos reclamos imposibles de evitar: un monumento a la *Santa María,* y una lápida con el supuesto busto de Colón con una leyenda que reza así: *Aquí murió Colón.*

Luego, en el interior, un zaguán señorial, restos de una época perdida en todos los sentidos, piezas de arte empequeñecidas por el gigantesco mural de J. B. Rementería representando la muerte de nuestro personaje, y en el resto de las salas hay banderas, figuras, libros... y una colección de imaginarios retratos del Almirante. Pero él no está allí. Aunque antes hizo un guiño final.

El autor en la Casa de Colón en Valladolid.

Casa museo de Colón en Valladolid.

Y es que no le correspondía seguramente a Colón morir el día de la Ascensión, efeméride de aroma cristiano, pero siempre se creyó así hasta que en 1878 Juan Ignacio de Armas publicó en Caracas un artículo titulado *Las supuestas cenizas de Colón*, y en el cual descubría que aquel año de 1506 el día de la Ascensión cayó en 21 y no en 20, algo que, según Baltasar Cuartero, ratificó posteriormente la Academia de la Historia Española.

En busca del arca perdida

La leyenda guio la mano de algunos autores para escribir que la muerte de Colón tuvo lugar en el número 2 de la calle Ancha de la Magdalena en Valladolid, aunque tampoco es fácil afirmar con seguridad que así fuera. Y las exequias tuvieron lugar en la iglesia de Santa María la Antigua, para ser llevados sus cansados y pecadores huesos de inmediato al convento de San Francisco en la misma ciudad. Sin embargo, ¿creen que un fantasma sin rostro dejaría de estar abrigado por el misterio solo porque ha muerto? Eso sería absurdo, entre otras cosas, porque mal puede morir un fantasma, de modo que a partir de su desaparición, como le sucedió a Jesús de Nazaret —y espero se disculpe la comparación—, el enigma continúa.

Placa conmemorativa de la muerte del Almirante.

Del viejo convento franciscano nada queda. Dicen que estuvo en las inmediaciones de la Plaza Mayor vallisoletana. Pero ¿y los huesos de Colón?

¿Hay documentos que prueben tal entierro?

Como ya veremos, el asunto de la tumba de Colón interesó incluso al presidente del Consejo de Ministros español, Antonio Cánovas del Castillo, una vez que el 10 de septiembre de 1877 apareció en la nave del Evangelio de la catedral de Santo Domingo una urna de plomo que, decían, contenía los restos del Almirante. Por ello, Cánovas encargó un informe al respecto a la Real Academia de la Historia y lo firmó Manuel Colmeiro Penido. Entre otras cosas, este erudito concluyó al respecto del entierro vallisoletano, como reseña Baltasar Cuartero, que *faltan documentos que lo acrediten* [...] *pero sobran historiadores que lo aseveren*.

¿Cómo fue amortajado? ¿Con hábitos franciscanos, según la leyenda cantó? Nada se sabe.

¿Era la suya urna de plomo o de madera? Si de madera era, seguramente el paso del tiempo rumió su osamenta con mucha más fiereza. Pero queremos imaginar que hubo arca mortuoria, y a partir de este instante nos marchamos en pos del arca perdida.

El miércoles día 11 de abril de 1509 un hombre que respondía al nombre de Juan Antonio Colombo, mayordomo de Diego, el hijo mayor del Almirante que ha heredado los títulos de su padre, llama a la puerta del monasterio de La Cartuja de Sevilla. Lleva con él una urna. Tras las presentaciones ante los monjes, dice, señalando el contenido del arca con la mirada: *El cuerpo del Almirante don Cristóbal Colón.*

Por una de esas sospechosas casualidades del destino, el prior del monasterio de Santa María de las Cuevas de Sevilla había ordenado en 1507 que se construyera fuera de la iglesia del monasterio, aunque ane-

Estatua de Colón en La Cartuja de Sevilla.

ja al mismo, una nueva capilla dedicada a Santa Ana. ¿Para qué? Baltasar Cuartero, que ha consultado el *Protocolo* del monasterio y otros documentos, no ha hallado respuesta, y la pregunta es la siguiente: ¿se construyó aquella capilla para acoger tiempo después los restos del Almirante? De ser así, ¿hay algún documento donde se recoja esa voluntad por parte de Colón? Si a la primera de las preguntas no sabemos qué responder, sí podemos decir sobre la segunda que no se conoce papel alguno donde se exprese el deseo de don Cristóbal de ser enterrado en un sitio en concreto. Sin embargo…

Sabemos que la misteriosa familia Colón siempre tuvo en este monasterio a un aliado, que fue fray Gorricio, con quien don Cristóbal dio forma al *Libro de las Profecías*. Este fraile, ya lo vimos, custodiaba papeles y hasta dineros de la familia, y para colmo se sabe que el Al-

El autor en la capilla de Santa Ana de La Cartuja.

Tumba de Colón en Santo Domingo.

mirante, en sus últimos días de vida y antes de emprender viaje en busca del rey Fernando, hizo guardar en una urna de hierro sus títulos y papeles de las Indias y cedió el cofre a los monjes de La Cartuja. ¿Quedó allí dicho, ya fuera entre susurros o de cualquier forma, que quería dormir el sueño eterno en Sevilla?

Como siempre, don Cristóbal es un enigma, y ahora resultaba que aquel miércoles de primavera, por voluntad de su hijo Diego, llegan unos restos que, parece ser, son los del viejo Almirante.

Pero el misterio no cesa, puesto que Consuelo Varela reconoce que *ni conocemos cuándo fue efectuada la exhumación del cadáver del convento de San Francisco de Valladolid, ni quiénes fueron las personas encargadas de traer el cuerpo a Sevilla.*

Como se ve, si las facciones del Almirante vivo siempre fueron borrosas, ahora que viaja muerto vuelve a confundir a todo el mundo. Parece cierto, no obstante, que se le da sepultura en Sevilla, si es que en verdad aquellos huesos llegados en abril eran los suyos. Leamos un fragmento del *Protocolo* del monasterio que reproduce Cuartero:

> … a los 20 de mayo de este año falleció en Valladolid el Heroyco y esclarecido Don Cristóbal Colón, y fueron sus huesos trasladados a este Monasterio [...] en la capilla de Santa Ana…

En el mismo documento, pero líneas más tarde, se lee:

> Este Cauallero fue aquel celebre Almirante de la Mar y progenitor de la Casa de Veragua, para cuyo elogio baste el mote del sepulcro donde yace en la Isla y Ciudad de Santo Domingo, dice así: *A Castilla y a León nuevo Mundo dio Colón.* En la misma capilla se depositó su hijo Diego…

¡Un momento! ¿No acabamos de decir que fue enterrado en la capilla de Santa Ana en el monasterio de La Cartuja de Sevilla! ¿Por qué a continuación se dice que yace en Santo Domingo? ¿Qué diablos sucede?

Ocurre que don Cristóbal, como el Cid, tuvo vida después de la vida y, como ahora enseguida explicaremos, se cuenta que fue llevado a Santo Domingo. Pero antes, fijemos aún más la certeza de que reposó en Sevilla. Veamos dos pruebas. La primera, la cédula que Carlos V extendió en Valladolid el día 2 de junio de 1537 autorizando el supuesto enterramiento en Santo Domingo. Veamos:

> … que el Almirante don Cristóval Colón [...] murió en estos nuestros reinos, y se mandó depositar en el monasterio de las Cuevas, extramuros de la ciudad de Sevilla, donde al presente está…

Tumba de Hernando Colón en Sevilla.

La segunda prueba que seleccionamos, con la ayuda de Baltasar Cuartero, es este fragmento del testamento del primogénito del Almirante, Diego Colón, redactado justamente en La Cartuja el 16 de marzo de 1509:

> Ítem mando, que hasta que yo a mis albaceas o herederos tengamos disposición y facultad para lo que pertenece a la sepultura perpetua del Almirante, mi señor padre, que Dios haya, que de la dicha limosna del diezmo sean dados a los santos padres del Monasterio de las Cuevas de Sevilla, a donde yo mandé depositar el dicho cuerpo el año de quinientos nueve.

De momento, nuestra búsqueda nos ha llevado ya por Valladolid y por Sevilla. Los papelotes parecen demostrar que el marinero muerto atracó en esos puertos, mas su travesía no había hecho sino empezar, según algunos.

El pasajero fantasma

Ciertamente, don Cristóbal ha dado trabajo a los historiadores y amantes del misterio. Y es que, como se verá al cierre de este capítulo y de este libro, aún al día de hoy su figura ocupa espacio entre los enigmas por resolver de los eruditos y científicos.

El caso es que, desde Sevilla, los restos del Almirante tal vez marcharon a Santo Domingo. Pero ¿hay pruebas documentales de tal viaje? Todo parece indicar que sí, pero, como siempre, todo está rebozado de dudas.

Su hijo mayor, Diego, que había heredado el cargo de Almirante, falleció el 26 de febrero de 1526. En la cláusula 20 de su testamento, según cita Baltasar Cuartero, encontramos pistas de que don Cristóbal por aquellos años aún está enterrado en La Cartuja:

> ... es sy acaeciera mi fallecimiento en Sevilla, mando que mi cuerpo sea depositado en el monasterio de las Cuevas, con el cuerpo del Almirante, mi señor, questa allí.

Y muerto el segundo Almirante, don Diego, allí lo llevaron con los pies por delante a comienzos de marzo de 1526. También en esa capilla de Santa Ana habían dado sepultura a su tío Diego el miércoles 21 de febrero de 1515. Por tanto, tenemos a tres Colones —Cristóbal, su hermano Diego y su primer hijo, Diego—, durmiendo el sueño eterno a la sombra de La Cartuja. ¿Permanecieron siempre allí? Todo parece indicar que solamente el hermano del Almirante, Diego, allí se quedó. Veamos lo sucedido, que es tremendamente enigmático, como siempre.

Se dice que la viuda de Diego Colón, nuera del primer Almirante, solicitó a la Corona en 1536 la posibilidad de trasladar los restos de su marido y de su suegro a Santo Domingo para darlos sepultura allí, y que tal petición fue atendida. Incluso surgen varias pruebas documentales que parecen confirmarlo taxativamente. Vamos a leer tres de ellas.

En el *Protocolo* del monasterio, aunque equivocan el nombre del hermano del Almirante, Diego, por el de su otro hermano, Bartolomé, se dan razones para creer que hubo ese traslado:

> ... y en este año de 1536 se entregaron los de [se refiere a los restos] D. Christóval y D. Diego su Hijo para trasladarlos a la isla de Santo Domingo en Indias, quedando solo en dicha Capilla el de D. Bartolomé, su Hermano, hasta hoy...

Otra prueba de ese viaje la ofrece indirectamente en su testamento el otro hijo del Almirante, Hernando, a quien tantas veces hemos mencionado. Hernando murió el 12 de julio de 1539 y fue enterrado en la catedral de Sevilla, donde ha permanecido hasta nuestros días, si exceptuamos las excursiones de algunos de sus restos a los laboratorios de la Universidad de Granada, como diremos en breve. En su testamento había dejado escrito que quería ser enterrado en Sevilla por estas razones:

> Lo cual yo elijo por la mucha devoción que mis señores padre y hermano, Almirantes que fueron de las Indias, e yo siempre tuvimos a aquella casa, e porque sus cuerpos han estado mucho tiempo allí depositados.

Dice Hernando que los cuerpos de su padre y hermano *han estado* allí enterrados, de modo que ya no lo estaban. Y, finalmente, mencionemos otra posible prueba del traslado de los restos de los dos Almirantes. La encontramos en el testamento de la viuda de Diego, María de Toledo, que había sido redactado en Santo Domingo el 27 de septiembre de 1548. En ese documento pide ser enterrada en esa ciudad *donde están sepultados los almirantes, mis señores: no en la misma sepultura del almirante don Diego Colón, sino debajo de él, en el suelo de la capilla.*

Por tanto, parece claro que hubo viaje, e incluso el cronista Bartolomé de Las Casas lo asegura: *Llevaron su cuerpo* (el de Cristóbal Colón) *o sus huesos a las Cuevas de Sevilla, monasterio de los Cartujos; de allí pasaron o se trajeron a esta ciudad de Santo Domingo, y están en la capilla mayor de la Iglesia Catedral enterrados.*

Se diría que todo está demasiado claro para lo que Colón acostumbra. Pero ¿dónde fue embarcado el cadáver de Colón? Se ha dicho que ocurrió en Sanlúcar de Barrameda (Cádiz) y a bordo de un navío llamado *San Cristóbal*. Pero, si todo está explicado, ¿por qué nos demoramos buscando un enigma que ya se ve que no existe?

Con Colón hay que tener mucha paciencia. Siempre termina por sorprender.

El día 25 de mayo de 1941 leía su discurso de ingreso en la Real Academia Sevillana de Buenas Letras Carlos Serra y Pickman, marqués de San José de Serra, e insinuó que el cuerpo de Colón jamás había salido de Sevilla. Por supuesto, esto provocó el estupor y al poco una Comisión de la Real Academia de la Historia integrada por Manuel Gómez Romero, Gregorio Marañón y el ya mencionado Baltasar Cuartero, comenzaron a investigar el caso. Y así se llegó a exhumar los restos de un cadáver solamente en la capilla de Santa Ana, que se resolvió debía ser el de Diego Colón, el hermano menor de don Cristóbal. Parecía obvio que hubo viaje después de muerto.

Pero la historiadora Consuelo Varela también señala que toda esa información *está basada en textos literarios, pero sin ningún respaldo argumental: no se ha conservado ninguna escritura notarial que lo atestigüe, y no figura el traslado de ningún cadáver entre la lista de embarque que aportó doña María cuando zarpó para las Indias.*

Y con estas dudas, el resto de la embarullada muerte después de la vida de Colón, se dice, si es que damos crédito a lo conocido, que fue así: permaneció enterrado en Santo Domingo hasta el 21 de noviembre de 1795, cuando tras el Tratado de Basilea, España deja de ser soberana de aquella tierra y se llevan su osamenta a La Habana. ¿Qué sucedió después? Pues que tras perder España Cuba, don Cristóbal espuma el Atlántico otra vez en 1898 y viene a atracar definitivamente en la catedral de Sevilla, a tiro de piedra de su otro hijo, Hernando. Y sobre sus restos se construyó un impresionante monumento funerario frente al cual permanecí una mañana a medio camino entre el homenaje y la irritación porque no hay manera de alumbrar la biografía de su inquilino.

Los cadáveres de Cogolludo

Aquella mañana de junio hacía buenos calores en Cogolludo y la casualidad de siempre hizo que me encontrara con el profesor Alfonso Sanz Núñez a la vera de la iglesia parroquial de San Pedro. Desde arriba, en la cumbre que domina el pueblo, nos miraba de reojo la iglesia de Santa María de los Remedios. ¿Será posible que allá arriba esté el lugar que todos buscan?, me interrogué en silencio. Desde luego, al hijo del difunto Ricardo Sanz, autor de la tesis alcarreña de Cristóbal Colón, no le cabe la menor duda.

En su *Historia de las Indias,* Bartolomé de Las Casas parece decidido a confundirnos cuando asegura que tras la muerte de Colón, y luego de permanecer supuestamente su cadáver durante varios años en Valladolid, *llevaron su cuerpo o sus huesos a las Cuevas de Sevilla, Monasterio de Cartujos...*

¿Qué significa esa diferencia entre *su cuerpo o sus huesos*? Eso mismo se preguntó en su día Ricardo Sanz y decidió explorar la senda entreabierta, y tras analizar todo lo que ya hemos resumido a propósito del periplo del cadáver de Colón, concluyó que toda esa historia es falsa y que don Cristóbal jamás reposó ni en Sevilla ni en Santo Domingo, sino justamente a unos pasos de donde yo me encontraba esa mañana de junio. ¿Estaría en lo cierto?

Otros antes, como Alicia B. Gould, hubieron de reconocer que no hay la menor prueba documental de que esas cenizas salieran alguna vez de España. Y recuerda el estudioso alcarreño que en el testamento de Aldonza Mendoza se especificaba su deseo de que se construyera en el monasterio de Lupiana un panteón familiar con dos capillas, una a cada lado, que se unieran con la suya propia. Y se interroga ese autor si esa voluntad de la duquesa se debía al hecho de que sabía que tendría gemelos en el parto, algo que no sabemos bien cómo iba a conocer. Sin embargo, no se cumplió esa voluntad, aunque sí se dio sepultura a Aldonza inicialmente en Lupiana. Sin embargo, según sus investigaciones, *en el año mil quinientos cuarenta y cinco los sepulcros y capillas estaban libres, estaban vacíos. Ese año ya no estaba doña Aldonza Mendoza allí enterrada.*

¿Dónde podía estar el cadáver de tan noble dama? ¿A quién incomodaba ya muerta y muertos los viejos pleitos? ¿Alguien tal vez deseaba enterrarse junto a ella en otro lugar? A esa conclusión llegó Ricardo Sanz, quien afirma que *solo a Cristóbal Colón, su hijo, le podía interesar el traslado a otro lugar.*

Iglesia de Santa María de los Remedios en Cogolludo.

Sin embargo, desenterrar a un muerto en aquella época —y en todas las demás— no era fácil. La misma fuente asegura que se precisaba autorización papal. ¿Quién podría cumplir esa voluntad de Colón?, si es que esta tesis es correcta. Pues tal vez aquel en quien, según el Almirante escribió a su hijo Diego, había depositado *todos mis privilegios y escrituras*. Es decir, a fray Gorricio, el monje cartujo. Es más, en ese escrito Colón exige a su hijo obediencia perruna al fraile, amén de indicarle que trabaje porque *se le traiga el breve del Santo Padre, para poder salir a entender en mis cosas*.

Cree este autor que ahí se menciona silenciosamente la voluntad de Colón de encargar al cartujo el poder mover el cuerpo de Aldonza Mendoza, su madre según esta hipótesis.

Remitimos al lector a las obras de Ricardo Sanz García, donde se detalla la trama posible que se desarrolló hasta lograr esa supuesta voluntad del Almirante y lo arrojamos ahora al acto final de esta aventura alcarreña.

Cogulludo, ya lo hemos dicho, era feudo antiguo en manos de Aldonza Mendoza. Allí, se nos propone desde esta óptica, pudo vivir

Colón un tiempo con el duque de Medinaceli. Y allí habría estado enterrado. ¿En qué lugar? En la iglesia de Santa María de los Remedios, donde se encontró una lápida funeraria que claramente debía ser de un Mendoza a tenor de los cuarteles allí representados. Acompaña al escudo una inscripción tremendamente jugosa, pues en ella aparecen datos de interés, como el título de *Magnífico Señor*, un tratamiento propio, según Sanz García, de almirantes, grandes maestre de órdenes militares y consejeros reales.

Sería difícil resumir en dos líneas el ingente trabajo del autor que ahora mencionamos, pero no podemos dejar de copiar la conclusión a la que llega: *Cristóbal Colón es castellano. Nacido en Espinosa de Henares, educado e instruido por frailes jerónimos y enterrado con su madre doña Aldonza en Cogolludo.*

El día 20 de agosto de 1983, autorizados para la ocasión por el obispo de Sigüenza-Guadalajara, a la sazón Jesús Plá, asistiendo al acto el

Monasterio de San Bartolomé de Lupiana.

párroco Pablo de Julián y varios hombres notables del lugar (Fernando Ramos, doctor en medicina y traumatólogo de la Cruz Roja en Madrid; Alfonso Carlos Sanz Núñez, licenciado en Geografía e Historia e ingeniero topógrafo; el economista José Tomás Albero, y el notario de Cogolludo Fernando Ramos, entre otros) se procedió a la apertura de esa lápida sepulcral.

Allí encontramos los huesos de siete personas adultas totalmente revueltos y desordenados, escribió Ricardo Sanz, quien añade que *junto a una calavera aparecían unos huesos largos, es decir, todos los esqueletos estaban removidos*. Pero no apareció el verdadero objeto de aquella búsqueda, que, como me confesó con su amabilidad habitual su hijo Alfonso, no eran sino las cadenas, los grillos con que Colón vino preso de América y que dijo que con él debían ir a la tumba.

¿Prueba eso que aquella no es la tumba del Almirante? Por supuesto que no. Como tampoco es posible, desgraciadamente, afirmar lo contrario. Los huesos encontrados fueron devueltos a la tumba en bolsas de plástico. No se levantó acta notarial al no haberse encontrado los grillos de marras y el misterio cayó de nuevo sobre aquella fosa y aquellos muertos. Tal vez sea hora de que la ciencia se abra paso entre las telarañas e interrogue al ADN de los difuntos de Cogolludo con el mismo interés que hace en la actualidad con las *cenizas sevillanas* de Colón. Y ya que hablamos de ADN...

ADN

La ciencia nos ha enseñado que los hombres, los varones queremos decir, cuentan en su ADN con un cromosoma denominado Y que les viene por vía paterna y con otro al que se designa como X que llega vía materna. Por su parte, las mujeres disponen de un cromosoma X de su padre y otro X de su madre. Ante este panorama implacable, los científicos se han planteado el reto de obtener ADN nuclear para averiguar si dos personas pueden ser hermanos del mismo padre o si entre esas dos personas hay una relación física como padre e hijo. Pero para probar esa ascendencia o descendencia exclusivamente por la vía materna se requiere el análisis de una parte de la célula que la ciencia denomina mitocondria. Dos hermanos nacidos de la misma madre debieran tener el mismo ADN mitocondrial.

¿A qué viene ahora esta introducción científica?, se preguntará el lector. Pues justamente a que el Almirante sin rostro también da que hablar en los laboratorios, puesto que existe un proyecto científico que se viene llevando a cabo desde el año 2003 para tratar de averiguar definitivamente si los restos de don Cristóbal duermen, no sé si pacíficamente o no, en Sevilla o en Santo Domingo. Se trata de un proceso complejo en el que un grupo interdisciplinar de eruditos está trabajando con entusiasmo. En ese grupo de científicos participan José Antonio Lorente, director del Laboratorio de Identificación Genética de la Facultad de Medicina de la Universidad de Granada, el antropólogo forense Miguel C. Botella y un notable etcétera más de especialistas. Pero todos ellos se han encontrado, como no podía ser de otro modo, con sorpresas tras abrir la fastuosa tumba de Colón que se encuentra en la catedral de Sevilla, así como al hacer lo propio con la de su hermano Diego, que estuvo enterrado en La Cartuja, y con la de Hernando Colón, el hijo del Almirante, quien siempre reposó en la catedral de Sevilla.

Con el doctor José Antonio Lorente mantuvimos algunas conversaciones que a continuación se reproducen en forma de pregunta y respuesta y que permiten arrojar una migaja de luz al cenagal biográfico de nuestro enigmático personaje.

Pregunta: *Quienes nos hemos acercado un día a la vida de Colón nos sentimos tan fascinados como sorprendidos, ¿les sucede igual a los científicos?*

Respuesta: La verdad es que nos sorprende a todos, y a mí también. Yo siempre había estudiado que había nacido en Génova y que su tumba estaba en Sevilla, y cuando, tras tener contacto con historiadores, uno se va dando cuenta de la complejidad de la historia de esta persona tan trascendente para la Humanidad, también se va dando cuenta de las muchísimas contradicciones que por falta de datos objetivos existen alrededor de su figura.

P.: *¿Se puede deducir el origen de Colón a través de los estudios de ADN que están ustedes practicando sobre sus restos?*

R.: Sí se pueden hacer cosas, pero dependiendo del enfoque que se quiera dar a esas cosas se puede ser más o menos exactos. Por ejemplo, si se plantea la posibilidad de don Carlos, el príncipe de Viana, como padre de Colón, hay que buscar una relación padre-hijo, y hay que tener perfectamente identificado al presunto padre y al hijo. Nosotros tuvimos la oportunidad en 1994 de identificar los restos del príncipe de Viana por encargo del Gobierno Foral de Navarra, que tenía interés en identificarlos, y los de su madre, doña Blanca I de Navarra.

El doctor
José A. Lorente.

En este momento tenemos la seguridad de que el príncipe de Viana está enterrado en el monasterio de Poblet, en la provincia de Tarragona, donde se le dio sepultura cuando falleció, pese a que posteriormente, durante dos ocasiones en el siglo XIX, el monasterio de Poblet fue saqueado y los huesos de los reyes y princesas que había allí enterrados fueron cambiados. Teniendo al príncipe de Viana identificado y teniendo el ADN del Príncipe de Viana, lo que ahora queda es la identificación fehaciente de Cristóbal Colón. Y una vez sepamos si los huesos de Colón son los que hay en Sevilla o los que hay en la República Dominicana o están repartidos en ambos sitios, podríamos pasar a esa fase final de demostrar si son padre e hijo, y eso se puede hacer pese a que es extremadamente difícil. Si no hay una comparación directa, la única alternativa que existe es la de realizar una comparación de las características genéticas de ciertas partes del ADN de las personas que son más frecuentes en algunas zonas geográficas que en otras. Por ejemplo, el cromosoma Y, que es el que marca el sexo masculino, tiene características diferentes según el lugar geográfico de procedencia de las personas, y en ese sentido se podría estudiar el cromosoma Y de Cristóbal Colón para compararlo con el de las regiones geográficas que de manera más evidente se apuntan el origen de Colón, que son básicamente Génova, pero también Barcelona, Mallorca o Ibiza. Pero es un proceso largo, lento y complejo.

P.: *¿Por ello se procedió a exhumar los restos de Colón supuestamente enterrados en Sevilla?*

R.: En efecto, en junio de 2003 se exhumaron esos restos y también los de su hijo Hernando Colón y los de Diego, el hermano de Colón, porque así teníamos unas muestras con las que comparar y a partir de ahí establecer una identificación adecuada.

P.: *¿En qué estado estaban los huesos del Almirante?*

R.: Al abrir la tumba tuvimos dos sorpresas negativas. La primera fue que encontramos muy poca cantidad de huesos, el equivalente al 20 % del esqueleto humano, de modo que hay un 80 % de los huesos de Colón que no están ahí. Y la segunda sorpresa fue que los huesos están en fragmentos muy pequeños, como pelotas de golf, y además, analizados técnicamente, están en condiciones bastante malas, porque están muy sucios por fuera, y se nota que han estado expuestos a múltiples desplazamientos y viajes y eso hace que la cantidad de ADN que hay en ellos sea bastante malo.

P.: *¿Es cierto que se pierde prácticamente la totalidad de los gramos de hueso que se emplean en los estudios de ADN?*

R.: En el proceso de estudio, cada vez que nosotros analizamos el ADN de un fragmento, este se destruye totalmente, de modo que si se tomasen 48 gramos y se analizaran todos, terminarían por destruirse, porque para la extracción del ADN del hueso el primer paso es la pulverización del mismo para que las células que conformen ese hueso al hacerse polvo puedan contactar mejor con los líquidos en los cuales luego se extrae el ADN. Lógicamente, se utiliza una mínima parte de lo que eran los huesos de Cristóbal Colón porque no vamos a destruirlos todos para luego concluir que sí, que, efectivamente, aquellos eran los huesos de Cristóbal Colón.

P.: *¿Estaban en mejor estado los de Diego y los de Hernando Colón?*

R.: Tenemos los dos extremos. Los de su hermano Diego estaban todavía peor, y eso se debe a que en los últimos años, no sabemos cuántos, pero por lo menos veinte años, estuvieron enterrados muy cerca de la superficie, de tal manera que cuando llovía en Sevilla penetraba el agua en el interior, y el agua es un agente destructor del hueso. En cambio, los de Hernando Colón, que se enterró en la catedral de Sevilla y no se le movió, están en un estado de conservación muy bueno.

P.: *Al parecer, los estudios realizados han demostrado que el cadáver de Hernando Colón como el de su tío Diego mostraban una patología similar: espina bífida. ¿Prueba eso claramente que eran parientes?*

R.: En efecto, en el año 2003, cuando estuvieron en Granada sus restos, se hizo un estudio completo antropológico por el equipo del profesor Miguel Botella, director del Laboratorio de Antropología de la

Universidad de Granada, y se observó claramente que ambos, supuestamente tío y sobrino, compartían restos en el hueso de lo que sería una espina bífida, y en segundo lugar había lo que se denomina la sacralización de la quinta vértebra lumbar, o sea, que en la columna, a nivel lumbar, se une la quinta vértebra, que normalmente no está unida, sino que hay una articulación con el sacro. Eso hay personas que lo sufren, y aunque no es excepcional, pues puede haber un porcentaje del 10 % de personas que lo tengan, sí que es una curiosidad que en estos dos restos lo haya, y sería muy curioso que eso ocurriera si no fueran familia.

Detalle de la tumba de Colón en la catedral de Sevilla.

P.: *Se suele admitir que Cristóbal Colón padeció enfermedades como la artrosis o la gota, ¿se pueden detectar indicios de esas patologías en los escasos restos que hay en Sevilla?*

R.: Lamentablemente, no. Primero porque hay pocos restos que sean articulares, donde lesiones como la artrosis se detectarían con mayor facilidad; y en segundo lugar, porque en esos cambios que ha sufrido, cuando unos huesos se trasladaron, hacen que la superficie rugosa del hueso se vaya limando y se pierda la posibilidad de identificar ese tipo de patologías. Lo único que sí observó el profesor Botella fue en un fragmento del maxilar inferior una serie de lesiones que parecen de corte, lo que parece típico de una manipulación del cadáver con posterioridad a la muerte.

P.: *¿En qué estado estaría el cadáver del Almirante cuando dicen que fue llevado de Valladolid a Sevilla?*

R.: A los tres años estaría ya en estado casi óseo, pero quedan pequeños fragmentos del tejido que son los que, para evitar el problema de la descomposición y los olores, normalmente se descarnaban, se quitaban esos tejidos, y muy probablemente esas lesiones en la mandíbula sean de ese primer viaje desde Valladolid a Sevilla.

P.: *Con los estudios sobre el ADN de Colón, ¿se puede saber no solo dónde nació sino cuándo nació?*

R.: Los estudios en estos restos tan pequeños tienen un margen de error muy grande, de tal manera que cabe la posibilidad de que fuesen de una persona en todo caso mayor de 50 años, y tampoco parecen los de alguien muy mayor. El margen actual que maneja el profesor Botella es de 50 a 70 años. Esto, con criterios actuales. Si aceptamos la tesis mallorquina, Cristóbal Colón habría fallecido con 45 ó 46 años. No se podría descartar tampoco, porque antiguamente, y con una vida tan dura en el mar, además de con una alimentación tan limitada y tan escasa en vitaminas, los procesos degenerativos óseos pueden aparecer con mayor rapidez, y de hecho hay textos de la época donde a las personas a partir de 45 años se las calificaba de *senectas*. Con los huesos que tenemos, que lamentablemente no son los ideales para este estudio, no se puede descartar ninguna de esas teorías por la fecha de nacimiento o por la edad con que murió Cristóbal Colón.

Y así, al término de la entrevista con el doctor Lorente, uno obtiene la misma sensación de siempre: no hay manera de cercar al Almirante para que confiese de una vez por todas. Y me vienen a la boca las mismas palabras que otra vez recité y en páginas pasadas dejé escritas:

> De él se diría, si no hubiera tantos documentos que prueban que estuvo entre los mortales, que jamás existió, que fue una sombra, espuma sobre ola, aroma de salitre… nada.

Como si lo supiéredes

AMIGA lectora o amigo lector: Hemos llegado al final... aproximadamente.

Me he esforzado en jugar con las posibilidades sin abrazar ninguna de ellas, y tal vez muchas puedan ser complementarias. Podría ser que Colón fuera judío o que no lo fuera. Cabe la posibilidad de que fuera hijo secreto de noble cuna, ya procediera de los Mendoza o del príncipe de Viana, pero eso no invalidaría que tuviera noticias de lo que el Temple pudo saber y que entrara en contacto con esas sabidurías primero en Francia y luego en Portugal. Nada parece excluyente, al menos a primera vista. Pero no podemos transmitir sino la pasión de la búsqueda, y por ello te invito a que te sumes a ella si mi compañía no te incomoda.

En páginas pasadas reproducíamos una frase de una carta de los Reyes Católicos a Colón fechada el 16 de agosto de 1494 en la que los monarcas expresaban su sorpresa por todo lo descrito por el marino diciendo: *Como si lo hubiérades visto antes de que nos lo dijésedes*. Pues bien, jugando con esas construcciones verbales, te propongo, amiga o amigo lector, que me ayudes en la búsqueda respondiendo a alguna de estas interrogaciones *como si lo supiéredes*.

- ¿Era Colón genovés?
- ¿Era Cristóbal Colón el Christoforo Colombo de las actas italianas?
- ¿Quién hizo desaparecer muchos documentos colombinos?
- ¿Es cierta esta frase: *De muy pequeña edad entré en la mar navegando*?

- ¿Por qué Hernando Colón no dice nada sobre el origen de su padre?
- ¿A quién se refería Colón al afirmar que no era el primer almirante de su familia?
- ¿Se llamaba realmente Cristóbal Colón?
- ¿Por qué habría de cambiar su apellido?
- ¿Por qué nunca escribió en italiano ni en portugués?
- ¿En qué año nació?
- ¿Dónde aprendió ciencia y latines?
- ¿Llegó a Portugal por casualidad?
- ¿Era hijo del príncipe de Viana?
- ¿Por qué lo apoyó el duque de Medinaceli?
- ¿Por qué escribió a Luis de Santángel en catalán?
- ¿Sería un mallorquín llamado Juan Colón?
- ¿Era judío?
- ¿Fue un conde gallego?
- ¿Era hijo de Aldonza Mendoza?
- ¿Nació en América?
- ¿Lo que sabía procedía del Temple?
- ¿Cómo supo que podía cambiar baratijas por oro?
- ¿Por qué quería recuperar Jerusalén y el Templo?
- ¿Tuvo relación con los Anjou y con el Priorato de Sión?
- ¿Se casó con Felipa Moniz por interés?
- ¿Se carteó realmente con Toscanelli?
- ¿Equivocó realmente sus cálculos?
- ¿Qué explicación tiene el mapa de Piri Reis?
- ¿Por qué huyó de Portugal?
- ¿Eligió Palos de la Frontera por casualidad?
- ¿Por qué lo recibe y lo defiende fray Marchena?
- ¿Qué papel jugó La Rábida en esta trama?
- ¿Qué manos enguantadas estuvieron actuaron en la sombra?
- ¿Conocían los Reyes Católicos la identidad de Colón?
- ¿Por qué no se casó con Beatriz Enríquez de Arana?
- ¿Tuvo otro hijo además de Diego y Hernando?
- ¿Por qué no llevó a ningún religioso en el primer viaje?
- ¿Se creía Colón un Mesías?
- ¿Es la firma de Colón un criptograma cabalístico?
- ¿Por qué nunca se cita a los otros dos supuestos hermanos genoveses, Juan Pelegrino y Bianchineta?
- ¿Fue Colón un espía portugués?

- ¿Por qué lo reciben los nobles más importantes del reino?
- ¿Marchó Colón a Francia?
- ¿Por qué Juan Pérez lo apoyó sin desmayo?
- ¿Por qué cambió de idea la reina Isabel ante el proyecto colombino?
- ¿Qué papel jugó realmente la Corona de Aragón?
- ¿Cómo debemos interpretar las *Capitulaciones de Santa Fe*?
- ¿Hubo un piloto anónimo que informó a Colón?
- ¿Creía Colón ir hacia las Indias?
- ¿Quién pagó exactamente el apresto de la armada?
- ¿Qué garantías pudo ofrecer Colón para obtener un préstamo?
- ¿Por qué apoyó Martín Alonso Pinzón a Colón?
- ¿Por qué marchó hacia Canarias?
- ¿Qué luces vio en el Teide y en alta mar?
- ¿Por qué falseó las cuentas del viaje?
- ¿Qué sucedió en la noche del motín?
- ¿Vio realmente *candelillas* el Almirante antes que nadie?
- ¿Por qué se cambió el nombre al marinero Juan Rodríguez Bermejo?
- ¿Por qué creen los indios que los españoles vienen del cielo?
- ¿Cómo se atrevió Colón a ocupar el supuesto Cipango?
- ¿Por qué Martín Alonso abandonó la expedición?
- ¿Sabía Pinzón el itinerario de ida y de vuelta?
- ¿Quiénes eran los indios blancos?
- ¿Cómo se explica el hundimiento de la *Santa María*?
- ¿Por qué abandonó Colón a parte de su tripulación en la Natividad?
- ¿Cómo supo el itinerario de regreso el Almirante?
- ¿Por qué hizo escala en Lisboa al regresar?
- ¿De qué habló con el rey portugués?
- ¿Por qué no escribió a los reyes antes que a nadie anunciando su descubrimiento?
- ¿Escribió Martín Alonso Pinzón a los reyes?
- ¿Cuándo y de qué murió Pinzón?
- ¿Por qué tardó dos meses Colón en presentarse ante los reyes?
- ¿Cómo se explica el escudo de Colón?
- ¿Por qué no hay documentos en Cataluña que recuerden el encuentro con los reyes?
- ¿De dónde vinieron realmente los hermanos de Colón?
- ¿De quién era la olla de hierro encontrada en las islas?

- ¿Y las dos estatuas que se parecían a la Piedad?
- ¿Y las bolas de artillería?
- ¿Quiénes eran los hombres de túnica blanca?
- ¿Viajó a tierra firme Colón en el segundo viaje?
- ¿Tenía la casa de Anjou mapas de origen desconocido?
- ¿Por qué cree Colón haber encontrado las minas del rey Salomón?
- ¿Quién descubrió Brasil?
- ¿Por qué no llevaba intérpretes en el tercer viaje?
- ¿Cómo supo que la Tierra tiene forma de pera?
- ¿Se creía Colón un profeta?
- ¿Dónde está su tumba realmente?

Estaría encantado de recibir tus respuestas
en esta dirección de e-mail:

almirantesinrostro@hotmail.es

IN TE DOMINE ESPERAVI QUI NO CONFUNDAM IN AETERNUM

En *Amalur*, un día sin rostro de 2005

Bibliografía

BACHE GOULD, Alicia: *Nueva lista documentada de los tripulantes de Colón en 1492,* Ed. Gráficas Orión, Madrid, 1985.

BENNASSAR M. B., y otros: *Historia Moderna,* Ed. Akal, Madrid, 1980.

COLÓN, Cristóbal: *Diario de a bordo,* edición de Luis Arranz, Editorial Edaf, Madrid, 2006.

COLÓN, Hernando: *Historia del Almirante,* Ed. Ariel, Barcelona, 2003.

DE LA RIVA, Antonio: *Las claves del enigma de Colón,* Lunwerg Ediciones, Madrid, 2004.

DE LAS CASAS, Bartolomé: *Historia General de las Indias,* Ed. de J. Pérez de Tudela, Madrid, 1957.

DE MADARIAGA, Salvador: *Vida del Muy Magnífico Señor don Cristóbal Colón,* Ed. Espasa-Calpe, S. A., Madrid, 1975.

DOMÍNGUEZ ORTIZ, Antonio: «El Antiguo Régimen: los Reyes Católicos y los Austrias», en *Historia de España,* de Tuñón de Lara, tomo III, Alianza Editorial, Madrid, 1988.

EDWARDS, John: *La España de los Reyes Católicos,* Ed. Crítica, Barcelona, 2001.

FERÁNDEZ-ARMESTO, Felipe: *Cristóbal Colón,* Ed. Crítica, Madrid, 1992.

FERNÁNDEZ BUENO, Lorenzo: *Los guardianes del secreto,* Ed. Edaf, Madrid, 2002.

FERNÁNDEZ DE OVIEDO, Gonzalo: *Historia General y Natural de las Indias,* edición de J. Pérez de Tudela, Madrid, 1959.

FERNÁNDEZ URRESTI, Mariano: *Los templarios y la palabra perdida,* Ed. Edaf, Madrid, 2003.

GARCÍA ATIENZA, Juan: «La misión secreta de Colón», en revista *Año Cero,* año VI, n.º 10.

GARCÍA DE PAZ, José Luis: «Incógnitas sobre el origen y la sepultura de Cristóbal Colón», en *Revista de Arqueología,* n.º 283, año XXV.

GIL, Juan: *El Libro de Marco Polo. Las apostillas a la Historia Natural de Plinio el Viejo,* Alianza Editorial, Madrid, 1992.

GONZÁLEZ, Esteban, y otro: *El monasterio de La Rábida,* Ed. Everest, Madrid, 2002.

LUCENA SALMORAL, Manuel: «Cristóbal Colón, un personaje enigmático», en revista *La Aventura de la Historia,* n.º 48, octubre 2002.

MANZANO MANZANO, Juan: *Cristóbal Colón. Siete años decisivos de su vida: 1485-1492,* Ediciones Cultura Hispánica, Madrid, 1989.

— *Colón y su secreto. El predescubrimiento,* Ediciones Cultura Hispánica, Madrid, 1984.

— *Los Pinzones y el Descubrimiento de América,* Ediciones Cultura Hispánica, Madrid, 1988.

MORALES PADRÓN, Francisco: *Cristóbal Colón. Almirante de la Mar Océana,* Ed. Anaya, S. A., Madrid, 1988.

PÉREZ, Joseph: «España Moderna (1474-1700). Aspectos políticos y sociales», en *Historia de España,* de Tuñón de Lara, tomo V, Ed. Labor, Barcelona, 1982.

— «Los españoles en el Atlántico, viajes colombinos y Tratado de Tordesillas», en *Historia de España,* de Ramón Menéndez Pidal, tomo XVIII, Ed. Espasa Calpe, Madrid, 1988.

— *Historia de una tragedia. La expulsión de los judíos de España,* Ed. Crítica, Barcelona, 2001.

PHILIPPOT ABELEDO, Alfonso: *La identidad de Cristóbal Colón,* Edición del autor, Vigo, 1994.

REY, Pascale: *El maestro cartógrafo,* Ediciones B, Barcelona, 2004.

ROMERO MAGALHAES, Joaquín: «Portugal y los caminos de las Indias», en *Historia de España,* de Ramón Menéndez Pidal, tomo XVIII, Ed. Espasa Calpe, Madrid, 1988.

SÁNCHEZ NAUS, Rafael: *La conquista del Atlántico. Navegaciones, colonizaciones y comercio en los siglos VI al XV,* Ed. Arco Libros, S. L., Madrid, 2000.

SANZ GARCÍA, Ricardo: *Cristóbal Colón, alcarreño o América la Bien Llamada,* Edición del autor, Madrid, 1986.

— *Cristóbal Colón, un genio español. Única tesis verdadera,* Ed. Excma. Diputación de Guadalajara, 1995.

SANZ NÚÑEZ, Alfonso C.: «Dos importantes documentos del descubrimiento de América vinculados a Cogolludo», en el *Boletín Informativo de SADECO,* n.º 74, enero-abril 2005.

SUAU ALABERN, J.: *La tesis mallorquina de Cristóbal Colón,* Ed. Cort. Palma de Mallorca, 1978.

VARELA, Consuelo: *Cristóbal Colón. Textos y documentos completos,* Alianza Editorial, Madrid, 2003.

– *Cristóbal Colón. Retrato de un hombre,* Alianza Editorial, Madrid, 1992.

VERD MARTORELL, Gabriel: *Cristóbal Colón era noble y de sangre real,* Palma de Mallorca, 1992.

VERDERA, Nito: *Cristóbal Colón, originario de Ibiza y criptojudío,* Ed. Consell Insular d'Eivissa i Formentera, Eivissa, 1999.

— *Cristóbal Colón, catalanoparlante,* Ed. Mediterrània-Eivissa, 1994.

— «Cristóbal Colón sabía muy bien adónde iba», en revista *Más Allá,* n.º 1, marzo 1989.

VERLINDE, Charles, y otro: *Cristóbal Colón y el descubrimiento de América,* Ed. Rialp, S. A., Madrid, 1967.

VON DÄNIKEN, Erich: *Recuerdos del futuro,* Ed. Plaza & Janés, Barcelona, 1970.

ZARAGOZA, Gonzalo: *Colón y el descubrimiento,* Ed. Anaya, Madrid, 1988.